« L'AVENTURE CONTINUE »

ALEXANDRE POUSSIN
SYLVAIN TESSON

# ON A ROULÉ SUR LA TERRE

ROBERT LAFFONT

ISBN 2-221-08195-1

*À nos parents adorés,*
*à tous ceux qui nous ont accueillis alors que nous n'avions*
*d'autres recommandations que notre fatigue et notre faim.*

*À François et au dauphin.*

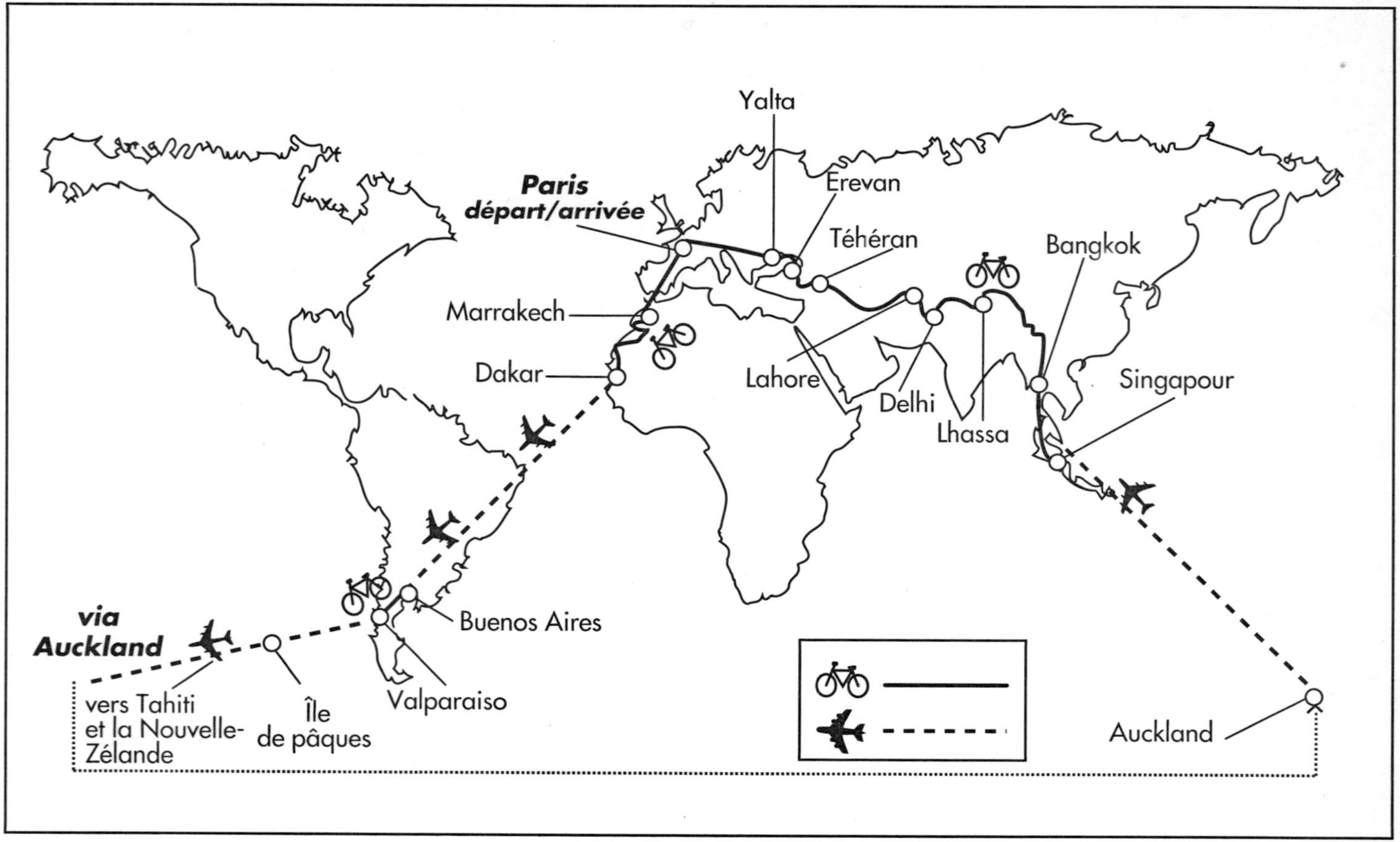
Yalta
Paris
départ/arrivée
Erevan
Téhéran
Bangkok
Marrakech
Lahore
Dakar
Delhi
Lhassa
Singapour
via
Auckland
Buenos Aires
vers Tahiti
et la Nouvelle-
Zélande
Île
de pâques
Valparaiso
Auckland

# DE PARIS À GIBRALTAR

*Sylvain*

Le plus difficile, c'est le premier pas. Christophe Colomb quand il croisa les fanaux du port de Palos avait déjà atteint l'Amérique. À notre misérable échelle, notre « porte étroite », c'était la porte d'Orléans. Nous savions que sitôt franchi le cap de la banlieue sud de Paris le plus dur serait fait. Aussi, pendant les quinze jours qui précédèrent notre départ, partir fut notre unique préoccupation.

Pourquoi partez-vous ? nous demandait-on. Il y a plusieurs réponses possibles à la question de savoir ce qui nous pousse à faire le tour du monde à vélo : la réponse du poète, c'est l'appel de la route. La réponse du potache, c'est la soif de découverte. La réponse du torturé exprime son mal de vivre et son besoin de fuite. Les curieux qui s'interrogeaient sur nos motifs restaient sur leur faim. À deux semaines de l'échéance, la priorité n'est pas de réfléchir aux raisons du départ. L'urgence c'est le visa pour l'Argentine et le bon calibre de la tige de selle. Nous n'avions pas de réponses. Aujourd'hui nous les avons, mais la question n'est plus la même. La page est tournée, la boucle est bouclée.

Nous sommes partis comme on arrache une dent : dans la douleur et l'ébahissement que cela soit sitôt fait. Deux cents personnes à Passy-Buzenval réunies sur la pelouse de notre ancien lycée après la messe de bénédiction, le dimanche 10 octobre 1993. Les parents pleurent, les amis se réjouissent. Nous nous complaisons dans cette douce atmosphère des adieux, des recommandations, des réconciliations urgentes. Le soldat doit aimer ce moment où il n'a pas encore quitté la vie familière et paisible mais où il trépigne déjà de la hâte à combattre. Et puis soudain, sans que l'on ait eu le temps de dire adieu à ceux qui nous sont les plus chers parce que l'on réservait sa tendresse pour le dernier moment, le coup d'envoi est donné. Cinquante amis ont décidé de nous accompagner à bicyclette jusqu'aux murs de Paris. Nous sommes aspirés par l'escorte qui s'ébranle. Les visages défilent, rangés en haie. Le portail du parc est ouvert, on entend des mots brouillés, on tente désespérément d'accrocher un dernier regard comme pour rester encore un peu au milieu de ceux qui deviennent des absents. Le voyage a vraiment commencé et l'on vient de s'en rendre compte, et voilà que, par un étrange processus physiologique, les premiers coups de mollet nous arrachent les premières larmes. À la porte d'Orléans notre carré d'honneur se disloque, quelques irréductibles constituent la dernière grappe qui s'égrène peu à peu. Et puis nous voilà seuls.

Dans le béton de la banlieue, la débâcle peut commencer. Trois nuits sans sommeil, l'énervement du départ, l'émotion des adieux nous abattent d'un coup. Il y a quelques heures nous partions pour l'autre bout de la planète, à présent nous titubons, hagards, entre Créteil et Antony, consommant notre déchéance dans les tentacules de béton de la pieuvre parisienne. Nous n'avons pas eu de ces veillées d'armes qui précèdent les grands départs. Car la nuit dernière, nous l'avons passée dans la frénésie, rangeant les sacoches, bricolant les bicyclettes jusqu'à l'aube. Notre radeau de la *Méduse* s'échoue dans une forêt qui borde la Seine à Ris-Orangis. Cette nuit si dépourvue d'exotisme sur le talus de Ris-Orangis fera office de nuit de veille. Nous sommes à 35 kilomètres de Notre-Dame ; nous nous sentons si loin déjà. Dans la nuit bruyante du vrombissement des camions et des péniches, nous fixons la voûte de la tente. Nous repensons à ces mois de réflexions, de rêves, de recherches et à ces dernières semaines fébriles de préparation hystérique, au tourbillon de la chasse aux sponsors, à la valse des ambassades, à la fébrile hésitation pour le choix du matériel.

Dans l'excitation, nous avons négligé l'itinéraire à suivre. Inconsciemment il nous semblait tellement évident de partir vers l'est, tellement naturel de suivre la route des grandes transhumances de la soie. Mais l'avant-veille du départ, Alexandre m'a réveillé :

– La porte de Vincennes, c'est plus possible !

– Qu'est-ce qui se passe ?

– L'hiver, la Turquie est sous la neige et le Kurdistan sera bloqué dans la tempête. Nous sommes déjà en octobre : il faut aller chercher le soleil vers le sud !

– Va pour la porte d'Orléans.

Le tour du monde à vélo commençait comme il devait se poursuivre et s'achever : dans l'improvisation la plus totale, chaque jour renouvelée. S'adapter au cours des choses, sans rien prévoir, est un jeu que nous aimons. Nous nous y prêterons jusqu'au retour au port. C'était la nature profonde de notre voyage que de ne rien décider qui ne dépasse l'horizon d'une journée, ne rien programmer, ne rien organiser et surtout n'avoir en nous réveillant que le seul projet de nous laisser porter par la nouveauté des événements. Ainsi chaque matin se lève comme une leçon d'aventure dans l'incertitude de l'endroit qui nous abritera le soir.

Nous mettons dix-sept jours à traverser la France. Ce que nous croyions être une formalité confortable se transforme en chemin de croix, comme si ces premiers pas catastrophiques préfiguraient la suite... Notre première erreur fut de nous charger comme des chameaux. Kilos de linge, kilos de menus objets, kilos de petits superflus qui semblaient si nécessaires et qui se révèlent inutiles quelques kilomètres plus loin.

À Larchant, Jean-Pierre Allix, notre ancien professeur de géographie, nous reçoit. Nous écoutons les conseils du vieux maître qui est revenu de toutes les frontières pour s'ancrer finalement dans la forêt de Fontainebleau. Le délestage des sacoches s'impose. Nous transformons sa maison en débarras et laissons sous son toit un amoncellement de quinze kilos d'objets qu'il était hors de question de ne pas emporter il y a quelques heures. Nous venons de livrer la première bataille contre l'un de nos principaux ennemis : le poids. Mais la guerre n'est pas finie et nous aurons souvent à souffrir de cette chape pesante qui nous plaque à la route et freine nos efforts. L'épreuve du tri accomplie, nous repartons vers la Loire un peu allégés.

Cet automne 1993 est pourri. La France dégouline. Nous emportons les dernières images de l'Île-de-France sous des cataractes glacées qui nous ralentissent. L'eau entre dans nos vestes certifiées étanches. La pluie n'a rien compris aux vertus hermétiques du Gore-Tex. Gien, c'est Waterloo. Le déluge s'abat. La Loire est grosse et lourde, boueuse et large comme un fleuve tropical. Nous trouvons abri dans une brasserie. En quelques minutes nous transformons le bistrot en camp de réfugiés perchés sur les chaises comme sur des pilotis au-dessus des flaques d'eau. Nous attendons la fin de la tempête. Mais la pluie n'a-t-elle pas décidé de tomber jusqu'à ce que la Loire déborde ? Nous tuons le temps chez un coiffeur. C'est la tonte. Nous avons prononcé nos vœux de départ. Les mèches tombent. Les dés sont jetés. La pluie redouble. Nous partons quand même, en retenant cette leçon : il faut toujours avancer quelle que soit la couleur du ciel. C'est la dernière fois que nous attendrons l'éclaircie au lieu de partir à sa rencontre.

Tels deux oisillons aveugles qui découvrent le monde en tombant du nid sur un bouquet de hérissons, nous nous heurtons chaque jour aux ennemis du cycliste au long cours. Avant même d'avoir passé le quarante-cinquième parallèle, le poids et la pluie nous ont mis des bâtons dans les roues. À présent c'est au tour des camions. Le rapport du cycliste au camion est assez ambigu. Ils sont tour à tour sa croix et sa joie. En vienne un qui surgit par-derrière et c'est l'appel d'air qui nous propulse en avant. Nous jouissons de l'élan de la colonne d'air qu'il traîne derrière lui comme le voile de tulle d'une mariée. Mais croiser un camion c'est recevoir une bouffée violente, un cocktail de gaz, de fumée et d'embruns, un tourbillon humide qui nous freine et nous coupe le jarret. La nuit, l'éclat aveuglant des phares se mêle à l'abrutissant maelström des moteurs. Alors, la bouche pleine de poisse, la face battue par le souffle, les oreilles meurtries, manquant de verser dans le fossé, nous maudissons les eurocrates bruxellois, pourvoyeurs de ces phares blancs qui crèvent les yeux des pèlerins nocturnes.

À cette cohorte d'ennuis qui nous empêchent, dès les premiers jours, de prendre une véritable vitesse de croisière vient s'ajouter la casse mécanique. Les vélos sont neufs, encore trop lourds. Avec régularité, les pneus crèvent, les rayons lâchent, les vis se déchaussent. Nous réparons toute la journée, partout. Sur les places des églises, au milieu des jachères, à l'abri des silos. Nous traversons la France ruisselants de pluie, maculés de cambouis et bousculés par les camions. Voilà le danger qui pointe : que le voyage ne se transforme en une longue complainte sur la déplorable condition du cyclo-aventurier. Nous repensons à ce que représentait avant le départ une telle entreprise. Théoriser sur l'aventure à venir, c'est l'idéaliser et l'embellir. De ce voyage nous avions fait une école de vie, une quête exaltante, un élan de jeunesse. C'était fort et émouvant. Aujourd'hui nous avons froid aux pieds. Et les chevaliers du Graal, nous nous en moquons un peu. Voilà ce qu'il faut éviter : le ressentiment et la doléance. Car c'est ainsi que l'on risque vite de ne plus voir la montagne, mais la côte à gravir, le coucher de soleil, mais le froid qu'il annonce, la fin de l'horizon, mais le temps qu'il reste avant la halte. Heureusement, ces inquiétudes ne tiendront pas, car nous apprenons vite à devenir plus efficaces et à profiter du défilement des paysages et des rencontres avec les gens.

Dès la troisième nuit, nous rencontrons ces gens qui nous donnent tout, alors que nous arrivons avec pour seule recommandation notre crasse et notre fatigue.

À Montargis sur la Nationale 7, nous entrons dans la quincaillerie Girard pour fixer aux porte-bagages une carène qui empêchera le coin des sacoches de s'accrocher dans les rayons. Nous n'en repartons que le lendemain, lavés et reposés. Entretemps nous avons gagné deux nouveaux amis : Yves, le patron de la quincaillerie, et sa femme Bernadette.

Un soir humide nous dévalons, tête baissée, une pente du Limousin. La nuit tombe. L'urgence est de trouver un coin pour dormir, un bois, un champ ou une rive pour monter le camp. Soudain dans la nuit, un cri s'élève.

– Hé ! Vous voulez coucher ici ?

Inscrite dans la rétine parmi ces pans de paysage qui défilent et que l'on voit sans regarder, l'image nous apparaît d'un petit homme gesticulant en haut d'un talus. Nous sommes passés devant lui à toute vitesse. Il ne nous a vus qu'au dernier moment, alors que nous sortions de l'obscurité pour y rentrer aussitôt, après avoir traversé la tache de lumière de sa maison. Il a eu le réflexe de crier. À présent nous remontons la pente pour vérifier qu'il ne s'agissait pas d'un rêve. Et nous trouvons dans son halo de lumière sur le bord de la route Horenstein, un petit Roumain. Il a vu deux cyclistes fuser dans la nuit et a décidé de les convier à partager le gigot aux cèpes qui mijote dans sa cuisine. Horenstein, installé chez lui comme imprimeur indépendant, est un cycliste chevronné. Il nous raconte son tour de France à vélo, dont il est venu à bout après deux longs mois de labeur. Le petit Horenstein aux cheveux crépus et aux mollets d'acier est l'un des premiers maillons de la longue série de ces rendez-vous de hasard avec des inconnus tombés du ciel, jetés pour nous au bord des routes par quelques bons génies. Nous les baptiserons les « rencontres providences ».

Dans le Lot, à Gramat, Didier et Dominique Rochette nous accueillent dans leur maison, quelque part sur le plateau de Rocamadour. Nous ne les connaissons pas, ils sont amis des parents. Lui est adjoint au maire de Souillac ; elle travaille dans une banque. Il se passionne pour l'archéologie, elle pour la parapsychologie et tous deux partagent avec nous le goût des grands vents et de l'aventure. Les conversations se nourrissent de nos thèmes favoris. Jupiter côtoie le tombeau d'Alexandre battu par les vents alizés qui poussent des navires sur des mers hantées. Dominique impose à nos genoux grinçants et engourdis par le pédalage des thérapies qu'elle nous promet radicales. Nos jambes se couvrent d'onguents multicolores, de cataplasmes odorants, de crèmes et de baumes à l'aloès et à la myrrhe. La Provence s'est donné rendez-vous sur nos rotules qui chauffent et Dominique, tout en supervisant le malaxage de nos muscles, nous livre le secret des astres. Quelques jours plus tard dans la campagne garonnaise, Roger Magné, un magnétiseur au nom prédestiné, donne l'estocade finale à nos nœuds articulaires en pratiquant ses passes occultes sur nos genoux endoloris. Le voyage commence à prendre des airs de parcours initiatique : nous roulons vers le bout de la terre en croisant des gens qui nous révèlent les mystères du paranormal.

À Toulouse, nous nous arrêtons un soir dans la maison de famille d'Alexandre. L'oncle Philippe nous y reçoit. Le vieil homme, bourru au grand cœur, est un châtelain volcanique. Il éructe, crache, tousse et hurle ses ordres et ses mécontentements, renverse la soupe, descend la bouteille en engueulant la planète, racontant l'Indochine et ressuscitant son passé enflammé. Parfois la machine s'apaise quelques instants, un tendre sourire illumine ses yeux bleus et fait fondre l'acier de sa fausse carapace. Mais voilà que la fumée jaillit à nouveau. L'oncle se lève en râlant, puis, cahotant comme un puissant tracteur remisé malgré lui et roulant de chaque côté du vieux couloir obscur, il va se coucher en fulminant.

Notre allure s'est améliorée et nous parvenons, entre les dernières étapes françaises, à enlever une centaine de kilomètres par jour. Ce qui nous paraîtra un minimum quelques semaines plus tard. Avant d'atteindre l'Espagne, nous rallions encore quelques maisons d'amis. À Paris, on sourit de notre tournée touristique et gastronomique. En fait nous nous gorgeons de bon temps comme de dernières gouttes de miel. Car le bon temps comme l'électricité, on ne l'emmagasine ni ne le stocke. On ne jouit que de s'en souvenir, alors nous faisons en sorte d'avoir de quoi nous le rappeler.

La dernière étape avant les Pyrénées, c'est Carcassonne. En toute modestie et après deux bonnes heures d'escalade et d'effort, nous installons la tente dans la tour-porche du château médiéval. Entre les lattes vermoulues du plancher nous plantons les piquets. Encadrée par les machicoulis et les barbacanes, la tente s'ouvre vers le donjon massif et la cour d'honneur. Comme au temps des Cathares, le château retrouve sa fonction. Il offre abri et protection aux voyageurs qui frappent au battant de sa porte. La seule différence, c'est que, puisque personne ne nous répondait, nous avons dû le prendre d'assaut. Nous vivons cette nuit comme la veille d'un nouveau départ. Car, demain, nous passons à l'étranger.

À Perpignan nous avons apporté à nos vélos Peugeot les derniers arrangements techniques. Nos montures commencent à prendre leur tournure définitive.

Visite des lieux : à l'avant, deux sacoches portent la salle de bains et la cuisine. C'est-à-dire une maigre trousse de toilette à laquelle nous ne ferons pas beaucoup de mal et une batterie de casseroles bosselées. À l'arrière nous avons installé le garage (une panoplie d'outils et quelques pneus) et la penderie : deux tee-shirts et un short pour chacun et pour un an. Juchée sur le dessus des sacoches arrière trône la chambre à coucher. Nous nous sommes réparti les divers éléments de la tente et chacun transporte son duvet. Sur chaque porte-bagages est fixé un bidon de cinq litres en prévision des traversées de désert. La sacoche de guidon est notre table de chevet. Elle contient les cahiers de bord, quelques lettres emportées, une bible, de menus souvenirs, nos instruments de troubadours (flûte et balles de jongle) et les appareils photo et cinématographiques. À l'arrêt nous déployons une béquille qui soutient nos montures. Partir à vélo autour du monde sans béquille serait sans doute la pire des inconséquences. Nous avons en mémoire les scènes de notre expédition en Islande, il y a trois ans. Voyageant à vélo dans les déserts de lave du centre du pays, nous cherchions sans arrêt l'arbre ou le poteau qui pourrait retenir les vélos quand nous les quittions. Et quels jurons alors, quand, après avoir travaillé avec effort pour adosser les bicyclettes deux à deux dans un équilibre précaire, nous voyions l'édifice s'écrouler à grand fracas dans la poussière !

Alexandre a baptisé son vélo Vassilissa. C'est le second prénom de son amie Sonia. Le mien s'appelle Sleipnir, du nom du cheval mythique du dieu Odin. À la proue de Sleipnir flotte un drapeau français accroché à un piquet de tente. C'est notre plaque d'immatriculation.

Nous abordons l'Espagne par le col du Perthus et une nuit sans lune. Adieux à la France que nous quittons pour une année. À soixante à l'heure, nous plongeons vers les piémonts de Catalogne et guettons dans les champs alentour un replat herbu pour monter notre premier campement en terre étrangère.

Le lendemain nous téléphonons à Barcelone. Notre ami

Pancho Saula, rencontré à la Sorbonne où il étudiait le droit, nous annonce que ses parents seraient ravis de nous recevoir et nous attendent avec impatience. Il est déjà six heures du soir et il pleut à verse. Nous sommes à cent kilomètres de Barcelone.

– Nous arrivons, dit Alexandre avant de raccrocher.

Nous n'avons plus le choix et entamons sous la pluie une course folle. Poussés à toute allure par un vent favorable, nous pédalons d'arrache-pied pendant quatre heures d'affilée. La nuit est tombée, la pluie drue et froide s'abat par rideaux sur le goudron détrempé. Nous filons le long des côtes défigurées et bétonnées de la Costa Brava. L'écurie qui nous attend nous stimule. Nous arrivons aux abords de Barcelone, traversons d'interminables banlieues. Enfin, à bout de forces, nous plantons la béquille du repos dans le jardin de Pancho. Accrochée sur la terrasse, la maison domine l'immense cité de Barcelone. Carmen, Francesco et Anna, parents et sœur de Pancho, nous réservent quelques jours délicieux, occupés aux visites de la ville, aux bains dans les fontaines, et aux paresses ensoleillées sous la tonnelle fleurie du jardin. Le bord de la piscine frôle le coin de la terrasse et se confond avec la ligne du littoral méditerranéen. Carmen nous prépare des dîners énormes que nous engloutissons en écoutant des concerti. L'idée de quitter ce Capoue est détestable.

Voilà bien l'unique accueil dont les Espagnols nous combleront. En quittant Pancho et sa famille, nous nous apprêtons à traverser la péninsule dans la plus profonde indifférence de ses habitants. Puisque personne ne s'offre à nous abriter, nous passerons nos nuits sur les plages blanches et désertes de ces côtes ibériques dont les noms aux résonances estivales jurent avec la hideur du décor urbain. Quelquefois c'est une orangeraie qui nous tend ses branches et couvre notre sommeil. D'autres soirs, c'est un champ d'herbes sèches encadré d'oliviers.

Notre grand plaisir est de monter la tente, la nuit tombée, quand on ne voit plus rien de l'environnement et que l'on distingue à peine le modelé du terrain choisi. Le lendemain nous avons alors la surprise de découvrir, dans l'ouverture de l'abside de la tente, un paysage grandiose et insoupçonné : un talus sablonneux plongeant dans une mer hérissée de pics rocheux, par exemple. Parfois le saisissement est inverse lorsque, aux lueurs de l'aube, la colline boisée à laquelle nous nous croyons adossés se révèle être une décharge d'immondices accumulées.

Nous poursuivons notre descente vers le sud de l'Espagne à une moyenne soutenue. Ni les paysages côtiers engloutis sous le béton ni les habitants du littoral qui nous ignorent ne nous retiennent. Il nous tarde d'arriver à Gibraltar pour trancher enfin cette question qui nous travaille depuis le départ : faut-il renoncer à traverser le Sahara ? Depuis bientôt trois semaines nous subissons comme une fatalité les insistances de nos familles qui nous exhortent à éviter l'endroit. Un véritable complot se trame à Paris pour infléchir notre route. Les enfants pédalent, les parents se morfondent et dissolvent leurs inquiétudes en échafaudant à notre place des itinéraires rassurants. Voilà qu'on nous propose des pique-niques en Bavière ! La thérapie de l'angoisse par l'organisation de tour-opérateurs. Au fil de la Sierra et le long des Costas, nous prenons notre décision. Nous traverserons le Sahara. Pas par l'Algérie où des barbus névrosés commencent en cet automne 1993 à égorger les Français au nom de Dieu. Mais par le Maroc, le Sahara occidental et la Mauritanie.

Prémices à ces contrées dont nous approchons, nous croisons sur les routes andalouses des convois de Marocains en transit vers la France. Des dizaines de camionnettes se suivent à la file dans un fracas de mécaniques à l'agonie. Au volant, de vieux chefs de famille conduisent en manteau de laine sous le soleil. Entassée à l'arrière, une marmaille bruyante tente avec effort de retenir un amoncellement de matelas roulés, de cartons ouverts et de paquets plastique claquant au vent comme les bannières d'une caravane du désert. La cohorte avance par à-coups. Quelques kilomètres enlevés entre deux pannes. Nous croisons tous les jours ces escouades transhumantes d'expatriés, en rade sur le bord du fossé, jalonnant la route comme des bornes régulièrement espacées. Nous les aidons souvent. Ils nous parlent du pays qu'ils quittent. Nous échangeons des adresses en buvant le thé sur des capots fumants.

– Tu habites où ?

– À Ouarzazate j'habite ! Tu veux du *kâss-krôt* ? Et toi tu vas à Ouarzazate avec tes jambes ?

– Non, nous on passe plus à l'ouest, par l'Atlas et Taroudannt.

– L'Atlas, c'est le plaisir des yeux ! Tu vas te régaler ! La bienvenue pour vous !

– Mais on n'y est pas encore !

– C'est pas grave, c'est une avance. À propos t'habites où, monsieur ?

– À Chatou !

– C'est pas vrai ! Je connais bien ! J'ai des cousins là-bas et puis un frère à Rueil, juste à côté.

Avec les Marocains le monde est si petit...

Enfin, un matin où nous commençons à désespérer de voir un jour la fin de l'Espagne, un doigt pointe dans l'horizon. Un rocher hors de la mer. Un caillou étrange et incongru. Une anomalie tectonique comme une pustule au bout de l'Europe. C'est Gibraltar.

Alors que le soleil tape sur la côte espagnole, nous voyons, suspendu au zénith de l'îlot de roc, un nuage noir et immobile. Par solidarité avec la mère patrie britannique, il pleut sur Gibraltar. L'île offre la triste image d'un port franc, d'une zone de libre-échange gangrenée par les trafics illicites en tout genre. Une farandole de hors-bord noirs, fuselés comme des cigares, trace dans la rade du port des écheveaux de sillages. Ces petits bateaux non immatriculés vont et viennent entre les cargos, accompagnant leurs aller et retour aux quais d'accélérations puissantes. Devant nos yeux, à quelques yards du poste frontière anglais, la drogue s'échange en toute impunité. Gibraltar est la porte qui s'ouvre d'un côté sur les vallées du Rif marocain où pousse le cannabis et de l'autre sur le marché demandeur de l'Europe. Les petits trafiquants en profitent. Et les bobbies anglais, oubliant l'heure du thé, assistent impuissants au manège illégal. L'îlot est pourri. Gibraltar est devenu un souk installé au milieu d'un poste frontière.

À vingt kilomètres au sud commence l'Afrique. Il faut traverser le détroit en bac. La sirène hurle, le bateau prend de la vitesse et sort du port. Nous fixons l'îlot qui se dresse comme un dernier souvenir d'Europe. Découpé dans le ciel pour qu'on puisse le regarder longtemps avant de dire adieu. Nous vivons un nouveau départ. Le vrai cette fois, car le rivage, là-bas au sud, c'est le début d'un autre monde.

# DE TANGER À GOULIMINE

## *Alexandre*

« Faites attention à vos biens et devises », nous intime le bobby dominant d'une tête toute une foule de djellabas. L'entrée en matière n'est pas très engageante. Tout s'est passé si vite que nous n'avons pas vraiment eu le temps de nous préparer à ce passage sur un autre continent. Le bateau, fier comme un sou neuf, chargé jusqu'à la gueule de véhicules rouillés et poussifs venus rendre l'âme dans ses entrailles, vibre de toutes ses tôles pour annoncer son départ imminent. « *Alea jacta est !* » L'amarre est récupérée, l'ombilic est coupé : notre prochain soleil se lèvera sur l'Afrique !

Après avoir arrimé les vélos dans la cale enfumée, je quitte Sylvain pour quérir çà et là quelques renseignements sur Tanger.

Comme un lièvre débusqué, je déboule sur le pont supérieur au milieu d'une prière collective troublée par les houleuses palabres de quelques zélateurs s'invectivant avec force boussoles et moulinets de bras sur la véritable direction de La Mecque !

Le facétieux capitaine du bateau, qui assiste à ce charivari du haut de sa passerelle, multiplie les manœuvres et les ronds dans l'eau comme pour orchestrer la scène. À chaque changement de cap, la foule hésitante des fidèles se relève et s'oriente en fonction des injonctions contradictoires des meneurs.

Mélange burlesque de colin-maillard et de chaise musicale, ce tohu-bohu n'aurait pas détonné dans un film de Claude Zidi. Où est Louis de Funès, où sont les caméras ?

La nuit est tombée comme un couperet. Le voile de mystères qu'elle tend sur l'horizon est bientôt transpercé par les lumières de Tanger scintillant devant l'étrave.

Je rejoins Sylvain dans la cale. Les remugles d'urine et de

diesel ont été chassés par des bouffées de haschisch : drôle de désodorisant ! Nous ne sommes pas très à l'aise et ce qu'on nous dit de « *Tanger by night* » n'est pas pour nous rassurer : où allons-nous coucher ce soir ? Nous sommes intimidés. La cohue du débarquement élude nos affres. Dans un déferlement de soudaine brutalité, d'échange de cris et de coups, nous nous retrouvons sur le quai, les deux pieds en Afrique, en pleine échauffourée : les chauffeurs de taxi se battent pour la clientèle !

– Ça sent le plan foireux, magne-toi ! on s'arrache ! lancé-je, affolé, à Sylvain.

– Qu'est-ce que tu as à la jambe ? me répond-il, blême.

Dans la mêlée, je me suis ouvert la jambe. Bon début ! J'ai déjà du sang plein la chaussure, ça fait floc à chaque pas.

– Salut la bleusaille ! Vous avez accouché du bateau dans la douleur à ce que je vois !

Georges, légionnaire en retraite aux accents de titi parisien, nous invite sur son voilier à quai dans la marina.

– J'ai comme l'impression qu'il va falloir que je vous briefe, mes cocos !

Nous suivons notre saint-bernard en silence. En me faisant mon pansement, Georges nous raconte ses aventures africaines, ses combats et sa connaissance du terrain. Sa gueule burinée à la gouge, les cicatrices qui lui zèbrent les joues, son nez épaté par les excès en tout genre lui accordent un certain crédit.

– Si vous montrez votre peur, vous êtes foutus !

Cela tombe bien, nous sommes morts de peur ! Après un dîner aussi frugal qu'interminable durant lequel il nous parle de déserts, de champs de mines, de Touaregs, de tempêtes de sable, arrive la question fatidique :

– Où est-ce que vous avez prévu de dormir ?

Gênés, nous lui répondons que nous n'en avons aucune idée. Il n'y va pas par quatre chemins.

– Impossible de coucher à bord, je suis surveillé, c'est interdit, je ne veux pas avoir d'emmerdes !

Pour quelqu'un qui ne doit pas montrer sa peur, nous le trouvons un peu timoré ! Livrés à nous-mêmes, nous quittons fort déçus ce James Bond de pacotille après nous être fait indiquer le parking des routiers.

Nous n'y trouvons qu'ordures, arcades désaffectées transformées en urinoir-dépotoir alors qu'il se met à bruiner. Nous restons là hébétés, dans cette zone franche, hésitant entre une nuit blanche à rouler à l'aveuglette, et un squat des latrines... Nous trouvons une troisième solution : sous un camion dans un petit coin discret, à l'abri des regards. Nous cadenassons tout, glissons les sacoches sous la remorque et maintenons à disposition nos bombes lacrymogènes et matraques anti-chiens.

C'est dans cet étrange état de psychose que nous abordons notre première nuit en Afrique, dans l'attente du pire et parés à toute éventualité, sursautant chaque fois qu'un rat nous passe dessus ou vient couiner à nos oreilles.

À quatre heures du matin nous sommes réveillés en sursaut par un Petit Prince d'un nouveau genre qui nous offre des oreillers pour soulager nos nuques... Il nous décline martialement nom et profession.

– Abdelkader, dix ans, gardien de camions.

Il semble tellement gêné de nous voir si piètrement lotis qu'il s'affaire gentiment à boucher tous les trous ouverts au vent par de grands cartons, tant et si bien que nous nous trouvons finalement dans un véritable petit abri entre les roues de la remorque. Il s'empresse tellement à nous être agréable, utile et indispensable, que nous nous disons méchamment :

– Ça y est ! On est bons ! Il ne va plus nous lâcher avant que nous ayons craché au bassinet !

Honni soit qui mal y pense ! On nous a tant mis en garde contre les faux guides et les racoleurs !

Nous ne lui avions rien demandé, et contre toute attente il ne nous demande rien. Il est resté toute la fin de la nuit à surveiller nos bicyclettes, assis sur un bloc de polystyrène, absorbé dans leur contemplation comme devant un écran de télévision où aurait défilé toute notre aventure, le jour même où elle commençait vraiment. Ce petit bonhomme nous avait apprivoisé d'un regard ! Au diable les renards sceptiques.

*Samedi 13 novembre 1993 : 35^e^ jour, 100 km. T : 2 489 km*

Agréable surprise ce matin, Abdelkader ne nous demande toujours rien. Je devance son désir inavoué.

– Ça te plairait de faire un tour avec ma bicyclette ?

Ses yeux s'ouvrent comme des soucoupes, son visage dur de petit garçon responsable se fend d'un large sourire découvrant des dents de porcelaine. J'ai visé juste, je baisse la selle et le voilà parti entre les camions sous l'œil attendri d'un vieil homme en djellaba. Nous quittons la zone franche et entamons la montée dans la casbah de Tanger pour rallier la poste où nous espérons trouver du courrier.

Nous nous perdons dans des culs-de-sac, on nous sollicite de toutes parts, des chuchotements sifflent comme des balles : haschisch ! haschisch !

– Non, merci, nous cherchons la poste !

Un bambin se propose de nous y conduire. Nous lui emboîtons le pas. La poste restante est, comme de raison, fermée et les téléphones ne fonctionnent pas.

Nous verrons plus tard. Pour l'instant il faut à tout prix quitter la ville, prendre un peu d'air et chasser nos psychoses.

Un soleil clair et radieux dans un grand bleu pur enchante nos premiers kilomètres. Quelque chose a changé, nous ne nous sommes rendu compte de rien : nous avons le vent dans le dos ! Cela vous transfigure un homme ! Notre première halte ravitaillement sur le bord de la route se passe mieux. Nous avons en effet pris soin de revêtir des pantalons. Quelle grossière erreur avons-nous commise ce matin en circulant dans la ville les jambes nues !

Sylvain furète en quête de nourriture à emporter. Il revient en souriant, chargé de victuailles !

– En tout cas ils savent bouffer les Marocains, ça va nous changer de l'Espagne ! Au programme, galettes au fromage, brochettes de mouton et pâtisseries.

Nous entamons notre descente vers le sud à travers la plaine du Rharb. Il faut se pincer pour se croire en Afrique : des champs gras et fertiles s'étendent à l'infini à peine vallonnés par un relief familier. Il y a de l'eau partout.

La sympathie des gens s'accroît proportionnellement à notre détente. Notre tension psychologique nous faisait percevoir les choses négativement. Nous avions créé notre propre stress et somatisé notre malaise par la peur. Nous avions fait de la fumée sans feu !

Seuls quelques petits détails nous rappellent que nous ne roulons plus en France. Les voitures klaxonnent systématiquement en nous dépassant, autant pour la sécurité que pour nous témoigner leur bruyante sympathie. Chaque arbre du bord de la route sert de tuteur à un gamin posté là en pleine campagne, avec trois melons ou des cacahuètes, dans l'attente d'un improbable client. Toute la journée ils regardent les voitures passer en ne manquant pas de solliciter les véhicules les plus lents.

– Il y a quand même une chose qu'il va falloir qu'ils comprennent, rigole Sylvain, c'est d'une part que nous ne fumons pas et que d'autre part nous ne pouvons pas nous charger de dix kilos de melons !

Le vent forcit et nous propulse comme des bolides. L'eau des oueds que nous traversons est vaporisée ! Nous roulons à un train d'enfer. La conduite devient dangereusement instable. Nous nous cassons la gueule trois fois, littéralement fauchés par des rafales. Sylvain se relève écorché, nous calmons le jeu. Refroidi par ma blessure de la veille, je m'inquiète :

– Si on continue comme ça, on n'arrivera jamais entiers à Dakar !

Le Maroc est-il un pays riche peuplé de gens pauvres, ou un pays pauvre peuplé de gens riches ? C'est l'insoluble quadrature du cercle. L'opulente campagne est peuplée de pauvres hères tandis que 70 % des voitures qui nous dépassent sont des Mercedes, pas toutes rutilantes, mais des Mercedes quand même !

Toutes mes tentatives de prendre en photo des femmes au travail se soldent par leur fuite éperdue. Il suffit que je sorte mon appareil pour qu'elles détalent comme des lapins à travers champs dans de grandes effusions de cris et de gesticulations. Le vent qui gonfle leur voile, et les fait claquer, semble catapulter les pauvresses indignées, au péril de leur équilibre. J'abandonne bien vite ces cruelles tentatives.

La nuit nous surprend dans de vastes étendues de canne à sucre. Nous nous y enfonçons à l'abri des regards indiscrets pour dresser la tente. Le soleil s'est couché sans crier gare. Je ne sais pas pourquoi mais nous croyions bêtement qu'il suffisait de traverser le détroit de Gibraltar pour que le chaud soleil d'Afrique enflammât son coucher du faste et des dorures tropicales épinglés aux murs de nos agences de voyages.

*Dimanche 14 novembre 1993 :*
*36^e^ jour, 112 km. T : 2 602 km*

Nous nous réveillons en pleine nuit, paniqués par un barouf du diable dans la tente. Nous ne comprenons d'abord pas. Nous chaussons nos lunettes en saisissant les bombes lacrymogènes. Un sac plastique hystérique tressaute sur le sol. Une gerboise venue grignoter les restes de notre repas de la veille est restée coincée dedans et se démène à tout va. Nous nous regardons interdits, armés de nos bombes, et éclatons de rire.

– Un peu plus et on se gazait mutuellement ! s'étouffe Sylvain.

J'en pleure... de rire !

Premier dimanche en terre d'islam. Portée par le vent nous parvient, par bribes chevrotantes, la prière du matin entamée par le muezzin voisin. Ambiance. Un thé au lait concentré sucré, du pain, du très bon pain, et nous repartons.

Les plaines limoneuses se succèdent, rythmées par de grands châteaux d'eau immaculés. Seule une moitié de la route est asphaltée. Je suis obligé de laisser Sylvain prendre un peu d'avance pour ne pas voir surgir dans mes roues des nids-de-poule aux allures de nids d'autruche.

Les grinçants attelages de baudets ou de chevaux étiques que nous dépassons nous sont déjà familiers. Il y a toujours quelque grosse femme âgée ou quelque enfant accroupi derrière et secoué en cadence par le pas de l'animal ou les cahots de la roue. En lieu et place des pigeons et des mouettes de nos champs européens, les vols blancs des aigrettes garzettes au-dessus des terres noires sont un spectacle nouveau.

En fin d'après-midi, un gamin plus malin que les autres nous rattrape comme un dératé, en danseuse sur sa bicyclette sans selle.

– Je sens qu'on va devoir jouer les « french doctor's », rigole Sylvain, perspicace.

Au bout de cinq minutes de ce défi aux lois de la pesanteur : patatras !... le bambin s'étale de tout son long dans un nuage de poussière, s'arrachant le coude et se décalottant le genou droit. Il est hilare ! Je sors la trousse à pharmacie, Sylvain, la pince à épiler, et nous comptons les graviers incrustés dans la plaie. Pauvre môme, il se laisse triturer sans geindre. Nous nous sentons coupables mais lui exulte de fierté en exhibant à ses copains le superbe bandage que nous lui faisons.

À Kenitra, nous sommes invités par le proviseur du collège Balzac, grand amateur de bière et de politique. Il nous loge chez un de ses professeurs, Roger L'Herbier, ch'timi moustachu à la forte bedaine, en échange d'une conférence pour le lendemain. De chez lui nous pouvons enfin rassurer nos parents sur l'avance que nous avons prise.

Nous sentions en effet que cela commençait un peu à se gausser dans les chaumières : « Plus de trente-cinq jours pour rallier le sud de l'Espagne, et ils veulent faire le tour du monde ! » Cette fois-ci ça ne rigolait plus, nous avions franchi un grand pas !

Les jours qui suivent nous bénéficions de l'accueil des Français expatriés. Tout le réseau se met en branle pour nous accueillir. Pour l'instant, l'accueil des voyageurs français à l'étranger nous semble plus le fait de la solidarité nationale et des instincts grégaires que de la « fraternité entre les peuples ». Au moins ne succombons-nous pas à l'hôtel, mais la sympathie de ces Français de l'étranger aurait tôt fait de nous enfermer dans une routine et dans de périlleuses exigences de confort. Nous ne voulons pas faire le tour du monde de la communauté française expatriée !

Cependant ces quelques soirées passées avec des professeurs ou chez des proviseurs des lycées de Rabat ou de Casablanca nous ont appris énormément de choses sur le Maroc et sur sa population. Marc Dubruille, un de nos hôtes érudits, vient compléter notre formation sur la mentalité du cru, sur ce qu'il faut faire et ce qu'il ne faut pas dire, sur l'« esprit arabe ».

– Ce sont les Arabes qui ont inventé la politique politicienne ! L'usage prime. La loi est ici quelque chose de très récent, il n'y a de loi que divine, de même pour les écrits.

Chantal, sa femme, reprend :

– Leur spécialité ? Ménager la chèvre et le chou. Quand on pénètre l'islam, il faut être prévenu de la relativité du temps et de la parole donnée. Ce n'est pas du cynisme mais du réalisme politique.

– C'est bon ! je crois que nous avons compris !

À Rabat la médina (vieux quartier) nous attire dans un dédale insondable de ruelles, de sentiers, d'échoppes, de gens et de choses. Dans ces vieilles villes on savait optimiser les trois dimensions. Comme par contraste, la ville nouvelle étend ses boulevards, éparpille sa substance dans des quartiers résidentiels, des ensembles administratifs et des avenues sans charme.

Nous poussons notre petite incursion dans la médina et tombons sur la magnifique porte ouvragée d'une petite mosquée de quartier. Nous nous déchaussons et nous apprêtons à entrer quand un fidèle nous tire par la manche pour nous en dissuader. Il nous explique ensuite avec beaucoup d'aménité que les infidèles ne peuvent pas pénétrer dans les mosquées car ils ne remplissent pas les conditions de pureté commandées par les cinq piliers de l'islam. Malheureusement ces conditions, auxquelles nous aurions volontiers souscrit pour entrer, sont nécessaires mais non suffisantes. Il faut en effet pouvoir présenter un certificat de croyance délivré par deux clercs et un imam, autorisant à participer à la prière. En deux mots, à moins de se convertir, l'islam est impénétrable.

Nous avons plus de succès dans notre premier marchandage. J'avais besoin de sandales. J'ai tout simplement fait mine de n'en avoir aucun besoin. Cela semble sans doute le b.a.-ba de tout acte commercial, mais dérange mon honnêteté toute chrétienne. C'est en fait une question d'état d'esprit : la position de force est dure à prendre, mais, une fois assumée, l'échange suit son cours et on en sort invariablement vainqueur. Mes quatre-vingts dirhams descendirent jusqu'à dix, je n'en démordis pas et à ma plus grande honte j'en fus fier.

Le lendemain matin, rendez-vous avec la presse sur l'esplanade du mausolée Mohammed-V. Costards de tontons macoutes, mocassins de croco et Ray-Ban bleues, ils nous accueillent de leurs larges sourires.

– Alors ! On prend de l'avance sur le Paris-Dakar ?

– Vous connaissez le lièvre et la tortue à ce que je vois !

– Vous savez, le Maroc est comme un arbre qui aurait ses racines dans l'Atlas et dont bon nombre de feuilles seraient des pages de la littérature française.

– Il doit la ressortir à chaque fois celle-là ! me chuchote Sylvain.

Nous faisons les questions et les réponses, déballons nos clowneries pour la joie des petits et des grands, leur faisons essayer les bicyclettes et abrégeons : nous avons du pain kilométrique sur la planche ! Nous nous quittons chaleureusement dans une volée de rires.

*Samedi 20 novembre 1993 :*
*41ᵉ jour, 124 km. T : 2 982 km*

Direction Marrakech dans la brume et les vallons ! Ceux-ci ne tardent pas à être déshabillés par un soleil blanc, irradiant cette humidité vaporeuse en laissant çà et là par contraste quelques trous de terre noire. Au sommet d'une côte nous attend un chasseur d'étourneaux. Voilà donc où finissent ces oiseaux dont nous avions suivi admiratifs la migration à travers la France, l'Espagne et le nord du Maroc ! Nous faisions souvent halte à leurs côtés, bercés par leurs bavardages excentriques. En Europe ils sont une nuisance, ici un mets recherché !

– Vas-y, petit, attrapes-en beaucoup comme ça ! l'encourage Sylvain, qui connaît les ravages que ces oiseaux causent à nos récoltes.

Nous nous enfilons ensuite une directissime de 70 kilomètres jusqu'à Ben Guerir. Pour déjeuner au calme nous fuyons la ville. Pas facile de se débarrasser de notre occidentalité et des dollars ambulants que nous représentons ! Nous avons des fantasmes d'homme invisible !

Au débouché d'une splendide palmeraie, Marrakech nous saute à la figure comme un cobra. Au loin, si loin et si hautes qu'on les a d'abord prises pour des nuages bleutés, les neiges éternelles du Haut Atlas se dressent comme un défi aux palmiers frangeant les créneaux dorés de la médina.

– Souquons ! souquons ! Le souk nous attend ! me crie Sylvain dans la descente, en chantant *« Exultate ! Jubilate ! »*.

Les remparts rose et roux des énormes murailles de pisé semblent vouloir endiguer un incoercible épanchement urbain. La vieille ville déborde de toits ocre et plats, qui s'enchevêtrent à ses pieds pour se répandre comme des langues lépreuses de béton vers l'infini terrain vague encerclant la ville. Seuls éléments de verticalité dans cet amalgame de facettes horizontales, les minarets de mosquée sont autant de piquets empêchant des quartiers entiers de s'échapper de l'enclos crénelé.

Nous laissons les bicyclettes sous la surveillance d'Allah chez un marchand de cycles et filons vers la place Jemaa el-Fna, point de convergence de la ville. Piège à consommateur, le taxi nous dépose devant un essaim de faux guides qui nous fond dessus comme des mouches sur un gâteau. Nous fendons le groupe, mais il se referme aussitôt sur nous. Nous essayons un truc.

– *Wallah chocrane ! Marrakchi* [1] *!* Je connais la place par cœur ! On vient pour un business.

Et nous traçons droit devant nous, l'air soucieux, sans nous retourner. Sésame ! Ça marche, ils nous lâchent les basques !

Le soleil a quitté la place. Seuls rougeoient encore les toits des terrasses qui la bordent et les braseros qui s'allument sous de petits chapiteaux. De lourds panaches bleus et gras enfument les ruelles du souk. Des rafales de flashes illuminent un vieux vendeur d'eau berbère aux allures de sapin de Noël, agitant, imperturbable, ses clochettes pour les derniers touristes. S'éclipsent aussi les cireurs de chaussures, les montreurs de caméléon, les acrobates et bateleurs de tout acabit. Seul un charmeur de serpent aux yeux de braise pétillant dans la pénombre retient, au grand dam de leur guide, quelques Teutons fascinés.

La France vient de perdre son match de qualification pour le Mondial. Des badauds attristés viennent nous transmettre

1. « Je le jure sur Dieu, merci ! J'habite à Marrakech ! »

leurs condoléances. Un des petits guides de tout à l'heure nous aborde.

– Alors ! Ça a été les affaires ? Vous qui croyez tout connaître, vous ne connaissez rien si vous ne dînez pas chez mon grand-père !

La proposition est alléchante. Il nous mène sous une tente un peu à l'écart des rumeurs de la place. En chemin il nous dit :

– Ba Mohammed est un grand gourou sahraoui, un vieux chef du Sud. Il ne faut pas parler à sa table.

Tandis que nous prenons place sur une banquette collante au côté d'autres convives, notre petit guide va glisser un mot à l'oreille de son grand-père. Celui-ci est aveugle, mais s'incline néanmoins pour une révérence dans notre direction approximative. Nous sommes impressionnés. Grand et chauve, l'œil vitreux et impavide, Ba Mohammed trône devant une épaisse planche entourée de marmites fumantes qu'on lui apporte religieusement. Dans un silence à peine troublé par les accords éraillés du violon d'une tente voisine et le chuintement des becs Bunsen, Ba Mohammed sélectionne et triture de ses mains pleines de graisse des abats et des viandes fumantes de diverses origines. Les regards s'aiguisent.

Découpés sur les quartiers de viande qui émergent des marmites, les morceaux qu'il malaxe nous sont servis à même la table avec de la moelle. Suivent aussitôt un pain trempé dans la marmite et un thé vert aux herbes folles tiré, honneur insigne, de sa théière personnelle. Nous bâfrons avec les mains et sommes emportés dans une transe gustative. Nous découvrons le caractère religieux de l'alimentation chez les gens du désert.

En sortant de la tente comme d'un rêve, nous sommes assaillis par des petits vendeurs de camelote.

– *Ma endish flouss, ma kaïn whallou, kaïn Allah* [1] *!*

Ça leur coupe le sifflet !

Mais sous l'œil médusé des passants, nous jouons avec les plus jeunes, en les portant, leur faisant faire des pirouettes, des équilibres, des exercices de main à main. Ce spectacle peu commun attire bientôt une foule de spectateurs et un musicien. Les pièces se mettent à pleuvoir. Nous sommes ravis d'avoir brisé la relation vendeur-touriste, de vieux barbus nous en savent tacitement gré, d'un regard complice et admiratif.

– Les vélos ! Le magasin ! me crie Sylvain.

---

1. « Je n'ai pas d'argent, je n'ai rien, je n'ai que Dieu ! »

Prenant nos jambes à notre cou, nous arrivons à la seconde où notre marchand de cycles baisse son rideau. Nous avons une heure de retard ! La place Jemaa el-Fna nous a transportés dans un autre monde.

Il est très difficile de faire de la « frénésie culturelle [1] » à Marrakech, car notre statut d'Occidentaux est banalisé par les touristes. La méthode est simple : vous roulez au pas près d'un trottoir, l'air accablé de fatigue, visiblement perdu et désemparé en vous arrêtant tous les dix mètres. Une bonne âme vient à coup sûr vous aider, intriguée par votre manège ; vous lui racontez vos histoires, le reste n'est qu'une question de feeling...

Ce soir, la « frénésie » ne marche pas. Soudain Sylvain se souvient d'avoir entendu parler de l'église de Marrakech, l'église du Gueliz. Nous arrivons en pleine messe. L'Évangile du jour est idoine : saint Matthieu, XXVI, 34-36 : « ... car j'ai eu faim et vous m'avez donné à manger, j'ai eu soif et vous m'avez donné à boire, j'étais étranger et vous m'avez accueilli... » Nous n'en croyons pas nos oreilles ! La coïncidence est trop forte pour n'y pas voir la Providence. Les trois prêtres nous accueillent chaleureusement, visiblement touchés par notre démarche. La conversation s'engage.

– Vous savez, nous vivons dans un isolement total ! Notre présence ici est tolérée à condition que nous ne fassions aucune conversion. Nous ne faisons qu'assurer une présence pour quelques rares touristes ou expatriés.

– Nous sommes obligés de renvoyer rudement tout musulman qui s'intéresse à l'Église et à l'Évangile pour lui épargner la prison ou la vindicte populaire ! L'apostasie est interdite par le régime. Il y a tolérance religieuse pour les gens du Livre, mais pas liberté de pensée.

Nous tombons des nues, et commençons à évaluer tout le poids de la confusion des pouvoirs spirituels et temporels.

Deux cyclistes quittèrent la ville à l'aube par la porte du Sud qui n'était plus gardée [2]... Jadis la porte *bab Amhar* protégeait la ville des razzias venant du désert. Nous partons à l'assaut d'un mythe : l'Atlas. L'interminable pédiment du massif, faible pente de pierres empilées, nous fait goûter progressivement la pénétration du pays berbère. Pas un tournant. La route semble se jeter contre un mur sans fin. La population devient peu à peu

---

1. Souvenir d'un précédent voyage en Islande où le guide précisait que la population faisait preuve de « frénésie culturelle » envers les touristes étrangers.
2. Clin d'œil à Jean Raspail, grand écrivain-voyageur.

distante, plus réservée, nos relations avec elle n'en sont que plus authentiques. La température chute très vite avec l'altitude. Le ciel se couvre, et c'est frigorifiés que nous rallions Asni. Autour d'une soupe populaire, nous hésitons longtemps entre la route d'Imlil et celle d'Ouïrgane. La première nous conduit au pied du Toubkal (4 187 mètres), sommet de toute l'Afrique du Nord, et la seconde nous mène au col du Tizi n'Test franchissant le Haut Altas à 2 100 mètres.

Supportant courageusement le monde, un petit Atlas en aube blanche nous souffle à l'oreille, plein de componction : « C'est trop dangereux ! C'est l'hiver ! Vous n'êtes pas équipés, et puis vous n'avez pas le temps ! Vous avez de nombreux kilomètres à parcourir ! » Mais aussitôt, *in petto,* un petit Atlas rouge à queue fourchue nous chuchote en secret de sa voix mielleuse : « Le sommet est juste là, à portée de main, c'est trop bête ! Vous pourrez louer du matériel et puis ça fait plus d'un mois que vous roulez comme des damnés !... »

Mohammed Agafai (s'appellent-ils tous Mohammed ?) vient mettre un terme à nos atermoiements. Petit Berbère râblé, vingt-cinq ans, une tête d'Indien, berger à ses heures, guide aux autres, il nous propose de nous emmener au sommet du Toubkal dès demain matin. Pour nous c'est dès maintenant ou jamais.

Notre petit bonhomme se dégonfle, invoque la tempête qui se prépare. Je le titille.

– C'est pas grave ! On va bien trouver un guide marocain qui n'aura pas peur de la marche forcée !

Les meilleures recettes étant toujours les plus simples, il prend la mouche aussitôt !

– *Bismillah,* « Au nom de Dieu », j'ai pas peur ! C'est vous qui allez pas pouvoir suivre ! Je vous parie que quatre jambes de françaoui, ça vaut pas deux jambes de Berbère !

– Pari tenu !

Et nous nous serrons la main en riant.

Après trois heures de préparatifs, nous partons d'Aremd (1 900 mètres). Non sans bravade de part et d'autre, la montée se fait au pas de charge, en short, dans la neige. Nous sommes réchauffés par le rythme soutenu. Surtout ne pas s'arrêter. Il ouvre la trace dans vingt centimètres de neige, nous mettons nos pas dans les siens. De guide il redevient berger, de clients nous devenons complètement chèvres ! Nous crapahutons ainsi quatre heures. Vertigineuse de profondeur, la voûte étoilée est circonscrite par les sommets. Nous sommes aspirés vers le haut dans un puits d'étoiles. Soudain la lune blonde déboule d'une cime en semant sur ce panorama son velours de cristal.

Notre arrivée en short au refuge fait sensation. Un groupe d'alpinistes espagnols nous glace : un guide de haute montagne américain est porté disparu, et la neige est impraticable jusqu'au sommet : à la fois trop profonde et croûtée en surface. Mohammed profite de notre déception et de l'adversité des conditions pour nous signifier que nous devrons nous contenter du refuge. C'est compter sans notre pugnacité. Rusé, il nous dit qu'on verra demain, en espérant secrètement qu'on ne se réveillera pas. Classique !

À quatre heures et demie nous le tirons des bras de Morphée en lui rappelant son pari de la veille. Il maugrée et commence par refuser. Après un quart d'heure de palabres durant lesquels il attend une rallonge qui ne vient pas, il cède quand je lui dis :

– Y a pas que les mules qui sont têtues, les Français aussi ! On veut juste voir par nos propres yeux qu'on ne peut pas grimper.

L'ascension s'avère pénible, mais pas impossible ! Le gardien du refuge nous a passé deux pantalons. Nous enfonçons dans la neige jusqu'au-dessus du genou, c'est profond ; la surface croûtée cisaille la cuisse, mais ça passe. Notre principale difficulté vient de ce que Mohammed gémit à chaque pas, voit des tempêtes derrière chaque nuage, des maelströms derrière chaque bourrasque.

Il s'arrête, nous nous encordons, et je prends la tête. Au bout de quelques longueurs je suis presque obligé de le tracter pour interrompre ses jérémiades. Nous attaquons au piolet et aux crampons en ligne droite dans un goulet d'avalanche pour écourter la marche. *Maccache !* Il ne veut plus avancer. Qu'à cela ne tienne ! Nous continuerons tout seuls ! Je fais mine de le désencorder.

– *Mektoub !* C'est la fatalité ! Ils sont fous ces Français ! C'est bon ! Je vous suis !

Comme des rubis, les pointes des cimes avoisinantes s'enflamment quand nous gagnons le sommet. Le panorama est suffocant ! Une mer de nuages isole les massifs comme des îles sur un océan floconneux.

De fortes rafales soulèvent des volutes de cristaux, accueillent les premiers rayons du soleil dans un feu d'artifice iridescent, nous fouettent au visage. Face au vide, une main en porte-voix, Mohammed se met à chanter sa joie à travers les dissonances suraiguës d'une complainte de berger.

À midi et demi nous sommes redescendus. Mohammed tartarine déjà sur son ascension folle. Nous l'écoutons parler en songeant à l'hilarante duplicité de son caractère. Nous avons réalisé un premier rêve ! Nous avons tenté au cours de la montée et de la redescente de repérer les traces du guide disparu, mais sans succès.

Nous lézardons au soleil sur le toit de sa maison en pisé quand Mohammed nous apporte fort à propos des crêpes au miel. Mais la journée n'est pas finie, nous plions rapidement bagage et avalons sans un coup de pédale les 1 800 mètres de dénivelé qui nous séparent d'Asni. À tombeau ouvert dans la descente je me rappelle les dernières paroles du frère Philippe, porte d'Orléans : « Faites gaffe dans les descentes ! » Je ralentis ; « trop con de se planter après le Toubkal ! »

Nous reprenons la route d'Ouïrgane et entamons notre lente progression vers le col du Tizi n'Test (2 200 mètres). De gros tampons noirs colmatent les radieuses éclaircies de tout à l'heure. Le plafond baisse en avalant les sommets. Au fil de la montée, des petits villages de montagne s'égrènent dans la grisaille. Des maisons basses, aux murs épais dépourvus de fenêtres, nous offrent parfois un abri contre l'averse. Émaciés et frustes, des Berbères nous accueillent sans un mot ; le feu crépite, un thé se tend, un sourire se fend ; nous repartons.

Malheureusement, du haut d'une crête, du fond d'une vallée, il se trouve toujours un jeune berger, un gardien de bâton, un propriétaire de pierre ou de vent qui vous hurle obstinément sa requête dérisoire. Que s'imagine-t-il ? Que nous allons nous arrêter, sortir de nos sacoches un bonbon, descendre à la rivière, la traverser en nageant, et grimper le coteau pour le lui apporter ?

Rien ne nous attriste plus que le « réflexe stylo » des enfants qui dévalent les montagnes à notre poursuite et qui ne voient en nous que des Bic à roulettes. Dans un de ces villages nous préférons déballer nos flûtes. L'attroupement ne tarde pas, et les enfants se mettent à danser des farandoles autour de nous en riant.

Nous avons réussi, nous sommes heureux. Un des mômes a bien tenté de nous soutirer un stylo, il s'est aussitôt fait tancer par un plus vieux.

Dans le village suivant, réclamant leur octroi, une bande

de chenapans exige des bonbons. Nous faisons la sourde oreille. Cela nous vaut une salve de graviers...

La montée au col du Tizi n'Test s'avère plus facile que prévu. À Idni nous essayons d'acheter autre chose que des sardines et des Vache qui rit, peine perdue ! Nous enchaînons les lacets en entrant dans la couche de nuages. La nuit en profite pour tomber sans prévenir. Nous sommes refaits ! On n'y voit goutte, nous sortons nos lampes frontales. Des flocons gros et gras se mettent à tomber dru. Nous poursuivons dans le silence feutré. Seules les reprises d'un gros camion bourdonnent au loin. La neige s'accumule. Nous fendons bientôt un linceul de quelques centimètres. « La rumeur approche, l'écho la redit... », c'est un chasse-neige qui passe et s'arrête. Son gyrophare orangé caresse les cèdres de l'Atlas.

– Où allez-vous comme ça ?

– Jusqu'au col, c'est encore loin comme ça ?

– Deux « kilos », comme ça ! Je vous emmène ?

– Non merci, ça va comme ça ! répond Sylvain. Vous n'auriez pas de l'eau « comme ça » par hasard ?

Le brave homme remplit nos bidons et nous propose un thermos de café. Nous buvons avidement les tasses qu'il nous tend dans la lumière des phares.

– Alors, il est bon mon café ?

– Comme ci, comme ça !

Nous éclatons tous les trois de rire.

À peine notre bon Samaritain nous a-t-il quittés qu'une tempête se lève.

Le col n'arrive jamais. Nous sommes aveuglés par un vent cinglant. L'avons-nous passé sans nous en rendre compte ? Pas possible, on aurait vu le panneau. Les frontales faiblissent. Nos genoux gèlent. Depuis Rabat où nous les avons renvoyés en France, nous n'avons plus de pantalons.

Urgence. La situation nous échappe très rapidement. Décision. Dans un quart d'heure nous sommes transis. Action. Vite ! allons planter la tente n'importe où !

La toile claque dans le vent en menaçant de m'entraîner dans les pentes avoisinantes. Sylvain rugit comme un lion en se débattant avec les sardines. C'est un peu comme si nous devions mettre un cheval de rodéo dans un sac !

Une fois dans la tente je suis pris d'une crise d'hypothermie : tremblements, lèvres bleues, crampes d'estomac foudroyantes. Je me tords de douleur. Il me semble que j'accouche d'une montagne et je ne ponds qu'une colique. Sylvain, effrayé, me frictionne dans tous les sens et me prépare un bon bol de soupe brûlante. Le pauvre ira même jusqu'à me donner son sac de couchage, plus chaud que le mien. Merci, Sylvain.

*Mercredi 24 novembre 1993 :*
*46e jour, 89 km. T : 3 324 km*

Nous accusons le coup du marathon de nos trois derniers jours. Le réveil n'a pas sonné ce matin. Il est mort de froid cette nuit. Un homme chante à tue-tête dans la montagne. Nous avons d'abord pensé, incrédules, qu'il s'agissait d'une mobylette ! Tout l'intérieur de la tente est givré. La fermeture Éclair du double toit est coincée par le gel.

– Magne-toi ! C'est assez pressant ! glapit Sylvain dans mon dos.

– On va enfin voir où on est ! dis-je en trépignant d'impatience.

Ouaouw ! Montagne, ciel, neige, tout n'est qu'époustouflante pureté. Le chanteur se rapproche, il marche sur la route. Comme un nid d'aigle, notre tente est plantée sur un promontoire, 200 mètres sous le col.

– Y a du gaz [1] ! s'exclame mon compagnon de cordée.

Au col, tout le sud du Maroc s'étale devant nous : toute la vallée de l'oued Souss qui va de Ouarzazate à Agadir, ainsi que l'Anti-Atlas, dernier obstacle avant le Sahara.

En montagne on perd facilement la notion de l'altitude, au Tizi n'Test on en prend conscience. Nous avons sous les yeux, comme sur une carte géographique grandeur nature, notre itinéraire des quatre jours à venir !

Nous plongeons dans la descente, les pieds rivés dans les cale-pieds, les yeux scannérisant la chaussée 50 mètres devant nous, en quête d'un nid-de-poule ou d'un camion débouchant dans un tournant. Les graviers fusent et font chanter les rayons. Tous les 100 mètres la température gagne un degré. Nos patins de frein gémissent comme des chèvres malades, et des crampes nous figent les doigts sur les manettes de frein. Avancer sans effort, quel bonheur ! Après une heure et quart de descente nous mettons pied à terre, hirsutes, les oreilles bourdonnantes et les yeux pleins de larmes... d'ivresse et de joie !

---

1. « Il y a du gaz » : expression d'escalade pour exprimer le vertige, la hauteur et l'exposition.

– Ça y est, me dit Sylvain, on est de l'autre côté de ce tas de pierres !

– Oh ! regarde là-bas ! On dirait des vautours dans les arbres !

– T'as déjà vu des vautours à quatre pattes, toi ?

Nous n'en croyons pas nos yeux, sommes-nous victimes des effets de l'altitude, du contrecoup des épreuves démentes de ces derniers jours ou des vertiges de l'hypoglycémie ? Les chèvres grimpent aux arbres ! Par grappes entières elles sont perchées au bout des branches épineuses comme de gros fruits mûrs, jouant les équilibristes en ruminant paisiblement leurs bourgeons d'arganier.

À Taroudannt, 30 kilomètres plus loin, nous ne pouvons plus avancer ! Il nous faut absolument une « frénésie ». Celle-ci ne se fait pas trop attendre.

– *Schöne Reise ? Wohin fahren sie zu*[1] *?* entendons-nous dans notre dos.

L'œil rond de malice, habillé à l'occidentale, Habib nous prend pour des Allemands. Confus de sa méprise dans laquelle il croit, bien plus que nous, voir un odieux rappel de la Seconde Guerre mondiale, il tient absolument à nous inviter à boire un Coca.

– Sylvain ? Ça vient de *sylva,* la forêt !... Tu es donc un homme des bois !

Impressionnant ! Nous nous lançons dans des discussions passionnées autour de la fraternité européenne, du panarabisme introuvable, de la modernisation de l'islam. Habib a fait ses études de sciences politiques à Hambourg. Il se plaint de l'émigration de ses amis diplômés.

– Tout reste à faire ici ! Nous avons un pays riche avec des potentiels énormes, il nous faut juste des cerveaux pour l'exploiter plus rationnellement. La première chose à faire est la scolarisation obligatoire des enfants. Ainsi les parents n'en feront plus des flopées pour être aidés aux champs. La révolution industrielle n'a pas encore eu lieu au Maroc !

Il nous intéresse tant que la conversation se prolonge.

– Pas question que vous repreniez la route maintenant ! Je vous invite chez mon beau-frère.

– C'est un peu gênant, vous n'allez pas nous imposer chez lui !

---

1. « Beau voyage ? Où allez-vous ? »

– Vous savez, ici nous avons une notion étendue de la famille et de la propriété, cela nous perd, mais ce soir cela vous sauve !

Abdeljalil, colossal, nous reçoit du large sourire d'un homme épanoui. Professeur d'éducation physique, il tient la salle de gym de son beau-frère. Sa femme, la sœur de l'autre, subit avec le sourire ses railleries répétées à l'encontre du foulard qu'elle porte même à l'intérieur de la maison. Il nous fait alors l'éloge de la monogamie, et de la culture physique : « *Mens sana in corpore sano* », nous récite-t-il dans un latin parfait ! Dans culture physique, il y a le mot culture : ça change tout !

Nos flûtes et nos jongleries remportent un fier succès. Les femmes dînent avec nous. C'est la première fois que cela nous arrive ! Dans la bouche de Habib, Rousseau, Voltaire, Nietzsche et Freud sont réconciliés. Le christianisme trouve grâce à ses yeux : « Je ne veux pas qu'on m'impose l'islam à la naissance ! Je veux pouvoir le choisir librement ! Le drame de notre religion c'est qu'elle n'a pas d'Église, sans ça nous aussi nous aurions eu notre Concile... » Nous sommes éberlués.

Sur mon carnet de poèmes, en face des *Djinns* de Victor Hugo, Habib m'écrit en arabe le verset *Ayat al Kursi,* qui commence par la profession de foi islamique, pour nous protéger sur la route. Je la récite avec lui :

– *Bismillah al-Rahman al-Rahim, la ilah illa Allah...*

Il me la traduit ensuite.

– « Au nom de Dieu tout-puissant et miséricordieux, il n'y a de Dieu que Dieu... »

Nous éprouvons le véritable œcuménisme des croyants.

Dieu qu'il a été bien inspiré cet Habib ! Le verset, exposé ostensiblement dans le porte-cartes, nous tirera de bien des mauvais pas. Des contacts froids et menaçants devinrent vite fraternels et salvateurs grâce à ce petit bout de papier. C'est vrai, ce verset chasse le mauvais œil ! Celui de l'homme.

*Samedi 27 novembre 1993 :*
*49e jour, 96 km. T : 3 371 km*

Ce soir nous avons planté la tente dans les ruines d'un vieux fort dominant un oued asséché. Le torchis centenaire, repeint en rouge par le couchant, nous fait songer au sang dont il a dû s'abreuver au cours de violents combats. Nous plantons le drapeau français devant l'abside. Cela fait quinze jours que nous sommes au Maroc ; nous n'y avons planté la tente que deux fois !

Il nous reste 2 750 kilomètres pour rallier Dakar. Il nous faudra tenir une sacrée cadence si nous voulons y arriver avant Noël ! Nous découpons l'itinéraire en nombre de jours qu'il nous reste, c'est juste ! très juste ! Le calcul est simple : nous devons tenir une moyenne de 101 kilomètres par jour. Avec 3 371 kilomètres en quarante-neuf jours, notre moyenne quotidienne depuis Paris n'est que de 68 kilomètres !

L'heure est grave, nous sommes trop lents, il va falloir mettre le booster !

Nos journées sont des pages blanches. Nous ne savons pas en nous levant où nous mènera l'inspiration du jour. Nous déroulons un fil d'encre sympathique sur des paysages ouverts comme des livres. Arabesque dénouée, nous passons, nous ne faisons que passer. La nuit vient nous cueillir où nous sommes et la pénombre tend alors sur nos têtes son drap de velours étoilé.

Nous sommes aux portes du désert. Des touffes d'euphorbes et d'épineux parsèment les cailloux à l'infini. L'Anti-Atlas nous offre un premier col à 1 057 mètres : le Tizi Mighert. Il clôt une belle pénéplaine en auge.

Plus nous descendons vers le sud, plus les femmes sont voilées : deux yeux dans un tas de tissu. Les gens ici cultivent la pierre. Ils passent leur soc entre les rochers en faisant slalomer leurs baudets dans des champs de 60 centimètres de large. Scènes admirables ! Nous grimpons sur les plateaux du massif. À Tleta Akhssass un officier nous arrête. C'est notre premier contrôle. Le premier d'une longue série. Il nous sert un tagine. Les bonnes habitudes se gagnent dès la première fois !

Quelques coups de pédale plus loin nous débouchons sur le bord de l'Anti-Atlas. Une descente vertigineuse s'ouvre devant nous.

En bas, aussi loin que porte le regard, c'est le désert. Un désert sans agriculture. Là est la différence.

Nous pénétrons en roue libre dans l'empire des éleveurs et des caravanes.

# DE GOULIMINE À DAKHLA, À TRAVERS LE SAHARA OCCIDENTAL

*Sylvain*

La ville de Goulimine marque l'entrée du Sahara. Non qu'il s'agisse d'une véritable porte, car on n'y arrive pas tout d'un coup, comme on passe un seuil, mais parce qu'elle est chargée d'une atmosphère de désert. La ville est noyée de poussière, d'odeurs violentes et de cris de bêtes. Les négociants, les chameliers, les voyageurs et les Touaregs viennent y goûter un peu de modernité urbaine avant de reprendre le chemin des sables.

Pour nous, la ville donne le coup d'envoi d'une immense ligne droite nord-sud de 1 500 kilomètres, le long de l'Atlantique, à travers le Sahara occidental, l'ancien Rio de Oro espagnol.

Les semaines que nous allons y passer seront des semaines de solitude. Pour fidèle compagnon de route nous aurons le vent. Il est notre maître. C'est lui qui décide de nos moyennes et de notre progression. C'est lui qui commande notre abattement moral ou notre euphorie. Il porte différents noms suivant sa nature. Il est sirocco quand il vient du sud, chergui quand il vient de l'est, alizé quand il souffle depuis le nord-est et brise de mer quand il arrive de l'Atlantique. Ce qui nous importe quand nous nous levons, le matin, c'est de savoir s'il est favorable, latéral ou contraire. Une journée de vent dans le dos est une journée heureuse. C'est une loi physique.

Nous connaissons des moments de jubilation, quand, vent portant, sans efforts, nous atteignons 40 kilomètres à l'heure. Au XIX^e^ siècle les ingénieurs prédisaient qu'on devenait fou au-delà de cette allure. Ils n'avaient pas prévu qu'on pouvait devenir ivres. Ivres de vent, du défilement infini des horizons arides et du ronronnement des pneus sur le goudron dilaté. Pendant ces journées de vent dans le dos que nous avons baptisées *Exul-*

*tate, Jubilate,* il nous arrive d'enlever 180 kilomètres en six heures.

Mais, quand le chergui ou tout autre vent contraire se lève, notre allure tombe à 10 ou 11 kilomètres à l'heure. On sent très bien le vent de face se lever, se réveiller comme une bête tapie attendant, à l'affût, de donner l'assaut. Quelques rafales d'abord, puis, de plus en plus insistant, un souffle pernicieux qui s'installe doucement et qui enfle insidieusement. Il n'est rien de plus éprouvant pour la volonté que d'avancer au pas, entravé par le vent, assommé par le défilement minéral, sans aucun point de repère pour jalonner l'effort, avec la carte devant les yeux qui étale les milliers de kilomètres à venir. Dans les petits matins remplis de vents contraires, l'idée d'une journée entière d'acharnement nous plonge dans des abîmes de détresse. Parfois le découragement, mêlé au sentiment d'injustice, déclenche en nous des accès de rage. Nous engueulons alors les buissons ou un chameau qui passe. Puis nous retombons dans un état de léthargie. Le bruit des rafales engourdit nos cerveaux et nos pédales abattent, seconde après seconde, des heures de lutte contre la glu.

C'est à Tan-Tan que la route rejoint l'Atlantique. Elle descend alors vers le sud, rectiligne et fuyante, au bord des falaises qui dominent l'océan. Elle se perd dans le lointain. Pas un creux de terrain, pas un pli, pas une habitation, pas un bouquet d'arbres pour reposer le regard. Pas une fausse note dans le néant. La visibilité, excellente les jours où l'air du désert est lavé par les embruns de l'océan, nous dégage des perspectives horizontales vertigineuses. Nous avançons hors du temps, drogués de chaleur, de régularité et de monotonie.

Dans ces moments d'extrême solitude, à l'idée des longues heures à passer, nous tâchons de nous occuper. Sur un vélo, pour ne pas sombrer dans l'ennui, il existe plusieurs recours. La prière, la contemplation du paysage, la rêvasserie divaguante, la concentration sur un point précis et trivial (le dîner du soir, l'ampoule au pied) et surtout la récitation de poèmes. Nous avons emporté des reproductions miniatures de poèmes, réunis en petits cahiers. Fixés sur le porte-cartes, sur la sacoche de guidon, ils nous offrent, à portée de regard, une anthologie de la poésie française. Les litanies de Péguy se prêtent bien au pédalage, et à l'étourdissement dans l'océan des dunes.

*Nous savons ce que c'est qu'un tronçon qui s'ajoute*
*Au tronçon déjà fait et ce qu'un kilomètre*

*Demande de jarret et ce qu'il faut en mettre*
*Nous passerons ce soir par le pont et la voûte* [1].

Il y a un livre qu'il est inutile d'emporter : c'est un livre de géographie. Tout le jour, nous pédalons devant des cas d'école qui feraient pâlir les illustrations des manuels. Devant l'oasis de Daora, nous voyons des dépressions, dont le fond est recouvert de sel et que l'on nomme sebkhas. Le soleil y luit et le désert se couvre de ces taches de lumière blanche qui dessinent des mirages derrière les croupes rocheuses. Nous contemplons des champs de dunes au-delà de Dakhla. Quand elles ont la forme de croissants, elles s'appellent barkhanes. Le vent les pousse, les détruit, les remodèle. Elles accomplissent des méharées sans fin, à travers le désert, comme un troupeau de bêtes. Nous croisons aussi un oued au-delà de Laayoun. Il se jette dans la mer et son embouchure sert de villégiature à des hérons de passage, et de dernier rivage à des barques échouées. Nous tournons les pages du Sahara à grands coups de pédale.

Les barrages policiers sont une autre distraction sur laquelle nous pouvons compter. Tous les 100 kilomètres environ, un contrôle oblige à s'arrêter. Le Sahara occidental est une région encore instable et le gouvernement marocain maintient une surveillance serrée sur ces terres annexées. Un jour, à l'heure la plus chaude de la journée, nous croisons un contrôle mobile. La scène est surréaliste. Assis sur deux chaises de bois et accoudés sur une table d'écolier, en plein milieu du désert comme dans un tableau de Dali, se tiennent deux officiers. Ils sont tirés à quatre épingles et portent vestes, cravates et képis par quarante-cinq degrés. L'un d'eux entreprend de recopier intégralement nos passeports. Tic-tac, tic-tac. Sur une vieille machine à écrire. L'autre soldat répare une radio éventrée. Des nuées de mouches ont investi le boîtier de l'appareil. Bzzzzz. D'un coup de tournevis il chasse le nuage qui revient aussitôt. La radio émet des sons d'agonie. Crouiiiiicrouiiii. Derrière, un militaire sahraoui en treillis assis par terre écoute du disco arabe sur un transistor, plaqué à son oreille.

– La ferme, Bachir ! hurle l'officier au tournevis.

Le transistor se tait. Bzzzz, tic-tac, crouiiiiii. La machine à écrire continue à égrener les lettres, les mouches à voler et la radio à grésiller. Le soleil tape. Le désert est devenu blanc.

1. Charles Péguy, *Présentation de la Beauce à Notre-Dame de Chartres.*

Debout devant la table, les yeux fermés, le front perlé, nous attendons le bon vouloir des officiers pour reprendre la route du sud.

Tous les soirs nous plantons la tente au bord des falaises, face à l'occident, pour que les derniers rayons éclairent notre dîner. Les soirs sahariens réservent des crépuscules qui sont à la fois des couchers de soleil et des levers de lune. Mû par un mouvement de balance, le soleil s'abîme en même temps que la lune prend possession de la nuit.

Après ces passations d'armes, les étoiles emplissent le ciel et, au large des côtes, les bateaux de pêche allument leurs falots. La mer devient le miroir du ciel. Une lanterne de barque pour une étoile.

Depuis Toulouse, notre route suit celle de l'Aéropostale [1]. Alicante, Tanger, Casablanca, Agadir, Laayoun et bientôt Tarfaya (l'ancien cap Juby), Nouadhibou (anciennement Port-Étienne), Saint-Louis et Dakar. Nous n'en n'avons pas encore fini avec la route mythique de la conquête du ciel, puisque notre projet est de gagner Buenos Aires pour traverser la Pampa et les Andes, jusqu'à Santiago. Nous repensons aux pages de *Terre des hommes*. Saint-Ex y évoque les rezzous, ces révoltes de Maures qui ensanglantaient les nuits sahariennes. L'aviateur qui devait se poser d'urgence dans le désert était à la merci de ces écumeurs des dunes. Nous dormons sous ces mêmes étoiles qui guidaient les Breguet des années mythiques, mais, quant aux assauts de Sarrasins, nous ne risquons pas grand-chose...

Les seuls combats que nous aurons à livrer seront contre les chiens sauvages du désert, demi-bâtards de créatures des sables. Ils sortent de leurs tanières à la nuit tombante pour poursuivre les vélos. L'un d'eux nous prend en chasse un soir, à 30 kilomètres à l'heure, pendant plus de 3 kilomètres. Il abandonne finalement, touché au museau par nos matraques de défense. Elles sont fixées sur nos cadres et nous les dégainons à la moindre alerte.

L'autre rencontre avec les animaux du désert a lieu un matin. Nous prenons notre petit déjeuner dans la tente. Depuis nos sacs de couchage, par l'ouverture de la moustiquaire, nous voyons le Sahara immense et immobile. Soudain quelque chose frétille à quelques dizaines de mètres de la tente. Tout est si figé dans ce désert qu'on remarque le moindre bruissement et le

1. Ligne aérienne postale mythique entre la France et l'Amérique du Sud via l'Afrique, dans les années trente.

plus petit mouvement. C'est une araignée. Elle grossit. Elle se dirige exactement vers nous. Je hais ces animaux-là. Elle a le Sahara entier à sa disposition depuis l'Égypte jusqu'au Maroc et de l'Algérie au Niger, et il faut qu'elle vienne exactement ici ! Elle s'approche. Elle semble déterminée. Je recule au fond de la tente. Alex qui connaît mon horreur de la famille des arachnides savoure la scène. Au moment où l'araignée franchit le seuil de l'abside, un oiseau la saisit dans son bec, l'avale cul sec et redécolle aussitôt. Il y a donc des êtres recommandables dans le Sahara.

À Dakhla, nous sommes arrêtés par la garde royale. La route qui mène au sud du Sahara marocain vers la Mauritanie est fermée et la circulation y est interdite. Le cessez-le-feu prononcé entre les forces marocaines et le Front Polisario est encore fragile au sud de Dakhla et oblige les Marocains à une surveillance appuyée de la région. La résistance sahraouie n'est pas morte, elle revendique toujours l'ancien Rio de Oro. Il existe même un gouvernement sahraoui à Tindouf en Algérie. Dans cette zone opérationnelle circulent également plus de trois cents soldats de l'ONU, chargés d'observer le bon déroulement du référendum prévu en décembre 1993 – et que l'on attend toujours – sur l'appartenance marocaine des populations sahraouies. Celles-ci reprochent au Maroc de pratiquer une colonisation larvée en favorisant l'immigration et les investissements marocains dans l'ancien Rio de Oro.

Pour gagner la Mauritanie, il faut s'intégrer à un convoi militaire qui fait la navette entre Dakhla et la frontière plusieurs fois par mois. La perspective d'accomplir nos derniers kilomètres de Sahara occidental dans les camions des forces du roi ne nous enchante pas.

Nous obtenons un rendez-vous avec un officier supérieur à qui nous tentons d'arracher, en vain, une permission exceptionnelle de passage.

– Vous êtes sûr, mon capitaine, que nous ne pouvons pas poursuivre à vélo ?

– Catégorique, messieurs !

– Et si nous nous faisons suivre par un véhicule militaire ?

– Vous vous imaginez qu'une jeep va vous accompagner à vingt à l'heure pendant trois jours ?

– Et si quelques-uns de vos hommes viennent avec nous à vélo ?

Le capitaine éclate de rire.

– Je ne trouverai jamais un seul volontaire dans tout le Maroc ! Messieurs, le convoi part demain. Merci.

Nous allons cuver notre déception dans le hammam de la ville. En sortant nous rencontrons Jean Buffan, un Français qui voyage avec sa nièce, en jeep. Ils ont fini leur périple et retournent en France. Jean nous offre des boîtes de conserve. Les sacoches des vélos se remplissent de cassoulets et de petits salés du terroir. Ça nous changera de notre ordinaire saharien, composé d'un pain, de deux œufs et d'un peu de fromage par personne et par jour.

Le lendemain à l'aube, nous rejoignons le convoi aux portes de la ville. Les conducteurs attendent patiemment que les militaires qui gesticulent pour débrouiller quelques complications administratives nous donnent l'ordre du départ.

En tête du cortège roule une voiture militaire conduite par un officier. Il garde les passeports afin que personne ne lui fausse compagnie. Le convoi s'ébranle et la procession hétéroclite et baroque louvoie dans le désert.

La nuit nous surprend avant que nous n'arrivions au poste frontière marocain. C'est à la lueur des phares que nous découvrons un fortin de torchis adossé à une ligne de barbelés. Dans un éclair, nous lisons sur le mur : Dieu, Roi, Patrie. Nous sommes au bout du Maroc.

– Vous passerez la frontière demain, nous annonce l'officier. Ce soir il est trop tard.

Dans un crissement de pneus, deux énormes 4 × 4 estampillés ONU surgissent de l'est. Trois capitaines en mission de patrouillage nocturne en sortent. L'un d'eux est un jeune Français de vingt-huit ans. Il est ému de nous rencontrer en ce lieu désolé. La voix couverte par le bruit des diesels, dans le faisceau cinglant des phares, il nous parle de son mariage, à l'église Saint-Louis-des-Invalides en juin prochain. Il imagine déjà le dôme d'or éclatant dans le ciel bleu, bientôt voilé par un nuage de confettis. Mais il rouvre les yeux et replonge dans la nuit du Sahara occidental. Un rêve a passé. Il nous offre une orange et un litre d'eau de source. En guise d'adieu il nous lance :

– Bon courage et attention ! La frontière n'est ouverte que depuis un mois, et de l'autre côté s'étend un no man's land miné. Ne vous écartez pas de la piste pour pisser : il y a quinze jours, un capitaine italien a sauté. Chaleur et lumière dans le djebel !

Les deux jeeps repartent comme elles étaient venues. Nous

dévorons l'orange à la santé de l'armée française et des jolies femmes de soldats, le dimanche, aux Invalides.

*Mercredi 7 décembre, midi, poste frontière de Bir Gandouz*

Les Marocains nous rendent les passeports.

– OK ! Vous pouvez y aller, nous dit l'officier. C'est tout droit pendant 10 kilomètres. Vous suivez les cairns jusqu'à la Mauritanie. Faites gaffe aux mines.

Ils tournent les talons et s'en retournent vers Dakhla. Notre convoi, livré à lui-même, s'engage dans le no man's land. Il s'agit d'une zone tampon de quelques kilomètres de large, qui sépare les deux pays en guerre depuis plusieurs années. Les voitures échouent dans les bancs de sable, le camion s'enlise, la camionnette mauritanienne rend l'âme. La caravane casse. À quelques kilomètres plus au sud commence la région du banc d'Arguin où vint s'échouer, au XIXe, le radeau de la *Méduse.* Sous un soleil implacable, nous reconstituons bien involontairement la scène. Le cortège ressemble à un grand naufrage. Les voitures sont éparpillées à des centaines de mètres les unes des autres. Chacun creuse, pousse, tire, pose des plaques de désensablement pour dégager son véhicule. Les ordres et les jurons fusent en flamand, en français, en allemand.

Quand nous parvenons enfin à rejoindre la frontière, nos efforts ne sont même pas récompensés. Les Mauritaniens, terrés dans les trous à rat qui leur servent de fortifications, nous retiennent pendant des heures pour nous apprendre finalement que nous ne passerons pas la frontière aujourd'hui et que nous devons attendre le lendemain. Le soleil s'échoue dans l'Atlantique.

## DE NOUADHIBOU À AKJOUJT

*Alexandre*

De l'autre côté de la rue, une voiture stationnée explose comme par enchantement. De grands Noirs gesticulent de leurs longs bras. Je me dis : « Ils sont fous ! Ils se rapprochent au lieu de s'éloigner ! » Deuxième explosion. Un homme porte la main à sa tête ; il saigne. Nous sommes devant la douane de Nouadhibou.

Notre première vision de l'Afrique noire est dantesque. Ces trois derniers jours, nous avons été les jouets du bon plaisir administratif d'officiers déguenillés. Pas de chance, nous sommes sortis de ce purgatoire géopolitique par la porte de l'enfer !

Une route lépreuse nous a conduits jusqu'ici entre des bidonvilles et des décharges anarchiques consommées par des brasiers et des boucs efflanqués.

Les carcasses de camions calcinés et les tas de gravats offrent des terrains de jeux d'apocalypse à des enfants faméliques. Dans cette atmosphère suffocante, la vie survit.

Trois barbus d'ébène nous font au pied levé une leçon de propagande islamiste. Nous venons d'arriver.

– Tu ne peux pas avoir ce verset avec toi ! Tu n'es pas musulman, tu le souilles de ton contact impur !

Un mètre quatre-vingt-cinq, des bras comme mes cuisses, un cou de taureau, un débardeur du port m'accoste devant l'entrée du bureau des déclarations d'entrée de devises où Sylvain effectue des formalités.

Je lui demande son nom pour parer son agressivité.

– Ali.

– Presque comme moi ! Moi, c'est Alex !

Il ne rigole pas. Il en veut à mon porte-cartes dans lequel

mon carnet de poésie est ouvert à la page du verset *Ayat al-kursi.* Il semble que nous ayons franchi un pas dans l'orthodoxie.

– Donne ton cahier ! Je vais arracher la page !

Il est fou ce mec ! Je suis seul, entouré de regards noirs. Le cercle se referme. Je ne vois qu'une issue : je me mets à réciter par cœur le verset en arabe.

Visiblement enthousiaste, une partie de l'auditoire qui s'est amassé comme un vol de corbeaux prend ma défense. Ali ne l'entend pas de cette oreille et en fait une affaire personnelle. Je me lance dans des spéculations théologiques : qui a fait l'œuf ?

– La poule ! répondent-ils, le sourire aux lèvres.

– Et d'où vient la poule ?

– De l'œuf ! répondent-ils en chœur.

Ça prend ! Comment faire une omelette sans casser d'œufs ? Et je renchéris, poussant la forfanterie :

– Comment devient-on musulman, quand on n'a pas eu la chance de naître musulman ?

– En apprenant les prières...

Ils ont compris. Ouf ! Cette fois-ci encore les rieurs sont de notre côté.

Sur ce arrive Sylvain enturbanné comme un Touareg. Ali lui enseigne alors tous les usages du chèche contre les tempêtes de sable. C'est gagné ! La confiance est établie. Nous découvrons ce jour-là le mode d'emploi des relations avec les populations du désert.

Sylvain file à la police rechercher les passeports tandis que je fonce à la banque changer dirhams et dollars en ouguiyas. J'arrive à la fermeture. Je gémis, je geins, rien n'y fait. Un petit bonhomme étriqué dans un affreux costard gris, le visage mangé par d'énormes lunettes, m'aborde, un attaché-case à la main.

– Je suis la banque, venez avec moi.

– ! ?

Il me fait passer par-derrière et me remet entre les mains d'un petit factotum. La mouche revient enfin et fait une moue dégoûtée lorsqu'il constate que je ne change que cent dollars, ouvre sa mallette où gît en vrac un tas de billets chiffonnés : le coffre ! Pétri d'importance, il les cueille un à un comme des fruits mûrs, et me les tend sans un regard, après avoir empoché sa commission de cinq dollars.

Retourné à la poussière de la rue, je retrouve Sylvain aux prises avec une troupe de bambins agressifs.

– Magne-toi ! On décroche ! Ils veulent tous m'acheter mon vélo, et j'ai failli me faire piquer ma pompe.

De trois choses l'une ! Soit nous longeons la mer jusqu'à Nouakchott sur la plage du banc d'Arguin, immortalisée par Géricault et le « radeau de la *Méduse* qui s'y échoua », mais cela nous contraint à ne pouvoir rouler qu'à marée basse ; soit nous nous risquons sur 500 kilomètres de pistes de sable mou, impraticables même pour les 4 × 4, soit nous sautons clandestinement dans les cuves vides du train minéralier de Zouerate qui s'enfonce dans le désert de l'Adrar pour retourner à la mine.

Nous optons pour la troisième solution. Nous ne savons pas où elle nous mène, nous savons seulement que les pistes pierreuses de l'Adrar ne sont plus praticables pour des bicyclettes.

Une seule obsession : quitter la ville. Nous allons attendre le train à sa sortie de l'usine de concassage. Il nous passe sous le nez ! Nous avons pourtant deux heures d'avance !

Le long de la voie ferrée, d'un pas chaloupé, un homme marche comme un spectre de Giacometti en agitant son trousseau de clefs. Tel un saint Pierre ne voulant pas nous ouvrir la porte du Paradis, il nous apprend que ce train qui passe est celui de quinze heures avec une heure de retard, que celui de dix-huit heures est annulé et que le prochain part entre vingt et une heures et vingt-trois heures ! Il nous condamne à un rab de huit heures d'enfer !

Hamada Ould Bakar est comptable à la SNIM [1]. Il nous invite à boire un café à l'hôtel Oasian, nous parle de Hugo, de Verdi, et de « son ami » Depardieu rencontré lors du tournage de *Fort Saganne* près de Chinguetti. Puis il nous traduit son nom : « Terrain de caillou, fils de celui qui se lève tôt » ! Cette poésie nous rappelle un passage de *Terre des hommes* où Saint-Exupéry se pose puis redécolle héroïquement d'une hamada, plateau tabulaire bordé de précipices... Nouadhibou est notre hamada ; nous n'avons de cesse de pouvoir redécoller.

Dans la lumière des phares de sa voiture, Hamada nous mène à un Algeco défoncé sur le bord de la voie ferrée. Nous sommes déjà dans le désert. Quelques militaires sont là pour veiller à ce qu'aucun passager clandestin ne se jette dans les cuves vidées de leur minerai, lors du passage du train. Nous les amadouons. Sous leur tente, ils nous offrent du thé. Sylvain leur lance à la cantonade :

---

1. Société nationale industrielle minière, ex-MIFERMA.

– Ah oui ! Du whisky mauritanien !

Ils éclatent de rire. Nous parlons de la France tandis que notre soldat fait mousser par trois fois son sirop de thé en l'étirant de plusieurs coudées, d'un jet bref et spectaculaire, de la théière au verre. La Sécu, l'Urssaf, le RMI sont autant de mots doux qui enchantent leurs fantasmes d'un nuage doré.

Jamais je n'entendrai d'éclat de rire plus guttural et sonore, dans le silence du désert, que celui dont fut pris, comme d'une quinte de toux, Ahmed, le préposé au thé, en apprenant l'existence du RMI.

– Quoi, plus de deux mille francs sans rien faire ! C'est pas possible ! Et c'est tous les ans pareillement ?

– Non ! Tous les mois !

Il s'étouffe, il bave, il s'étrangle de rire. Nous voyons ses méninges carburer, ses yeux rouler en tous sens comme des boules de loto.

– Ça fait cinquante mille ouguiyas ! Plus de vingt-cinq fois ma solde ! Mais plus personne ne doit travailler dans ces conditions ? Et si personne ne travaille... qui paye ?...

Les grincements sinistres du train le plus long du monde se font entendre dans la nuit. Au loin, la lueur des phares de la demi-douzaine de locos qui le tractent sonde en vain l'étendue désolée. Il se rapproche. On est tenté de dire « ils se rapprochent », autant de clameurs ne sauraient provenir d'une seule entité ! Le sol vibre. Le métal chante. Nos cœurs s'emballent.

La tête passe, les cuves défilent en faisant résonner nos cages thoraciques. Il n'en finit plus de défiler. Il ne s'arrête pas !

– Ne craignez rien ! Il va s'arrêter cinq minutes. C'est long deux kilomètres de wagons ! nous rassure Hamada, fier comme un général en revue.

Le train ne s'arrête jamais vraiment. Quand les locos stoppent enfin, de nombreuses ondes de choc parcourent son échine en secouant de soubresauts spasmodiques ses articulations torturées. Nous chargeons précipitamment notre matériel dans les cuves, à grand renfort de han ! et de humpf !

Nous sommes dedans ! Ouf ! Tout y est ! Hamada nous rappelle.

– Surtout descendez à Choum ! Sinon vous serez asphyxiés dans le tunnel qui va vers Zouerate ! Vous ne pouvez pas vous tromper. En principe le train s'arrête, sinon sautez quand même !

Tout effort est vain à Choum. Nous cherchons un ami de Hamada : échec. Un compresseur pour changer nos pneus plus rapidement : échec. Des provisions : échec. Un départ rapide : échec. Un peu de calme : échec. Nos nerfs sont instantanément mis à l'épreuve par des enfants-mouches qui tournoient autour de nous de façon agressive et persistante. Ils sont durs comme l'univers dans lequel ils sont nés. Ce sont les mêmes qu'à Nouadhibou. Il n'y a rien d'enfantin en eux. Ce n'est pas vrai que le désert élève l'âme ! Il en fait des pierres.

C'est la première fois que nous ne les comprenons pas.

Un môme plus sage que les autres nous dévisage, fasciné par nos gestes alors que nous démontons nos roues. Des mouches en rang d'oignons sur ses paupières lui pompent directement les larmes à la source. Voilà pourquoi ces enfants ne pleurent pas ! Sylvain, théâtral, lui dit :

– Cligne des yeux, petit ! Chasse tes mouches, petit ! Il y va de ta dignité ! Mêmes les ânes chassent les mouches avec leur queue ! Oui, évidemment tu n'as pas de queue, c'est bien dommage !

Il esquisse un sourire quelque peu apeuré, il n'a pas compris et tient toujours de ses deux mains jointes son ventre ballonné. Je lui tends d'une main quelques grains de raisin sec tout en remontant une chambre à air de l'autre. Il les prend, les ausculte et contre toute attente crache dessus ! En voilà des manières !

Nous sommes obligés de nous retrancher hors du « village » pour trouver un peu de calme. Nous remplaçons nos pneus lisses par des pneus à crampons pour affronter les regs [1] de l'Adrar, faisons le plein d'eau et prenons la direction du sud.

Il fait gris. La piste est grise. Nous avons le vent dans la gueule. Les premiers kilomètres nous initient au rythme et aux épreuves à venir. Nous nous regardons de temps en temps avec Sylvain, de ce regard silencieux qui trahit une volonté de se rassurer dans la confiance de l'autre. Il avance ? donc j'avance ! et réciproquement. C'est cette même dynamique émulatrice qui nous soutiendra dans l'épreuve ; qui nous fera réussir là où un seul aurait échoué.

Les zones d'erg [2] alternent bientôt avec les regs. Nous devons chaque fois dégonfler nos pneus pour espérer échapper à l'ensablement. Ce n'est qu'un pis aller. Nous sommes très chargés. Nous avons chacun douze litres d'eau, soit à peu près trois jours d'autonomie, et huit kilos de nourriture. Lorsque nous montons sur nos bicyclettes, c'est une masse de cent qua-

1. Déserts de cailloux.
2. Désert de sable.

rante kilos que nous répartissons sur une surface inférieure à celle d'une boîte de maquereaux ! Autant faire avancer un éléphant dans la neige en espérant que ses larges pieds feront office de raquettes !

Le dos tordu par rapport à l'axe de progression rend la poussée des vélos dans le sable particulièrement harassante. Une main sur la selle, l'autre sur le guidon, la tête baissée, l'échine courbée, nous essayons d'éviter de nous arracher les mollets à chaque pas sur les pédales branlantes. La transpiration nous transforme bientôt en blocs de sel ambulants, si bien que toutes les mouches du désert semblent se donner rendez-vous pour ce festin de choix. Pour leur échapper il faudrait prendre de la vitesse. Maudit sable !

Quand nous estimons que l'erg sera long, nous dégonflons vraiment nos pneus. Cela passe un peu mieux ! Mais, dès que les cailloux réapparaissent, il faut descendre de vélo au risque de rompre une jante, et regonfler. Le rythme est cassé, le moral sapé.

Quand par miracle le sol est stabilisé et dépourvu de cailloux, nous faisons la connaissance de notre irréductible ennemie : la tôle ondulée ! Ces vaguelettes dures comme du ciment sont créées par les amortisseurs des véhicules. Il s'ensuit un phénomène de mécanique ondulatoire qui reproduit des vagues de sable aussi régulières que celles que l'on trouve au fond de la mer. L'avantage des voitures est qu'elles peuvent accélérer et « voler » au-dessus de la tôle ondulée. Nous essayons tout pour lui échapper, rien n'y fait, elle nous rend fous ! Chaque coup de pédale est un coup de pied au cul qui nous remonte jusqu'au cervelet ! Nous roulons au pas. Il est vain de vouloir se battre contre le désert !

### *Samedi 10 décembre 1993 : 63e jour, 70 km. T : 4 637 km*

Notre premier puits saharien est profond, serein. Nos deux têtes s'y reflètent comme sur un disque de lune. L'eau sous tant d'aridité... Nous profitons de son acoustique pour chanter à tue-tête. Un Touareg nous surprend, furieux, et nous semonce à grandes invectives gutturales : il ne faut pas réveiller les djinns [1] ! Il lance son outre au fond du puits et la remonte avec force

1. Démons de l'islam, rendus célèbres par un poème de Victor Hugo.

tractions, le pied sur la margelle rongée par ces mêmes gestes depuis des temps immémoriaux. Les puits dans le désert sont comme ces dessins d'enfant composés de points numérotés que l'on doit relier d'un trait pour découvrir une figure. Si l'on rate un puits, le résultat est compromis.

Sept kilomètres plus loin, une case en euphorbe tressée nous offre un ombrage salvateur. C'est notre premier routier saharien. Allongé en chien de fusil dans sa djellaba bleu ciel, sa femme en tailleur à ses pieds, un homme bleu nous invite d'un vague signe à nous asseoir sur des tapis de palmes. Chacun de nos pas soulève le vrombissement d'un nuage de mouches.

D'une malle, l'homme nous tire un paquet de biscuits tandis que sa femme aux mains bleues et au visage pointillé comme un masque dogon nous verse dans une calebasse du lait de chamelle coupé d'eau sucrée. Sylvain va chercher son pot de confiture. Une bouchée sur deux nous avalons la mouche qui vient se poser sur la confiture de nos biscuits. Nous ne recrachons déjà plus. La nourriture est trop précieuse au désert. Sylvain lance à notre hôte :

– Tu sais comment faire pour devenir millionnaire ? Tu importes du papier tue-mouches et des rideaux de perles pour les empêcher de rentrer chez les gens !

En début d'après-midi nous apercevons devant nous des traces de cycliste. Seraient-ce les nôtres ? Tournons-nous en rond comme les frères Dupond(t) dans *Tintin au pays de l'or noir* ?

– C'est sûrement ce craqué de Matthias [1] ! Comment a-t-il fait pour nous rattraper alors qu'il n'a pas pris le même train que nous ?

C'est à la fois rageant et rassurant de se savoir précédé.

Depuis ce matin, nous cherchons à gauche, sur le lointain bord du plateau que nous longeons, l'échancrure trahissant la passe qui nous permettra d'y accéder. Elle arrive bientôt et nous sentons la piste s'infléchir vers l'est en s'y précipitant comme sur une issue de secours.

Aouinat et Mills, alliance de deux univers pour une passe commune, alliance incongrue de deux noms pour célébrer la victoire de l'homme sur la pierre. La piste se love en orbes serpentines pour gravir les 890 mètres de dénivelé. Sylvain

---

1. Cycliste catalan, rencontré dans le convoi militaire, qui entamait pour trois ans son deuxième tour du monde.

m'apprend que nous attaquons une planaise [1]. C'est merveilleux ! Avec lui toutes les morphologies prennent des noms poétiques qui claquent sous la langue comme des coups de fouet : yardangs, barkhanes, necks...

Dans le désert « ce qui est fait... reste encore à faire » et nous redescendons derrière la passe sur un plateau aux allures steppiques.

Au loin, la fabuleuse mesa [2] du Ten'Zak qui se découpe sur un ciel de cendre est notre prochaine « porte étroite ». La tôle ondulée révolte nos reins et ralentit vicieusement notre approche. Dans une révérence à notre effort, le soleil s'incline lorsque nous attaquons la passe. Les 15 % de dénivelé nous font ahaner comme des pur-sang mécaniques. Le double quadriceps en V, les « jumeaux » injectés et le turbo pulmonaire à plein régime font fumer mes soupapes nasales. Je vais péter une durite d'alimentation, mes fluides ronflent sous mon capot. Ça chauffe dur !

Glorieux éloge à la force humaine, une plaque de bronze témoigne que la passe du Ten'Zak a été ouverte en 1952 par des légionnaires français ; la simple idée de devoir saisir sous ce soleil impitoyable une pioche et un pic pour creuser la montagne nous achève.

Panne sèche ! Cet effort nous a rincés. Bras ballants, nuque cotonneuse, jambes flageolantes et gosier enflammé, nous contemplons de cette hauteur la splendeur du désert. L'élévation embellit le désert.

Nous nous laissons redescendre en roue libre jusqu'à l'oasis de Ksar Terchan.

Dans une déclivité, des flaques miroitent sur des roches mises à nu. Mirages ? Dans le doute, une frénésie nous saisit, nous lâchons les vélos, nous courons ! C'est de l'eau ! Ce n'est pas seulement de l'eau, c'est plus que de l'eau ! C'est le lit et la noce, la caresse d'un enfant et l'amour d'une femme, c'est la vie ! Lentement, j'y plonge mes mains puis mes bras ; des décharges électriques me secouent de frissons, je sens les ions négatifs irradier mon échine. Je poursuis l'immersion jusqu'au torse en passant par la tête. Sylvain me prouve alors que ces cow-boys de western qui se traînent en râlant vers des points d'eau où ils plongent la tête et les bras ne sont pas des caricatures. Quand nous sortons de ce rêve comme d'un cinéma, il fait nuit.

---

1. Couche basaltique sur une couche sédimentaire.
2. Plateau tabulaire à couche sommitale basaltique.

Sur du sable doux pousse, un peu à l'écart, une touffe de palmiers au centre de laquelle une paisible clairière offre un campement de rêve. Un petit salé aux lentilles nous sauve la vie. Comme des petits vieux, nous sortons prendre le frais après le repas. Le sable glacé et profond masse nos pieds blancs, au diable les scorpions, cette douceur est trop exquise ! L'air léger panse nos plaies du jour. Sérénité. Nous nous étendons un moment sur de belles dalles encore tièdes pour nous imprégner de cette plénitude.

– Et il y a des gens qui se contentent d'hôtels cinq étoiles quand nous nous offrons gratos un hôtel mille étoiles !

À l'aube nous avalons en guise de petit déjeuner les 30 kilomètres qui nous séparent d'Atar. Nous y avons une adresse, celle du cheikh Elie Ould Moma, grand marabout et chef spirituel de la Mauritanie. Du côté gauche de la route du nord, sa maison s'élève au-dessus des autres. De hauts murs protègent de grandes cours, formant une enceinte inexpugnable. Des gardes almoravides, en armes, assurent la protection du cheikh. Nous sollicitons une audience à une poterne. Le judas se referme. Une heure s'écoule, que nous endurons affamés et crasseux. Des enfants-mouches viennent aux nouvelles. C'est fou ce que l'hypoglycémie rend irascible ! Nous avons un peu perdu notre douceur tolérante d'Occidentaux bien nourris.

Des hommes sont accroupis le long du mur. Ils attendent. L'attente est le sport national. Les Mauritaniens y mettent tout un art. Nous avons beaucoup à apprendre. Nous pestons en bons Gaulois que nous sommes ! Le judas s'ouvre enfin : le cheikh ne reçoit pas avant quatre jours, et il y a une liste d'attente d'un mois avant de pouvoir le rencontrer !

Pieux mensonge, nous disons au messager que nous venons exprès de Paris à bicyclette pour le voir ; il repart aussitôt. L'attente est moins longue, nous avons rendez-vous à douze heures trente. Lorsque nous revenons, les hommes accroupis n'ont pas bougé. Seules leurs ombres ont fondu au soleil.

Nous sommes introduits sous escorte dans une première enceinte poussiéreuse, encombrée de chameaux et de tentes, éclaboussée de soleil et fourmillante de sourdes rumeurs. Une forte odeur de sang et de tripes chaudes nous pique le nez. Placides et indifférents, les dromadaires contemplent de grands quartiers de viande sanguinolente qui pendent au mur. Un escalier nous conduit dans une seconde cour où des enfants jouent ; une femme disparaît dans un bruissement de rire et d'étoffe : unique et furtive vision du harem du cheikh. Le cerbère nous mène alors dans une sorte de saint des saints. Un turban immaculé apparaît, le cheikh est là. Grand, il est blanc vêtu de blanc, le regard jaune clair aiguisant un visage allongé par une barbichette. Belle gueule de patriarche. Ses yeux se plantent dans nos cœurs et les scannérisent en un battement de cils. C'est bon ! Nous sommes de bons p'tits gars ! Un genou à terre pour lui baiser la main, il nous rend la pareille sur le crâne, nous relève et nous invite à le suivre.

Sur le beau tapis de sa chambre le marabout écoute nos questions par le truchement de deux traducteurs et d'un professeur coranique. Le cheikh n'a pas le droit de s'exprimer dans une autre langue que celle du Prophète. Nous évoquons les péripéties qui nous ont menés jusqu'à lui, notre appétit de découverte, et en venons à ce qui nous intéresse :

– Que pensez-vous de l'amitié franco-arabe ?

– Si vous êtes venus jusqu'ici pour me poser cette question, c'est que vous connaissez la réponse. D'autre part, je ne peux vous parler que de religion.

– Quels points communs voyez-vous entre le christianisme et l'islam ?

– J'en vois beaucoup, mais je ne peux rien dire sur une autre religion que la mienne.

Sylvain essaie alors de le tirer de sa casuistique toute jésuitique.

– Alors, l'islam en France ?

– La France est un islam sans musulmans.

– ! ?

Il se met à vanter la république, la protection sociale, la justice, le progrès médical en concluant que « ce sont de bonnes choses, prônées par l'islam ».

– C'est pour ça qu'il faut que l'Occident se convertisse ! Vous êtes tous les deux sur le chemin.

Sa logique nous échappe un peu. Nous en restons là après avoir reçu sa bénédiction, privilège insigne pour des non-musulmans.

Nous déjeunons ensuite avec tout un aréopage d'intellectuels, d'industriels et de notables venus en retraite se ressourcer auprès du cheikh. Les honneurs dont nous a comblés le marabout attirent sur nous la déférence. Un esclave wolof, colossal comme un fût d'ébène, se fend en quatre en nous présentant une grande jatte de riz et un large plat de chameau bouilli. L'entrée consiste à piocher des dattes écrasées et à les tremper dans du beurre de chamelle rance. Rude !

L'après-midi, nous sommes remis entre les mains de Marouf, le jeune fils du cheikh. On nous précise que nous lui devons la même considération qu'à son père.

Nous sommes d'abord frappés par sa timidité, faite d'un mélange de perplexité à se voir tant respecté et d'orgueil frustré de ne pas avoir mérité ce pouvoir. Le complexe de l'aiglon ?

Il nous montre ses « jouets ». Le premier, un beau pur-sang arabe, pitoyablement entravé dans la cour, se met à ruer à notre approche. Marouf envoie un grand Noir lui distribuer quelques coups de bâton. Le second est un chat sauvage capturé par épuisement lors de la dernière chasse à courre... en Pajero. Le troisième, qu'il nous révèle sous une pergola ombragée où s'entasse pêle-mêle sa collante compagnie de loukoums et de poussahs, est toute la panoplie électronique Sony : chaîne laser, caméscope, télévision !

Pendant qu'il nous en décline toutes les fonctions, et que nous faisons mine de nous émerveiller, je contemple déconcerté cette société d'hommes en vase clos, avachis les uns sur les autres, tête contre tête. Et je songe à toute cette tendresse féminine dont le système les prive.

– Savez-vous jouer à la pétanque ? nous lance l'héritier.

– ! ?

Nous sortons de l'enceinte en procession de Pajero dernier cri. À notre plus grande surprise nous y rentrons par une autre porte : nous avons parcouru 200 mètres en voiture ! Ahuris, nous quittons à contrecœur l'air conditionné et le confort japonais pour assister à la scène la plus inattendue qui soit.

Vieux vestige de l'époque coloniale, la pétanque est perpétuée en plein désert par les Mauritaniens. L'accent méditerranéen en moins, mais le bruissement liquide des djellabas en plus, nos hommes bleus ponctuent leur langue dentale et hachée d'expressions surréalistes : « beau carreau ! », « chandelle ! », « ça demeure ! » qu'ils énoncent en initiés comme des formules magiques. Un bol de lait de chamelle circule de main en main jusqu'à la nausée.

Tout à coup la partie s'arrête : dix-neuf heures, c'est la prière du soir, *al-Maghreb*. Le prieur commence sa litanie nasale. Pour ne pas être de reste, nous récitons dans notre tête un Notre-Père. Après tout, n'est-ce pas le même Dieu que nous prions différemment ? Le dos tourné au soleil couchant nous prions tous face au mur, prosternés devant le cochonnet qui, par le plus espiègle des hasards, a roulé dans la trajectoire de La Mecque.

Avant de quitter Atar, le lendemain, nous allons nous ravitailler dans une épicerie. Sur les boîtes de sardines que nous achetons s'étalent en lettres grasses : **PROGRAMME DE DÉVELOPPEMENT N° 64 UNHCR, NE PEUT ÊTRE VENDU.** Mais la plupart des Mauritaniens ne savent pas lire ! Quel comble que des sardines, sans doute pêchées au large de la Mauritanie, aient été conditionnées en France, aient transité par la Communauté européenne puis par le Haut Comité d'aide aux réfugiés des Nations unies, pour revenir en Mauritanie, être interceptées et revendues à la population ! Mauvaise farce humanitaire sur le dos des pêcheurs locaux.

À la sortie de la ville, un militaire pieds nus et débraillé nous fait signe de nous arrêter. Merveilleux policiers qui tiennent plus leur pouvoir de leur fonction que du prestige de leur uniforme. Son collègue est accroupi sur le pas d'une case en plein cagnard. Long silence. Notre petit officier joue les durs et se dit la même chose de nous. Il cherche notre talon d'Achille en consultant les passeports. Une mouche sur le nez, il demande avec le sérieux d'un archevêque :

– Mais, dis donc ! Où vous avez mis le moteur ?

Dans un étranglement de rire nous lui expliquons qu'il s'agit de vélos.

– Vous vous moquez ? Montrez-moi le moteur et vos permis de conduire !

Sylvain démonte ses sacoches arrière, le flic est soufflé. Pas de moteur ! Il poursuit son interrogatoire de routine en s'appesantissant sur nos grand-mères et numéros de matricule.

Il exige à présent que nous payions un octroi de passage. Il nous montre ses talons de tickets. Sylvain s'insurge :

– Mais vos tickets font mention de voitures et de motos ! Nous ne sommes pas motorisés, nous n'avons pas à payer.

– Si ! Si ! Les bons de paiement pour les vélos seront imprimés la semaine prochaine !

Nous lui expliquons alors doctement le principe fondamental de la non-rétroactivité du droit. Impressionné, il nous invite à partager son tagine de mouton. Le cher homme avait sans doute besoin de conversation.

Nos premiers coups de pédale sont sanctionnés par de violentes crampes d'estomac. Nos ventres ballonnent comme si nos fonctions digestives étaient hors service et que les aliments non transformés allaient boucher les intestins. Ce sont les effets précurseurs d'une dysenterie sur l'origine de laquelle nous hésitons : mauvaise qualité du chameau bouilli ou du lait de chamelle et une erreur de thaumaturgie du cheikh ? Nous roulons quelques heures dans des défilés de falaises ocre et rouge et parvenons au bord du plateau de l'Adrar. Nous voyons au loin vers le sud-ouest une infime partie des 500 kilomètres du désert de sable et de douleur qui nous séparent de Nouakchott.

Cela va très vite ! La piste change de couleur sur 10 mètres. Comme prévu, la tôle ondulée est au rendez-vous. Nous essayons d'en prendre notre parti. C'est dur ! Allez expliquer à un cheval de rodéo qu'il se torture tout seul en ruant, et que la seule façon de ne plus souffrir des tractions exercées sur ses bourses, c'est de ne plus bouger. Or nous arrêter, c'est mourir. Les traces de Matthias ont disparu. Par où diable a-t-il pu passer ? Sa piste était notre fil d'Ariane. Dorénavant nous ouvrons la route. Nous devons notre salut à notre résistance au découragement.

La piste est rectiligne, bordée de barkhanes qui nous empêchent de la quitter. Ici on ne triche pas. L'intelligence est à la résignation. Le tout est de trouver une bonne coordination pour amortir au mieux les chocs et tâcher d'en utiliser l'énergie. Cela nous condamne à un rythme très lent propice à l'ensablement.

Combien de fois ai-je vu le vélo de Sylvain se coucher au loin ? Combien de fois ai-je moi-même roulé à bas dans le sable, comme au ralenti, avec l'immense solitude pour seul témoin de ce petit drame saharien ? Dans ces moments-là il faut puiser au plus profond de soi des trésors de détachement. Mettre tous ses sens en sommeil, débrancher sa pensée. Animaux mécaniques, nous pourfendons le *Cogito ergo sum :* « Je pense donc je suis », et le réduisons en un *Molo ergo sum,* « Je mouline donc je suis ».

Beckett et Ionesco se disputent au rendez-vous de l'absurde. Nous avons rencontré Godot et le Rhinocéros dans le désert, là où d'autres rencontrent des Petits Princes. Deux hommes sont assis comme sur la lune, à 100 mètres sur notre gauche. Ils boivent du thé. Nos cervelets anémiés et fébriles ont du mal à percuter. L'hallucination est dissipée quand un des deux hommes fait un petit geste pour nous inviter à les rejoindre. D'où sortent-ils ? Où vont-ils ? Ils n'ont rien avec eux qu'un nécessaire à thé. Nos questions ne trouvent pas de réponse. Épuisés, nous cédons au miracle du désert.

– Combien de kilos [1] pour le prochain puits ?

1. Les distances se mesurent au poids en Mauritanie !

– Yagref ! 30 ou 40 kilos, pitêtre 50-80 ou 100-110. Comme ça !

Le rapport à l'espace qu'entretient l'Africain est assez épuisant.

– Vous êtes sûrs, entre 30 et 110 kilos ?

– Voilà, 30, 50, 110 comme ça !

– Pas plus que 110 ? Comme ça ?

– Comme ça !

Dans quel coin de désert dormira-t-il ce soir ? La question n'a pas vraiment l'air de l'embarrasser. Nous devenons peu à peu sahariens. Nous désapprenons à prévoir et à compter. *Inch Allah !* L'espace n'est pas ici une distance, mais un temps : le temps qu'il faut pour le franchir. Le Sahara désarticule l'espace-temps.

Nous renfourchons nos vélos comme un moine glisse un cilice sous la bure. Quelques regs nous permettent de quitter la piste et de tracer un azimut parallèle. À notre arrivée à Yagref, nous avons parcouru 85 kilomètres. Godot ne se trompe jamais !

Le puits au fond duquel croupit une eau douteuse est entouré de quelques cases en ruine battues par les vents de l'Adrar. Sur le bord du puits, une dizaine d'hommes s'invectivent, les bras au ciel. L'outre et la corde sont tombées au fond du trou, et les villageois impuissants nous avouent qu'aucun d'eux ne sait nager. Les hommes du désert ont peu d'occasions d'apprendre la brasse. C'est la seule outre du village. Nos regards se croisent.

– On se paye le puits ?

L'occasion de prendre un bain en plein Sahara ne se refuse pas. Sylvain se déshabille et je le fais descendre à l'aide d'une corde avec des Maures empêtrés dans leurs longues robes bleues. La surface de l'eau dort à 10 mètres sous le sable. Lorsqu'il touche l'eau, mon compagnon pousse des cris de bonheur et se met à chanter ! Les Mauritaniens s'inquiètent.

– Il chasse les esprits malfaisants ?

– C'est cela oui ! C'est cela même !

Il plonge et replonge sans succès. Le puits paraît sans fond. Pétrifiés de terreur, les Maures roulent de grands yeux blancs d'inquiétude. Silence. Quelques bulles remontent à la surface. Après une longue apnée, il crève enfin la surface. À tâtons il a touché le fond et trouvé dans la vase la fameuse outre. Il la remonte comme un trophée fabuleux. C'est la liesse générale !

– Merci ! merci, monsieur ! Ça va ? Ça va ?

On l'embrasse, on l'étouffe de gratitude et de reconnaissance. Dans l'émotion personne ne s'occupe d'accrocher la corde. Un « splatch ! » retentissant vient couper court aux effusions. L'outre vient de retomber. Nous sommes les seuls à rire.

C'est à mon tour d'y aller. Pour ajouter un peu de piment à la scène je m'offre des réminiscences de chasse sous-marine et m'attarde au fond plus de deux minutes en apnée. J'ai tué nos Maures de trouille. Ils sont bleus quand je remonte.

– J'ai compté dix-huit avant-bras en descendant. Ça fait 8 mètres d'eau !

Nous repartons propres et rafraîchis, ravis de ne pas nous être noyés dans le Sahara. Nous plantons la tente en plein néant quelques kilomètres plus loin. Nouilles et *baked beans* sont au menu ce soir ! Une chiasse d'enfer nous rappelle que nous sommes malades. Notre courante porte bien son nom. L'Intétrix ne sert plus à rien depuis longtemps ! La nuit fraîche est un baume sur la brûlure du jour.

Les deux jours qui suivent voient notre état s'aggraver. La fatigue se cumule. Nous ne digérons plus rien.

Ce désert est une prison. Il faut durer, nous ne pouvons pas craquer. Nous n'avons pas les moyens de craquer. Pouce ? Je joue plus ? Même pas. Nous n'avons qu'une idée fixe, une obsession tenace : en sortir. Guérir.

Une tempête de sable vient achever l'ouvrage de démolition nerveuse qui nous mine le moral. Nous ne parlons pas pendant de longues heures. Sylvain, accablé de chaleur, s'endort parfois et se réveille brusquement au baiser râpeux d'une langue de sable. Nous mettons de la distance entre nous pour maudire plus à loisir tous les démons de l'enfer. Ils nous le rendent bien. Le vol insistant et sans gêne des mouches nous plonge dans des fureurs noires. Le seuil de la folie n'est pas loin.

Akjoujt, l'étape, n'arrive pas. Au risque de nous perdre, je me mets à raisonner. À raisonner comme Zénon d'Élée : Akjoujt est à 20 kilomètres. Je m'en fixe la moitié pour objectif, puis la moitié de la moitié, puis la moitié de la moitié de la moitié. À 2,5 kilomètres du but, après 17,5 kilomètres de rumination mathématique, je n'aperçois toujours pas la ville et je comprends enfin ce célèbre paradoxe : comme la flèche de Zénon d'Élée, nous n'arriverons jamais.

Dans un élan de désespoir, fouettés par une décharge d'adrénaline, nous partons dans la tourmente pour un sprint de la dernière chance, aveugles et fous, au péril de nos jantes, les mâchoires serrées, mus par un irréductible instinct de survie.

La ville se détache bientôt de la masse jaunasse d'un ciel

brûlant, progressivement, comme par balayages successifs de jets de sable sur un mur encrassé. Nous errons au hasard par les ruelles mangées de désert de cette ville fantôme, en quête du spectre qui nous achèvera. Nous nous écroulons à l'ombre d'un mur, dans la poussière de la route.

*Just on time,* comme la cavalerie, un 4 × 4 aux vitres teintées freine brutalement à notre hauteur. Un colossal rouquin de deux mètres de haut, bien campé dans ses rangers, les bras comme des massues, en descend et vient planter ses yeux bleus dans les nôtres.

– *Hi guys ! I see you're in trouble. You want a bier ?*

Il nous broie les mains.

Nous croyons voir le Christ réincarné en Schwarzenegger.

# DE AKJOUJT À DAKAR

## *Sylvain*

– Salut, les gars ! Je vois que vous avez des ennuis ! Vous voulez une bière ?

Tony fait partie des huit Occidentaux, américains et australiens, qui gèrent la mine d'Akjoujt. La compagnie australienne Morak a racheté le terrain d'une ancienne exploitation minière de cuivre abandonnée au moment de la décolonisation. Les Occidentaux, par un procédé chimique compliqué, extraient l'or contenu dans les débris de cuivre, amoncelés en gigantesques terrils.

La ville d'Akjoujt, au temps de la coloniale, était une oasis. On se promenait dans les rues pavées et éclairées, sous les voûtes d'arbres, que des systèmes coûteux de pompage arrosaient. De l'ancien temps, il ne subsiste qu'un amoncellement de ruines aux toits crevés, de rues défoncées bordées de lampadaires éclatés. Depuis le départ des Français, le sable et les incendies ont eu raison des derniers vestiges de l'âge d'or. Quelques centaines de Maures survivent dans cette désolation.

Tony nous fait entrer dans la résidence des employés occidentaux de la Morak. Il s'agit de l'ancien clubhouse où les militaires français se donnaient rendez-vous. Il reste un tennis qui ressemble à un champ labouré et une piscine remplie de sable au milieu de laquelle un Australien a planté un panneau : « Attention ! Kangourous ».

Le patron de la compagnie nous reçoit dans son bureau.

– Salut, les gars ! Je m'appelle Werner. Vous avez l'air mal en point.

– Oui, monsieur. Nous allons crever.

– Pas question ! Pas ici en tout cas. Venez, je vais vous montrer quelque chose.

Nous le suivons dans les couloirs de l'ancien club. Werner nous conduit devant un réfrigérateur.

– Voilà, dit-il en ouvrant la porte.

Nous pensons défaillir devant cette montagne de bières et de sodas glacés. Ces expatriés vivent dans ce club comme sur une plate-forme pétrolière. Sans contact avec la population. Ils dorment dans des cabanons préfabriqués, climatisés. Toute leur intendance est apportée en hélico ou en camion depuis Nouakchott.

– Nous ne sommes pas là pour faire du tourisme, explique Werner, nous produisons soixante-dix kilos d'or par semaine que nous amenons par la route à Nouakchott, où ils partent directement en Suisse. À nous huit, avec les cent quatre-vingts Mauritaniens que nous employons, nous réalisons le second chiffre d'affaires de la Mauritanie ! Et nous talonnons la SNIM, la grande compagnie minière d'État qui emploie quatre mille personnes.

Le médecin écossais de la compagnie nous ausculte.

– Vous avez des vers dans le ventre, mes enfants. Des nématodes.

Nous lui racontons nos derniers menus.

– C'est sans doute le chameau du cheikh qui vous reste sur l'estomac ! Je vous donne un vermifuge radical. En trois jours vous serez débarrassés de vos parasites.

– Merci, doc.

– Ne me remerciez pas. Car vous allez être encore plus mal en point. Le propre de ce médicament est de guérir le mal par le mal. Son action perturbe les fonctions digestives des vers qui vous habitent et qui finissent par mourir d'indigestion. Mais au passage, il vous rend encore plus malade.

– Quelques beaux jours en perspective...

Nous passons une nuit de rêve dans les cabanons hyperfonctionnels, aseptisés comme des chambres d'hôpital. Le contraste entre l'enfer et le paradis du confort a été d'une jouissante brutalité.

Entre Akjoujt et Nouakchott, il reste 250 kilomètres. La route traverse des champs de dunes, tour à tour ocre, orange et rouges. Le calvaire de la tôle ondulée reprend de plus belle.

Les prévisions du médecin de la mine s'accomplissent. Les vers que nous portons se tordent de douleur, sous le coup de crises de foie, provoquées par le vermifuge. Mais leur agonie se répercute sur nous. Nous ne digérons plus rien. Et nous jalonnons notre route d'un chapelet de flaques où nagent des cadavres de vers crevés.

Sous-alimentés, nous avançons comme des bêtes sans parler ni penser. Pour l'unique fois de ce voyage nous ne roulons pas ensemble et laissons un espace de sécurité entre nous deux. L'avantage du désert c'est qu'il n'y a aucune possibilité d'abandonner la marche. La seule issue est de continuer. On n'a donc pas vraiment de mérite à sortir du Sahara.

Le soir, nous montons la tente, n'importe où, à quelques dizaines de pas du bord de la piste. Nous avons mis au point une remarquable technique de récupération et de relaxation mentale. Il s'agit de recréer sous la tente un environnement artificiel et apaisant. Nous cultivons le plaisir des sens. Nous regardons d'abord longuement des photos de forêts moussues que nous avons collées sur les cahiers de poèmes, puis nous respirons l'odeur de chiffons imbibés de parfums, après quoi nous suçons un demi-carré de chocolat et nous achevons la cérémonie en écoutant la ritournelle de la boîte à musique sur laquelle, par réflexe pavlovien, nous sombrons dans le sommeil.

La dernière nuit avant Nouakchott, pris d'une violente crise de boyaux, je sors de la tente et m'éloigne du campement. Je reviens doucement en goûtant la paix de la nuit désertique. Il fait frais et noir. Le sable sous mes pieds nus restitue la chaleur du jour. Subitement je me rends compte que je marche depuis une dizaine de minutes. Je reviens sur mes pas. Le dôme de la tente se découpe sous la lune à 100 mètres. Je m'en approche et me retrouve devant une touffe de schouwia arrondie comme une coupole de tente. Autour de moi, il y a quelques demi-douzaines de bosquets d'herbacées ou d'acacia Ehrenbergania. Je suis perdu. J'essaie de retrouver la piste. Mais je distingue mal le sol et je crains bientôt de l'avoir dépassée. Je décide d'appeler. Trois longs cris dans la nuit, puis un silence. Trois longs cris à nouveau. Dans toutes les directions. Ça dure longtemps. Un écho finit par me répondre. Alex s'est enfin réveillé. Très loin sur ma droite j'aperçois la lueur d'une bougie qu'il allume. Je m'étais écarté de plusieurs centaines de mètres de la tente.

Pas de répit. Juste avant d'arriver à Nouakchott, un vent violent lève une tempête de sable. Les traînées filandreuses qui se tortillent au ras du sol deviennent des paquets opaques, et bientôt nous sommes plongés dans un épais brouillard. On ne distingue même plus la route à nos pieds. Chèches noués sur la tête, nous progressons à l'aveuglette. Le vent se calme un peu et la vue se dégage au bout de quelques heures. Nous trouvons refuge dans un poste militaire à 40 kilomètres de la capitale. Un capitaine maure nous reçoit généreusement. Son aide de camp, un Africain sarakolé, cuisine un ragoût de chèvre dans un coin de la casemate. Nous nous effondrons sans rien avaler et dormons longtemps.

Nous arrivons à Nouakchott comme des zombies. Notre court séjour de vingt-quatre heures sera marqué par la rencontre du père Loïc Mégret. Curé de la cathédrale de Nouakchott, il a été muté du Tchad et nommé à cette charge en remplacement de deux jeunes prêtres attaqués et mutilés pendant un office par un fou d'Allah légèrement chatouillé du cerveau reptilien. L'affaire a été étouffée et classée par le gouvernement mauritanien qui poursuit aux dernières nouvelles son cheminement intérieur vers la démocratie.

– Que se passe-t-il en France quand un préfet se montre un peu énergique avec un imam de banlieue ? interroge le père Mégret.

Il nous raconte son enfance bretonne, ses missions en Afrique. Il nous dit son amour du Tchad où il a vécu des dizaines d'années, la beauté des lieux, la gentillesse des habitants. Il revit ses nuits dans le désert qu'il avait l'habitude de parcourir à vélo, à la recherche des nomades.

La route file, plein sud, vers le Sénégal. Nous avons quitté le père Mégret en lui promettant de revenir le voir un jour. Nous roulons la nuit car nous voulons arriver à temps au rendez-vous fixé avec mes parents à Dakar. Ils viennent passer Noël avec nous. Dans notre épuisement, nous avions embrouillé les dates et nous venons de réaliser qu'il ne nous reste plus que trois jours pour venir à bout des 500 kilomètres qui nous séparent de Dakar. C'est la raison pour laquelle nous sommes partis comme des flèches de Nouakchott.

La lune qui nous éclairait jusqu'à présent se voile subitement. Un murmure étrange emplit le silence de la nuit.

– Les criquets ! mugit Alexandre.

En quelques secondes nous sommes entourés d'un nuage compact et grondant. Nous pédalons au cœur d'une nuée qui remonte vers le Maroc en dévastant tout sur son passage. Les criquets naviguent grâce à leur système d'écholocation qui leur permet d'éviter les obstacles. Mais quelques-uns, victimes des insecticides déversés par les avions de la FAO, volent groggy, à l'article de la mort, et nous percutent violemment. Visiblement, une campagne d'épandage a eu lieu récemment car la route est couverte d'un tapis rouge de millions de criquets. Les pneus à crampons dérapent sur ce revêtement visqueux et nous dégoulinons du jus des criquets broyés dans le sillage de nos roues. Quand les étoiles réapparaissent, le nuage est passé, et nous pouvons nous sécher au clair de lune. Les insectes poursuivent vers le nord leur course dévastatrice et emportent à tire-d'aile notre dernier souvenir de Mauritanie.

Quitter la Mauritanie pour entrer au Sénégal, c'est passer de l'enfer au paradis. La frontière entre les deux pays longe la rive droite du fleuve Sénégal et marque un changement radical. Nous avons l'impression en débarquant sur l'autre berge de retrouver la Beauce. Tout est relatif et c'est l'âpreté extraordinaire de la Mauritanie qui nous conduit à l'enchantement sur la rive sénégalaise. Nous redécouvrons les fleurs dans les cheveux des femmes et les arbres au bord des routes, et les oiseaux dans ces arbres et tout le cortège habituel des couleurs locales. Nous n'avons jamais vu une seule femme mauritanienne. Peut-être n'en existe-t-il pas ? Les enfants des Maures viendraient-ils au monde par génération spontanée ? Au Sénégal, la femme mène la danse, vêtue de grandes draperies colorées et de turbans éclatants.

Le regard d'acier, vertigineux de dureté, qui emplit les yeux des Maures a laissé place aux faces sénégalaises qui se fendent de grands sourires. Des enfants paysans accourent du plus loin qu'ils nous voient et se livrent à des danses, en chantant pour nous saluer. Le pays entier est secoué d'un immense fou rire. Le vent frais agite les cimes des fromagers de soixante mètres de haut. Sous leurs ombrages nous goûtons notre retour à l'Éden. Mais sur le cahier des doléances du cycliste autour du monde nous inscrirons les routes du Sénégal. Nous déplorons vivement la rareté des portions goudronnées entre les nids-de-poule.

Dans les champs, des paysans labourent la terre, des pêcheurs à l'épervier jettent leurs filets au milieu des cours d'eau, des marchands vendent des fruits sur le bord des chemins. Nous faisons la sieste à l'ombre des baobabs. Un vieil Africain nous explique leur origine :

– Les dieux étaient mécontents de la vanité du baobab qui prétendait les égaler. Pour le punir de son orgueil, ils l'arrachèrent de la terre et le replantèrent à l'envers, les racines vers le haut. Voilà pourquoi ses branches sont si petites.

À Saint-Louis, accoudés sur la balustrade du pont Faidherbe, nous contemplons le front de maisons qui s'étend sur la digue. Mermoz venait s'y reposer. On croirait une sorte de Venise ou de Saint-Pétersbourg des tropiques. Un Africain s'approche et nous demande, en pointant les vélos de sa canne :

– D'où venez-vous ?

– De Paris. France.

– Mais à quelle heure êtes-vous partis ?

Nous traversons le Sénégal dans un grand bonheur. Nous courons si vite après le temps que nous le rattrapons de justesse et arrivons à Dakar deux heures seulement avant l'avion des parents.

C'est en les voyant débarquer que nous nous rendons compte de notre état de crasse. Nous sommes tannés par le désert. Nos habits sont durcis par le sel. Nous avons laissé dix kilos au Sahara en tribut de passage. Nous flottons dans nos shorts usés jusqu'à la corde.

Mes grands-parents et mes deux sœurs font partie du voyage. Les retrouvailles sont une grande joie et marquent le début d'une semaine de plaisirs sous les cocotiers du Sénégal. Le temps se partage entre la sieste, la famille et la plongée. Devant la pointe des Almadies, nous allons pêcher en apnée dans les épaves poissonneuses des cargos échoués sur le récif et nous rapportons de véritables festins.

Après le départ de ma famille nous passons encore une semaine à Dakar. La presse nous consacre quelques reportages : *Le Soleil,* principal quotidien ; RFI ; l'Agence de presse sénégalaise et le journal de vingt heures de la chaîne d'État et même France 3.

Un matin, les concurrents du Rallye Paris-Dakar arrivent à Dakar. Dans la salle de presse du rallye, installée dans l'hôtel Méridien, nous expliquons aux journalistes européens que les concurrents du Dakar ont roulé sur nos traces et que nous sommes arrivés une semaine avant eux. Ce n'est pas la peine de préciser que nous sommes partis trois mois plus tôt.

Bernard de Buor, un industriel français expatrié, nous accueille dans sa villa pour cette dernière semaine. Nous sommes entourés des délicatesses de Sophie, sa femme, et de leurs quatre petites filles, Ségolène, Sybille, Gwenaelle et Axelle, dont nous n'oublierons jamais la gentillesse et la gaieté. Mais la recherche frénétique d'un vol en direction de l'Argentine ne nous laisse que peu de temps pour honorer leur hospitalité. Un matin, nous leur annonçons que nous partons le lendemain. Un vol de compagnie locale puis de l'Aeroflot va nous emmener par-delà l'Atlantique. À Buenos Aires via le cap Vert. Nous avons accompli notre vieux rêve de franchir le Sahara à vélo. À présent nous songeons à l'immense pampa d'Argentine, la grande prairie australe, un second désert... d'herbe cette fois.

## DU CAP-VERT À MENDOZA

*Alexandre*

D'un coup d'aile rageur, le petit bimoteur d'Air Sénégal referme un beau chapitre de notre aventure. Nous quittons l'Afrique. L'œil au hublot, je vois la pointe des Almadies frangée d'écume s'éloigner, telle la poupe d'un grand navire. Comme une ultime escadre de porte-avions, l'archipel du Cap-Vert apparaît enfin. Jamais nom n'a été tant usurpé. Poignée de cailloux lancée comme des dés en plein Atlantique par un créateur qui aurait raté le tapis de l'Afrique, l'archipel volcanique est aussi vert que le Liberia, libre !

À Praia nous prenons un autre bimoteur de la Compagnie aérienne du Cap-Vert, après avoir eu un peu de mal à y faire entrer les vélos. Quelques tours de jongle, l'entregent et le bagout acquis en Afrique ont bientôt raison des réticences. L'avion, dans une manœuvre d'appontage, nous dépose sur l'îlot de Sal. Ces quelques volcans éteints reliés par des étendues de lave tiennent leur nom d'une saline exploitée dans un cratère.

La Providence veille sur nous. Aux aguets, elle semble vouloir nous prendre en charge pour embellir notre ordinaire. Elle ne nous épargne jamais les épreuves que nous avons librement choisies, elle ne fait qu'ajouter au hasard une note d'improbabilité enchanteresse, un clin d'œil moqueur à la statistique.

Dans le petit aéroport désert de Sal, deux jeunes Françaises, venues se renseigner par hasard sur des horaires, aperçoivent le drapeau français cousu sur la manche de Sylvain. Nous ne sommes que quatre dans le hall. Elles nous interpellent et nous invitent aussitôt à passer la soirée sur leurs voiliers. Globe-sailers au long cours, *Fougue* et *Scrimshaw* ont quitté la France en même temps que nous, avec deux couples à bord. Partis pour une durée indéterminée avec des diplômes de plongée en poche, une grande soif d'aventure et la volonté de vivre leur passion, ils se dirigent vers Tahiti.

Par téléphone portable nos deux Nathalie préviennent leurs maris tandis que nous faisons à grand-peine, en poussant les vélos, les 7 kilomètres qui nous séparent de leur mouillage. Cela fait trois mois que nous n'avons pas marché ! Jean-Claude vient nous chercher en Zodiac. Blond bouclé, l'œil d'acier et le sourire discret. Une vraie gueule de marin. À la faveur d'un apéritif dans le somptueux salon du *Scrimshaw,* nous échangeons des histoires de mer contre des histoires de désert et des histoires de bled contre des histoires de port. Ils l'emportent enfin en nous racontant une plongée avec des dauphins aux Canaries, et je me mets à rêver...

Après avoir bordé nos vélos sur les boudins du Zodiac, nous nous endormons dans le carré comme des loirs en conserve bercés dans les bras de Calypso.

*Dimanche 9 janvier 1994 : 92e jour, 40 km. T : 6 040 km*

Nous avons une journée pleine pour conquérir cette île de 30 kilomètres sur 11. Des réminiscences islandaises nous viennent par bouffées alors que nous pédalons en plein champ de lave noire. La piste nous mène de neck en neck [1] comme des boules de flipper. Un vent ivre d'espace siffle dans des orgues basaltiques sa lancinante complainte.

Dans une petite ruine, nous avons une pensée émue pour nos chers Français qui se sont souciés de l'intendance. En dégustant un délicieux pâté de porc, Sylvain s'exclame :

– Et dire qu'il y a des millions de gens qui se privent de ce bonheur gustatif ! Vive le cochon !

Nous filons ensuite vers Pedra Lume, le volcan des salines. Un tunnel passe sous le cône et débouche dans le cratère. Comme une palette de maquillage allant de l'ocre au blanc en déclinant tous les roses s'étalent sous nos yeux les bassins de la saline. L'eau de mer s'infiltre dans le cratère, plus bas que la surface de l'océan, et s'y évapore : un marais salant naturel. N'y résistant pas, nous nous mettons à l'eau. Comme prévu nous flottons comme des bibendums.

– On n'a plus besoin de passer par la mer Morte ! rigole

1. Cœur basaltique d'un volcan débarrassé de ses scories et qui s'élève comme un cou.

Sylvain, les quatre fers en l'air, emporté par le vent soufflant dans son livre ouvert.

Un énorme Iliouchine de l'Aeroflot nous arrache le lendemain matin de ce transit incongru. En provenance de Moscou, l'avion est bondé de Soviétiques aux cheveux gras engoncés dans des costumes ringards. De grosses babouchkas, maquillées outrageusement et boudinées dans des tabliers tenant plus de la camisole de force que de l'uniforme, nous servent à la louche du bortsch très kolkhozien. Véritable gymnase volant, cet appareil a été conçu pour être convertible en transport de troupe ! Le long des sièges bleus, orange et beiges, deux danseurs font des entrechats et des ballerines leurs pointes.

Je redemande à l'hôtesse des cacahuètes. Coquine, elle m'intime de la suivre. Rougissant, hésitant, craignant pour ma vertu, je lui emboîte le pas. Elle m'ouvre enfin la porte du cockpit où cinq pilotes règlent son compte à une bouteille de vodka ! Voilà où mènent les cacahuètes quand on confond « peanuts » et « pilots » !

Première vision de l'Argentine : la débauche de fauteuils en cuir fauve qui donne aux salles d'attente de l'aéroport un côté très club anglais. Deuxième choc : la beauté des demoiselles. Les unes dans les autres réservent un accueil particulièrement roboratif ! C'est comme si tous les canons de la terre venaient frayer à l'instar des baleines dans cette partie australe du globe. Nous ne savons plus où donner des yeux, ils roulent au sol !

C'est avec une pointe d'émotion que je foule cette terre que de lointains ancêtres sont venus conquérir au XVIe siècle. On raconte dans la famille que ce Sebastian de Ocampo, venu avec Pizarre, fit le tour de Cuba pour démontrer que Colomb n'avait découvert qu'une île, et qu'il partit lui-même mettre le pied au Mexique. Depuis mon plus jeune âge, ma mère me parle de ces cousins argentins, des jours heureux qu'elle a coulés chez mon grand-oncle Pierre de Ocampo, avant d'en être tirée par les lettres éperdument amoureuses d'un jeune Normand : mon père ! Il me semble retrouver une partie ignorée de moi-même sur ce continent.

Les Argentins sont totalement « frénétiques » devant un Européen, un descendant de leurs ancêtres ! Le contact est facile, tout coule de source, nous en sommes tout ahuris. Sur l'autopista de Buenos Aires, dans la lumière des réverbères, l'Argentine célèbre notre arrivée par un feu d'artifice d'odeurs.

Nous redécouvrons avec délices celle des chaumes, celle si caractéristique du gazon mouillé ainsi que le chant du vent dans les peupliers. C'est l'été austral en plein mois de janvier ! Une douce et moite chaleur nous lèche le visage...

Les 40 kilomètres qui nous séparent de la capitale s'éternisent, nous n'en finissons pas de rentrer dans Buenos Aires. À minuit tout est encore ouvert, les *portenos* [1] torse nu prennent le frais assis sur les marches de leur immeuble. Buenos Aires est une petite Europe concentrée, un mélange de Barcelone et de Paris mâtiné de Berlin revisité par Milan ou Naples. Buenos Aires est plus occidental que Paris, le quartier de la Recoleta plus XVI<sup>e</sup> que la place Victor-Hugo ! N'en pouvant plus, nous nous arrêtons chez le célèbre glacier Freddo.

Ce soir la Providence a des atours de charme. Cinq ravissantes jeunes filles, pétillantes de questions et avides de réponses, chacune essayant de se cacher derrière sa voisine, nous dévorent des yeux. Nous avons du mal à rester concentrés sur nos cornets de glace. Andrea, Fernanda, Elvira, Veronica et Soledad nous emmènent chez elles et réussissent à nous maintenir éveillés jusqu'à sept heures du matin en nous gavant de spécialités du pays, en nous soutirant des histoires de désert, des jongleries, et en nous les payant de chants envoûtants. Nous n'avons pas fermé l'œil depuis vingt-quatre heures. Nous nous effondrons comateux.

Les jours suivants, nous achetons les visas chiliens, des pellicules photo et un large chapeau de gaucho pour Sylvain. Nous avons 2 000 kilomètres à pédaler pour rallier Santiago, en passant par les Andes. Nous traverserons ainsi le continent sud-américain d'est en ouest en suivant une trajectoire rigoureusement parallèle à l'équateur : la Routa 7, aussi appelée Via Panamerica, équivalent argentin de la Road 66 américaine. Premier objectif : avaler les immenses plaines de la Pampa.

Le coup de pédale est parti tout seul ! Par des boulevards à douze voies, nous quittons la ville vers l'ouest pour la Santa-Maria, estancia familiale où l'oncle Pierre nous attend. Partout des gens nous saluent à notre passage, des cyclistes font un bout de chemin avec nous, des ménagères sur le pas de leur porte nous tendent des victuailles. Sur la route une voiture sur trois ralentit à notre hauteur pour s'informer, nous encourager et nous dépasser dans un concert de klaxons.

1. Habitants de Buenos Aires.

Pays très jeune où la société de consommation et de loisir fait à peine son entrée, l'Argentine est avide de nouveauté. L'opulence est sensible, à fleur de terre, les perspectives économiques faramineuses ! Il plane sur l'Argentine une ambiance de Trente Glorieuses, le parfum d'insouciance des États-Unis des années soixante, la vitalité des époques pionnières, la sérénité du potentiel acquis.

Au loin, dans une nuit argentée, nous apparaissent radieuses et lumineuses les deux flèches d'une cathédrale qui n'a rien à envier à celle de Chartres : Lujan. Même décor de champs à perte de vue, même rectitude, même solitude. Le bedeau nous accueille.

La vie est chère pour un Français en Argentine. Le peso est indexé sur le dollar US ; il est loin, notre train de vie africain. La journée commence mal. Un fort vent du nord se met à souffler sur notre flanc droit. La chaussée n'est pas large, les camions nous frôlent. La théorie est simple : il suffit de s'appuyer sur le vent pour ne pas dévier, mais c'est sans compter sur ses sautes d'humeur. La surprise du matin est cruelle. Le vent se met à tourner progressivement à l'ouest dans notre nez ; minute après minute, nous le sentons ralentir encore notre allure. Un léger virage sur la droite qui nous l'ajuste pile dans l'axe déclenche une bordée de jurons. Nous pestons comme des diables ! Ce n'est pas encore aujourd'hui que nous battrons les records du Sahara occidental ! Non content de sa méchanceté, le vent poursuit sa course et passe sur notre gauche, encore, et encore, si bien qu'il se met à souffler du sud.

La Pampa humide et ses champs inondés défilent. Des milliers d'hectares sont chaque été recouverts par les eaux : il nous semble parfois rouler en pleine mer ! Le phénomène s'est aggravé au cours des dix dernières années : les joncs poussent et les champs se transforment en marais. Toute cette eau retenue a même fini par tempérer le climat de la région, rendant les hivers moins rudes et les demi-saisons plus douces.

L'univers de la Pampa humide est assez simple : quand on n'y broute pas, on y vole ! Les ruminants ont migré vers des terres plus sèches, c'est le paradis des oiseaux ! J'en découvre de nouveaux toutes les heures, des cygnes à col noir, des cigognes, des flamants roses, des aigrettes et une très large variété d'échassiers et de canards. Nous tentons aussi d'apprendre leurs noms argentins : *tero, chimango, lechuza, pato, flamingo,* ce sont nos seuls compagnons de route !

Lorsque nous passons ainsi huit heures par jour à pédaler,

nous avons tout le loisir de laisser folâtrer nos esprits et de refaire le monde. Regarder un paysage ne sert à rien s'il ne nous inspire quelque pensée plus nourrissante ou une furtive approche du caractère quasi mystique de la beauté. Nous avons ressorti nos carnets de poésie, ouverts dans les porte-cartes sous nos nez.

Épuisés par ce coquin vent de face, nous quittons la route juste avant le coucher du soleil pour demander l'hospitalité dans une estancia. Le propriétaire britannique n'est malheureusement pas là, mais le gardien nous autorise à planter la tente sur le green moelleux d'un superbe jardin anglais débordant de fleurs. Luxe, calme et volupté.

### *Samedi 22 janvier 1994 : 104e jour, 154 km. T : 6 560 km*

Tombés comme des masses, nous nous levons comme des plumes. Une forte odeur d'eucalyptus imprègne l'air frais du petit matin. Grands consommateurs d'eau, ce sont des drains idéals pour éponger les alentours des estancias. Les gardiens nous offrent un délicieux petit déjeuner de crêpes et nous repartons sur notre fil tendu vers l'ouest.

Nous nourrissons des pensées et endossons des affres de funambules : nous roulons sur la bande blanche marquant la limite de la chaussée. Dix centimètres à droite, c'est la chute dans le décor ; dix centimètres à gauche, c'est le territoire des camions ! Nous jouons les équilibristes entre ces deux menaces, avec une seule échappatoire : un infime point à l'horizon, le bout d'un fil sans fin tendu entre deux horizons infinis. La directissime de goudron qui se déroule sous nos roues nous paraît un éternel recommencement.

Une bénédiction ! Pas un souffle d'air aujourd'hui ! Nous pédalons comme des mécaniques bien rodées. Il nous suffit de reproduire un mouvement automatique et sans effort. Seule la faim nous stoppe ! Nos sucs gastriques nous préviennent qu'ils tournent à vide. Quand les jambes deviennent molles, les yeux lourds et la tête légère, c'est que nous devons nous arrêter pour déjeuner. Pas avant. Ce n'est pas l'heure qui nous commande, mais l'hypoglycémie ! Tous les 60 ou 100 kilomètres des restaurants routiers jalonnent notre parcours. Ils allègent nos sacoches de toute autonomie alimentaire et nos porte-monnaie de tous nos pesos ! Régime routier : escalope milanaise de cinq cents grammes, un kilo de frites, deux litres de Coca... chacun !

Nos « pneus » se gonflent, nous nous remplumons ! En un mois nous sommes passés de dix kilos de moins à dix kilos de plus, par rapport à notre poids normal, soit vingt kilos d'amplitude ! Nos panses se dilatent et nous causent quelques inquiétudes. Surtout celle de l'autre ! Car on ne se voit gros que dans les yeux de l'autre. Et l'on se demande, catastrophé : « Est-ce que moi aussi je suis aussi gros ? »

L'orthopédie cycliste n'est pas des plus gracieuses ! Les muscles de la bicyclette sont très limités. Les quadriceps et mollets ne travaillent que dans un sens, et développent une musculature inutile dans la vie de tous les jours, les fessiers durcissent, le dos se voûte en se terminant par un cou de tortue, les triceps se tendent au détriment des biceps et les poignets se coincent ! Tout cela passerait si le ventre ne s'épaississait pas ! Drame ! Les abdominaux rendus inutiles par la flexion du torse en avant nous rendent durs derrière et mous devant.

Au milieu de camionneurs colossaux, fascinés que nous arrivions déjà, alors qu'il leur semble nous avoir dépassés il y a moins d'une heure, nous engloutissons des portions pantagruéliques de nourriture. Rien ne se perd, rien ne se crée, tout se transforme ! Nous nous nourrissons de pampa, nous devenons pampa humaine !

Le jour déclinant nous voit approcher de Pehuajo, premier village à 40 kilomètres de la Santa-Maria. Nous quittons la route pour une piste poussiéreuse bordée d'*alambrados.* De loin, un massif épais de majestueux eucalyptus annonce la présence de la maison. Toutes les histoires que l'on m'a racontées sur ce lieu magique se télescopent dans ma tête, mon cœur cogne comme avant un rendez-vous amoureux.

La démarche souple du légionnaire, le menton volontaire, le regard franc mais la parole humble, oncle Pierre nous accueille chaleureusement, surpris par notre rapidité ! Nous passons la soirée à échanger des histoires. Au fil des anecdotes, nous découvrons un homme doux et bon, insoupçonné, détonnant avec l'aura révérencieuse dont la culture familiale a toujours nimbé le personnage. Élevé à Paris, il avait notre âge à la fin de la guerre. Il s'engagea en Indochine pour lutter contre le communisme. Il nous en raconte les heures héroïques et les hécatombes. Partis mille cinq cents, ils revinrent à quinze... Plus tard, cet homme d'honneur s'en retourna « cultiver son jardin » en Argentine, sur la terre de ses ancêtres.

L'ambassadeur d'Allemagne, invité pour le week-end, annonce son arrivée dans une heure. Nous n'avons que des tee-shirts troués et des shorts déchirés. Oncle Pierre nous ouvre précipitamment sa penderie pour que nous soyons présentables. Dans un tiroir, je tombe sur ses décorations, éparpillées au milieu des chemises. Coincé par notre insistance et pressé par nos suppliques, il consent à nous les montrer. Il y en a douze ! Modeste, presque gêné d'en avoir tant, il nous parle de sa croix de guerre avec cinq citations, de sa Légion d'honneur qu'il refusa une première fois, de sa médaille de blessé, de sa croix d'Annam, de l'ordre de Malte, et de tant d'autres...

Le dîner est de haute volée ! Nous éprouvons en plein cœur de cette terre de pionniers la véritable nature de notre « européanité » : notre culture et notre histoire communes. Nous sommes là tous les cinq à sauter de l'espagnol à l'anglais en passant par le français et l'allemand pour débattre plus à l'aise de détails historiques ou politiques. En guise de bouquet final, l'ambassadeur, décontracté par une petite prune, entonne *À la claire fontaine,* d'une voix insoupçonnée chez un haut diplomate. Nous le reprenons à trois voix sous le regard admiratif d'oncle Pierre.

Un coucou suisse sonne notre départ le lendemain. Les adieux ne sont pas déchirants, nous savons que nous nous revoyons d'ici quelques jours dans une autre estancia, en compagnie de mes parents qui profitent de notre présence pour revenir en Argentine passer de courtes vacances.

## *Lundi 24 janvier 1994 : 106^e jour, 153 km. T : 6 713 km*

Nous reprenons sur le fil du rasoir notre lente traversée du continent sud-américain. Comme ces vagues de colons et de pionniers qui partirent à la conquête de l'Ouest, nous montons à l'assaut de la Pampa où paissent ces millions de steaks ambulants dont le glorieux destin est de faire l'honneur des barbecues du monde entier. Sur de vastes étendues d'herbes blanches et de blonds blés, des taches noires immergées dans des flots fous broutent en paix. Nous roulons entre deux énormes tapis de moquette, mouchetée à l'infini par des charolais, des aberdeen angus, des fleckvieh-simmenthal.

Toutes les lignes de notre univers convergent vers le point de fuite : c'est le « vertige horizontal ».

Nous voudrions que les poteaux défilent plus vite, mais le vent s'y oppose encore. Je compte le nombre de coups de pédale entre chacun d'eux, cela m'aide à passer le temps. Blaise Cendrars m'y aide aussi avec sa *Prose du Transsibérien* : il me parle de poteaux téléphoniques grimaçants et gesticulants, animés par la vitesse et les ondulations des fils électriques, il me parle des grands espaces et des déchirures du ciel où des locomotives s'enfuient en hurlant de tout leur métal. Notre allure à nous est plus contenue, plus hypnotique, plus ivre.

Un superbe taureau, aux cornes démesurées, borde la route au loin. Il semble avoir cassé sa clôture pour échapper à la noyade. Nous ralentissons. Il ne cesse de grossir. Nous nous arrêtons indécis. Un camion lui passe devant le nez, un autre, il ne bronche pas, imperturbable ! Je m'interroge.

– Tu ne trouves pas qu'il est un peu statique ?

– Si ! c'est bizarre ! Il ne tourne pas la tête !

Nous nous rapprochons : c'est un gigantesque taureau postiche, en tôle peinte. Nous nous sommes fait posséder par le vertige horizontal ! Sylvain, traversé par une idée folle, grimpe sur le dos du taureau, le chevauche, se met en tête de le faire courir dans un rodéo démentiel, se fait désarçonner, se suspend à son cou cinq mètres au-dessus du sol, en vociférant des insultes de toréador ! Crispé de rire, j'ai bien du mal à le prendre en photo. Lorsqu'il redescend, livide, il me montre les sept piqûres d'abeille qui lui ravagent l'abdomen. Je comprends alors sa lutte, sa fausse chute, et ses cris d'âne en rut.

Nos jours suivants se mangent la queue, se télescopent, se ressemblent tant que nous avons le cruel sentiment de retourner tous les matins à la case départ ! Nous suivons la course du soleil ! Tout le long du jour, nous roulons vers l'ouest comme lui-même roule sa sphère céleste. Nous l'avons dans le dos le matin, nous prenons de l'avance ! Mais il a tôt fait de nous rattraper, de nous accabler de son zénith, puis de nous dépasser dans sa ronde folle vers un horizon rougeoyant où il se couche toujours avant nous. Nous suivons la même route que lui, nous aussi nous faisons le tour du monde ! Seulement, là où il met vingt-quatre heures, nous mettrons trois cent soixante-cinq jours !

Un après-midi, nous troquons nos vélos pour des chevaux ! Près de Washington, en pleine Pampa, un terrain de polo trahi par des cavalcades effrénées nous offre une pause. Intrigués, les joueurs remplaçants viennent à nous. Le courant passe en un large sourire. La proposition ne tarde pas. N'en étant pas à une tartarinade près, nous acceptons ! Un superbe cavalier tout droit sorti d'une publicité Ralph Lauren part alors comme un dératé sur mon vélo, tandis que Sylvain, excité comme une punaise, chevauche sa bête de sang !

Un soir, la tombée du vent, contre lequel nous avons bataillé ferme toute la journée, déclenche en nous une profonde fureur. D'un commun accord, nous décidons de nous venger du sort en repartant comme des damnés dans la nuit, comme des Parisiens retourneraient à trois heures du matin sur le périphérique désert, pour se venger d'avoir été coincés le jour même pendant deux heures dans un odieux embouteillage. Il est toujours très douloureux de se trouver au mauvais moment, au mauvais endroit ! Nous mettons le turbo, grisés de liberté, et roulons tout notre soûl, malgré les protestations redoublées de camionneurs n'en croyant pas leurs phares ! En deux heures nous parcourons autant de kilomètres qu'en sept. Nous avons remporté une victoire sur l'espace-temps. Tout est relatif... au vent !

Nous plantons la tente dans le noir le plus complet au bord de ce que nous n'avons pas de mal à imaginer être une prairie. L'orage se met à gronder. Alors que nous écrivons à la chandelle nos impressions du jour, un mystérieux vrombissement sourd se fait entendre. Camion ? Mufle de taureau enragé ? Nous levons la tête et apercevons à travers la moustiquaire, entre la tente et le double toit, un ignoble nuage de milliards de moustiques excités à l'idée de changer leur ordinaire, ou de se mettre à l'abri de la saucée qui arrive à grands roulements de tambour. Merci, cher petit igloo de Nylon !

Nous sommes réveillés en pleine nuit par les trombes d'eau d'un orage tonitruant, et nous avons l'impression de passer entre les brosses tourbillonnantes d'un lave-auto. Tout y est : le bruit, les secousses, la frayeur que de l'eau ne s'infiltre par une portière mal fermée, mais avec en plus les effets de lumière et le fracas de la foudre. Brave petite bulle coriace qui résiste aux éléments déchaînés ! Après la neige et les tempêtes de sable, voici les cataractes !

À l'aube, la Pampa est rincée.

– Tiens ! tiens ! On a de la visite ! me bredouille Sylvain, avec un chevrotement dans la voix.

Dans l'encadrement de la tente, un énorme taureau baisse la tête et hume à pleins naseaux notre odeur étrangère. Les yeux injectés de sang, il commence à gratter le sol en hochant de la tête. Nous sommes pétrifiés de terreur !

– Il va charger ! Sors ta gazeuse, sinon on est foutus !

Sur ce, nous entendons au loin des cris et une cavalcade

tambourinant la Pampa. Le minotaure se redresse, localise la source de ce tumulte, et s'esquive d'une leste volte-face. Deux gauchos déboulent paniqués, le fouet et *las bolas* [1] à la main. Parmi leurs gestes confus et leur espagnol déformé par l'émotion, nous parvenons à saisir un *la muerte por los dos* : « la mort pour vous deux ! », qui nous en apprend suffisamment sur le péril que nous venons d'encourir. Le visage buriné, équarri à la hache, le regard tendu et les membres denses, nos anges gardiens tournent les étriers après s'être assurés de notre départ !

Nous retournons au moulin comme d'autres vont au turbin. Nous devons moudre notre moisson quotidienne de kilomètres, courbés sous le faix d'un ciel orageux. Vite ! Vite ! Rentrons la récolte avant l'averse, engrangeons les kilomètres ! C'est reparti ! Sylvain en tête, comme tous les matins. Les fronts noirs et grondants de nuages aux sourcils contrariés ne tardent pas à mettre leurs menaces à exécution. Un rideau de hallebardes glaciales, version Kärcher, s'abat sur nous sans sommations. Nous sommes décapés, les bicyclettes dégraissées ! Nous avons droit ce matin à de véritables travaux pratiques de climatologie. Nous éprouvons physiquement ce qu'est la confrontation d'un front chaud et d'un front froid. Malgré une route droite comme la justice, nous slalomons le long du front en passant sans cesse, à chaque piquet de strato-cumulus, du froid au chaud et du chaud au froid.

Après le déjeuner, le ciel semble s'être plus ou moins purgé. Seuls restent dans l'azur des tas de serviettes noires essorées. La lumière est charbonneuse, le décor en clair-obscur. Nous pédalons dans une eau-forte de Victor Hugo.

Si le paysage ne change pas, il sait changer de vêtements, se draper des oripeaux de la tempête, des velours lumineux des fins d'après-midi, des laines moelleuses du frimas, ou du smocking des grands soirs. Hier nous suffoquions en plein été subtropical, aujourd'hui nous frissonnons dans un été subarctique !

Nous avons 108 kilomètres à parcourir cet après-midi si nous voulons rallier à La Toma, une autre estancia familiale où Charles, le fils d'oncle Pierre, passe ses vacances avec des amis. Nous misons sur « l'appel de l'écurie » : La Toma est notre carotte du jour ! Mon genou gauche donne des signes de faiblesse, je ne veux pas forcer et laisse Sylvain filer devant. Arrivés à Mercedes, nous allons enfin pouvoir prendre une revanche sur

1. Boules reliées par un cordon, servant à la capture des bovins ou des nandous (autruches).

le vent du sud qui nous a refroidi le flanc gauche toute la matinée, car nous avons 78 kilomètres à faire vers le nord.

Avant de prendre à droite au carrefour, un gros pick-up blanc s'arrête à nos côtés sous une pluie battante. Un « frénétique » en sort comme s'il ne pleuvait pas, pour bavarder sous l'averse. Manuel est grand, beau, le cheveu de jais, bouclé à la californienne, le sourire carnassier ; il ressemble à Jim Morrison en moins triste. Il nous fait asseoir à l'abri, à l'avant de la voiture, va nous acheter des Mars et des Coca, et revient avec sa petite amie poursuivre son questionnaire exalté. Nous sommes tout gênés de ruisseler ainsi sur sa banquette et de transformer l'habitacle en sauna. Nous n'y voyons plus goutte ! Lorsque nous ne parvenons pas à nous faire comprendre, nous dessinons avec le doigt sur la buée du pare-brise des rébus qui déclenchent des tornades de rires. La vie est belle ! Nous repartons vent du bas, vent dans le dos, en poussant des cris de guerre, cinglés par des traits gros comme des billes, et « trashons [1] » jusqu'à la nuit dans un paysage se vallonnant enfin.

Débarquant ruisselants et le visage fou dans une station-service, 15 kilomètres avant La Toma, nous nous faisons indiquer l'estancia San Leonardo. Le regard héberlué des clients nous flatte en secret. Ils cherchent à travers les vitres nos montures essoufflées : des bicyclettes ! Comme s'il s'agissait d'un canulard, le barman nous répond que les 2 kilomètres de piste qui y mènent commencent de l'autre côté de la route... Nous n'aurions jamais trouvé !

Nous passons l'enseigne en fer forgé et roulons dans la sereine satisfaction de la chose accomplie, en rêvant de pouvoir enfin nous sécher et dormir dans des lits moelleux. Pas de lumières. Dorment-ils ? Sont-ils là ? Un sombre doute s'immisce, aussitôt levé par les bougies que nous apercevons à travers les vitres. L'électricité ne vient pas jusqu'à San Leonardo ! Ils sont tous à table dans la douce lumière de chandeliers. Avec nos lampes de poche sous le menton, comme des spectres effrayants, nous écrasons nos nez aux carreaux. Charles et ses amis se retournent horrifiés, les enfants hurlent.

Entrée fracassante !

Nous payons au réveil notre « trashitude » de la veille. Sylvain a le dos cassé, et moi le genou coincé ! Nous émergeons comme deux vieux grand-pères dans une ambiance peuplée de

1. Trasher, plan trash, trashitude : forcer, en baver, dépasser ses limites.

cris, de marmaille, de courses-poursuites sur le parquet, de disputes, de pleurs, de rires, de vie, en somme ! Oui ! Victor Hugo a raison de penser qu'une maison doit déborder d'enfants qu'il faut laisser crier comme une volée de moineaux !

À peine le petit déjeuner englouti, nous sommes emportés par cette tornade de bambins, au lac de San Felipe, pour y faire du ski nautique ! Hier nous faisions du hors-bord à pédales dans notre inondation ! Sur le lac, entre les volcans, nous serpentons avec ivresse dans le sillage du bateau. Quelle ivresse d'avancer sans efforts et en zigzag !

Nous mettons à profit ces deux jours d'attente avant l'arrivée de mes parents et d'oncle Pierre pour coudre, faire des lessives, écrire, réparer les vélos et nous livrer à la douce insouciance de l'oisiveté. Dans un sursaut d'énergie, nous empruntons au ranch de l'estancia deux chevaux de gaucho. Nous voulons grimper sur la barre rocheuse qui surplombe la propriété pour contempler ces confins de la Pampa. Nous nous enfonçons au pas dans une forêt d'épineux, remontant des lits de ruisseaux à sec. Dans les broussailles, des vaches démarrent en ligne droite, comme la charge d'un rhinocéros. Nos chevaux font des écarts qui nous lacéreraient les cuisses dans les épineux, si nous n'avions pas revêtu de larges pantalons en cuir. Les vaches ici ne s'appellent pas Blanchette !

Nous faisons la course dans l'allée bordée d'arbres qui mène à la maison ; les sabots claquent sur les pierres, les branches sifflent à nos oreilles, et je songe vicieusement à nos amis parisiens qui révisent leurs examens dans la grisaille !

Ils sont arrivés ! Je tombe dans leurs bras en sautant de cheval. Il me semble les avoir quittés la veille ! J'en veux secrètement à mon cœur de ne pas battre la chamade. Ils sont là ! Point ! C'est normal ! Ils étaient de toutes mes épreuves ! Chers parents, je vous dois tout ce que j'ai vécu ! Je vous le donne !

Nous faisons pendant quelques jours la trêve des kilomètres en leur compagnie, visitons les environs avec oncle Pierre, passons des soirées merveilleuses où il conte à ses nièces (ma mère et tante Zabeth sont deux filles de sa sœur) des histoires familiales qu'elles ne connaissaient pas. Le cher oncle, très ému de constater qu'elles puissent être fascinées par ce passé qu'il a laissé en Europe, semble épancher tout un soûl de trésors longtemps retenus. Nous chantons tard dans la nuit, des chants d'un autre âge sentant bon le terroir de France et les veillées au feu de bois. Oncle Pierre, heureux, nous reprend à l'harmonica.

*Lundi 31 janvier 1994 : 114e jour, 156 km. T : 7 034 km*

Le départ arrive si vite qu'il nous prend de court. Je fais faire des tours de vélo à toute la maisonnée quand je comprends qu'après le dernier client l'heure de nous quitter va sonner. L'émotion afflue sans crier gare, d'un seul coup, par-derrière. Aveuglé par mes larmes, dans un rictus hilare, j'entends Zabeth me susurrer à l'oreille : « Fais gaffe à ton petit cul ! » D'une étreinte de Titan, nous embrassons la compagnie, et tournons les pédales sans nous retourner.

C'en est fini du cocooning, des visites parentales, des pays francophones ou des populations européennes : de l'autre côté des Andes, nous passons de l'autre côté du monde. Nous ne venons plus de Paris, nous y allons !

Avant le grand saut, nous avons une dernière visite. Maman nous a confirmé la venue à Mendoza, au pied des Andes, de notre ami Éric Girard, médecin, reporter photo à ses heures, pilote aux autres, mais, surtout, incontournable pilier de cordée rencontré lors d'une de nos nombreuses escalades des monuments parisiens. Il y a entre nous trois des liens indéfectibles, qui lui ont fait vouloir participer à notre aventure sur un engin qu'il considère contre nature : la bicyclette ! Il arrive à Mendoza le 2 février pour un rendez-vous hautement improbable, combiné à la perfection. Nous avons deux jours et demi et 372 kilomètres à parcourir pour ne pas manquer à notre parole.

Pour chasser l'émotion de ce second départ, nous épiloguons sur les vertus de la parole donnée, de la fiabilité, de la ponctualité, de la puissance d'organisation dont Éric nous fait une brillante démonstration, après nous avoir seulement lancé, dans la cohue du départ de Paris, un petit : « Rendez-vous dans les Andes, les mecs ! » que nous avions relevé. Toute autre personne aurait trouvé mille raisons pour ne pas venir, il en a au moins trouvé une pour faire l'inverse : l'engagement !

Nous sommes passés de la Pampa à un paysage de garrigue méditerranéenne. Tout y est ! Chaleur, odeurs, cigales ! Nous n'en croyons pas nos oreilles ! Nous déjeunons des sandwiches de maman assis dans un rio glacé. À San Luis, dans une descente, nous retrouvons la Routa 7 et les immensités d'une Pampa aux allures de steppe, basculant imperceptiblement dans le plus gigantesque faux plat qu'il se puisse concevoir. Je prends Sylvain en photo aux côtés d'un emblématique panneau « Via Panam ». Au loin, 50 kilomètres derrière lui, lumineuse comme un serpent d'acier voulant mordre le ciel dans une dernière détente, la route se perd dans l'immensité. Au bout de 44 kilomètres de montée continue en ligne droite, nous coulons une bielle, tous les circuits en surchauffe. Le radiateur n'a plus d'eau ! Nous quittons la route pour Alto Pencoso.

Le vent se lève en dressant des volutes de poussière tourbillonnante entre les maisons basses de ce village fantôme. Des volets dégondés claquent contre des murs de torchis abrasés par le vent. Des inscriptions politiques sur les murs parlent du temps qui passe. Désaffectée, la gare scrute toujours l'horizon dans l'attente d'un train qui ne sifflera plus. Un homme boit son « maté » sur le pas de sa porte, face au néant. L'orage vient à son rendez-vous du soir, avec son cortège de ténèbres. Sur une maison moins pourrie que les autres il n'y a pas marqué *Bagdad Café* mais *Alto Café*. Guillermo, d'une voix de fausset détonnant dans cet univers d'hommes, nous accueille dans sa petite épicerie encombrée de bric et de broc, où il nous sert un verre derrière le comptoir réglementaire, et nous confie à son voisin anglophone. À peine avons-nous abrité les vélos dans une soupente que la foudre tombe sur le toit dans un fracas terrifiant, faisant sauter toute l'installation électrique. Après un *asado* arrosé d'un tonique *vino tinto,* nous allons au spectacle sur la terrasse.

Imaginez une épaisse couverture nuageuse qu'un ramoneur de volcan aurait trempée dans la suie, étendez-la sur un ciel limpide jusqu'à l'horizon et faites-y théâtralement revenir un astre se vautrant dans une apocalypse nucléaire ! Vous êtes alors témoin de l'inconcevable : le rougeoiement des nuages noirs comme un tapis de braises pourfendu par les éclairs ! Un générique de science-fiction.

Au petit déjeuner, Guillermo tient absolument à nous présenter sa fiancée : un nandou ! À Alto Pencoso, véritable *Arizona Dream,* il faut s'attendre à tout sauf à ce qu'on est en droit d'attendre.

Dans la matinée, alors que nous roulons depuis quelques heures, nous apercevons au loin une bicyclette qui vient dans l'autre sens.

– Ça ne peut être qu'un Suisse, pour pédaler dans ce désert [1] !

Raté ! Un Allemand. Manfred est banquier de son état. À

---

1. Dans les déserts islandais, deux ans plus tôt, nous avions rencontré des Suisses à bicyclette.

soixante-trois ans, il a laissé à Francfort sa famille et son confort pour avaler la Patagonie comme d'autres un hamburger. Manfred est gros. Manfred est très gros pour un cycliste. Il pète dans son short en Lycra en nous racontant ses 6 000 kilomètres de moutons, de buissons, et de vent dans le nez. Nous le comprenons. Il profite de la pause pour se tartiner le nez de crème blanche et engloutir deux bananes. Nous le quittons admiratifs et pleins d'espoir pour notre retraite !

Nous roulons vers Mendoza. Nous n'avons que 70 kilomètres à faire, au bout desquels nous allons enfin partager réellement notre aventure avec un ami, la vivre, et ne plus avoir à la raconter.

Au détour d'un verger semblable à tous ceux que nous avons traversés ce matin, je remarque sans trop y prêter attention un étrange nuage dans le ciel gris-bleu. L'étrange phénomène persiste, j'interpelle Sylvain.

– Regarde le nuage là-bas ! Un peu sur la gauche ! Il est carré !

Fasciné je contemple bouche bée l'apparition des neiges éternelles de la cordillère des Andes ! Cette apparition si discrète, presque illusoire, est lourde de significations. Elle entérine notre traversée de la Pampa, notre rencontre avec un mythe qui parle en sourdine dans tous les cœurs des apprentis montagnards : cordillère des Andes ! Nous nous répétons ces trois mots à l'envi, nous les buvons comme une cascade, nous nourrissant un instant de tout ce qu'ils évoquent : corde, escalade, glace, le condor et son aire...

Quelques minutes plus tard, un monumental condor des Andes aux ailes déployées, statue perchée en haut d'un piédestal, célèbre notre entrée dans son empire du « vertige vertical ». Tel Nils Holgersson chevauchant son oie dans le ciel de Suède, je gravis le perchoir géant et me juche sur le dos du volatile de béton peint. *El Condor pasa...*

## LA TRAVERSÉE DES ANDES

*Sylvain*

L'aéroport de Mendoza est minuscule. Le bout de piste donne presque sur le trottoir de la grand-rue. Une barrière retient la foule à quelques dizaines de mètres des avions qui viennent d'atterrir. Depuis deux heures déjà nous attendons Éric. Il y a deux jours la mère d'Alex nous a annoncé sa venue à Mendoza. Éric est l'ami de tous les coups. Photographe de guerre, il visite les maquis du monde. Quand il revient, le nez empli d'odeur de poudre, il pilote des avions, monte à cheval, escalade des falaises et soigne des malades, car il est aussi médecin. Parfois, nous arrivons à le coincer à dîner pour qu'il raconte un peu. Mais Éric ne dit rien. Il ne parle jamais de ce qu'il a fait. Seulement, de temps en temps, il dévoile quelques-uns de ses projets, et son projet du moment, c'est de nous accompagner à vélo dans la traversée des Andes. Voilà pourquoi nous l'attendons, impatients, dans la fournaise de Mendoza.

Son avion se pose. Nous bouillons d'impatience. La porte s'ouvre. Les passagers débarquent. Un, deux, trois... Nous attendons, émus. Jusqu'au dernier. Éric n'est pas là. La porte se ferme. Nous sommes effondrés. Ne sachant plus que faire, machinalement nous regardons le ballet des véhicules de manutention qui s'affairent autour de l'avion. Mais dans le ciel andin, à hauteur des crêtes montagneuses, un Boeing entame son dernier virage, train sorti, prêt à l'atterrissage. Nous mettons tous nos espoirs dans ce nouvel appareil. Les minutes sont longues et chaudes avant que, par la passerelle amovible, ne commence la longue procession des passagers qui descendent de la carlingue. Soudain, par un tapis roulant, nous voyons sortir un vélo de la soute.

– Il est là ! C'est sa bicyclette.

Mais le débardeur argentin qui continue à décharger l'avion

vient d'extraire un deuxième vélo puis un troisième. Cette déconvenue nous accable.

– Éric avec trois vélos ?

– Impossible, ce n'est pas lui, murmure Alex.

D'ailleurs le dernier passager a quitté le DC-10.

C'est alors qu'une tignasse brune et fournie, balancée au bout de deux grandes jambes, sort de l'appareil.

– C'est Éric !

De son énorme nez, il hume le vent des Andes et commence à descendre la passerelle dans sa veste noire, avec son habituelle et étrange allure de dormeur prêt à bondir.

– Et les deux autres vélos ?

Alexandre défaille. Dans l'encadrement de la porte il vient d'apercevoir Sonia. Sonia est sa « promise ». Dans les déserts africains, sur les cimes de l'Atlas, au milieu de la Pampa, il était devenu impossible de tenir une conversation avec Alexandre sans qu'inévitablement Sonia ne s'en mêle. Sonia dans les eucalyptus, Sonia au bout du glacier, Sonia dans la langueur des journées de vélo sur des routes bien droites au bout desquelles évidemment attendait Sonia. Sonia par-ci, Sonia partout. Aujourd'hui la voilà qui débarque au pied de la montagne et sanglote d'émotion dans les bras d'Alexandre.

Le troisième vélo aura bien du mérite s'il revient entier, car il est destiné à celle qui ne ménage ni son effort ni sa monture : Natascha. Natascha est une amie allemande rencontrée sur les pistes de ski alors qu'elle venait de se briser la jambe. Aujourd'hui, Natascha a le poignet plâtré. Natascha est toujours un peu cassée de partout mais jamais abattue. Éric lui mettra un bandage avant que nous ne partions. Elle débutera sa convalescence, en traversant la cordillère à vélo. Serrant les dents dans la douleur avec cette énergie dont on ne sait pas très bien chez Natascha si elle se nourrit de volonté ou de folie. Alex et moi sommes encore sous le coup de la surprise. Transperçant le ciel comme un panache sans base, à une altitude effrayante, apparaît le sommet de l'Aconcagua. Nous contemplons la « sentinelle de pierre » comme l'appellent les Indiens. Dans quelques jours c'est à ses pieds que nous passerons. Tous les cinq.

Le mur des Andes se dresse. Ici, pas de piémonts, pas de collines ni de ces relèvements de la terre qui annoncent la transition entre les bas pays et la montagne. Le plateau semble buter brutalement sur la muraille. À angle droit. Comme un océan qui s'échoue contre une falaise. Comme si la Pampa mourante se cognait en râlant à la cordillère.

Nous avons quitté Mendoza en début d'après-midi. Depuis plusieurs heures nous pédalons sur une route rigoureusement droite, si droite qu'elle semble s'envoler dans l'horizon. Elle doit nous mener au pied de la montagne à travers un glacis infini, légèrement incliné et aride comme une vieille main desséchée. Des vortex, tourbillons de poussière, dansent au milieu de buissons calcinés. Il fait si chaud qu'on entend le soleil bourdonner. Nous progressons, mais les Andes ne bougent pas d'un pouce. C'est à désespérer. Nous doutons d'en atteindre un jour les fondations. Pas un repère, pas un indice qui nous signale que nous approchons. Seulement un mur et une route droite.

Sonia et Natascha commencent à donner quelques signes de fatigue, accrus par l'impression agaçante de rester sur place. Nous finissons quand même par atteindre les premières vigueurs du relief. Nous avons enfin rejoint la fracture, ce point où la terre devient verticale. Mais avant même que nous nous engagions dans les pentes, nos deux amies périclitent. Précipitées sans transition des couloirs universitaires parisiens aux pistes andines écrasées de chaleur, elles subissent le choc. Hier les bancs de l'amphithéâtre, aujourd'hui les selles de vélo chargées à quarante kilos et les montées à 12 %. Elles titubent. Sonia s'écroule dans un fossé. Natascha vacille dans les lacets de la piste. Tout à l'heure, au déjeuner à Mendoza, elles refusaient les tranches de bœuf, lourdes et généreuses. Elles paient le prix de leur coquetterie. Nous raclons les fonds de sacoches. Quelques grains de raisin sec collés sauvent Natascha de l'hypoglycémie. Alexandre allaite Sonia au Dulce de Leche, le caramel local. En tête, Éric et moi encadrons Natascha. Alexandre, 200 mètres en arrière, s'occupe de Sonia. Nous les relevons, les forçons à pédaler, les exhortons à avancer. Dans ce triste équipage, au bord de la faillite physique, nous atteignons en pleine nuit Villavincencio.

Au temps de l'Argentine des années trente Villavincencio était un lieu de cure prisé. Un établissement thermal, niché au creux d'un vallon, accueillait à 1 800 mètres d'altitude les bourgeois de Mendoza. De la belle époque ne restent plus que les vestiges d'un hôtel blanc aux volets rouges et quelques hectares de sapinières odorantes où sourdent des eaux minérales. Nous plantons les tentes dans ce délice.

Alexandre et moi partageons un terrible sens de l'humour. Profitant de l'absence d'Éric, nous plongeons dans la tarte du dîner, devant les deux filles horrifiées, un crapaud vivant. Le batracien gluant est rendu au pré avant qu'Éric ne revienne. Natascha et Sonia refusent de toucher à la tarte. Éric, furieux, rappelle leur faiblesse de l'après-midi, due à la sous-alimentation. Emportant sa grande carcasse, il grommelle en rentrant sous sa tente.

– Elles voient des crapauds sur la tarte ! Elles ont vraiment besoin de repos !

Les jours qui suivent nous conduisent au cœur de la cordillère par des chemins de traverse. Nous avons évité la grand-route et nous assaillons les reliefs sur des pistes tortueuses et sauvages. Celles-là même qui portèrent les pas du grand San Martin, le libérateur qui délivra l'Argentine du joug chilien.

Entre Villavincencio et Uspallata s'élève à 3 000 mètres le col de Cruz de Portillo. Pour l'atteindre, la piste étire trois cent soixante-cinq lacets sur 1 500 mètres de dénivelé. Le serpentin caracole, agrippé au flanc des abrupts. Chaque virage nous dégage des perspectives vertigineuses. Nous pédalons dans le gaz. Les condors au-dessus des têtes. Les chaos de rocaille sous les pieds. Et nous, sur cette route comme sur un fil tendu au-dessus des Andes.

L'acclimatation de Sonia et de Natascha est fulgurante. Les trois cent soixante-cinq virages sont enlevés en une journée. Dans les derniers lacets, un car de touristes qui vient en sens contraire s'arrête au bord du précipice. Les passagers en descendent et se rangent en haie pour nous applaudir. Encore trente coups de pédale arrachés, et c'est le col. « *3 000 mietras sobre el nivel del mar* », indique une plaque. La route plonge vers les vallées, encadrée de sommets arrondis et pelés. Parfois un éperon en saillie retient à sa pointe un vol de condors. La piste s'enfonce dans des défilés ménagés entre des falaises de schiste. De chaque côté grandissent des parois tranchées au couteau et éclatées par le soleil. Au sortir de ces couloirs, nous débouchons sur des perspectives de genèse du monde. La palette du tableau est saisissante : le noir des coulées de lave, crevées parfois par une arête de roches acérées comme une dorsale de stégosaure ; le rouge des parois de rhyolite, le reflet jaune des granits arénisés, les teintes métalliques de la biotite qui se désagrège et, parfois, comme pour adoucir la cruauté de ces tons primitifs, un petit coup de pinceau feutré et blotti dans l'horizon. C'est la vallée qui apparaît. Les neiges éternelles de la crête axiale des Andes constituent la toile de fond de ces décors grandioses.

Au bout d'un long cheminement à travers des vallées si gigantesques qu'on pourrait y faire tenir dans la largeur un glacier des Alpes, nous atteignons le socle de l'Aconcagua. Le rio Mendoza lèche les pieds du géant d'Amérique. En remontant son cours nous arrivons un soir sur le Puente del Inca. Le fleuve, gonflé d'alluvions rose bistre, a creusé dans le substrat rocheux un pont naturel de trente mètres de haut. Le tablier est recouvert de concrétions de soufre qui dégoulinent comme des filets de bave. Sous l'arche, des thermes en ruine accrochés sur un replat témoignent de l'ancienne activité du lieu.

Nous nous baignons dans les vasques et les sources avant de dresser le camp, au crépuscule, près d'une église en ruine édifiée sur un talus. À l'intérieur du monument croulant, la nuit est presque tombée. Tous les cinq, assis sur des vestiges de bancs, nous nous laissons aller à la sérénité du lieu. Demain nous franchirons le col du Cristo Redemptor qui sépare le Chili de l'Argentine à 4 200 mètres d'altitude.

Pour sceller l'alliance qui les réconciliait, le Chili et l'Argentine érigèrent dans un ensellement de la cordillère une statue de quinze mètres de haut : un christ rédempteur de bronze. C'était au début du siècle. Nous grimpons vers lui par une piste fermée à la circulation automobile. Le chemin serpente sur des talus d'éboulis rouges. On croirait des draperies couvrant le pied des crêtes. Les premiers effets de l'altitude se font sentir. Nous dépassons 3 800 mètres. Le cœur bondit, près d'exploser. Vers 3 950 mètres, nous atteignons les crêts schisteux. La piste continue à s'élever, cherchant appui sur des replats.

Et soudain il apparaît. Le christ dressé sur le col étend sa main dans la gloire du soleil couchant. En contrebas, dans l'abîme rougeoyant, la vue plonge sur les reliefs chiliens entaillés de vallées brumeuses. Nous laissons les vélos au pied de la statue. Tous les cinq nous nous élançons à l'assaut du colosse sacré. Les plis du vêtement de bronze facilitent l'escalade. Alexandre débouche en haut de la statue. Le christ compte un nouveau compagnon, un troisième larron, juché sur son épaule.

Après une nuit glaciale passée à l'intérieur du refuge en ruine du col, nous attaquons dans l'aurore l'escalade du Cerro del Cristo Redemptor, petit sommet de 5 200 mètres, noyé comme une pointe ridicule dans l'immense cordillère. À midi, Sonia et Éric qui ont gravi une rampe et passé des vires sur le flanc ouest de la montagne débouchent au sommet. Natascha, Alex et moi, parvenus par des éboulis jusqu'à l'antécime, sommes coincés sous un ressaut de 200 mètres en dessous du sommet. Mais depuis nos balcons respectifs, nous disposons tous d'une vue inégalable sur la face terrifiante et si raide du Cerro

Aconcagua. Et à nos pieds vers le sud nous apercevons la piste. Elle bascule, de l'autre côté du col, à travers des versants rougeâtres qui portent des glaciers suspendus. C'est là-bas que nous nous retrouvons quelques heures plus tard, attentifs à ne pas nous rompre les os sur le chemin à pic et défoncé qui descend vers le Chili. La route garde encore les stigmates du conflit qui opposa l'Argentine au Chili. Nous louvoyons entre les trous de bombe, les cratères de six mètres de diamètre et les carcasses d'avions écrasés. Il faut transporter les vélos par-dessus les gués d'eau glaciaire et les chaos de pierres répandues sur la route dynamitée.

Au bout de cette descente, la frontière chilienne. Et au terme de la journée, l'un des plus beaux sites sur lesquels il nous ait été donné de camper : les rives du lac de Portillo. Les eaux du lac sont d'un bleu trop pur et trop profond pour être honnête. Ce sont des eaux glaciaires, minérales et si froides que la vie en est exclue. Le lac est mort. Les neiges éternelles qui le dominent contribuent à pétrifier le paysage. La roche, l'eau, la glace. Les éléments bruts et primitifs figent le décor dans une beauté de métal qui glace le dos. Nous nous baignons en poussant des hurlements de barbares. Le lac marque la fin des difficultés.

À présent nous n'avons plus qu'à nous laisser aller à la pesanteur le long d'une route qui descend jusqu'au niveau de la mer en moins de 200 kilomètres. D'abord nous serpentons sur un *caracolès* sinueux. En 20 kilomètres nous perdons 1 500 mètres d'altitude. Le Chili mesure 4 000 kilomètres du nord au sud et parfois moins de 180 kilomètres dans sa largeur. Nous jurons que ce n'est pas la paresse qui nous a dicté de le traverser en latitude, dans sa proportion la plus étroite ! C'est tout notre voyage qui tend vers cette direction de l'ouest, nous fait courir après le soleil et couper une à une, à grands tours de pédale, les tranches de méridien.

Sur la route, des armées de pancartes nous préviennent : « *Hombres trabajando* ». Mais visiblement les ouvriers ne savent pas lire. Vautrés dans les fossés, des cohortes de cantonniers dorment profondément. De temps en temps l'un d'eux ramasse un caillou puis médite longuement sur l'effort accompli et réfléchit à son prochain projet. Les travaux de cette route transandine durent depuis les années soixante-dix.

C'est paradoxalement en rejoignant les collines littorales que nous voyons notre premier lama. Dans un cirque installé sur la place d'un petit village. Un troupeau d'enfants s'agglutine devant les cages qui renferment quelques maigres bêtes. Un pauvre chapiteau rapiécé tient péniblement debout. Trois lamas guanacos efflanqués et malades se traînent dans la poussière. Nous décidons d'égayer ce tableau misérable. Alexandre jongle en roulant de gros yeux. Je joue à la flûte des airs de gigue pendant que les deux filles soulèvent dans leurs bras des petits marmots crasseux. Éric immortalise la scène derrière son appareil. Bientôt, une foule d'enfants se presse pour regarder. Nous concurrençons le cirque et sa ménagerie. Un singe échappé, furieux de ce détournement de spectateurs, mord jusqu'à l'os le bras d'un enfant. La plaie est béante. Sonia soigne le petit Roberto qui ne verse même pas une larme. Il nous regarde de ses yeux habitués à ne pas laisser transparaître la douleur. Nous pensons à ces sorties d'écoles parisiennes où les enfants douillets poussent des hurlements complaisamment entretenus par des parents timorés. Chez Roberto, on ne console pas. Alors il ne pleure pas car il sait bien qu'il ne sert à rien d'exprimer sa souffrance s'il ne se trouve pas pour y répondre de marques de pitié.

Juste avant d'arriver à Valparaiso nous mettons au point une technique de repos particulière que nous appelons la poussette. Il s'agit de s'accrocher à un camion poussif dans une côte. Pour bien profiter d'un camion et le parasiter correctement il faut d'abord repérer de loin sa nature. S'il transporte un container, l'espoir s'envole car, sur les parois lisses du caisson, il n'y a pas de prises pour s'agripper. Si c'est un camion bâché, alors c'est la liesse. Car la bâche jetée sur la marchandise est enroulée de cordages qui nous offrent des poignées. La deuxième étape relève du discernement. Il s'agit de jauger en un clin d'œil la personnalité du camionneur en observant sa tête lorsque dans un râle de bête agonisante le camion nous dépasse. Si nous découvrons un front bas, une arcade sourcilière néandertalienne avancée sur un regard obtus, il y a peu de chances pour que la grâce d'un lift nous soit accordée. Il faut dans ce cas se placer à l'avant du véhicule, caché dans l'angle mort du chauffeur. Si au contraire le routier nous jette un regard sympathique, nous sourit et nous encourage d'un coup de klaxon qui nous explose les tympans, l'affaire est dans le sac. Nous pouvons confortablement nous accrocher derrière le camion. Le chauffeur nous verra dans son rétroviseur. Nous en profiterons pour échanger des sourires et de petits gestes de la main, courtois, mais rapides, car il n'en reste plus qu'une pour tenir le guidon. L'autre est accrochée aux haubans de la bête comme la bouche du rémora sur les flancs du requin. Une fois installé à l'insu ou non du chauffeur, ce n'est plus qu'une question d'équilibre. Il faut être prêt à dégager rapidement au cas où le camion s'approcherait trop du fossé. Mais le risque vaut la joie d'être ainsi tracté dans les montées sans autre effort que celui de tenir fermement du bras gauche les cordes coupantes, d'éviter de passer sous les roues énormes qui nous frôlent les cuisses et de résister aux gerbes de fumées asphyxiantes.

Quand nous arrivons à Valparaiso, nous venons d'achever la longue traversée de l'Amérique du Sud et de réconcilier en fil tendu un océan à l'autre. La ville de Valparaiso offre l'image d'une décrépitude avancée. Le soleil s'étrangle dans les brumes moites. Le Pacifique crève lourdement sur des grèves grises. Adossées contre les collines, des villas rococo au luxe décati s'entourent de palmiers hirsutes comme les trucs en plumes que portaient à Pigalle les cocottes sur le retour. Et dans le vieux port luisant de la lumière sale et mouillée du soir grouille une foule métisse crasseuse et bruyante qui investit les bistrots des vieux quais. Les mouettes entrent dans des restaurants huileux. Un vent chaud balance des enseignes grinçantes. Des ivrognes titubants cherchent la sortie, abasourdis par les sirènes des cargos rouillés, drogués de langueurs océanes. Il règne ici l'atmosphère de ces bouts du monde aux noms enchanteurs. Sur les cartes, ils font naître les rêves, ils deviennent des destinations d'espoir. Hisse et ho ! Nous irons jusqu'à Valparaiso ! Et quand au fond de la baie apparaît l'oasis, on se sent éternel. Alors, on chante et on boit aux lendemains heureux, et l'on débarque plein d'espérance pour se retrouver empêtré dans ce cloaque comme une mouche dans un papier gras puant le poisson.

Le ressac a bercé notre nuit. Nous nous réveillons sur la plage de Valparaiso où nous avons monté la tente. Avant de quitter la ville, Éric nous fait poser dans le vieux port pour rapporter quelques clichés de carcasses de cargos échoués, de hangars en ruine recelant des locomotives éventrées et des ateliers apparemment abandonnés dont on ne peut deviner s'ils sont toujours en activité. Car, ici, impossible de savoir si la trace de cambouis sur la main d'un ouvrier date des années trente ou du matin même.

Cent cinquante kilomètres séparent Valparaiso de Santiago. Nous les enlèverons en deux jours à travers des ondulations de chaumes secs et jaunâtres. Alex et moi goûtons le bonheur de ces derniers instants passés avec nos amis. Car Santiago marque la fin de leur séjour. Dans la capitale, Francesco, un ami d'Éric, nous reçoit. Nous visitons la ville en sa compagnie et celle de sa femme Andrea. Santiago sent bon l'été. Sur les places on joue aux échecs sous les kiosques et l'on écoute les bonimenteurs s'égosiller sur les pelouses. Comme en Argentine, les généraux ont coupé leurs moustaches, mais ils ont laissé de jolies avenues boisées. Les amoureux y marchent toute la journée. Vingt kilomètres de promenades rectilignes et ininterrompues sous les arbres ! C'est qu'à Santiago les avenues sont très longues. Elles ressemblent à la carte du Chili. Elles se croisent sans un faux pas. Depuis la colline qui surplombe la ville, une vierge géante, qui doit avoir envie de regarder la mer, surveille ce beau damier et compte les églises blanches.

Vient le moment des adieux. Éric pense déjà à de nouveaux départs ; Natascha ouvre ses grands beaux yeux, étonnée que cela soit si tôt fini ; Sonia quitte Alexandre et trouve la vie mal faite. Nous sommes à nouveau seuls et livrés à nous-mêmes. Nous pouvons recommencer à manger avec les doigts, à les mettre dans le nez et à ne nous laver que si l'envie nous en prend. La consolation est bien maigre et n'empêche pas les larmes quand l'avion décolle. Dans quelques heures ils seront à Paris. Dans quelques mois, nous aussi. Mais il faudra pédaler beaucoup et d'abord traverser ce maudit Pacifique, au bout duquel, là-bas, sous les vents de l'Asie, comme la tête d'un dragon, s'avance Singapour.

# LA TRAVERSÉE DU PACIFIQUE

## *Alexandre*

Acculés à l'océan Pacifique après notre traversée de l'Amérique du Sud, nous devons trouver une solution pour rallier l'Asie du Sud-Est. L'agence Lan Chile ne nous propose qu'un vol Mexico-Singapour, via Miami, New York, Los Angeles, Osaka, et Bangkok ! Autant dire un tour du monde en avion ! En persévérant un peu, nous trouvons un vol transitant par l'île de Pâques, Tahiti et la Nouvelle-Zélande ! Nous avons failli être privés de cette traversée de rêve par le manque d'imagination d'un terminal d'agence !

Tandis que Sylvain part faire quelques provisions en prévision des difficultés d'approvisionnement insulaire, je file dans une librairie francophone me documenter sur l'île de Pâques et sa mystérieuse culture. Notre hôte Francesco, réalisateur d'un spot publicitaire pour le Pisco Control, tord-boyaux local, clame à la cantonade, amusé par notre avidité culturelle :

– Vous feriez mieux d'emporter quelques bouteilles de Pisco avec vous !

Espérons que les Pascuans lui donneront tort ! Qu'allons-nous trouver de cette civilisation disparue et de ses représentants aujourd'hui chiliens ?

Francesco nous accompagne le lendemain à l'aéroport. Embrassades fraternelles. Après la « petite Californie » chilienne, nous repartons vers l'inconnu. Celui qui se présente à nous n'est pas habité de dangers ni d'épreuves, mais de mythes et légendes.

– Aïe !

Sylvain se pique le doigt avec l'aiguille dont il se sert pour recoudre un bouton, confortablement installé au milieu de nos sacoches, sous le regard amusé de deux vieilles dames couvertes de la tête aux pieds de dentelle noire.

## *L'île de Pâques*

Durant tout le vol nous avons spéculé sur l'odeur de l'île de Pâques, car chaque île a son odeur. Suspense ! L'atterrissage nocturne sur ce porte-avions volcanique perdu en plein océan fait vraiment figure d'appontage ! Une bouffée de chaleur moite, collante comme la langue d'un caméléon, nous arrache à l'atmosphère conditionnée de l'avion. Les naseaux dilatés, nous tentons de mettre des noms derrière la densité des odeurs qui nous imprègnent déjà : un mélange de pain d'épice, de confiture de fraises en train de cuire, de poivre et de vanille ! Sylvain avait parié sur une odeur de chocolat (et pour cause !) et moi sur celle du goudron après l'orage. Les sens ne trompent pas toujours.

Les vendeurs de chambres nous assaillent dans un espagnol traînant tandis que nous rassemblons nos sacoches et les remontons sur les vélos.

– Vous n'allez pas coucher dehors, non ? Il pleut ici la nuit !

– Où allez-vous ? On n'y voit pas plus que dans le derrière d'une poule !

– C'est bon ! Au moins ils ont le même humour que nous ! constate Sylvain.

– Eh bien, justement, ce soir nous dormirons dans le nid de l'homme-oiseau au milieu des œufs en chocolat !

Un manutentionnaire herculéen au visage de poupon nous hèle avec sympathie. Il ne veut pas que nous nous enfoncions ainsi dans la nuit, nous coucherons chez lui, gratuitement, et sans discuter. Soit.

Chico, au volant de son pick-up découpé à la scie circulaire, les manches retroussées, le cheveu de jais défait sur des épaules de colosse, nous raconte qu'il est propriétaire de la seule boîte de nuit de l'île, et qu'il décharge les avions « pour l'exercice » ! Il nous loge dans sa salle de musculation et nous fait visiter son « *dancing* » !

– Dis, Chico, pourquoi viens-tu de t'enduire les bras d'huile de coco ?

– Pour ne pas être griffé par d'éventuelles furies !

Sylvain, perplexe, me glisse à l'oreille : « Il rigole ou quoi ? »

Pendant près d'une semaine, entre les cours de tamouré et d'interminables gloses sur les *mujeres* [1] françaises, nous rayonnons de chez lui vers tous les sites de l'île. L'hospitalité insulaire tant vantée par les marins de jadis a toujours cours.

À l'aube, nous partons à l'assaut du volcan Rano-Kau, gros pâté aplati, séparé du reste de l'île par la piste d'atterrissage. Nos vélos allégés de leurs sacoches nous donnent des ailes. Comme les enfants quittent leur classe à la récréation, nous attaquons les flancs de la montagne, pour étreindre d'un regard notre nouvel univers. Les herbes folles chargées de rosée, éclairées en transparence par le soleil, bordent notre ascension d'une allée radieuse et odorante. Une multitude de petits éclats d'obsidienne incrustés dans la piste noire et poussiéreuse nous renvoie autant de perles de lumière. Tout scintille autour de nous. Est-ce un miroir aux alouettes ? Nous pédalons sur l'île de Pâques, cette féerie est bien réelle.

Au fur et à mesure de notre élévation nous apparaît la forme générale de l'île : une sorte de pistolet tourné vers l'est, constitué de trois volcans reliés entre eux et dont le Rano-Kau serait la crosse. Le sommet nous révèle un gigantesque cratère comblé de joncs et de marigots. Il fut longtemps la seule réserve d'eau douce de l'île. Les Pascuans venaient y faire leur lessive et s'y baigner.

Tout un bord du cratère étant tronqué en forme de déversoir, la crête interrompue se dresse vers le ciel en un ultime élan de pierre. C'est le site des pétroglyphes d'Orongo, village troglodyte où se célébrait chaque année le culte de l'homme-oiseau. Un précipice de 200 mètres borde les ouvertures en forme de chatière des habitations. Sylvain tente de s'introduire dans l'une d'elles en rampant.

– C'est pas vrai, c'étaient pas des hommes-oiseaux ces gens, mais plutôt des hommes-serpents !

Dans la pénombre la plus totale, nous rampons dans un des conduits rectangulaires de ces étranges tumulus de lauzes empilées, et débouchons dans un logis oblong d'un mètre de plafond et totalement dépourvu de lumière. Les Pascuans primitifs habitaient là, dans ces terriers ! À cinq centimètres au-dessus de nos têtes, sur une dalle du plafond, nous découvrons des peintures rupestres d'homme-oiseau...

Tout le site est gravé de cet étrange personnage à tête

1. Femmes.

d'oiseau. Il témoigne d'un rite annuel de renaissance célébrant la victoire du premier homme qui ramenait d'un îlot voisin le premier œuf de frégate de la saison. Doté de pouvoirs extraordinaires pendant un an, le nouvel homme-oiseau instituait ainsi une sorte de contre-pouvoir aux rivalités tribales.

– Regarde la falaise qu'ils devaient « désescalader » ! Voilà pourquoi on les appelait les hommes-oiseaux !

Les mystères de l'île de Pâques sont en grande partie élucidés. Deux théories se sont affrontées sur son peuplement. Celle du peuplement mixte, d'abord amérindien, puis polynésien, et celle d'un peuplement strictement micronésien. Thor Heyerdhal, fervent défenseur de la première, avait même réussi la traversée Pérou-Polynésie pour accréditer ses thèses. Tahiti et le Chili se trouvent tous deux à plus de 4 300 kilomètres !

Aujourd'hui, le monde scientifique dans sa majorité récuse cette belle idée, et penche en faveur d'un peuplement en provenance des Marquises. Les assemblages mégalithiques de Vinapu au sud de l'île n'ont donc pas été inspirés par ceux de Machu Picchu au Pérou !

Nous n'avons que trop repoussé notre rencontre avec les fabuleux *moai,* statues titanesques de tuf volcanique, tirées des flancs du cratère du Rano-Raraku. Nous partons le lendemain matin à ce rendez-vous tant attendu, après un petit déjeuner de purée de bananes. Nos premiers kilomètres à travers les herbes blondes sont humides. Il n'est pas un nuage, petit ou gros, panaché ou effiloché qui ne se croie obligé de déverser ses torrents d'eau sur ce caillou. Rien ne sert de prévoir le temps, il n'y a qu'une seule certitude : il pleuvra ! Sylvain s'indigne.

– Comme s'il n'y avait pas assez de flotte dans le Pacifique !

– Moi j'aime bien, c'est rafraîchissant ! Tiens ? Regarde ce nuage-là, au-dessus de notre tête, il nous suit comme ceux des dessins animés !

Dans une descente, deux de mes rayons rendent l'âme, il faut les réparer. Les *moai* se méritent ! Nous roulons dans un paysage de volcans d'Auvergne roussis par le soleil, parsemés de petites touffes d'eucalyptus et de pins replantés. Il n'y a pas d'habitat dispersé, le village de Hanga Roa concentre les quelque deux mille cinq cents habitants. L'île paraît donc déserte, comme réservée au règne d'un millier de *moai.*

Ils nous apparaissent de très loin, progressivement, comme se révèle un cliché dans une chambre noire.

– Regarde le petit volcan là-bas, je suis sûr que c'est celui-là ! On voit des stries horizontales dans de grandes saignées verticales sur les pentes. C'est sûrement la carrière !

– Et les petits sucres noirs, inclinés de travers sur ses flancs, tu crois que ce sont des *moai* ?

Mon sang ne fait qu'un tour, ils sont là, fidèles aux siècles, plus vrais que nature. Ils n'expriment rien, ils se dressent, ils incarnent dans leur chair de pierre l'énigme faite plastique.

– Viens vite voir ! me crie Sylvain, pétrifié par le spectacle qu'il découvre de l'autre côté de la crête du cratère.

Nous en avons le souffle coupé ! Dans la lumière dorée de la fin de journée, au fond d'un cône en pente douce hérissé de rigides cerbères, un troupeau de chevaux sauvages s'ébat dans les eaux douces du lac de cratère.

– On va faire trempette ?

Nous dévalons les pentes en riant de bonheur. Et, sous le regard basaltique de nos surveillants de baignade, nous glissons, parmi les joncs qui frangent les berges, dans les eaux noires et caressantes du lac du cratère du Rano Raraku.

Un soir, Chico nous organise une soirée dans sa boîte de nuit. Inutile de décrire notre surprise en les voyant tous danser sur le rythme syncopé du dernier tube « techno » produit par le « beat » américain ! Le modèle est-il vraiment le même partout ?

Heureusement les Pascuans cultivent leurs racines exhumées depuis peu de l'oubli. Chico se lance dans un *tamouré* [1] frénétique qui déclenche des tornades de rires. La lambada, la soca n'ont qu'à bien se tenir !

Sur le petit port de Hanga Roa le lendemain matin, un groupe de badauds entoure des pêcheurs en train de découper une demi-douzaine de thons. Au-dessus de leurs têtes, dans l'anse de la Caleta, de jeunes surfeurs jouent les funambules sur les franges d'écume. Un colosse à la majestueuse barbe sectionne d'un coup sec la tête d'un énorme thon qui va rouler jusqu'aux pieds de Sylvain. Le bonhomme s'en excuse parmi les rires. Il plane sur cette île une douceur tiède et sucrée qui transforme tout en sourire. Voyant notre intérêt pour ces poissons, Chico nous propose :

1. Danse traditionnelle de séduction.

– *Les gustaria ir al campo ?* « Ça vous dirait d'aller à la campagne ? »

– *Claro que si !*

Nous grimpons dans le pick-up, racolons un autre amateur et passons chercher le matériel nécessaire.

– Alors comme ça on part à la campagne ?

– Ben, euh, c'est ce que j'ai cru comprendre ! me répond Sylvain

– Alors pourquoi avoir chargé dans le pick-up du matériel de chasse sous-marine, une caisse de bières, une cocotte-minute, un tas de bois et tout ce foutoir ?

Sur l'île de Pâques cernée par les flots, « aller à la campagne » signifie aller chasser parmi les requins dans les rouleaux de la côte sauvage ! La voiture s'immobilise en bordure de falaise, à l'ombre d'un *moai.*

– Le danger, me dit Chico, c'est que les *moai* nous tournent le dos quand nous prenons la mer, ils ne peuvent donc pas nous protéger !

En effet, tous les *moai* de l'île tournent le dos à la mer. Ils ne scrutent pas l'horizon à la recherche d'un quelconque navigateur, mais symbolisent les ancêtres des tribus veillant sur leurs descendants.

Confiant, je lui réponds :

– C'est pas grave, je préfère compter sur toi !

Sous nos yeux, une impressionnante houle vient fracasser ses tonnes de fatigue sur les basaltes déchiquetés de la côte.

– Le tout est de sauter à la fin d'une vague pour être emporté par le ressac, nous dit Jorge, le colosse de saindoux qui nous accompagne.

– Après il faut tout de suite mettre la tête dans l'eau pour voir si les requins sont là. En général ils s'en vont.

– Brrr, j'aime pas les généralités !

Foin de tartarinades à la française :

– Quand faut y aller, faut y aller ! me persuade Sylvain.

Un slip, deux bouts de caoutchouc aux pieds et un dans la bouche, des petites lunettes de natation sur les yeux et le harpon bien en main, je me jette à l'eau suivi de près par Sylvain. Nous allons nous partager cette arbalète rudimentaire aux élastiques en chambre à air de camion...

Nous passons une heure dans l'eau. Les poissons qui virevoltent autour de nous sont trop beaux, trop précieux pour être la cible de nos flèches. Pour ne pas rentrer bredouilles je tire presque à contrecœur un poisson-trompette et un perroquet.

Chico et Jorge sortent de l'eau mouvementée comme de glorieux Atlantes chargés de plastrons multicolores. L'écaillage qui s'ensuit fait voler des comètes tous azimuts, des rouges, des vertes, des jaunes, des bleues.

Chico nous tend des tripes de poisson cru (sans leur contenu !).

– Un peu amer, mais délicieux comme un coquillage, répond Sylvain.

Nous ne comprenons l'éclat de rire qui s'ensuit que lorsque Chico nous mime que les tripes de poisson ont des vertus prétendument aphrodisiaques...

Jorge prépare un feu à l'étouffée, ce n'est pas le basalte qui manque ! Il ne reste ensuite qu'à étaler sur les pierres les poissons découpés dans leur longueur. Puis il précipite dans la cocotte de l'eau, du sel, du concentré de tomate, des oignons, des épices et des tronçons de poisson pêle-mêle avec des boîtes de moules pour dix petites minutes de cuisson : un régal ! D'autres sont cuits en filets dans du jus de citron après avoir été déshabillés d'un geste précis.

Nous sommes là tous les quatre à engloutir avec les doigts des poissons juteux, à écluser des bières glacées sous le soleil des tropiques, bercés par les accords doucereux d'un yukulélé. Les *moai*, quelques bières aidant, prendraient part à la fête !

Notre réveil après la sieste qui suit ces agapes nous arrache quelques regrets. Nos amis pascuans laissent en plan le chantier de boîtes de conserve, de canettes et de sacs plastique étalés sur les rochers. Nous protestons un peu, mais il nous est difficile de leur donner chez eux des leçons d'écologie.

Le lendemain, Chico en personne charge nos affaires dans l'avion. En gage d'amitié il enlève sa chemise et me la donne, ainsi que deux petits *moai*-pendentifs. Il ne réclame rien, il sait que nous n'avons pas de superflu. Les Pascuans n'ont pas grand-chose d'autre que leurs amis, et c'est peut-être pour cela qu'ils sont si généreux. Seul le hurlement des réacteurs parvient à nous séparer.

### *Tahiti*

Dans l'avion, Arnaud, un jeune kinésithérapeute français de vingt-neuf ans, féru de littérature, nous dépeint tous les travers de Tahiti où il travaille depuis six ans.

– J'ai tout plaqué à vingt ans en commençant un convoyage

de bateau pour venir ici. Il n'était pas prévu que j'y reste, et pourtant j'y suis encore ! – Et il poursuit : – N'est-ce pas Swann qui se demande, dans la *Recherche,* comment il a pu vivre toute une vie avec Odette qu'il n'aimait pas ? Eh bien, tu vois, je crois que c'est ce qui est en train de m'arriver avec Tahiti.

Il fait partie de tous ces Français de l'étranger qui ne peuvent plus se passer des maux auxquels ils ont fini par s'habituer.

Arnaud passe en revue toutes les tares administratives de ce TOM aux contours mal définis. Cela va des détournements de fonds aux salaires scandaleux de certains fonctionnaires, de la frénésie de consommation d'une population acculturée au monopole des Chinois sur le commerce, en passant par des droits de douane représentant 70 % de la richesse de l'archipel.

Il enchaîne sur l'assistanat exercé sur une population bien loin d'être autosuffisante (un élève scolarisé sur deux cents parvient au bac !), et achève ce noir tableau par le taux de RMIstes, « l'argent braguette » des allocations familiales et autres mannes de la métropole.

– Eh, dis donc, tu n'aurais pas envie de nous gâcher notre plaisir par hasard ?

– De toute façon vous ne verrez rien de tout cela. Tahiti opère comme un anesthésiste qui te prévient que tu ne vas rien sentir, qui te raconte une belle histoire pour que tu t'endormes, et qui te réveille en disant : « Tu vois, tout s'est bien passé ! »

À l'instar de nombreuses personnes averties, Arnaud nous conseille impérieusement de mettre à profit les deux seuls jours dont nous disposons pour aller à Moorea, en face de Papeete.

Nous attendons, avec la même impatience que sur l'île de Pâques, l'ouverture de la porte de l'appareil. Il est une heure du matin, quelle va bien pouvoir être l'odeur de Tahiti ? La première sensation est un coup de massue. Une chape de plomb s'abat sur nos épaules. L'air chaud et moite nous saisit, nous englobe ; en quelques secondes nous lui appartenons.

– Vous allez voir, nous lance Arnaud, les Tahitiens sont de sacrés fêtards, ils ne pensent qu'à chanter !

De fait, l'ambiance *vahiné-tamouré-yukulélé* nous enveloppe dès nos premiers pas sur l'île : un groupe de chanteurs et de danseuses tahitiennes nous accueille dans le hall désert. Une charmante vahiné me tend un tiaré en me susurrant à l'oreille un gentil : « Bienvenue, *Popaa* ! » Le tiaré est une petite fleur blanche que l'on doit conserver la première journée en gage d'hospitalité.

– C'est ainsi ! Depuis l'ouverture de l'aéroport, tous les avions qui ont atterri ont été reçus de la même façon. À l'époque des premiers colons, les vahinés partaient à la nage à la rencontre des bateaux pour remettre aux marins des couronnes de fleurs. Tu vois maintenant ce qui nous retient ici ?

Nous sommes là depuis dix minutes et je crois que j'ai déjà tout compris. Tahiti colle à la peau. Tahiti colle à l'âme.

Gentiment, Arnaud nous invite à finir la nuit chez lui en attendant notre départ pour Moorea. Je cache dans un placard nos cartons protecteurs, nous en aurons besoin demain soir pour repartir vers Auckland... Demain déjà, deux jours, cela paraît si court !

– Bon, voici un plan pour vous rendre chez moi, vous êtes sûrs que vous n'allez pas vous perdre ?

– File ou on va arriver avant toi !

Les 8 kilomètres nous séparant de Papeete sont euphoriques. Après cinq mois d'« exil » nous retrouvons un petit goût de France. Ici une cabine téléphonique, là une boulangerie...

Nous ruisselons de moiteur.

– ... je ne suis plus étanche..., dit Sylvain en éclatant de rire.

Les parfums sont ronds, trop puissants pour se mélanger. Il y a peu de place pour les nuances poivrées, nos « naseaux » sont tapissés de velours vanillé, de parfums doucereux que l'on sait exotiques sans les reconnaître vraiment.

Chaque coup de pédale nous en fait découvrir un nouveau, chaque bosquet exhale une nappe aux secrets capiteux. Dans la nuit noire des tropiques, notre balade devient olfactive. Grâce au plan d'une précision toute française, nous arrivons seulement quelques minutes après notre hôte.

Il partage une belle maison coloniale dans le centre de Papeete avec trois autres jeunes Français qui ont comme lui opté pour une existence plus soucieuse de qualité de vie que de plan de carrière.

– L'hospitalité est-elle contagieuse ?

– Tu sais, quand tu vis ici, tu adoptes vite les réflexes de la culture polynésienne. D'ailleurs si vous voulez revenir demain soir avant votre avion, aucun problème ! Je ne serai pas là, mais vous n'avez qu'à dire que vous êtes des copains et vous vous servez !

Et je m'endors dans mon hamac de salon, sous les pales d'un ventilateur en chantonnant : « C'est une maison bleue... accrochée à la colline... on y vient à pied... ceux qui vivent là ont jeté la clef... »

Une baguette croustillante et des croissants plus vrais que nature nous tirent de nos hamacs dès le point du jour. Il y a des fleurs partout ! Elles viennent du toit, des murs, des fenêtres, sautent d'arbre en arbre, déferlent des massifs, investissent les lieux ! C'est le règne des fleurs. Je m'exclame :

– C'est marrant, en France on met des fleurs aux balcons pour décorer l'extérieur, ici elles viennent aux fenêtres pour décorer l'intérieur !

– Fais gaffe aux fleurs, me répond Arnaud, tu ne peux ni en offrir, ni en porter n'importe comment ! Elles ont toutes une signification sur tes bonnes ou mauvaises intentions. Je te raconte pas les impairs que j'ai commis ! J'ai failli me faire trucider par le mari d'une copine, qui avait vu dans la fleur que je portais sur l'oreille une invitation amoureuse ! Dans le doute, il vaut mieux s'abstenir !

Philippe, le copain prof de gym, vient se joindre à nous. Grand, le cheveu court, la poigne d'acier.

– Alors comme ça vous faites le tour du monde ? Mais qu'est-ce que vous foutez sur une île ? Il faut prendre la mer, mes cocos ! Je parie que vous êtes venus en avion comme des blaireaux ! Si ça vous intéresse, je pars dans trois semaines en pirogue traditionnelle... vers l'Australie !

– L'Australie, 7 000 kilomètres en pirogue !

– Ouais, mais pas tout d'une traite, on a calculé qu'on aurait jamais plus d'une semaine de mer sans rencontrer une île.

– Partez pas avec ce malade ! nous dit Arnaud. Je l'ai vu fabriquer sa pirogue avec des cocotiers ! Il a pas mis un clou, il n'y a que des chevilles et du chanvre ! La traversée va sans doute durer six mois, et après deux mois de mer le bois fait éponge et pourrit... vous devrez continuer à la nage !

Ah ! ces chers Français ! Le plan est complètement mythique ! Quelle tentation ! Notre ami Arnaud nous rappelle plus prosaïquement l'heure :

– Votre bateau est à neuf heures, les copains ! Il faut d'abord que vous passiez à la banque ! Ça coûte bonbon sur Moorea ! Vous laissez pas avoir par ce marsouin, il a besoin de bras pour écoper !

Le ferry *Tamarii Moorea,* gigantesque catamaran à moteur, nous arrache bientôt du quai de Papeete. Notre première impression de la ville est meilleure que prévu : il s'y respire une sorte de flegme débonnaire et jovial ! Peut-être vaut-il mieux n'entendre que des échos négatifs sur ce qu'on s'apprête à voir : il y a moins de risques d'être déçu !

En sortant du port, notre champ de vision s'élargit enfin. Du troisième pont nous voyons l'île dans sa totalité. Ses crêtes verdoyantes, ciselées par des pluies diluviennes, s'élèvent vers le ciel en défiant les règles de la pesanteur. Les maisons colorées éparpillées à ses pieds semblent autant de fleurs.

Sur le pont, un Tahitien rasta, le torse trapu couvert de tatouages et de gris-gris, une couronne de feuilles flétries dans les cheveux, gratouille un *yukulélé.*

Je glisse à Sylvain :

– Peut-être après tout se rend-il à son travail ?

– Imagine-le avec une pioche entre les mains, ou en costume trois-pièces, il serait cocasse !

Moorea nous surprend sur ces considérations. Les cocotiers, dansant dans le vent, chatouillent les pieds de grands pics acérés aux crêtes veloutées de végétation exubérante. Un jardin suspendu déposé sur les tranches d'agate des lagons ourlés de franges écumeuses !

Le ferry accoste à Vaïare. Une foule bigarrée s'échange des colliers de fleurs, décharge des frigidaires, des cochons, une bétonneuse, en échange de fruits, plantes vertes ou sacs de coprah. Nous sommes les seuls à n'être pas attendus. Un vieil homme s'adresse à nous :

– Eh, les *Popaas* ! Venez boire du lait de coco ! Qu'est-ce que vous faites à bicyclette ?

– On voulait faire le tour du monde, on se contentera du tour de l'île !

– *Fiu !* nous répond-il, déjà fatigué.

« *Fiu* », expression communément utilisée par les Tahitiens, est une sorte de gros soupir fatigué se dégonflant d'une charmante poche de flemme.

– Vous savez que vous en avez pour 60 kilomètres ! Dans quel hôtel allez-vous ? Je vous emmène en truck si vous vou lez !

Le cher homme reste muet d'incompréhension et enchaîne sur les championnats de chasse sous-marine qu'il disputa à Marseille dans les années trente : il y rafla toutes les médailles ! Avant de le quitter, il nous fait jurer de revenir à son « faré [1] » si nous ne trouvons pas d'endroit pour dormir.

Sur le ponton du *Cook's Bay Resort Hotel* nous tombons sur le club de plongée de P. Molle, grand instructeur dont j'ai

---

1. Habitation traditionnelle.

dévoré tous les livres ! Demain, rendez-vous pour une plongée *shark-feeding* [1]...

Pierre, le pizzaiolo de l'hôtel, nous prête masques et tubas pour un avant-goût de la plongée de demain. Au pied du ponton, dans trois mètres d'eau, une multitude de petits poissons s'ébattent en toute innocence. Ils sont tous là au rendez-vous du monde du silence, il n'en manque pas un : chaetodons, diodons, clowns, anges, cochers, et surtout le *pteroïs volitans,* la racasse volante, aux ailes de tulle caramel cachant des seringues au venin mortel ! Joyaux sertis de gemmes rutilantes, ils virevoltent et papillonnent dans les rayons du soleil.

– Après les profondeurs, allez donc au belvédère ! nous conseille Pierre.

Au fil des interminables lacets nous voulons renoncer, à quoi bon grimper là-haut ? Trop haut, trop chaud ! C'est l'esprit même de notre tour du monde qui est en jeu. Le plaisir d'avancer, de voir du nouveau, de vaincre les épreuves doit être une gratification suffisante.

La vue sur les baies de Cook et d'Opunohu séparées par un énorme pain de sucre nous récompense de tous nos efforts. Du cœur de l'île nous redescendons vers la baie d'Opunohu. Un vieux pêcheur chinois, de l'eau jusqu'aux genoux, y pêche silencieusement à la senne flottante. De loin, le reflet vert des palmiers dans l'eau nous l'avait fait prendre pour un cul-de-jatte ramassant ses balles sur un green de golf ! À force de rêver éveillé, on finit par imaginer n'importe quoi !

Au *Beachcomber Hotel*, cadre paradisiaque de petits farés traditionnels sur pilotis, trois dauphins récemment échoués s'amusent avec les vétérinaires chargés de leur protection. Nos vélos sont encore une fois de formidables ambassadeurs. Après le protocole d'usage, nous sommes présentés à ces princes de la mer au cours d'une rapide baignade tournoyante.

– On est vraiment des sales gosses ! me dit Sylvain.

– Profites-en, ça va pas durer, ai-je juste le temps de lui répondre avant d'être entraîné par l'aileron de mon Pégase des mers.

Ces rires de dauphins, ces caresses de velours, ces regards tendres échangés brièvement avec ces « animaux doués de raison » nous font à tout jamais d'ardents défenseurs de la mer.

---

1. Donner à manger aux requins.

Le « tombé de soleil » nous surprend dans cette euphorie. Le soleil ne se couche pas sous les tropiques, il tombe dans la mer !

Une averse torrentielle nous rattrape alors que nous rallions la baie de Cook. Nous roulons en maillot de bain sous la douche. Soudain, le disque de la lune, déchirant les nuages, fait miroiter des reflets d'argent dans les draperies de l'ondée.

– Où allez-vous passer la nuit ? nous demande Pierre à l'hôtel alors que nous étendons nos affaires à sécher.

– On ne sait pas, sous la tente, n'importe où !

– Le camping est interdit sur l'île, vous risquez une sévère prune.

– Aargh ! dis pas ça ! Cela fait plus de cinq mois que je n'ai pas mangé de prunes ! gémit Sylvain.

– Vous n'avez qu'à venir après le boulot dormir sur mon bateau, j'ai justement quelques quetsches françaises à bord...

Exilé de Lyon où il a tout plaqué, menuisier-ébéniste de formation, il fait des pizzas dans un des plus beaux panoramas du monde. Il ne paye pas plus d'impôts que de loyer... normal, il habite dans un petit voilier mouillé au milieu de la baie : les embouteillages pour aller bosser ? « Connais pas ! »

– Ce soir, à l'hôtel, se donne un *otea.* C'est le spectacle de danse traditionnelle. Je vous conseille de venir, ça peut être chaud !

La troupe très nombreuse de chanteurs et danseuses nous révèle l'âme des Tahitiens. « Vivre pour chanter ou chanter pour vivre ? » Nous obtenons en guise de réponse une bordée d'accords diatoniques. Chair de poule...

Les voix profondes et lancinantes se renvoient les changements de rythmes effrénés du *tamouré* ou du *hivinau* [1]. Quant aux danses, la chose est entendue : à hauteur de nez, ces nombrils imperturbables aux déhanchements syncopés des danseuses sont fascinants. Les morés (jupes en fibre de coco) nous fouettent le visage au flux et reflux de cette déferlante féminine. Les petites vahinés savent rudement bien ménager leurs effets !

Après l'*oparima,* ou chant d'adieu aux pirogues, nous embarquons sur celle de Pierre et pagayons jusqu'à *Jojo,* le petit voilier de huit mètres. Tous les haubans de *Wind Song* sont couverts de guirlandes lumineuses : un vrai sapin de Noël illumine toute la baie de reflets féeriques. Quelques clameurs courent

1. Danses à deux de face, et à quatre en ligne.

jusqu'à nous sur la mer d'huile. Nous glissons dans un silence à peine troublé par le bruit des pagaies sur la coque en cocotier.

Titus, le chat de garde, nous attaque. Rentrés dans l'habitacle, nous ne pouvons plus en sortir. Pierre calme son fauve et l'isole dans le cockpit devenu « catpit » pour la circonstance.

– On voit qui est le maître à bord..., hasarde Sylvain en voyant le foutoir.

– Qu'est-ce que tu veux, je cherchais une chatte de ménage, je suis tombé sur un chat de guerre !

Pierre nous fait une généreuse omelette de huit œufs et une platée de riz réparatrice. Il a vécu un an comme un Robinson sur un atoll des Tuamotu. Il a fait tous les boulots de la Polynésie : coprah, huîtres perlières, mécanique, maçonnerie, menuiserie... et nous avoue avoir souvent touché le fond. Mais il proteste : « Non, je trouve que je m'en sors gentiment ! » Cher homme ! Nous sombrons dans le sommeil comme des bébés, bercés par des clapotis amicaux.

Nuit divine ! Almeria, Tanger, Sal puis Moorea, décidément j'aime les nuits en bateau, je m'y sens bien, un jour je naviguerai !

– Branle-bas de combat ! Vous allez rater le départ de la plongée !

En deux temps trois mouvements nous sommes sur le quai. Après avoir été équipés par Pascal, notre moniteur, nous embarquons dans le hors-bord. Dans un coin du bateau, un sac-poubelle renferme le festin que nous allons donner aux requins : une tête d'espadon. Nous essayons de nous en convaincre. Sylvain me crie, presque couvert par les rugissements du moteur :

– Tu te rends compte, on va donner à manger aux requins pendant que d'autres vont acheter leur mou pour le chat !

Après avoir passé le récif, Pascal nous explique le déroulement de la plongée et la conduite à tenir afin que tout se passe bien.

Mise à l'eau ! Bulles !... « Ils » surgissent subitement des profondeurs du grand bleu pour une entrée en scène enchaînée à la perfection. Vaisseaux mus par une énergie invisible, les requins fondent sur nous avec une irrépressible puissance. Ils viennent aux renseignements pareils à des seigneurs s'enquérant de la pénétration de leur territoire par des intrus. Implacables, ils commencent leur ronde morbide autour de nous.

L'œil froid et inquisiteur, les requins ne s'arrêtent jamais ; ils respirent en avançant, c'est pourquoi leur ballet semble si minuté, leurs coups de queue si précis. Nous filons vite nous tapir sur le fond pour calmer leur excitation.

En effet, Pascal, le chef de palanquée, « tient en son bec un fromage » : tête et côtes d'espadon. Il dégaine la première en la tenant par son rostre au-dessus de sa tête. Aussitôt une nuée de perches jaune citron se précipite pour en arracher quelques lambeaux de chair. Une colonie de chirurgiens noirs vient alors se mettre en orbite autour de cette sphère mouvante et étincelante. Dans une posture acrobatique permise par l'apesanteur sous-marine, Pascal semble tenir à bout de bras un gigantesque bouquet de fleurs vivantes et frétillantes, sporadiquement transpercé par les assauts éclair de bonites argentées.

Le premier requin à rompre le charme sectionne trois poissons d'un coup de mâchoire. Continuant tout droit sur sa lancée, sa batterie de rasoirs vient me frôler le visage. Nous avons échangé un regard. Glacial ! Surtout ne pas lui montrer ma peur ! Pas de gestes brusques ! Pas de mouvements inconsidérés ! Il reprend aussitôt sa place dans la ronde. Ce sont maintenant une vingtaine de ces fauves de deux mètres qui nous donnent le tournis. Je vois Sylvain s'incruster dans un bloc de corail, fasciné par la force tranquille de ces brutes venant à tour de rôle ficher leurs crocs dans la tête d'espadon puis secouer frénétiquement la leur, de droite à gauche, pour en cisailler un morceau.

Sous la violence d'un des assauts, Pascal lâche prise ; il s'ensuit une curée sans précédent, un carnage dantesque avec des coups de dent, des traînées de sang et des contorsions. Nous allons calmer le jeu derrière les coraux. La situation a failli nous échapper.

Les requins reviennent bientôt rôder parmi nous comme si de rien n'était, impassibles et dominateurs. Pascal s'empresse alors de leur donner le contenu du sac. Ce sont bientôt cinquante requins qui occupent tout notre champ de vision ; il y en a partout, nous n'avons plus rien à leur donner et tous les petits poissons, sentant le grabuge, ont disparu.

Cette fois-ci nous sentons à un je-ne-sais-quoi d'imperceptible que la tension est retombée et que ces messieurs sont repus. La tentation est alors forte de vouloir les caresser, comme un dompteur met sa tête dans la gueule d'un lion.

Notre dernière visite est accordée à la commère du palier (de décompression !) : dame murène. Véritable concierge, elle n'a pas raté une seconde du film ! Nous en sommes quittes pour quelques caresses sur son cou de velours... elle en ronronne encore !

Le paroxysme de cette symphonie sous-marine est atteint lorsque nous entendons le doux et mélodieux sifflement de dauphins, mais leur présence ne se confirme pas. Elle reste mystérieusement hors de portée, peut-être n'en sommes-nous pas dignes ?...

## *La Nouvelle-Zélande*

Dès la salle d'embarquement, nous voyons à qui nous avons affaire : les hommes sont de vrais colosses, boots de cow-boy, chemises en jean sur de larges épaules. Les femmes sont prodigieusement belles ici aussi ! Ce genre de détail est parmi les premiers qui m'assaillent !

Le franchissement de la *date line* pendant le vol nous fait perdre un jour. Notre samedi 26 février n'aura duré que six heures ! Quand les douaniers d'Auckland voient sur nos passeports que nous sommes passés en Afrique, ils nous orientent vers l'inspection sanitaire. Nous avons affaire à des malades de la sécurité qui déroulent notre tente d'un air dégoûté, à la recherche de je ne sais quel becquerel ou peste bubonique. Comme s'il sauvait tous les Néo-Zélandais d'une mort certaine, un douanier confisque nos raisins secs et les détruit sous nos yeux !

En remontant paisiblement nos bicyclettes sur le parking, nous sommes abordés par un couple de septuagénaires américains. Eux aussi ont des vélos. Lorsqu'ils apprennent que nous ne sommes ici qu'en transit pour trois jours dans notre tour du monde, le vieil homme, me bourrant l'épaule, nous lance un « *crazy Frenchmen !* » : merveilleux cycliste de soixante-quatorze ans !

Au moment de partir, un autre couple, plus jeune celui-là, nous aborde.

– *Are you German ?*

– Ah non ! Mais c'est pas vrai, en v'là encore deux qui nous prennent pour des Teutons ! s'amuse Sylvain.

– Pas du tout, nous sommes français !

– Oh ! J'espère que vous ne faites pas de plongée ?

– En tant que « *froggies* », nous ne pouvons pas faire autrement !

Alan Lightbody explose de rire comme un guerrier de l'arcen-ciel ! Il procède ensuite à notre véritable enlèvement ! Nous n'avons pas eu notre mot à dire ! Il nous invite chez lui pour ces trois jours et commence la visite guidée de sa ville par le « *one tree hill* » avec son arbre et son obélisque contemplant cent cinquante ans d'histoire. Ce n'est pas encore ici que nous aurons droit aux vieilles pierres ! Depuis Paris, en 8 060 kilomètres, nous n'avons pas vu un bâtiment ancien ! Le monde est jeune !

Nouvelle-Zélande ! Ambiance faite de petites têtes blondes en beaux uniformes blancs, jouant au cricket sur des greens impeccables, de joggeurs courant dans des ruelles proprettes bordées de maisons victoriennes aux vérandas de dentelle de bois, peintes en saumon ou en jaune ; ambiance faite encore de flegme, de moutons, de self-control, de *teatime* et de cette pondération joviale et spirituelle qui caractérise les Anglo-Saxons.

Après avoir repéré, au-dessus d'un feu rouge, un panneau « Beaumont Street » portant le nom de bons amis, je ne peux pas résister à l'envie de l'escalader avec ma bicyclette sur l'épaule, afin que Sylvain me prenne en photo. C'est l'émeute, la commotion, l'attentat ! Des gens accourent de partout, les uns avec un appareil photo, les autres avec des invectives plein la bouche. Embouteillage. La police n'est pas longue à venir et nous embarque sur-le-champ comme de vulgaires voyous ! Nous n'avons pour toute réponse à nos longues explications envers l'officier du poste qu'un « *crazy Frenchmen !* » expiré dans un soupir d'incompréhension, qui clôture, comme il a commencé, notre bref passage dans ce pays.

Nous montons dans l'avion qui nous emporte vers Singapour. Nous allons attaquer le gros morceau de notre aventure, une « Diagonale des fous » à travers l'Eurasie : Singapour-Paris à bicyclette. Pince-moi, je rêve !

# DE SINGAPOUR À BANGKOK

*Sylvain*

L'arrivée dans ces pays moites vous prend à la gorge comme la brûlure de l'alcool dans les gosiers encore jeunes. Après quelque temps, on s'y fait. On se résigne à la torpeur sans rechigner. Mais quand nous débarquons à Singapour, groggy et saisis par la fournaise, nous nous sentons incapables de pédaler dans cette étuve.

Mes oncle et tante Didier et Marie-Claude, installés depuis plusieurs années à Singapour où ils ont fondé leur maison d'édition, nous reçoivent dans leur *kampang*. Le kampang asiatique correspond à un hameau de maisons basses aux matériaux traditionnels regroupés autour d'un jardin. La grande particularité de celui-ci est d'être édifié au milieu de la cité. Noyé comme une oasis de verdure entre les gratte-ciel de la mégapole.

Nous passons plus d'une semaine à Singapour pour déterminer la suite de notre itinéraire. Notre idée initiale est de remonter la péninsule Malaise et la Thaïlande, pour gagner la Birmanie puis l'Inde par la Chine. Beaucoup nous déconseillent de nous aventurer au-delà de Bangkok. On nous dresse du Triangle d'or et du nord du royaume de Siam un tableau cauchemardesque où les cartels de la drogue disputent aux rebelles Karen des jungles infestées de fauves. La solution serait de prendre un bateau à Phuket en Thaïlande et de traverser la mer d'Andaman jusqu'au Bangladesh. Nous répugnons à cette éventualité et nous menons l'assaut contre l'ambassade de Birmanie qui finit par nous accorder un visa tout en nous spécifiant qu'il sera inutilisable et qu'il est rigoureusement interdit de voyager en Birmanie hors des circuits officiels. Mais nous sommes décidés à tenter quand même notre chance, quitte à obliquer s'il le faut vers le Laos ou le Viêt-nam. L'Asie est à nous. Notre unique préoccupation est de rejoindre la Chine. Peu nous importent les obstacles.

C'est dans cet état d'esprit que se déroule la semaine à Singapour, partagée entre les démarches aux ambassades et la visite des trésors de l'île.

Nous visitons souvent le village de Punggol avec mon cousin Nicolas. Dans ce port de l'est de Singapour, la mangrove [1] a mangé les rives de la baie. Les palétuviers entourent le petit port. Des pilotis vermoulus supportent de vieilles cabanes en bois. Elles servent de remises à des bateaux qui ne flottent plus. Un repoussant bric-à-brac d'accessoires nautiques et d'objets hétéroclites s'entasse entre les moteurs en réparation. Des oiseaux en cage agacent des chats efflanqués. Entre les lattes en bambou de ces bicoques branlantes, on distingue le port de Singapour et ses cargos gigantesques.

C'est devant ce contraste que nous nous apprêtons à faire du ski nautique. Le tour du monde à vélo n'est pas qu'une longue suite de labeurs. L'eau est si chaude qu'on continue à transpirer quand on y nage. Elle est si sale qu'on ne voit pas la main qu'on y plonge. Si lisse qu'on a l'impression de skier sur un miroir. Pendant des heures nous décrivons des boucles sur cette surface plate et noire, pleine de serpents et d'huile de bateau, avec, dans la ligne de poupe du canot, les buildings dressés pardessus la mangrove.

Le centre-ville de Singapour est à lécher par terre. Si propre et reluisant qu'on hésite à marcher sur les trottoirs. Pas un papier à terre, pas de taches au mur ni de traces sur la chaussée. Pas de cris ni de vrombissements non plus. La pollution sonore elle aussi est éradiquée. Les habitants, par une discipline naturelle stupéfiante, confèrent à la ville une tenue irréprochable. Pas un pied qui dépasse, pas une tête en l'air, pas un mot de trop. De toute façon le gouvernement ne le permettrait pas.

La seule chose qui manque peut-être au système parfaitement réglé de ce pays, c'est la fantaisie. On nous assure que Singapour n'est pas représentatif de l'Asie. C'est heureux pour celle-ci. Car les Singapouriens sont ternes. Et leur mode de vie insipide gravite autour d'une occupation principale : le shopping. On ne lèche pas les vitrines, on y reste collé. C'est la consommation en perfusion directe dans l'aorte. La ville bat au rythme de l'ouverture des magasins.

---

1. Forêt de palétuviers sur les littoraux tropicaux.

Les Chinois qui peuplent l'île ont créé des petits ghettos et font fructifier dans la ville des commerces juteux. Avant de quitter Singapour, c'est dans l'échoppe de l'un d'entre eux que nous changeons complètement nos roues arrière détruites par les sables du Sahara et les pistes des Andes.

Le matin du 8 mars 1994 à neuf heures, nous embrassons oncle, tante, cousins, et prenons, vers le nord, la route de la Malaisie. Nous rentrons à Paris !

Nous avons de la chance. Le gouvernement malais a inauguré il y a deux mois une autoroute flambant neuve reliant Singapour à Kuala Lumpur, la capitale du pays. Le goudron lisse et noir, dans un ronronnement de caoutchouc heureux, file sous nos roues. Pendant deux jours, le temps de rallier Kuala Lumpur, il faut jouer serré avec les policiers et les autorités du highway que notre présence perturbe, visiblement.

– *You are not allowed to cycle here.*

Un agent de la sécurité nous crie de nous ranger sur le côté. Furieux, il nous intime l'ordre de rester là le temps qu'il regagne son camion garé de l'autre côté du terre-plein, qu'il fasse demi-tour à la prochaine sortie et qu'il passe nous charger pour nous expulser de l'autoroute.

– Très bien, lui assurons-nous, nous ne bougeons pas.

– Vous restez ici ! Ne bougez pas ! Je reviens !

– Oui, oui, bien sûr.

Dès qu'il a le dos tourné, nous écrasons les pédales. À toute allure nous prenons de l'avance, cherchant désespérément un coin pour nous cacher. Nous trouvons refuge dans un parking en construction. Aplatis dans la boue, derrière un muret, nous regardons le manège des gardes affolés qui nous cherchent, s'interrogent dans leur radio et repartent perplexes. Le freeway est à nous.

Où que se porte le regard, c'est sur des étendues d'arbres qu'il échoue. Les champs de palmiers succèdent aux champs d'hévéas. Sans interruption. Pas un répit dans cette forêt entretenue. Sauf, parfois, une traînée de sang sur le tapis vert. C'est une piste de latérite, lessivée par la pluie. Çà et là un monticule surnage recouvert de jungle sauvage. Soudain, l'océan de verdure rencontre une tache grise. C'est Kuala Lumpur. Nous sommes arrivés dans la capitale de Malaisie après deux jours de vélo et une moyenne quotidienne de cent soixante-dix kilomètres.

Nous sommes décidés à rencontrer des Malais ce soir. Dans quels bras la Providence va-t-elle nous faire tomber ? Parmi cet amas de constructions de tous âges, de toutes tailles et de tous genres, quelle sera la tour ou la cahute qui nous abritera ? Nous flânons dans le centre des affaires, vélo à la main. Les Malais diffèrent radicalement des Singapouriens. Chez les premiers on se heurte à des visages fermés et tendus, chez les autres on observe une grande douceur et une finesse de regard.

Soudain nous nous cognons presque à un Occidental qui vient à pied, dans l'autre sens. La conversation s'engage par ce phénomène naturel qui rapproche instinctivement les Blancs entre eux quand ils se croisent en terre étrangère. Il nous raconte qu'il devait passer la soirée avec une jolie Siamoise, qui n'est pas venue au rendez-vous.

– *She was my plan A, now, guys, you're my plan B !*

John est néo-zélandais, expatrié, ancien alcoolique, parfait bon vivant et gai luron reconverti dans les affaires en Asie du Sud-Est. Dans une tornade de paroles qui trahit la rareté de ses rencontres avec des Occidentaux, il nous traîne dans le quartier chinois aux commerces animés. Il commande des fruits de mer, juge d'un coup d'œil la qualité des étals, continue sa conversation tout en saluant les jolies marchandes. Avec le même entrain, il nous conduit chez lui. John habite dans un gratte-ciel en plein centre de Kuala Lumpur. La construction du building vient de s'achever. John est le premier locataire. Il est seul à bord.

– *What about a bath in the sky ?* Que diriez-vous d'un bon bain dans le ciel ?

Nous nous retrouvons dans une piscine de rêve hollywoodien, installée au sixième étage d'une tour, en avancée. Nous nageons sur le dos avec pour Voie lactée la lumière des buildings, poussés comme des champignons monstrueux.

– À quelle température aimez-vous dormir ? demande John en tripotant le climatiseur.

Le rêve se poursuit. Nous dormons dans le studio futuriste de notre hôte, loin des fournaises moites et du bruit de la ville.

Le lendemain nous nous quittons avec douleur. Une fois de plus nous avons tissé des liens profonds avec un hôte rencontré au hasard de la route. Mais c'est bien le propre et le risque du vagabond de s'enraciner partout et si vite. Nous reprenons notre cheminement solitaire vers le nord.

C'est bientôt l'Ari Raya, cette fête musulmane qui sonne la fin du ramadan en Malaisie. Dans les villages on veille tard autour des places. Les bougies et les lampions disposés au pied des maisons indiquent qu'on se prépare à la fête. À Gopeng, un petit village au nord du pays, nous arrivons un soir au milieu d'une pétarade de feux de Bengale. On nous accueille à bras ouverts. Alias, un restaurateur, nous prête un cabanon pour la nuit. Par la magie du téléphone arabe, des dizaines de Malais accourent. Les uns balaient, les autres installent des bougies. Celui-ci allume un tortillon anti-moustiques, cet autre remplit de journal nos chaussures mouillées, puis répare la porte qui couine. Le débarras d'Alias devient une case confortable.

– Vous êtes mes invités, déclare-t-il en nous emmenant dîner chez lui.

À notre grande joie, la femme de notre hôte prend place à table avec nous. Son mari lui adresse la parole sans lui glapir des ordres. Les femmes musulmanes de Malaisie ne sont pas ces tas de voiles cachés au fond d'arrière-cuisines, un enfant sur le dos, un autre dans le ventre, trois sous les bras et les autres on ne sait où, parce qu'il y en a tant que ce n'est plus la peine d'essayer de compter. La table est dressée. Nous constatons avec bonheur que nous allons dîner avec des couverts. Et non pas dans la posture assise du musulman affairé qui plonge ses mains dans le plat avec des regards inquiets. Nous passons avec les Malais des moments fraternels. Nous ne comptons plus les délicatesses et gentillesses qu'ils nous réservent.

Nous partageons un jour notre déjeuner avec l'un d'eux. Il se nourrit, caché sous son camion comme une bête traquée, car c'est le ramadan. Il encourt un blâme si on le surprend. Mais l'appel des tripes est plus fort que la voix d'Allah.

– Il a bien le droit de bouffer, lui, explique-t-il en donnant un coup de pied à son camion.

Un après-midi où le soleil tape comme un forcené, nous nous baignons dans une rivière qui s'étire mollement entre les roseaux. Un gazoduc sur pilotis la traverse qui sert de plongeoir. Mais l'eau est si sale et si huileuse que ce bain nous transforme en rats d'égout.

– *Please !* nous avons juste besoin d'une douche, demandons-nous à une fermière dans une maison isolée, au bord de la rive.

Elle nous lave au jet d'eau.

– Ne bougez pas, je reviens.

La paysanne rapporte des litres de bière fraîche sortis d'on ne sait quelle réserve de musulman apostat. Nous repartons en zigzaguant vers la prochaine étape.

Depuis que nous avons atteint le nord de la Malaisie, il pleut tous les jours. Souvent nous roulons sous des trombes d'eau à travers les jungles dépeuplées. Et nous crevons de soif, privés de participer à la grande beuverie de la terre. Grâce à l'un de ces déluges tropicaux nous passons facilement la frontière thaïlandaise. Pas de contrôle, à peine un douanier qui sort le nez sous l'orage. Nous entrons dans le royaume comme un paquet de cocaïne en Europe. Dégoulinant de mousson, un panneau se noie : « Bienvenue en Thaïlande ».

Sur la route qui remonte l'isthme de Kra aussi étroit qu'une colonne vertébrale, nous découvrons les premiers vrais paysages d'Asie. Ceux pour lesquels on fait le voyage. Les pains de sucre mangés par la jungle, disposés comme des dômes sur les plaines boueuses. Les carrés de rizière aux teintes de velours qui varient du vert anglais au jaune délavé. Les falaises blanches et lépreuses de pierre délitée, plongeant sur des marais. Dans ce décor vivent des populations qui pratiquent des métiers ancestraux légués par des aïeux lointains aux générations futures.

À Kui Buri, nous assistons à une activité étrange. L'association entre l'homme et la bête. L'homme, c'est Ubon, la bête, c'est un singe macaque. Ubon emploie son animal à la cueillette des noix de coco. Attaché à une longe de vingt mètres, la bête répond à ses ordres brefs. Elle passe d'arbre en arbre, choisit les fruits, délaisse ceux qui sont gâtés, repère les plus mûrs, les décroche, les projette à terre. Le maître assis en bas contemple son outil, le guide, le flatte et médite sur la joie d'être bien secondé.

Nous rencontrons aussi des fabricants de jarres géantes destinées à recueillir l'eau de pluie, des porteurs d'eau, des pêcheurs à l'épervier, des bouviers. Tous tiennent leur rôle d'image d'Épinal plaquée sur estampe asiatique.

Les monastères bouddhistes où nous demandons régulièrement l'hospitalité n'échappent pas au brouhaha ambiant. Une nuit, à Khunau, à 1 000 kilomètres au sud de Bangkok, de jeunes moinillons rasés et drapés nous invitent et nous conduisent dans une pièce de bois fraîche et spacieuse. Allongés sur des nattes de rotin, nous sombrons dans un profond sommeil. Un bourdonnement me réveille au bout de cinq minutes, qui s'adoucit puis s'amplifie comme une onde.

– Alex, écoute !

– Ça doit être un insecte, peut-être une mante.

À la lampe frontale nous fouillons les recoins, recherchant l'intrus. C'est alors qu'un bruit de clochettes retentit. Le bourdonnement devient un vrombissement assourdissant, et nous comprenons de quoi il s'agit. Dans le hall qui jouxte notre chambre, une cérémonie bouddhiste se déroule sur un ton monocorde. Un moine récite des prières, que reprennent des dizaines de fidèles au son des gamelans, les xylophones locaux. La cérémonie dure toute la nuit, ponctuée par des coups de gong qui nous assomment. Parfois des moines s'assoient à notre porte et entament des conversations qui couvrent à peine le jappement des chiens abandonnés dans la cour du temple. Dans cet extraordinaire tohu-bohu, quoi d'étonnant à ce que Bouddha se soit éveillé ?

Nous poursuivons la montée vers le nord. La route est construite sur un remblai car elle traverse des zones humides. À perte de vue s'étalent des carrés de champs inondés. Rigoureusement aplanis, ils forment un beau socle où le riz se développe.

Les directeurs d'école devant qui nous débarquons à l'improviste nous réservent toujours un accueil chaleureux. Le déroulement des événements se reproduit selon un schéma invariable. Le professeur d'anglais est dépêché. Il traduit au directeur le récit de notre voyage. On nous présente aux familles des enseignants qui vivent dans l'école. Une classe nous est désignée. Le professeur de maths range les chaises, le professeur d'histoire apporte des œufs au plat et du riz, le professeur d'anglais assure la communication pendant que le directeur coordonne les installations. En quelques minutes, la classe est transformée en campement confortable. Une corde tendue entre deux fenêtres porte notre linge à sécher. Des encens sont disposés au pied de nos matelas. Alors, avant de nous coucher, nous tenons une conférence devant les professeurs assis sur les bureaux de leurs élèves. Le tableau noir se couvre de cartes du monde. Commence un grand jeu de mimes pour compenser les lacunes de traduction du professeur d'anglais. Puis, à notre tour, nous apprenons la phonétique de mots usuels que nous recopions dans notre lexique de survie. Parfois la conversation sérieuse et protocolaire du début tourne à la scène baroque, quand les professeurs nous miment des danses thaïes que nous accompagnons à l'harmonica avant de les initier à la valse viennoise. De temps en temps le directeur, inquiet pour la réputation de son établissement, s'assure d'un coup d'œil vigilant que personne ne regarde aux fenêtres. Nous dormons au milieu des cartes de géographie, des planches anatomiques et des portraits du roi. Avant de quitter l'établissement, nous prenons l'habitude de jongler et de jouer de la flûte devant les écoliers.

Notre spectacle de troubadours est notre seule façon de

remercier. Que nos hôtes soient moines, enseignants ou paysans, nous montrons notre gratitude en faisant les clowns. Nous avons renversé les schémas. D'habitude l'Occidental est celui qui pourvoie. Ses poches contiennent la verroterie. Mais nous n'avons rien de superflu. Et nos hôtes comprennent vite que c'est nous qui avons tout à leur demander. Nous sommes des démunis accueillis chez les pauvres. N'est-ce pas la raison pour laquelle nous avons reçu partout un accueil aussi généreux ? Nous n'excitons pas les convoitises. Nous sommes en position de faiblesse. Et ce que nous donnons, c'est un peu de distraction et d'exotisme dans ces villages des tropiques où les saisons succèdent aux saisons. Nous repensons souvent à cette conversation tenue avec un Thaï à quelques kilomètres de Bangkok. Il nous questionne, il nous raconte sa vie, puis nous laisse à notre sieste. Quand nous voulons payer le déjeuner, le patron nous annonce que le Thaï a déjà réglé. Nous lui avions donné un peu de rêve d'Europe, il nous a remerciés.

Prachuap Kiri Kan est notre dernière chance. Notre dernière chance de voir la mer. Car, au-delà de cette ville, nous allons quitter l'isthme de Kra et le littoral du golfe de Siam et rentrer dans les terres pour rejoindre Bangkok. La baie de Prachuap ressemble à une carte postale. Le sable est blanc, et la plage immense. Dans le fond surnagent, au-dessus de la mer bleue, d'immenses dômes de granit recouverts de tapis de jungle. C'est devant cette caricature de jardin d'Éden que les babouins attaquent.

Jusqu'ici notre relation avec les animaux du Siam s'est cantonnée à l'entomologie. Nous avons côtoyé des araignées énormes aux corps gros comme des cornichons. Elles se balançaient sur des toiles tendues entre des fils électriques, remplaçant les hirondelles. Nous avons également reçu la visite de quelques mantes religieuses avec leurs visages effilés et recueillis. Et puis nous ne comptons plus les fois où nous avons fait notre toilette dans des cuves à eau entourées d'un public fourni de margouillats, de lézards et de grenouilles. Mais nos rencontres ne sortaient pas de l'univers du grouillant.

Aujourd'hui, nous découvrons les babouins. Le premier contact est violent. Un grand choc secoue le vélo d'Alexandre alors que nous roulons le long de la plage. Alex se retourne et se retrouve nez à nez avec un singe assis sur son porte-bagages arrière. Le primate a sauté d'un arbre sur la bicyclette. C'est un signal. Des dizaines de singes descendent sur la chaussée et nous entourent en montrant les dents. Barre de fer à la main, nous repoussons les assauts des plus téméraires qui tentent de grimper sur les vélos. Ils dansent autour de nous une ronde insolente. Parfois l'un d'eux montre des dents pour faire diversion et couvrir un des siens qui essaie de nous prendre à revers. Un babouin, rapide comme l'éclair, d'un coup de détente prodigieuse, saute sur ma selle et commence à fouiller dans la sacoche de guidon. Un coup de matraque bien ajusté le renvoie dans les cordes. Le primate n'a eu que le temps de pousser un hurlement. C'est l'affolement général. Les singes battent en retraite et disparaissent en criant. Les mères agrippent leurs petits. La colonie se réfugie dans les arbres. Nous avançons vers la plage.

Nous ne reverrons plus d'océan avant l'Europe. Le bain dans les rouleaux d'écume dure depuis dix minutes quand soudain, sans avertissement, deux bras surgissent à la surface de l'eau. Deux bras raides bientôt accompagnés d'un corps entier, ballotté entre nous deux au gré du ressac. C'est un cadavre amené par quelque courant, qui fait la planche, les yeux révulsés et l'air absent. Un rouleau le traîne jusqu'à la grève. Nous sortons de l'eau, légèrement indisposés. Le bain est fini. Le cadavre, visiblement très frais, bascule doucement sur le flanc, puis se retourne sur le dos, poussé par les vagues régulières. Déjà des dizaines de curieux ont gagné la plage et contemplent le corps. La foule grossit. C'est la fête au village. On se bat pour mieux voir. Laissez les enfants devant ! Les vieillards jouent des coudes. On commente à grands gestes. Mon gars, tu seras pas mort pour rien. Des flics arrivés en courant regardent, impassibles, la danse du cadavre qui roule dans les flots. Sa posture convulsée est grotesque. Comme un pantin qui boit la tasse, il se vautre dans le sable. Et la foule, à présent, rit et se moque. Nous quittons les lieux en pédalant très fort.

*Temple bouddhiste de Samut Songkram,*
*vendredi 18 mars 1994*

– Vous savez, les Asiatiques ne craignent pas la mort. Elle n'est que le souffle qui porte vers une autre vie. Il n'y a aucun tabou face à la mort et si les badauds se réjouissaient de ce spectacle pathétique, c'est qu'ils n'y voyaient rien de traumatisant. Ils savaient que l'âme de ce noyé habitait déjà un autre corps.

C'est la réponse de Silaï quand nous lui racontons l'histoire de la plage et du cadavre. Silaï est le secrétaire du temple bouddhiste de Samut Songkram. C'est le père Bosco, un prêtre thaï chez qui nous avons été accueillis cette nuit, qui nous a présenté Silaï et fait visiter le temple. Pendant des heures Bosco traduit nos questions au moine.

– Qu'avez-vous retenu de cette leçon ? nous demande Bosco en nous ramenant à l'église à travers des quartiers sombres et humides.

– Que l'homme doit se débarrasser de ses besoins et de ses sensations pour parvenir au nirvana suprême, l'état ultime d'éveil où l'esprit parfaitement détaché n'a plus besoin d'enveloppe.

– Mais, ajoute Alex, tant que l'on n'a pas atteint cet état impalpable, on est condamné à se réincarner dans différentes chairs.

– Voyez-vous, dit le père Bosco, il y a une hiérarchie. Plus on est gros, plus on est pur. Voilà pourquoi on vénère les éléphants. L'éléphant est irréfutable. Mais le dinosaure est plus gros. Donc plus pur. Or il a disparu. C'est qu'il est au nirvana. Darwin s'est trompé : ce n'est pas l'homme qui descend du singe, c'est le puceron qui devient brontosaure s'il est bien sage.

Et le père Bosco se tient les côtes, ravi de son explication loufoque.

– Et l'œuf et la poule, mon père ?

– Nous touchons là une faiblesse de la philosophie de Bouddha, explique Bosco en fronçant les sourcils. La poule et l'œuf, c'est une faille du bouddhisme. Une poule pond un œuf qui devient poule. On n'en sort pas. C'est le cycle dans ce qu'il a de plus parfait et de plus fermé. La poule et l'œuf sont coincés. Il n'y a plus qu'à faire une omelette. Mais sans lardons. Car le lard c'est du cochon, et Allah n'aime pas ça.

Bosco, lui, paraît apprécier les analyses en raccourci. Nous sommes tombés sur un curé fantaisiste. Nous arrivons à l'église.

– Bonne nuit, mon père, à demain !

Installés dans nos chambres, nous repensons aux explications de Silaï sur le détachement, le refus des plaisirs. Mais qu'en est-il de ces moines rencontrés sur le chemin et qui nous ont accueillis, cigarette au bec, jeu vidéo à la main et télé allumée diffusant des clips débiles ou des films pornos ? C'est le système qui est en cause. La tradition thaïe veut que chaque jeune garçon accomplisse son temps dans un monastère. Comme une astreinte. Comme un service militaire. Chaque année, des milliers d'adolescents, convaincus ou non, la tête rasée et parés de robes, convergent vers les monastères. Contraints et forcés, ils « tirent » leurs quelques mois de vie de bonze. Ils ne donnent pas de l'existence monastique un portrait très rigoureux et desservent l'image des vrais moines, des vrais ascètes bouddhistes. Leur principale activité est de recueillir les offrandes en nature dont ne manquent pas de les combler tous les jours les populations désireuses d'accomplir de bonnes actions. Elles leur seront retenues comme des mérites facilitant l'accès au nirvana. Le soin au moine est une occasion pour chacun de s'accorder des indulgences. Voilà pourquoi chaque matin celui-ci est en mesure d'ouvrir une épicerie. Combien de fois profiterons-nous de ces aumônes, conviés aux bombances des moines, aux frais des villageois, à la gloire de Bouddha et sous les psalmodies plaintives d'un vieux moine en prière.

À 50 kilomètres au sud de Bangkok s'étendent des marais salants. Cloisonnée en carrés de dix à quinze mètres de côté, chaque parcelle blanche et cristalline porte un paludier au chapeau de paille muni d'un grand râteau. Des norias artisanales assurent la circulation des eaux dans les salines. Les moulins servent de pompes à eau. On croirait un pays de fourmis, livrées au travail minutieux de recueillir des grains de sel et de les ranger en tas. Les récoltes sont stockées sous des auvents de rotin, soutenus par des piliers de bois.

Dans l'un de ces abris à sel, allongés comme des wagons, où nous venons chercher un peu d'ombre, nous rencontrons une petite fille. Tika joue avec quelques autres enfants dans les montagnes de cristaux entre les sacs entreposés. Le son de l'harmonica les fascine. Alexandre se lance dans une explication pédagogique de l'art de jongler. Tika et la bande d'enfants rient à gorge déployée de nos acrobaties. Un homme nous hèle. C'est un petit Thaï qui revient d'une saline, les jambes blanches, son râteau sous le bras. Il se présente comme étant le père de Tika.

– Trois cents baths. Je vous l'offre. Mignonne, non ? Trois cents baths !

Le père nous vend sa fille. Tika attend la réponse, les yeux interrogateurs, et son géniteur insiste pour que nous consommions la chair de sa chair. Il nous vient l'envie furieuse d'écraser à coups de pioche sa face de macaque. Mais à quoi bon ? Le pays entier macère dans le marché de la prostitution.

Nous quittons Tika et pédalons vers un nuage de fumée qu'on aperçoit au nord et qui se répand comme une gangrène. Bangkok ! Où sommes-nous ? Déjà dans la ville ? À sa limite ?

Encore dans la banlieue ? On ne sait jamais très bien où commence et où finit ce champignon urbain long de 50 kilomètres qui pousse tous les jours ses ramures de béton aux quatre points cardinaux.

Un panneau de six mètres de haut surplombe la route. Il porte l'indication « Bangkok », inscrite en lettres blanches. Mû par cette force qui nous pousse à grimper sur tout ce qui est vertical, Alexandre se lance à l'assaut du panneau. Les conducteurs qui passent en dessous ont juste le temps d'apercevoir un pantin désarticulé pendu par un bras au-dessus de leurs têtes. Un concert de klaxons indignés s'élève en protestation. Bangkok génère les pires folies. Le journal de ce matin racontait l'histoire d'un policier qui réglait la circulation dans le centre-ville. Le vacarme, la pollution, le stress lui ont tourné la tête. Passant les feux au vert, il s'est mis à danser au milieu du trafic, créant un embouteillage de 20 kilomètres.

Alexandre enfourche son vélo. Comme ces plongeurs qui se jettent à l'eau, nous fermons les yeux, nous nous bouchons le nez et nous nous lançons dans la tourmente de béton et d'acier.

## DE BANGKOK À CHIANG-KHONG

*Alexandre*

Bangkok : nous sommes parvenus jusqu'ici à vélo ! Ce panneau que nous avons chèrement gagné nous fait entrer dans une ville inconnue, tous nos sens en alerte. Nous sommes aussitôt happés, engloutis par un flux nauséabond de métal roulant. Courses-poursuites, évitements, dépassements, embûches, coups de freins et coups de gueule nous emportent dans un maelström vertigineux. Nous luttons, quantités méprisables, contre un courant irrépressible qui nous entraîne où bon lui semble et nous sépare comme le couple d'Édith Piaf « emporté par la foule ».

Les rives puantes de ce fleuve de métal hurlant, noyées dans la grisaille des oxydes de carbone, recèlent un fourmillement d'hommes bâtés, de forçats courbés et de femmes immobiles derrière leurs roulottes alimentaires. Sur de maigres trottoirs s'entassent pêle-mêle des matériaux, des denrées et des stocks vomis de devantures sommaires et d'échoppes agglutinées. Le long de ces amoncellements de bric et de broc, entre le trottoir et le caniveau, déambulent, en flux contradictoires, des processions de piétons en grand danger d'y être drossés par d'impitoyables déferlantes de machines. Embouteillages, c'est l'embolie, nous sommes pris au piège ! Tout est couvert de suie, nous en tapissons nos poumons. Seuls les gratte-ciel parviennent à tirer leur masse de ces puanteurs, comme les arbres titanesques d'une jungle urbaine.

Tout n'est ici que bruit. Les Thaïs ont un klaxon pour cinquième membre et en mésusent comme des musiciens primaires, juste pour s'amuser. Il ne s'agit pas d'un seuil de décibels ou d'un bruit indisposant, mais de détonations tonitruantes, de déchirements sonores, de hurlements de la matière. Les bruits nous cognent, nous renversent : nous devenons fous ! Le rythme s'accélère, nous recherchons le salut dans la fuite ! Notre seule chance d'atteindre le silence est de crever le mur du son !

Les yeux nous piquent, la tête nous tourne, nos narines se révoltent, tout nous agresse, tout est outrage ! Choc ! Éclats de verre ! Carnage ! Un homme broyé gît dans son sang. Vertige ! « Fuir ! Là-bas fuir, je sens que des oiseaux sont ivres / d'être parmi l'écume inconnue et les cieux [1]... »

Avant d'être propulsés sur le Memorial Bridge, pont métallique enjambant le fleuve Chao Phraya, nous parvenons à nous extirper de notre mortelle randonnée comme d'un train en marche, et à gagner une terrasse sur pilotis. Nous pouvons enfin nous arrêter et profiter de l'espace dégagé sur les eaux. Des édifices sur échasses s'avancent sur les flots glauques du large fleuve, comme s'ils étaient poussés par la fantastique bousculade urbaine qui sévit sur terre derrière eux. De longues barques colorées, dont les moteurs aux arbres d'hélice apparents passent au mixer les grumeaux suspects de l'eau grasse, saturent le fond sonore. Pas de répit pour les tympans au royaume du bruit !

Méprisant toutes ces turpitudes, les toits rutilants et les phallus immaculés des temples crèvent le ciel charbonneux de leur inaltérable sérénité. Le soleil, terne comme un jaune d'œuf industriel, parvient à tamiser une douce lumière. Nous restons quelques instants hébétés, et profitons, encore KO de notre arrivée, de nos premières secondes dans Bangkok.

Notre présence tire bientôt les tenanciers de la terrasse que nous avons investie de leur sommeil imperturbable. Ils ont dû se coucher tard ce matin... Ils nous déclarent qu'ils ne peuvent pas nous servir. Qu'à cela ne tienne ! Sylvain disparaît et revient quelques minutes plus tard avec du poulet et du riz, afin que nous les dégustions ici.

– J'ai l'impression que, quand on trouve un endroit peinard dans cette ville, il ne faut pas le lâcher !

– Avise le gros malabar qui se pointe ! Il a pas l'air du même avis !

Le bonhomme fait mine de vouloir nous jeter. À notre premier signe de résistance, le petit roquet qui l'accompagne nous jappe à la figure en retenant son molosse.

*– Be careful ! Mister is thaï-boxing champion !*

Je leur fais comprendre, en guise d'esquive, que ma spécialité à moi est le bras de fer. La brute m'allonge... une chaise, et

1. *Cf. Brise marine,* de Stéphane Mallarmé.

s'assied à la table. Le coup de coude qu'il y met fait trembler les pilotis.

À ma grande surprise, je le bats successivement du bras droit et du bras gauche. J'ai les jambes qui flageolent ! La pêche va voler !...

Non ! Rien ne vient ! Il rigole ! Un Thaïlandais ne perd jamais la face, il rigole en disant « *may pen ray* [1] », sans rancune. Là où la boxe aurait fait de nous du mou pour chat, le bras de fer nous sauva.

Ne jamais montrer sa peur...

Sylvain enchaîne avec sa flûte. Et que la frénésie commence !...

Apaisés et rassasiés, nous allons nous promener dans le marché aux fleurs et la halle aux légumes de Chakkraphet Road. Bangkok revêt tout de suite un nouveau visage. L'effervescence est ici au service de la beauté. De vieilles femmes accroupies sous leurs larges chapeaux chinois trônent dans de vastes étendues de fleurs multicolores. Jasmin blanc, lotus rose, safran jaune sont enfilés par des petites mains pour faire des colliers d'offrande que l'on va déposer au pied de Bouddha ou sur les autels miniatures des esprits de quartier, les *phii,* des ectoplasmes redoutables dont il faut s'épargner les tourments en se les conciliant par des dons réguliers. Des fleurs contre l'enfer !

Au petit bonheur, nous nous engageons dans des dédales de ruelles, flanquées de maisons en bois : les palissades défilent, nous passons des petits ponts, tournons à droite, esquivons une porteuse d'eau à gauche, nous jouons d'un tas de chausse-trappes et aboutissons au pied d'un petit pont sur un canal. Un oiseleur y joue au mah-jong, sorte de domino chinois, avec ses amis. La quiétude du lieu, si inattendue dans une telle ville, nous captive. À peine la rumeur en sourdine des voitures vient-elle troubler cette sérénité. Un homme, couvert de tatouages, nous dévisage en silence. Le bout de sa cigarette crépite. La fumée s'élève en volutes verticales vers le ciel. Inquiets, les mainates de l'oiseleur sifflent. Nous les imitons pour entrer en matière. De jolies tourterelles en font des gorges chaudes. Des enfants arrivent, deux coqs déplumés se pourchassent en s'égosillant dans ce décor figé de calme. Nous sortons les flûtes et les balles de jongle.

De partout des Thaïs affluent en riant, des têtes s'encadrent

1. « Cela ne fait rien. »

dans toutes les fenêtres, disparaissent et réapparaissent multipliées : quels drôles de *farang* [1] ! On nous amène du thé, nous entamons une partie de mah-jong.

Bangkok, c'est aussi ça ! « Il faut dépecer le Dragon, crever ses entrailles et y chercher des petites pépites cachées », dit la légende chinoise.

La pluie se met à tomber avec la nuit. Tout bascule très vite dans ce royaume de l'incertitude. La douche tombe dru. Comme si tous les soirs il fallait purifier ce tas d'ordures de ses horreurs du jour ! La ville qui suffoquait déjà se noie à présent. Le cœur de Bangkok s'emballe. Le rythme de la circulation accélère. Nous replongeons dans l'arène. Nous devons rejoindre le collège De-La-Salle à l'autre bout de Bangkok en remontant Sukhumvit Road sur 23 kilomètres !

Frère Joseph Mertz, de Lorraine, nous recueille, aussi épuisés que des rescapés d'un exorcisme. Dans ce collège de frères de trois mille élèves où toute l'élite thaïe cherche à faire entrer ses enfants, la proportion de chrétiens est de 10 %. On n'y enseigne pas le français ni le catéchisme, en revanche les élèves reçoivent une formation bouddhiste. À notre stupéfaction, le cher Joseph nous répond :

– Les gens ici disent « *may pen ray* » pour accepter ce qui ne peut être changé. Cela justifie souvent tous les fatalismes et toutes les flemmes, mais leur accorde une prodigieuse capacité d'acceptation et de détachement. C'est pour ça que les Thaïs rigolent tout le temps ! Pour nous, ce qui compte, c'est que nous fassions de ces fils de ministres des humanistes éclairés. Si nous ne leur apportons qu'un peu de pragmatisme, de cartésianisme et de transcendance, nous aurons rempli notre mission !

Nous réintégrons provisoirement un monde de douceur célébré par d'exquises retrouvailles avec le pécu, les cabinets en porcelaine, la moquette, l'air conditionné et les draps propres, et mettons à profit ces quelques jours de repos pour étudier de plus près la suite de notre itinéraire. Nous rajoutons des cordes à notre arc en achetant dès maintenant les visas indiens et birmans. Malheureusement tous deux mentionnent : « Accès par la route interdit ». La Birmanie est impénétrable hors d'un groupe touristique, et l'Assam indien est fermé. L'ambassade laotienne ne veut même pas nous recevoir quand elle apprend que nous sommes français ! Par où passerons-nous ?

1. Dénomination des Occidentaux.

Nous avons un véritable choc esthétique en découvrant entre deux immeubles, dans un camaïeu de grisaille bétonnée, la superbe flamme rutilante de notre drapeau républicain. Au lycée français nous préparons une conférence pour les élèves. Une date est fixée, ainsi que la répartition des tâches. Le jour prévu, nous nous présentons de bonne heure, rien n'a été fait ! La salle n'a pas été réservée ! Cuisant camouflet ! Le soir même, un groupe de rap, déplacé de Paris à grands frais, se produisait à l'école ! Question de choix !

Il a plu toute la nuit sur Bangkok. Nous découvrons au réveil une ville inondée. Ce matin, l'eau monte jusqu'aux capots des voitures. Elles se noient. Des hommes d'affaires britanniques pataugent dignement, de l'eau jusqu'aux genoux, en tenant leur paire de Church's d'une main et leur serviette de cuir de l'autre. Au Mc-Do, nous avalons nos hamburgers les pieds dans l'eau, la vie continue !

Dans l'attente de pouvoir repartir, nous rencontrons des Français installés ici depuis toujours. L'un d'eux, Jean-Noël Haxo, styliste de haute couture, nous raconte comment il s'est fait prendre au piège par la belle et langoureuse bête siamoise sympathique qui s'est muée en un dragon fétide et furieux.

Dans une Asie où notre manichéisme moral n'existe pas, où la relativité du bien et du mal rend difficile l'édification de règles universelles, nous sommes en quête de points de repère qui transcendent les différences. Nous voulons rapporter en France des sentiments, des intuitions confirmées ou infirmées, en évitant les jugements à l'emporte-pièce, mais les épreuves du moment ont vite fait de s'attaquer à ce vœu pieux. Il est aussi difficile de conserver un esprit critique sans l'être que de ne pas voir avec nos yeux d'Occidentaux ! Nous essayons de regarder le monde avec le cœur, c'est déjà pas si mal ! Mais Bangkok échappe à la raison et n'a pas trouvé de place dans nos cœurs.

Il m'aura fallu cinq jours pour piquer une crise de nerfs, cinq jours d'honorable résistance : une révolte contre l'Absurde ! Dans cette ville de la surconsommation, j'ai dû lutter pendant cinq heures, risquer ma vie à de nombreuses reprises, supporter des traitements innommables, pour trouver un rouleau de scotch noir et deux poignées en mousse !

Je ne retrouve mon calme que dans un bon bain chaud avec une bière glacée entre les mains. Le bonheur tient à si peu de chose ! Pour vivre à Bangkok il faut signer un pacte faustien, apprécier en esthète « la beauté du diable ».

*Samedi 26 mars 1994 : 168e jour, 135 km. T : 10 173 km*

Nous affrontons la sortie de Bangkok comme des mouches poursuivies par d'énormes tapettes, mais avec l'effet de surprise en moins : nous connaissons maintenant les règles du jeu. En une semaine nous nous sommes presque habitués à ces agressions constantes. La routine est la fin de l'homme ! Nous partons le cœur léger, à la recherche de la Thaïlande des cartes postales et des agences de voyages...

Le soir, après avoir roulé dans un espace indéfinissable, ni agricole, ni industriel, ni abandonné, mais triste et laid, roussi et pelé, nous sommes de nouveau accueillis dans un temple bouddhiste à Phrom Buri par des moines en robe de soleil. Rebelote, nous avons droit aux calendriers pornos, aux *game-boys,* aux cigarettes « parfumées » et à tout l'attirail spirituel des jeunes recrues ! Les jeunes moines faisant leur « service spirituel », comme un rite initiatique imposé par la pression sociale, ou pour le deuil d'un proche, ont sans doute besoin d'être éprouvés par la tentation des biens matériels ! Leur chemin pour parvenir au dépouillement nous paraît cependant obscur, ils feraient bien mieux de nous suivre à vélo !

Au-delà du paradoxe et de la saine moquerie, la beauté du décorum, la profondeur symbolique des gestes et le respect qu'ils diffusent font des monastères des havres de paix. Ils incarnent une fonction indispensable à la société thaïlandaise, un ensemble de rites et de pratiques, une façon d'être et de vivre.

Nos jours se suivent et se confondent. Nous rencontrons toutes sortes de travailleurs, mais il nous est bien difficile d'avoir des relations authentiques avec eux. Dans ce pays, le *farang* est tellement assimilé au touriste fortuné qu'un *farang* pauvre à bicyclette déclenche l'incompréhension et la risée de tous. Nous sommes très seuls. Nous avons un mal fou à pénétrer l'intimité des Thaïlandais. La barrière de la langue et leur hilarité chronique sont de trop lourds handicaps : c'est tellement plus désopilant de ne rien comprendre ! Nous nous y efforçons tout de même, mais avec sept tonalités différentes et un vocabulaire très pauvre : comprendre le thaï relève de l'analyse de la musique sérielle !

Prenons trois exemples douloureux : *ma* ! Ces deux insignifiantes lettres veulent dire cinq choses différentes en fonction du ton qu'on y met : venir, plus, chien, beaucoup et cheval. Les résultats dépassent de très loin nos « chaussettes de l'archiduchesse » ou autre « chasseur sachant chasser » ! Les Thaïs sont bien plus habiles quand ils veulent dire : « Les chiens viennent beaucoup plus que les chevaux » : *ma ma ma ma ma* ! Ou encore : « L'aile blanche comme le riz de montagne » : *kao kao kao kao.* Mais le clou est vraiment enfoncé quand ils disent « celui qui vends l'œuf loin du poulet » : *kaï kaï kaï kaï kaï* ! Les Thaïlandais ont résolu le problème de l'antériorité de la poule sur l'œuf ! Ils ont en tout cas de bonnes raisons de se poiler toute la journée !

Un soir, à Nakhon Sawan, nous nous délassons dans la rivière Mae Nam Nan qui coule devant un autre collège des frères. Un avant-goût du Mékong ! Je plonge au fond en apnée et me laisse emporter inerte par le courant. Le sable chante. Cela me fait instantanément penser à une nouvelle de Jules Supervielle : *L'inconnue de la Seine,* l'histoire d'une jeune fille qui se noie à Paris et raconte son voyage jusqu'au Havre ! Je songe au voyage limoneux que je ferais si je continuais entre les bras du courant ! Quand je remonte à la surface, j'ai parcouru une centaine de mètres et je me dis que je préfère quand même le vélo !

Sur la rambarde du premier étage du collège, des maximes sont peintes en grosses lettres rouges, incroyablement désuètes mais porteuses de toute l'« exception culturelle » occidentale : « C'est plus facile à dire qu'à faire ! Une tâche bien commencée est à moitié accomplie ! Ne remets pas à demain ce que tu peux faire tout de suite ! » Il y en a deux pour nous : « Celui qui ne va pas de l'avant reste derrière ! » et : « Quand il y a une volonté, il y a un chemin ! » Nous trouverons bien une issue vers la Chine ou l'Inde. Depuis Singapour, depuis 2 500 kilomètres, nous avons le sentiment de monter dans un cul-de-sac, à l'aveuglette, sans savoir à quoi nous en tenir !

Après le dîner, Sylvain redescend avec sa flûte au rez-de-chaussée où l'acoustique est meilleure, et se met à enchanter tout le bâtiment de trilles éclatants. Les classes vides se gargarisent des échos liquides des *Suites* de Bach, les volets claquent de joie, les cahiers applaudissent ces vibrations insoupçonnées ; une fillette se pointe et allume la télé. Un adorable petit chiot duveteux et moelleux, les yeux encore bleus, la truffe humide et le poil soyeux, me fait songer à son pauvre destin auprès de l'homme qu'il va côtoyer. Battu, mal nourri, mal soigné, méprisé, il va promener sa gale entre les jets de pierres, commencer à se gratter, à hurler avec les autres, à mordre de tristesse, à perdre ce peu de civilité qu'il aurait pu acquérir auprès d'un maître digne de lui. Au lieu de cela, il va mener une triste vie de moine déchu, et finira étalé par un camion.

Nous les avons collectionnés ces chiens d'inspiration cubiste, crachant leurs tripes par la gueule ouverte, véritables pastiches du cheval de *Guernica* immortalisé par Picasso. Avec les cinq mille camions qui nous dépassent tous les jours il suffirait d'une seconde d'inattention pour leur ressembler !

Tout le jour nous traversons des campagnes lépreuses et ravagées. Nous sommes en pleine saison sèche ! Nos premières collines apparaissent, et nous dévoilent une catastrophe écologique sans nom. Les forêts de ces collines, éparpillées au milieu des rizières, sont systématiquement brûlées afin que les pluies torrentielles de la mousson les ravinent et en arrachent le fertile limon dont s'engraissent les rizières. Quelques panneaux gouvernementaux plantés au milieu des troncs calcinés tentent en vain d'expliquer les méfaits de telles pratiques. Il fait très chaud, il fait très sec, un silence lunaire plane sur ces étendues de spectres calcinés. Il fait mort ! La jungle thaïlandaise n'existe plus.

Lors d'une pose « *keo, nam khaeng, pipsi* [1] », protégés de la fournaise par l'ombre d'un bienveillant auvent, nous voyons arriver sur une moto deux flics bourrés. Danger ! Ils s'approchent en claudiquant et nous apostrophent.

– *You want girls ! Good, good ! Satisfaction ! No ?*

Fin de non-recevoir.

– *Ah ! Compris ! Vous préférer enfants ! Pas de problème, venez !*

À nos violentes protestations ils se rebiffent. L'œil torve, la tête branlante et le faciès contracté d'un rictus hilare, le flic nous dévisage tour à tour d'un regard en disant long sur les mœurs dont il nous soupçonne. Aguiché, étant lui-même de la jaquette, il fait mine de vouloir triangulariser notre relation en s'essayant à des familiarités tactiles. C'en est trop ! Je le repousse d'un geste peut-être un peu trop brusque et me tourne pour régler ma note à la tenancière. Le flic fait mine de mettre la main à son colt. Mon sang ne fait qu'un tour, je lui crie un « *no !* » le doigt tendu. Son collègue l'arrête. La garce de vendeuse saisit l'occasion pour nous racketter sur le prix des Coca. Sylvain s'en mêle, le flic en profite alors pour venir nous chercher des noises sur des bases plus légales. Nous sommes

1. « Verre, glaçons, Coca. »

contraints de payer dix fois le prix, et disparaissons. Lorsqu'ils nous dépassent, ils se marrent !

Pour purger notre adrénaline et apaiser notre frayeur, nous traçons tard dans la nuit, roulons comme des damnés, ivres de kilomètres. Nous sommes accueillis chez des batteurs de riz, encore au travail à cette heure tardive de la nuit ! Nous nous effondrons parmi les sacs, rompus de saine fatigue.

*Jeudi 31 mars 1994 : 173ᵉ jour*

La route nous précède toujours malgré nos illusions de la veille. Elle est là qui nous déroule patiemment ses tapis de goudron. Nous voyons toujours, de loin en loin, le point qu'il nous faut atteindre, puis l'autre, puis le suivant. Il y a toujours un suivant comme le chante si bien Jacques Brel : au suivant ! Les distances sont élastiques, seul le temps que nous passons à mouliner compte !

À Chiang-Raï, nous allons au Baïtong Bar tenu par un Australien qui nous remet entre les mains de Guy-Noël Vautrin, alias Arthur, professeur de français, d'anglais, et de piano à ses heures perdues. Ayant d'abord quitté Brest pour une histoire de cœur, cet ancien vendeur dans une librairie parisienne est un beau matin allé demander un billet pour Oulan-Bator à la gare de l'Est ! La caissière lui a répondu : « Pour la Bretagne, c'est la gare Montparnasse ! » À ceci près qu'il n'était pas manchot, il embarqua comme Blaise Cendrars dans le Transsibérien jusqu'à la capitale mongole. Après six mois de tribulations en Chine, il buta comme un lièvre dans son collet au fond d'un cul-de-sac géopolitique : le Triangle d'or !

Plaque tournante des trafics d'armes, de teck et de drogue, entre la Thaïlande, la Birmanie, le Laos et la Chine, le Triangle a tant tourné dans ce sac qu'il l'a crevé de toutes parts de ses angles acérés. Cul-de-sac pour nous, il est une véritable passoire pour les autres. Arthur s'emballe.

– Le Triangle d'or ? Une imposture ! Un piège à cons pour grosse Allemande en mal de frisson ! Il n'y a plus que des quatre étoiles, des golfs et un énorme casino en construction sur les rives du Mékong. Tout ça à deux cents mètres de la jungle birmane, d'où Khun Sa, qui contrôle toute la production d'opium et de produits dérivés jusque dans la Chine des États Shan, vient tous les jours en hélico chercher son pognon pour financer son cartel et graisser la patte des autorités thaïes. Tout le monde le sait ! Tout le monde s'en fout ! Ici y a pas de valeurs, tout est relatif, et tout se fait avec le sourire !

Et il poursuit :

– Il y a les Akkhas, les Hmongs, les Lahus et les Lisus. Ils ont toujours été considérés comme des sauvages par les Thaïs. Il ne faut quand même pas oublier que ce sont les Hmongs qui ont offert à la France puis aux États-Unis quelque cent mille mercenaires contre les cocos et les nationalistes. Ils se sont, bien entendu, fait trucider quand on s'est barrés ! Maintenant, ils font comme avec les Indiens aux US, ils les imbibent d'alcool et leur envoient les chiées de touristes déçus de n'avoir pas pu flairer de la blanche dans les poches de militaires bardés de cartouchières. Ils ont fait venir des éléphants du Laos, des maquilleuses de Bangkok, ils ont costumé de bric et de broc tous ces clowns tristes, et ils ont envoyé les charters et les tour-opérateurs ! Les gros Anglais rouges de coups de soleil font un tour à dos d'éléphant dans dix hectares de jungle préservée, on leur montre un village de figurants professionnels, et ils se barrent heureux avec leurs rouleaux de péloche et leurs souvenirs made in China. Le tourisme ? C'est une plaie ! C'est envoyer des gens qui seraient mieux chez eux à des endroits qui seraient mieux sans eux !

Le doigt et le ton levés par la proche sentence finale, Arthur annonce la chute de son réquisitoire contre une région qu'il habite pourtant depuis six ans :

– Magnez-vous, les mecs ! Dans cinq ans, ce sera la même chose au Laos, et dans dix ans en Birmanie ! Tout ici est noyauté par le pognon chinois ! Y a un projet d'autoroute pour Kunming à travers la jungle laotienne, dernier tronçon de la Panasiatique qui ralliera Singapour à Pékin, le projet d'un bateau ultra-puissant pour remonter les rapides jusqu'à Jinghong. Normal, le gouverneur de la province de Chiangmai est tonk !

Après avoir vidé quelques verres en nous contant son itinéraire d'un air hagard, comme si la narration lui en révélait la vraie nature, plus cruelle et plus crue que la découverte d'un Eldorado fantasmatique, Arthur nous invite chez lui comme un patient se lie à son psychanalyste. Au détour d'un bidonville à l'écart de Chiang-Raï, dressée sur pilotis comme pour s'élever au-dessus de cette fange, sa bicoque domine un marécage fétide où rouillent dans un tintamarre de coassements les entrailles de voitures de la casse voisine.

– Je n'en pouvais plus de passer mes dimanches matin avec Jacques Martin ! nous déclare-t-il tout de go, en contemplant du haut de son escalier l'astre rouge roulant derrière un pain de sucre.

Il embraye sur les impôts, les assureurs, les embouteillages, et nous ouvre sa porte. Comme la pierre d'Abraham au centre de la mosquée de La Mecque, comme le fascinant monolithe noir de *2001, l'Odyssée de l'espace,* un piano droit trône au milieu des ordures, du linge sale et des papiers gras !

– Vous comprenez ! Ici les copropriétaires me font pas chier ! Je peux jouer en pleine nuit si ça me chante ! Tenez ! Je vais vous jouer ma sonate pour grenouilles !

Il dresse l'oreille, secoué de tics, les mains suspendues, se met en rythme avec l'armée de batraciens qui tient le siège de sa forteresse de bambou, et se lance dans le morceau de musique le plus fou qu'il nous ait jamais été donné d'entendre. Son piano coasse, fait des bonds, s'accorde à l'orchestre de crapauds ; Arthur a de l'or dans les mains ! Nous vivons notre « leçon de piano » revisitée par Dada.

Toute la soirée il accompagne les fioritures cristallines de Sylvain, en reprenant au piano, du premier coup d'oreille, les envolées de la flûte. Il nous vante ensuite sa « belle vie », faite de bières à deux francs, de virées à moto dans la jungle, d'hebdomadaires petites pipes d'opium chez ses copains, et de cours particuliers d'anglais à des gens « encore plus cons que les Français, mais tellement plus gentils ! ». Il n'a qu'un ami : San Keo, alias « Trois-verres ». Parce qu'au quatrième San Keo tombe par terre !

Demain 1er avril, nous serons fixés sur notre sort ! La frontière birmane de Mae Saï sera notre poisson d'avril ! Farce ou chance ? Mauvais tour ou traversée sans détour ?

## *Vendredi 1er avril 1994 : 174e jour, 98 km*

Nous quittons Arthur, pleins d'expectative, le ventre noué, les lèvres serrées sous une tête pleine de prières, comme des écoliers se rendant à leur premier examen. Au bout des 64 kilomètres de cette matinée se trouve la réponse de 2 800 kilomètres de coups de pédale interrogateurs !

Mae Saï s'étire le long d'un seul axe routier, comme ces villes poussiéreuses de *desperados.* Il y plane la même fébrilité que sur toutes les plaques tournantes du monde, la même malhonnêteté industrieuse des crimes commis au grand jour dans toute leur insignifiance ostentatoire. La drogue est la raison, la cause et l'essence de toute cette effervescence bordurière. Trois mille six cents tonnes d'héroïne ont transité par là cette année. Heureusement, on trouve aussi du Coca à Mae Saï ! En buvant celui que nous croyons être le dernier avant longtemps, nous tombons sur un jeune couple de touristes français à qui nous remettons des pellicules et des lettres pour nos parents. Derrière la frontière c'est l'inconnu, la Chine ou l'Assam, Charybde ou Scylla !

– *Now accept or get out ! Don't ask any more questions* [1] *!* nous vocifère un colonel birman hystérique croulant sous ses décorations, le crâne rasé et aplati par le matraquage idéologique, la gueule édentée et les veines temporales à la limite de la rupture.

Ce fascisto-communiste vient de faire des papillotes de notre lettre du consul de France. Sa généreuse proposition de rechange nous coûterait six mille francs pour une incursion de 120 kilomètres, aller-retour jusqu'à Kengtung dans la journée, dans une voiture sous escorte. Consternation ! Nous restons là plantés devant lui à faire les carpes, totalement décontenancés par cette implacable vérité : la route birmane est fermée ! Nous sommes incapables de percuter, *big bug* ! Des flots de purée remplacent nos neurones !

Pour accélérer notre retour avec la dure réalité des choses, notre avorteur de rêve ordonne à deux jeunes recrues ravies de faire un peu d'exercice de nous jeter par-dessus la frontière. Cuisant poisson d'avril !

Groggy comme des boxeurs après la défaite d'un match, nous longeons la frontière, tournés vers notre deuxième solution : le Mékong !

Il surgit par surprise entre deux montagnes, en roulant ses flots jaunes et sereins. Celle de gauche est birmane, celle de droite est laotienne. Nous contemplons le sang de cette terre limoneuse s'épancher en silence. Les mythes qu'il draine affluent par vagues derrière nos yeux : Cochinchine, canonnières et guerre du Viêt-nam...

Le Mékong est fleuve comme le Sahara est sable. Il est d'ailleurs les deux à la fois tant il charrie de montagnes décomposées. Tout est mouvement en silence, majesté, virginité et puissance. Frontière entre trois pays, le Mékong est un no man's land naturel. Il y plane la religiosité d'un sanctuaire désert. En amont de Chiang-Saen le Mékong est mort.

1. « Maintenant vous acceptez ou vous dégagez ! Ne posez plus de questions ! »

Au Méridien de Chiang-Saen, le directeur d'une Alliance française comptant six élèves nous tourmente de récits d'épouvante et de mises en garde alarmistes : tribus laotiennes primitives et sanguinaires, militaires corrompus, bêtes sauvages, il nous déballe tout l'attirail dissuasif. Il y met la véhémence des hommes qui veulent nous convaincre de ne pas entreprendre ce qu'eux-mêmes n'ont jamais osé !

– Deux Américains ont essayé de passer le mois dernier, on ne les a plus jamais revus ! Vous n'avez qu'une chose à faire : retourner à Chiangmai prendre l'avion pour Kunming, la capitale du Yunnan chinois !

Cet oiseau de mauvais augure s'envole dans un omnibus qui le mènera chez lui en deux heures : il avait quitté Paris à cause des embouteillages !

Nous sommes seuls ! Indécis ! Impuissants !

Pour nous rafraîchir les idées, nous allons nous baigner dans le fleuve mythique. À notre grande surprise il est très peu profond, ce qui nous permet de nous approcher de la rive laotienne d'une centaine de mètres. De l'autre côté, si près, c'est le communisme pur et dur ! Lentement nous nous faisons à l'idée de l'avion. C'est moche !

Après avoir bien dîné pour nous consoler, et nous être résolus à rallier Chiangmai le lendemain, je vais acheter une bouteille de Coca dans un boui-boui chinois. C'est alors que j'entends dire, au hasard d'une de ces questions que l'on lance sans en attendre la réponse, qu'il existe un bus partant de Chiang-Khong, 30 kilomètres au sud, et qui se rend à Mengla, en Chine, à travers le Laos. Nous décidons de « trasher » dans la nuit vers Chiang-Khong, pour être sur le pied de guerre à l'aurore. Dans le village, nous frappons à la niche d'un moine. Une belle pelouse verte et rase entoure le monastère. Il ouvre. Cinq moines sortent de ces quatre mètres carrés, drapés d'un nuage de fumée hallucinogène. Dans un espace semblable au coffre d'une Volvo break s'entassent un matelas, une chaîne hi-fi, une télévision et des monceaux de camelote. Austérité certes ! Ascèse du confinement !

Embarrassé, notre petit moine joufflu accepte néanmoins notre requête de planter notre tente à côté de sa niche, à la condition qu'il la bénisse d'abord.

*Samedi 2 avril 1994 : 175^e^ jour, 0 km. T : 11 000 km*

Un cocktail sonore de clébards, de coq têtus, de moteurs et de cloches au timbre decrescendo nous vrille le réveil d'agressions persistantes. Zip ! J'ouvre la tente. Dans l'encadrement de l'abside ouverte au levant, nous surprenons les moines se préparant à la quête en se drapant du feu des premiers rayons du soleil. Leur splendide robe de safran, tendue pour cet exercice compliqué entre le soleil et nous, toute rayonnante de lumière en transparence, dévoile en ombres théâtrales leurs silhouettes graciles. Bientôt rentrés avec le petit déjeuner, les moinillons ont des arguments de taille pour accélérer notre pliage de bagage : beignets de banane, mangues, riz gluant et rouleaux de printemps. Très zen !

Nous fonçons à l'immigration où l'officier nous confirme l'existence de camions partant de Muang Pakbeng, soit 160 kilomètres en aval du Mékong, en pleine jungle laotienne, vers la Chine. Un détail ! Pour s'y rendre il faut être chinois ou thaïlandais et doté d'une autorisation spéciale de transit ! De minute en minute la solution de l'avion se confirme, quand un Laotien vient à nous, empreint d'un air conspirateur. Il nous tend discrètement un billet écrit dans un anglais hésitant :

« *Venir à Ban-Houaxay, attendre vous à Kustom chekpoint* »
signé : *Kuncha*

Nous nous regardons. Évidemment qu'on tente le coup !

En deux minutes, nous gratifions nos visas d'un *exit stamp* thaï, chargeons nos vélos dans une pirogue, et filons vers le Laos avec le porteur du message. Tout est allé si vite que nous n'avons pas jeté un regard à la Thaïlande que nous quittons enfin ! Nous sautons à l'eau, débarquons notre attirail et allons au petit poste en bois. Point de Kuncha. Les militaires nous disent qu'il est passé côté thaï. Nous flairons l'embrouille. Déconcerté, notre émissaire parlemente avec eux puis disparaît en nous priant d'attendre. Les militaires prennent nos passeports et nous disent de reculer jusqu'à la rive. Sylvain enrage :

– On s'est fait avoir comme des blaireaux ! On aurait jamais dû leur filer nos passeports, ils vont tenter de nous les revendre !

Ne voulant pas nous faire coincer par la nuit, la fermeture du poste thaï, ou nous faire racketter pour un hôtel, nous décidons de rebrousser chemin et sommons notre petit émissaire d'aller récupérer nos passeports ! Il disparaît. Instants d'éternité ! À contrecœur, il nous les apporte. Nous rembarquons soulagés. Les Thaïs nous annulent notre *exit stamp.* Un jour pour rien ! Notre avion part de Chiangmai, demain, à onze heures trente. Sur le débarcadère un Français nous accoste. Il est MSF au dispensaire de Ban-Houaxay. Il nous promet de tenter d'intercéder pour nous auprès du commandant du poste qu'il connaît bien. Quitte ou double ! Soit nous passons, soit nous ratons l'avion ! Demain c'est Pâques ! Nous restons ! Nous nous accrochons à la moindre lueur d'espoir pour ne pas prendre l'avion. La tête pleine de vague à l'âme, nous remontons la rue de Chiang-Khong quand un bolide déboule en fondant droit sur nous. Commotion. Silence. En une seconde, nous avons basculé dans l'horreur. Diagnostic : Je me tâte, je vis, Sylvain vit. Notre voyage a failli s'arrêter là. Désormais, nous n'avons qu'un seul but, fuir cet enfer de métal tordu et de destin brisé !

## *Mardi 5 avril 1994 : 178e jour, 100 km sur le Mékong*

Un pont d'or sur le Mékong, tamisé par la moustiquaire, s'insinue dans la case et nous soulève les paupières de son cric de lumière. Chant du jour.

Le Laos si proche, déjà si familier, nous semble inabordable. Nous venons encore de perdre deux jours précieux en aller-retour sur le fleuve. Nous sommes les cobayes de l'ouverture, les marionnettes d'un système en voie de disparition. Ordres, contrordres, espoirs, désespoir ! C'est aujourd'hui notre dernière chance, notre dernier *exit stamp,* l'officier thaï ne veut plus de nous. Nous mettons les Laotiens devant le fait accompli. S'ils nous refoulent, ils devront le faire vers Vientiane et l'aéroport international. Nous les tenons !

En fin d'après-midi, l'officier des affaires intérieures vient à nous : jamais deux *farang* n'ont traversé cette zone sensible de la jungle, a fortiori à bicyclette ; les rares touristes en groupes accompagnés ne dépassent jamais Luang Prabang, et aucun Occidental n'a jamais passé la frontière de Boten vers la Chine, celle-ci n'est ouverte que depuis trois mois après trente-deux ans de fermeture : il nous en coûtera cent dollars chacun.

Nous décousons à l'écart les doublures de nos sacoches de guidon pour en tirer le montant de notre passage, et nous dirigeons vers le poste de douane où les préposés sont ravis d'inaugurer, avec l'application d'écoliers zélés, des tampons bricolés à la va-vite, signés et contresignés.

Au programme : trois jours de descente du Mékong puis 300 kilomètres de jungle montagneuse en camion avec le guide. Nous avons gagné ! Dès lors tout se précipite. Somphavanh, notre guide, nous prévient qu'une barge s'apprête à partir pour Muang Pakbeng. Vite ! Embarquer ! Quitter l'étau de ces deux rives où nous avons été travaillés par nos trois pires ennemis : l'attente, le doute et l'accident.

Le capitaine, Silay Sittiphone, ne voit d'abord pas d'un très bon œil notre montée à son bord. Somphavanh avec l'affabilité souriante des Laotiens lui parle de nos cinq jours d'attente, de notre projet ; l'autre sourit, lance un ordre, une longue planche de bois se tend aussitôt. Exercice d'équilibristes ! Surtout ne pas se foutre à l'eau ! Ouf ! nous sommes à bord ! Trépidations des tôles, les rives avancent, ou plutôt reculent, on ne sait plus, en tout cas elles fuient ; le couple Chiang-Khong Ban-Houaxay disparaît, relâche sa cruelle étreinte, nous sommes lancés vers la Chine... en lui tournant le dos, voilà toute la subtilité de l'Asie !

Le bateau est une large barge carrée à fond plat dont la moitié arrière est déséquilibrée par un lourd « château » de deux étages, et la moitié avant rééquilibrée par un chargement chinois de produits alimentaires et de construction. À la proue, le drapeau laotien bleu bordé de rouge, portant une pleine lune en son centre, claque fièrement sur le Mékong caramel.

L'arrière du premier étage est une terrasse bordée de balustrades et couverte d'un toit. Des canapés offrent un salon aux premières loges du Mékong. C'est là que nous allons vivre durant ces trois jours. Ce soir, alors que nous rassemblons nos idées en noyant notre regard dans une lune orange, une table ronde de bambou tressé est dressée au milieu du salon. Nous sommes les hôtes du capitaine. Dans une dizaine de bols marinent des sauces végétales aux couleurs surprenantes. Dans un grand plat au centre de la table, des tronçons de poisson flottent au milieu d'étranges tubercules. Une femme apporte une lourde et fumante boîte cylindrique de raphia finement tressé : nous faisons connaissance avec le vrai riz gluant. Un régal. Sec et moelleux, on le pétrit d'une main pour le plonger dans les différentes sauces en engloutissant de l'autre des bouts de poisson enrobés d'une feuille de chou.

Hilares, assis en cercle, nos hôtes nous dévisagent à la lumière d'une lampe tempête. Leurs petites braises malicieuses pétillent au-dessus de larges sourires gâtés. Silay Sittiphone, le propriétaire du bateau et de la cargaison, harcèle Somphavanh de questions nous concernant. Ses yeux rouges, son regard fou et sa gueule allumée de rictus trahissent une forte consommation d'opium.

La proposition ne tarde pas. Nous déclinons poliment en prétextant, avec des raclements de gorge, une allergie à la fumée. La longue pipe, la pique et sa petite boule d'opium chauffée sur un petit brasero crépitent dans la nuit. Silay, allongé sur le côté dans le canapé où nous devions dormir, détend son stress de la journée en embaumant toute la passerelle de volutes âcres et capiteuses. Quelques cris étouffés nous parviennent de la jungle. Un homme armé monte la garde près de la cargaison.

Quand le fleuve nous laisse quelques instants de répit, nous regardons défiler des scènes d'un autre âge. Des enfants nus, couleur de limon, jouent dans les sables jaunes, des rochers hirsutes de cannes à pêche, des ballets de pirogues défilent sous nos yeux comme des images d'archives. L'activité fluviale s'intensifie. Les routes et leurs bêtes puantes, l'électricité et son cortège de machines n'ont pas encore pénétré cet espace et ce temps. De vieux chromos aux tons de glaise, des camaïeux de brun et d'or s'animent de processions de vieilles femmes bâtées, de pêcheurs disparaissant sous leur faix de nasses en osier, d'orpailleurs accroupis sur les lèvres du Mékong. Du haut des rochers, des pêcheurs de bronze lancent d'un geste de rétiaire des éperviers dans les bouillons.

La jungle que nous avons tant cherchée en Thaïlande semble s'être réfugiée au Laos. Les tecks inquisiteurs comme des vigies percent la canopée de leurs fûts élancés. Déjà dans les vallées se répercutent les complaintes lancinantes des tronçonneuses... La dernière forêt primaire d'Asie du Sud-Est excite la convoitise des investisseurs chinois et japonais. De loin en loin des villages de bûcherons encombrés de grumes trahissent le dépeçage clandestin de la jungle.

Une autre lèpre ronge cette jungle : la pratique extensive et saisonnière de la culture sur brûlis. Les tribus Hmongs et Akkhas brûlent ainsi deux cent mille hectares de jungle pour faire pousser leur riz sauvage : le *rai*. L'homme fait un trou avec un bâton dans la terre cendreuse, la femme y dépose quelques grains, la mousson fait le reste. Ces tribus mangent la montagne sans la renouveler. Le *rai* exténue et stérilise le sol, il faut sans cesse repousser plus loin les brûlis. Toute la journée il pleut des feuilles carbonisées qui volettent comme des papillons. La catastrophe écologique surcharge l'atmosphère de suie et de gaz carbonique. L'air pique, les muqueuses se révoltent. De monstrueux panaches, trop lourd et trop gras pour se dissiper, s'accrochent aux collines et enrhument les vallées.

Le soleil ne se couche pas, il rougit de honte dans un ciel cendreux qu'il ne parvient plus à percer, rogne de dépit ses débuts et ses fins de journée et déserte le ciel prématurément. La nature s'enchante de reflets mordorés. Fleuve d'or, berges dorées, jungle enflammée, ciel de braise, soleil carminé, le Laos est un matin du monde aux allures de Grand Soir.

Les marcheurs sur la rive s'empressent de rejoindre leurs tribus avant la nuit, car c'est tenter les *phii* que de marcher dans les ténèbres. La nuit laotienne est un véritable couvre-feu.

Sylvain avec sa flûte et ses lunettes fait fuir des Hmongs dans la jungle. Ceux-ci étaient apparus comme par miracle à l'arrivée du bateau. Le dîner est cette fois agrémenté d'un karaoké entrepris par un Silay Sittiphone encore plus défoncé qu'à l'ordinaire. Sylvain le reprend à l'harmonica, amplifié par les haut-parleurs du poste. Quand le calme revient, à la demande du capitaine, nous entonnons à deux voix un chant de la Légion qui s'élève dans la nuit comme un appel aux *phii* français ensommeillés dans la fange des berges.

Ils sont émus. Leur fierté révolutionnaire se teinte de nostalgie coloniale. Nous chassons l'ange qui passe avec : *Tiens ! voilà du boudin, voilà du boudin !* Le capitaine connaît, il nous reprend d'un ton nasillard et suraigu. Ils se bidonnent tous sur « le boudin ». Sylvain entreprend alors d'expliquer le boudin par des mimes : il fait le cochon et le boucher, s'égorge lui-même, s'étripe comme saint Érasme, sursaute, fait le mort, ressuscite et mange son propre boudin. Les Laotiens n'en peuvent plus, ils demandent grâce. La gastronomie et notre pain sont les seules choses que nous savons exporter.

Des auréoles de feu ceignent au loin des sommets de coteaux. Les flammes affamées grimpent à l'assaut des cimes et se resserrent au cours de leur ascension pour s'en prendre aux nuages. La lampe tempête se fait bombarder par des cigales attirées par la flamme. Le capitaine en profite pour imiter le bourdonnement des B-52 que dans sa jeunesse il a vus partir bombarder Hanoi. Un matelot les capture et leur arrache les ailes avec délectation. L'insecte de bombardier devient camion avant de finir croqué sous la dent de son tortionnaire. Sylvain, grand amateur d'expériences culinaires, suçote une carapace de cigale :

– Tu veux essayer ?

– Merci non, sans façons ! Tu m'as foutu des rêves de boudin dans la tête !

Le surlendemain matin, après une nuit de veille et de songes, Muang Pakbeng apparaît comme dans un charme, hâtivement jetée sur le flanc d'une montagne. Il n'y a pas plus de quai que de port. Une piste se jette à l'eau. Une ribambelle de camions l'encombre que chargent et déchargent des colonnes de fourmis bâtées de caisses, sacs ou planches. Tous semblables, les Hmongs sont vêtus de noir de la tête aux pieds, coiffés de petits feutres noirs sur des cheveux noirs et des regards noirs. Sylvain saute sur l'occasion.

– Je rêve ! La tontonmania est venue jusqu'ici !

Depuis Paris, nous mettons la première fois le pied dans la vraie « différence », sur un satellite de la planète Chine, et inaugurons cette rencontre par le spectacle de l'uniformité tribale. Différence contre uniformité ? Après la Thaïlande dénaturée, nous sommes en quête d'authenticité !

## DE PAKBENG À ZONGHDIAN

*Sylvain*

– *Very good, mister, very good !*

Le tenancier nous tend un plat. Dans une sauce noire nage une sorte de chauve-souris carbonisée. Nous sommes attablés à la petite auberge de Pakbeng.

– Vous êtes sûr, Somphavanh, que nous pouvons manger de ce truc-là ?

– Allez-y, c'est délicieux, c'est de l'écureuil volant. Spécialité du Laos. Mangez tout ! Moi je vais prendre du riz et des œufs au plat.

Devant des dizaines d'enfants qui nous dévorent de leurs grands yeux sombres, nous essayons d'extraire du galéopithèque rôti un peu de chair comestible. Après ce repas aux allures de dissection, nous prenons la route vers la Chine, pressés de rouler sur cette piste fermée aux Occidentaux depuis 1975.

– Adieu, Somphavanh !

– Tout est arrangé, mes amis ! Partez seuls, moi je vais rester ici quelques jours, puis je reviendrai à Ban-Houaxay et je dirai aux autorités que je vous ai accompagnés jusqu'en Chine. Adieu, bonne route ! Soyez prudents !

Somphavanh brandit une cuisse d'écureuil en vociférant ses recommandations. Derrière lui, les enfants du village agitent leurs mains.

– *Sabadi ! Sabadi !* (Bonjour !)

Une montée, un virage, nous sommes dans la jungle. Sur 300 kilomètres, la route qui rejoint la Chine et que nous allons emprunter traverse la grande forêt vierge du nord du Laos. Mais les explosions de luxuriance végétale alternent avec de sinistres zones calcinées. Ici le feu a sévi, ravageant tout sur son passage. Des champs de mort, des champs de cendres. De cette désolation naîtra une récolte de riz sauvage, cultivé extensivement. Puis la pluie emportera le sol. Et la terre pour punir ce viol se couvrira de cette carapace stérile et rouge qui tache les forêts comme un bouclier de sang : la latérite. Sur les versants ramperont de maigres taillis et des landes chétives. Les tribus iront porter le feu ailleurs. Il ne restera plus rien de ces forêts primaires aux empilements de strates végétales qui forment les paliers d'un gigantesque escalier de verdure. Plus rien de ces houppiers fantastiques développant leurs ramures au bout de fûts démesurés.

L'impression est étrange et désagréable de rouler au milieu de joyaux naturels que l'on sait en sursis.

Nous décidons de nous arrêter dans le village de Muangmoung pour la nuit. À peine avons-nous posé le pied à terre qu'une masse d'enfants, surgis d'on ne sait quel ventre fécond, nous entoure. Immédiatement se greffe autour de cet essaim un cercle de parents venus aux nouvelles.

– *Farang ! Farang !*

Le bruit s'est répandu dans le village.

– Des Blancs ! Des Blancs !

Dieu sait de combien d'envahisseurs la rumeur a grossi notre équipe. Dans le moindre de nos mouvements nous sommes escortés par la multitude scrutatrice.

– Alex, nous n'avons jamais eu un tel public ! c'est le moment de jongler.

– Tu te rends compte ! Nous avons du succès sans rien faire !

Flûtes, jongleries, harmonica et acrobaties déclenchent l'hilarité du village. D'horribles vieilles découvrent des dents infectes. Des petits enfants hurlent d'une joie mêlée de peur quand Alexandre roule les yeux. C'est la grande rigolade de la foule avide et bruyante. La cour des miracles se tient les côtes. Quand nous sommes rassasiés de ces belles faces sales et réjouies, nous faisons signe que nous avons faim. Dans l'assistance une jolie jeune fille nous invite à la suivre en montrant une maison de bois. Comme le peuple d'Israël fendant les flots de la mer Rouge, nous traçons un sillon dans la foule. La masse s'ouvre et se referme derrière nous. On la dirait secouée de palpitations.

– J'ai l'impression d'être Jésus ! me hurle Alexandre en toute simplicité.

La jeune Laotienne nous a conduits dans le petit restaurant du village que tiennent ses parents. La mère qui ressemble à un écomusée, tant elle est chargée d'étoffes traditionnelles et de bijoux de poids, nous sert un dîner fumant. Par tous les interstices que peut compter le mur de la cabane, des dizaines d'yeux inlassables nous regardent engloutir les plats. Des hurlements de rire accompagnent nos gestes lorsque, méfiants, nous sortons de la casserole pour l'inspecter une grenouille ruisselante de bouillon ou un poulet haché menu avec ses os. Après le dîner, notre suite n'abandonne pas la partie et nous emboîte le pas comme une ombre vivante. Et même dans l'ouverture du réduit de bambou où l'on nous a installé deux lits pour la nuit, des têtes silencieuses continuent de nous scruter tandis que nous remplissons les pages blanches des cahiers de bord.

Les écoles des villages laotiens ressemblent en tout point aux maisons d'habitation. Toit de chaume, claies de bambou, pilotis et terrasses de bois. Seule la taille diffère. Dans une grande salle commune, ouverte à tous les vents, les enfants suivent les cours. Le vent envoie par bribes à travers le village des fragments de récitation ou de comptine. Chaque fois que nous passons à côté d'une école, c'est la ruée. Nous déclenchons des révolutions. Il y a toujours un élève distrait pour regarder à la fenêtre. Quand il aperçoit deux *farang* à bicyclette il pousse un grand cri. Cinquante têtes se tournent vers nous. Impossible d'entreprendre le moindre demi-tour. Cinquante paires d'yeux nous cernent. Beaucoup n'ont jamais vu de Blancs. Certains sont allés jusqu'au village d'Oudoumxai où une antenne parabolique capte péniblement une chaîne de clips américains. Ils doivent s'imaginer que les Blancs sont de grands hommes noirs qui dansent toute la journée sur des musiques étranges et saccadées.

– Aïe, hurle Alexandre, ils me tirent les poils !

De petites mains courent sur sa jambe. Les enfants jouent à repiquer le riz sur nos mollets et agrippent nos barbes avec ce même sourire de tendresse et de compassion qu'on arbore en caressant un petit chimpanzé au zoo de Vincennes. Nous nous laissons ausculter, lorsqu'un écolier un peu plus grand que les autres s'approche. Il saisit entre le pouce et l'index un carré de peau velue du bras d'Alexandre et pose dans son meilleur anglais cette question vertigineuse :

– *Why ?*

Mais nous n'avons pas fini de nous interroger sur nos différences. À présent, une petite fille regarde mon bras en ouvrant des grands yeux ronds. Elle le retourne. Dessus. Dessous. Elle parle à ses camarades qui l'écoutent, fascinés. Nous ne comprenons pas un traître mot mais nous imaginons sans peine la conversation.

– Regardez le bras du *farang* ! Dessus, c'est noir, sale et cuit par le soleil comme le cuir des cochons sauvages. Regardez maintenant ! Dessous, c'est blanc et tout mou comme le ventre d'une grenouille crevée !

United bicolore of Benetton. Le professeur qui tente de sauver son cours du naufrage en profite pour glisser quelques mots d'anglais. À son tour il s'empare de mon bras et le montre à la classe. Dessus. Dessous.

– *You see ! Cooked, not cooked !*

Un concert de xylophone interrompt les rires qui fusent. Accroupis autour de nous, des enfants tapent de l'ongle sur les pièces de métal du vélo. Ils écoutent les sonorités variées que renvoient les différents métaux. Cristallin pour le titane, brut et sec pour le carbone, creux et triste pour l'aluminium. La symphonie des alliages les émerveille.

– Il faut filmer la scène !

Je sors la caméra et braque l'objectif. Les enfants s'éparpillent. La magie est brisée. Sur le film nous n'obtiendrons que des cavalcades de petits Laotiens qui jettent des regards apeurés vers le gros œil noir qui les poursuit. Pour finir, ils se cachent derrière les arbres ou sous les jambes de leurs grands frères. On croirait un documentaire sur les autruches.

Nos rencontres avec les Laotiens se déroulent dans un perpétuel fou rire. À part les quelques Hmongs et Akkhas que nous croisons sur les chemins et dans les yeux desquels nous ne lisons que la peur ou un abîme d'incompréhension, ce peuple respire la gaieté.

Un après-midi, une paysanne nous invite à déjeuner dans le village de Ban Na Met. Nous entrons dans sa maison. Deux pièces sont séparées par une cloison de roseaux vannés. Un foyer ronronne dans un coin. Quelques ustensiles de cuisine et une grande natte surmontée d'une moustiquaire pour tout mobilier. Nous nous asseyons sur un plancher de bambous tressés, juché à soixante centimètres du sol sur des pilotis. La maîtresse de maison prépare du riz collant et une sauce aux pattes de canard. Nous déjeunons dans la salle commune de la maison. On ne sait par quel miracle, tout le village est déjà au courant. Les enfants se précipitent pour voir les invités de Mansga, notre hôte. Chaque interstice ménagé entre les lattes de bambou est bouché par une paire d'yeux. Sans que l'on remarque la moindre agitation, la maison se remplit. Insidieusement, les enfants pénètrent dans la salle du repas. Il en vient toujours plus. Bientôt soixante petits Laotiens se pressent et se contorsionnent en silence autour de nous. La maîtresse de maison sourit, flegmatique. Nous mangeons le riz en répondant à ses sourires. Personne ne dit un mot. On entend les mantes religieuses dévorer leurs maris. Il commence à régner une chaleur étouffante dans cette cahute bondée. Et soudain c'est la catastrophe. Dans un craquement terrifiant d'arbre qu'on abat, le plancher s'écroule ! Il n'a pas résisté à la surcharge inhabituelle provoquée par notre présence et celle des enfants. Le bambou qui « ploie mais ne rompt pas » a cette fois cédé ! Toute l'assemblée se retrouve, dans des positions rigoureusement identiques, soixante centimètres plus bas. Le nuage de poussière se dissipe. Soixante faces figées d'angoisse attendent que le reste de la maison s'abatte. Consternés par ce cataclysme, nous n'osons prononcer une parole. Un gloussement aigu déchire soudain le silence insupportable. C'est la maîtresse de maison qui se tord de rire. Elle déclenche les hurlements de joie de l'assemblée. Pendant une minute, une cacophonie indescriptible de rires retentit sous la charpente. Sur tous les tons. Nous libérons nos propres éclats de rire dans l'énorme réjouissance. Et notre hôtesse, noyée de larmes, se tient le ventre. Nous la contemplons qui trône, riant et suffoquant au milieu des décombres. La moitié de sa maison vient de s'écrouler mais elle a gagné dans le désastre l'occasion d'une immense rigolade.

Déjà les hommes arrivent autour de la maison pour réparer le plancher. Dans une ambiance de liesse générale comme aux comices de nos villages, tout le monde se met au travail... Nous quittons notre amie après de grandes embrassades et pédalons hors du hameau. Dans le lointain, un épais nuage de fumée masque l'horizon.

L'incendie est apparu subitement. Depuis notre entrée au Laos, nous sentions sa menace peser. L'atmosphère et les collines calcinées criaient au feu. Le soleil se mourait, dévoré par des ciels de cendres. Jamais encore nous n'avions aperçu les flammes. Et soudain elles jaillissent au détour de la route. Sur le versant sud d'une éminence battue par le vent, le feu embrase la jungle. En quelques secondes, avec un souffle d'explosion, il enflamme des arbres géants. Combien de tonnes de biomasse – comme disent les géographes pour parler de la diversité de la vie – disparaissent-elles dans ces torches qui se consument ? Combien d'éventails de plumes, de chants de bêtes et de couleurs savantes détruites comme une allumette que l'on craque ? Le front d'incendie avance comme une hydre, se resserre, se détend, se rétracte et s'élance à nouveau. Le feu progresse à une allure vertigineuse et s'étend aux collines voisines.

– Attention, Alex !

Alexandre qui s'était approché du fossé pour prendre le sinistre en photo sent passer sur son visage les doigts brûlants d'une flamme. Le feu qui sévissait à 150 mètres au-dessus de nous a sauté par-dessus un rideau d'arbres, poussé par un souffle favorable, et attaque à présent les végétaux du bord de la route. Nous pulvérisons notre record de vitesse pour sortir de ce piège. À 200 mètres du front de flammes nous sentons encore la chaleur du brasier.

– Vous l'avez échappé belle !

L'homme parle en français ! À cheval sur une vieille mobylette il nous a vus arriver et nous attendait.

– Un peu plus et vous étiez grillés !

– Vous parlez français ?

– Je m'appelle Maeioun, matricule 6565. Infirmier au deuxième bataillon de la troisième compagnie du commandant Benconi en 1956.

– Enchanté, moi c'est Sylvain, lui c'est Alexandre.

– Vous allez où ?

– En Chine.

– Il y a une grosse bourgade à 20 kilomètres d'ici. Je vous invite à boire le thé.

Nous acceptons avec plaisir l'invitation de Maeioun. Nous enfilons de concert les kilomètres qui nous séparent de Ban Na Pa.

– Sylvain ! Ralentis ! La mobylette a du mal à suivre.

Maeioun nous rejoint dans un nuage de fumée noire. Il nous raconte sa vie. Il habite un village au bord du Mékong. En ce moment il visite des parents dans la région. Il nous confirme ce que Somphavanh nous disait. Cette route est fermée aux Occidentaux. Voilà pourquoi nous avons tant de succès dans les villages que nous traversons. Il n'en passe plus depuis vingt ans. Nous lui parlons des incendies.

– Vous savez, c'est le Laos entier qui brûle. Les forêts disparaîtront totalement un jour. Les paysans brûlent les terres. À la frontière, on abat des hectares entiers pour récolter le teck. Mais le gouvernement de Vientiane est trop occupé à établir des plans quinquennaux pour s'intéresser aux jungles qui brûlent. Arrêtez-vous là, nous y sommes.

Ban Na Pa ressemble en un peu plus gros à tous les autres villages que nous avons vus. Nous nous sommes arrêtés devant une case banale. Maeioun nous déclare que c'est un bistrot. Une foule nous entoure. Fier d'accompagner deux *farang,* Maeioun donne l'ordre à une femme d'aller chercher le tenancier du café. Celui-ci arrive penaud et déconfit et se lance dans une grande conversation avec Maeioun.

– Que se passe-t-il ?

– Cet imbécile a perdu la clef de son cadenas.

La porte de la case est en effet attachée à une chaîne fermée par un cadenas. C'est la première fois que nous voyons quelque chose qui ferme à clef au Laos. Déjà nous faisons mine de partir. Maeioun grommelle, furieux de manquer l'occasion de réveiller ses vieux souvenirs de la coloniale. Mais le patron du bistrot, mortifié de laisser passer l'aubaine d'avoir deux clients *farang,* est pris d'une idée de génie. Avant que nous ayons pu empêcher quoi que ce soit, il saisit une machette affûtée et entreprend de démolir consciencieusement la porte de sa cabane. Scrutés par le village entier, nous discutons de la Légion avec Maeioun devant une théière brûlante. À nos pieds gît la carcasse défoncée de ce qui fut une porte.

Le village de Namor marque la fin des difficultés. À partir de maintenant nous ne sommes plus qu'à une demi-journée de la Chine et la route est en meilleur état. Nous nous accordons un bain dans une petite rivière et une sieste profonde à l'ombre d'un arbre. Mais notre repos est de courte durée. Nous nous réveillons couverts de sangsues. Les bêtes répugnantes sont tombées de l'arbre et nous pompent allègrement le sang.

– Dix-neuf, vingt, j'ai gagné !

– Non ! c'est moi ! J'avais pas vu celle-là entre mes doigts de pied.

Au briquet, nous brûlons les sangsues. C'est le seul moyen de faire lâcher prise à leurs mâchoires terrifiantes. Nous les baptisons une à une. Avant de subir la peine capitale, elles reçoivent un nom.

– Dracula, Vampira, Sanguinola...

L'autodafé se poursuit devant les enfants du village qui assistent en riant à notre grand méchoui. Eux-mêmes viennent nous montrer leurs chasses du jour. Au bout de longs bâtons effilés, ils ont attrapé des cigales qu'ils piquent directement sur les arbres. Au Laos, quand on entend un chant de cigale s'arrêter subitement, c'est qu'un enfant vient d'alourdir sa brochette.

Quand nous arrivons à Boten, poste frontière sino-laotien,

la nuit est tombée depuis longtemps. La douane est fermée et nous devons attendre le lendemain pour passer. Dans un boui-boui où l'on nous sert du riz gluant, un homme qui parle anglais nous accoste. Il est fonctionnaire au ministère de l'Équipement et fait une tournée dans le nord du pays. Il représente le parfait archétype de l'apparatchik laotien. Comme on en fabriquait du temps de la Guépéou en URSS. Il est à lui seul un traité de désinformation et de langue de bois de teck. Nous lui disons la tendresse que nous nourrissons pour son peuple, l'admiration que nous avons pour les beautés du Laos. Mais cela n'a pas l'air de l'intéresser beaucoup. Il préfère nous dresser un portrait officiel de son pays.

– Vous savez, j'ai fait un voyage à Sydney l'année dernière, je n'ai pas vu beaucoup de différences avec Vientiane en matière de développement.

– Il faudrait que l'Australie fasse attention de ne pas se faire rattraper ! me glisse Alexandre à l'oreille.

– Le Laos est un pays où la démocratie rayonne, continue notre fonctionnaire.

Le disque tourne. La machine est lancée. Quand nous lui demandons ce qu'il pense des feux de jungle, c'est tout juste s'il ne nous répond pas : « Des feux, où ça des feux ? »

Accueillis par des paysans, nous passons la dernière nuit dans un potager en friche. Peut-être sont-ils chinois, ces crapauds qui nous bercent de leurs chants ?

## À TRAVERS LES COLLINES DU YUNNAN, UNE TRAVERSÉE DU SUD DE LA CHINE

### *Sylvain*

– *Farang ?*

Les douaniers laotiens sont sidérés. Le poste de Boten n'existe que depuis 1992 et nous sommes les premiers Occidentaux à le franchir individuellement, sans encadrement officiel.

« Exit ». Après des hésitations et des recours sans fin à leur hiérarchie, les policiers ont fini par poser sur nos passeports le tampon qui scelle notre sortie du pays. Nous roulons à présent dans l'étroit no man's land d'un kilomètre qui sépare les deux pays.

– J'espère qu'ils vont nous laisser entrer.

– De toute façon ils n'ont pas le choix : ils ne peuvent pas nous renvoyer au Laos.

Sitôt passé la borne indiquant le passage en Chine, le sentier raviné et exténuant se mue en une large bande de goudron lisse et bordée d'accotements soignés. Nous allons vite déchanter mais, dans la surprise du moment, nous louons les gouvernants de la Chine populaire et je m'interroge sur les motifs de la colère des étudiants de Tian'anmen qui ont pourtant de si belles routes.

La réaction des militaires chinois en nous voyant arriver est encore plus affolée que celle des Laotiens. Comme si nous menions une opération kamikaze sur leurs installations avec des sacoches remplies d'explosifs, ils nous mettent en joue en criant très fort. Nos gestes pacifiques et nos sourires n'ont pas l'air de les adoucir beaucoup. À vrai dire les Chinois sont perplexes. Faut-il laisser entrer deux cyclistes occidentaux qui voyagent hors de toutes structures d'État ? D'un autre côté comment les refouler alors qu'ils ont un visa en règle et qu'ils ne peuvent pas revenir en arrière ? Nous supposons que ce sont les réflexions de la petite troupe en uniforme qui s'agite autour de nos passeports.

– Regarde, dit Alexandre en me montrant un échiquier posé sur une table : le plus vieux jeu du monde, le jeu de go.

– *What ? Go ? No ! No ! You don't go ! You stay here ! You wait !* nous crie un militaire qui a entendu notre conversation.

– *Open your bike !* poursuit-il, l'air mauvais.

Il « aurait presque l'air mauvais » s'il était possible de déceler une expression sur le visage de cet homme.

– Il doit vouloir fouiller les sacoches.

Les Chinois prennent un grand plaisir à détailler chaque objet qu'ils extraient des sacoches. Nous concevons quelques frayeurs pour le matériel photo et cinématographique mais ils ne prêtent aucune attention à nos appareils.

– *What is this ?*

– *Mao red book !* répond Alexandre en reprenant la bible des mains du douanier.

La fouille s'achève. On nous rend les passeports tamponnés.

– *OK, you go !*

Nous comprenons très vite pourquoi la Chine s'appelle l'Empire du Milieu. En Thaïlande on conduit à gauche, au Laos à droite. En Chine il n'y a pas d'obligation. On roule un peu partout et la plupart du temps en plein milieu de la chaussée. C'est un miracle que réussissent à circuler sans se télescoper ces centaines de vélos, ces camions antiques et ces espèces de machines roulantes bricolées à partir d'un moteur de motoculteur monté sur un châssis.

Dès les premiers kilomètres le contraste des paysages chinois avec ceux du Laos est sidérant. En l'espace de quelques mètres l'environnement s'est radicalement modifié. Les premiers virages nous dévoilent des perspectives immenses de plaines à riz cloisonnées en parcelles ; dans chacun de ces carrés paissent des buffles qui fertilisent le sol. Les collines s'étagent en terrasses rigoureusement alignées en courbe de niveau. La route, elle aussi, longe les courbes maîtresses sur les flancs des coteaux et évite les crêtes pour serpenter sur le socle des plaines. Pas un pouce carré de terrain qui n'ait été agencé. Pas le moindre répit dans l'ordonnancement de la nature. Pas un vide, pas un blanc dont l'homme ne se soit rendu maître et possesseur de la nature. N'est-ce pas là la plus éclatante faillite de toutes les explications déterministes du malheur des hommes ? Faut-il vraiment croire à la fatalité de la terre stérile face au limon, du relief difficile face à la douceur du modelé ? Le fossé de développement qui sépare deux pays ne correspond-il pas plutôt à la différence qui sépare le savoir-faire des uns et l'empirisme balbutiant des autres ? En Chine nous pénétrons dans la civilisation du riz.

Sur notre carte la prochaine ville indiquée s'appelle Mengla.

– Mengla ? demande Alexandre à un cycliste en montrant du doigt le nord.

– Mengla ! confirme le Chinois.

– *How much* kilomètres ? reprend Alex en désignant une borne.

Le Chinois regarde sa montre et lève quatre doigts. En Chine, la distance dans l'espace semble se mesurer en heures de vélo nécessaires à la parcourir. Mais le cours officiel de l'heure de vélo est légèrement inférieur au nôtre et nous arrivons à Mengla en trois heures.

– Alex ! regarde ce que je vois !

– Du Pepsi !

Sur l'étagère d'un comptoir de bistrot s'alignent quelques bouteilles de plastique. Nous essayons d'en obtenir un verre et de demander de la glace. Alors commence à l'heure du satellite et de la communication intersidérale une épopée d'incompréhension. Nous mimons un cube de glace, dessinons un verre rempli de glaçons et montrons du doigt un vieux réfrigérateur de l'époque de Tchang Kaï-chek qui dort dans un coin. Enfin ! l'une des serveuses comprend ; elle sort du restaurant et disparaît dans la rue. Nous attendons confiants. La Chinoise revient trois minutes plus tard avec un verre de lait. Nous nous regardons avec l'expression de deux ethnologues qui doivent demander à un aborigène de leur trouver une pile au lithium pour leur enregistreur. Nous réitérons les explications. Cette fois elle saisit. Elle repart mais revient avec deux verres de glace à l'abricot mêlée de quartiers d'orange, ce qui est délicieux mais ne nous avance pas.

Devant les Chinois nous sommes comme en face de la pierre de Rosette. Incapables d'échanger par les signes la moindre idée. Comme si leur système de pensée, leur mentalité étaient tellement différents des nôtres que nous ne pouvons nous entendre sur les gestes symboliques ni sur les représentations. Prenons l'exemple du riz. C'est sans succès qu'Alexandre tente un soir dans une auberge du Yunnan de demander du riz. Il se lance alors dans une danse explicative, mimant tour à tour la mousson qui arrive et déverse ses eaux, les vaches qui piétinent le champ pour l'aplanir, le paysan qui pique et repique ses plants, la joie de la famille qui reçoit le motoculteur subventionné par l'État, etc. Mais rien n'y fait. Personne ne comprend et nous n'aurons pas de riz. En désespoir de cause, nous décidons d'apprendre le chinois. Mais c'est là que le problème se corse. Il faut en moyenne quinze ans à un Chinois pour apprendre à lire et à écrire. Nous réussissons à retenir une dizaine de phrases essentielles et à mémoriser quelques mots. Mais voilà que dès les premiers kilomètres nous nous apercevons que la prononciation et certains vocables changent d'une vallée à l'autre. Comme aux temps médiévaux où 30 kilomètres de montagne suffisaient à isoler un village du reste de l'univers. Nous avons appris le chinois de Pékin, et on nous répond en dialecte vernaculaire !

Le Yunnan est la plus grande région du sud de la Chine et l'une des moins peuplées. Le sud de la province est couvert de jungles tropicales qui s'accrochent aux collines. C'est la grande nouveauté pour nous. À partir de maintenant nous entrons dans l'univers des montagnes russes.

Pour notre malheur il semble que la route se lance à l'assaut de chaque éminence, pour replonger ensuite. De longues descentes aux lacets serrés nous ramènent dans les vallées et annulent les efforts et le bénéfice de l'ascension. Pendant des heures interminables dans la chaleur humide nous pédalons dans les côtes à un rythme dérisoire.

– Combien sur ton compteur ?

– 6,3 à l'heure.

– C'est bon, on accélère !

La mélancolie nous étreint pendant ces montées car le regard ne peut se porter à plus de 200 mètres. Il est arrêté par le mur d'une montagne ou un rideau d'arbres immenses. Pas de perspectives, pas de dégagements, nul élan du paysage. Et quand enfin le col nous ouvre un horizon, c'est pour voir se perdre dans le lointain des étendues de collines. Nous sommes des poux dans une boîte d'œufs.

– Ça y est ! J'ai crevé.

– Moi aussi ! répond Alex.

Nous venons de sentir notre pneu arrière se transformer en roue de plomb. Mais en fait nous n'avons pas crevé. C'est le goudron qui fond sous la chaleur, dès qu'une trouée dans les frondaisons laisse le soleil frapper la route. Nos pneus s'y enfoncent comme dans une glu molle.

– Il ne manquait plus que ça ! grommelle Alex. Du goudron Mao !

C'est ainsi qu'il appelle ce revêtement constitué d'une nappe d'huile de vidange épandue sur des graviers tassés.

– J'ai lu dans le guide que des tigres vivent dans la région. En 1986, des Américains qui attendaient un bus se sont fait dévorer.

– C'est bien, si le tigre marche sur ce goudron pourri, il s'en foutra plein les pattes. On aura une chance de lui échapper.

Pendant ces journées monotones, nous ne rencontrons pas une seule habitation. Personne n'entend nos jurons quand tout à coup la pente se redresse un peu plus et fait tomber la moyenne à 4 kilomètres à l'heure.

Il reste dans le Yunnan quelques villages de bois. Ils font figure de vestiges. On ne sait pas trop quelle grâce les a protégés de la révolution culturelle. Ils tiennent vaillamment debout, comme des reliques du temps où la Chine vivait encore dans les ténèbres. Quelques toits aux tuiles de bois dont les extrémités se recourbent comme un pétale, des potagers encadrés par des maisons de pierre et de planches, c'est le profil du village traditionnel de la région. Quelques ethnies vivent encore dans ces paysages sauvages. Le Yunnan est connu pour abriter les dernières tribus authentiques de la Chine séculaire.

*Simao, vendredi 15 avril 1994*

Alexandre est malade. Une fièvre tropicale le cloue au lit depuis deux jours. Il se repose dans un petit hôtel au milieu de la ville. Simao est une grosse agglomération située à 300 kilomètres au sud de Kunming, la capitale du Yunnan. Pendant qu'Alex cuve son mal, je roule au hasard des rues sales et tristes. Je me fonds au flux des cyclistes qui s'écoule comme un torrent d'acier quand le feu passe au vert. Et soudain je rencontre Sylvie.

Sylvie est une jeune Chinoise qui enseigne le français et l'anglais à l'université de Simao. Dans un petit restaurant, elle m'a adressé la parole en français. Elle m'a expliqué son amour de la France, la difficulté qu'elle trouve à se procurer des livres, la misère de sa vie de fonctionnaire... Sylvie s'occupe de nous.

– Tiens, Alex, Sylvie t'a acheté des antibiotiques.

– Ça alors ! Nous qui n'avons même pas pu trouver la pharmacie !

Quand Alexandre est rétabli, nous allons rendre visite à Sylvie. Les professeurs sont des privilégiés. Ils habitent des logements de fonction. Celui de Sylvie mesure vingt-cinq mètres carrés. Elle y vit avec son mari et l'enfant que la planification lui a permis d'avoir.

– Venez, je vais vous montrer ma bibliothèque.

Sur la tranche de quelques livres posés sur une étagère nous lisons Vian, Colette et Michaux.

– Sylvie, pouvez-vous nous prêter vos Colette pour notre dernière journée à Simao ?

Nous nous gorgeons des pages de Claudine, des chats angoras, des thés au citron de l'avenue Marceau et des salons cossus pleins de secrets de jeunes filles. Drôle de lecture qui fleure la violette au milieu des carrefours lugubres de Simao. Nous quittons la pauvre Sylvie, en larmes dans son réduit de béton. Nous quittons cette ville sans âme.

La ville de Pu'er est la prochaine étape. C'est là que nous devons quitter la route principale et prendre un itinéraire secondaire pour rejoindre Xiaguan. Assis autour d'une soupe aux nouilles à la terrasse d'un café nous regardons les routes se séparer à la croisée des chemins.

Depuis que nous sommes entrés dans le Yunnan notre régime n'a pas changé. Soupe aux nouilles matin, midi et soir.

Le rituel de la soupe aux nouilles s'achève toujours par un superbe crachat. C'est une autre particularité des Chinois que de cracher sans cesse et en tout lieu. Comme s'ils étaient atteints de bronchite chronique. La Chine est un crachoir. Vieux, jeunes, enfants, paysans ou mandarins, tous ajoutent au concert de l'expectoration leur note personnelle. Parfois une jolie jeune femme à la taille bien prise s'approche de vous avec un petit chapeau à fleur. Vous vous apprêtez à lui faire un compliment : « Mademoiselle, on vous croirait sortie d'une estampe. » Mais elle vient couper tous vos effets en envoyant s'écraser entre vos pieds un énorme glaviot. Peu importe l'endroit. On crache où on se trouve. Au bureau, au restaurant, chez soi ou dans la rue. Et sur les sols souillés, les glaires répandues dessinent les constellations de ce nouveau pays : l'Empire du mollard.

Nous laissons Pu'er derrière nous et nous pédalons vers le Mékong. La route, avant de regagner le sommet d'une colline, traverse parfois quelques vallées agricoles à fond plat. Elles serpentent entre des dômes granitiques gigantesques. Les Chinois sont arrivés à un tel degré de perfection dans le façonnement de leurs terrasses qu'ils réussissent à rendre l'aménagement anthropique plus beau que les primes formes naturelles. Les rizières s'étagent en minutieux escaliers. Les parcelles sont minuscules, deux mètres de large pour quinze de long, séparées par un petit bourrelet de terre. Un système compliqué entretient un perpétuel mouvement de l'eau dans chaque cloison. De lourdes norias tournent comme des manèges de bois et approvisionnent les canaux d'irrigation.

Le goudron nous a abandonnés depuis longtemps. Nous roulons sur une piste ravinée par les pluies et le passage des camions.

– J'aimais encore mieux le goudron fondu que la plaie de ces ornières et de ces trous ! hoquette Alexandre en tressautant sur les cahots.

– À mon avis on peut dire adieu au macadam au moins jusqu'à Xiaguan. J'ai lu que la France possède en valeur absolue dix fois plus de routes goudronnées que la Chine.

– Pas étonnant, ici le goudron est dans la tête des dirigeants, fondu comme une chape de mélasse dans le cerveau des vieillards de Pékin.

Nous arrivons en vue de la grande ville de Jinggu, poussée comme un furoncle au milieu d'une large vallée. Quand nous atteignons les premiers bâtiments, une rumeur nous arrive aux oreilles qui se précise comme nous avançons. Ce sont des haut-parleurs accrochés aux poteaux électriques qui débitent des discours et des harangues.

– *Please come with me ! Come ! Come !*

L'homme qui nous apostrophe est le professeur d'anglais du lycée de Jinggu. Il s'appelle Deng. Il nous a aperçus dans la rue et veut nous inviter à dîner. Il nous emmène dans le restaurant gouvernemental.

– *You will taste this delicious speciality !* dit-il au moment où l'on nous apporte une fricassée d'abeilles.

Les insectes sont grillés entiers et servis comme un tas de corn flakes. On sent un arrière-goût de miel ou de caramel comme si on les avait fait revenir dans le pollen encore accroché à leurs pattes. Nous passons la nuit chez Deng.

– *Now I show you the city,* nous annonce-t-il, le lendemain.

La statue de la liberté, la place des Travailleurs, la caserne, le bâtiment des télécommunications avec sa tour de béton de vingt-sept mètres cinquante, la centrale électrique, la gare de triage, etc. Nous ne manquons pas une seule des curiosités de Jinggu.

– Et ce monument là-bas, Deng ?

– C'est un temple !

C'est un des derniers vestiges de l'ethnie des Dhaï. Le temple se compose d'un édifice religieux entouré d'arcades et surmonté d'un toit de pagode. À l'écart, dans une masure plus sommaire, une salle commune réunit les fidèles qui mangent le riz, boivent et fument leur pipe à eau. Dans le jardin, un stupa de pierre sert de soutien à un arbre géant qui y a enfoncé ses racines comme dans ces statues d'Angkor mangées par la jungle. Une forêt de tissus imprimés pend des charpentes du temple. Des vieux bonzes aussi rigides que des reliques marmonnent des prières pendant que les femmes déposent leurs offrandes autour d'eux, dans des paniers d'osier.

Tout à coup un bruit de cymbales dans le jardin donne le signal d'une grande ronde. Moines et fidèles entament des danses effrénées au son des tambours, des gongs miniatures et des percussions métalliques. Alors que nous regardons, ébahis, le spectacle, vélo à la main, on nous flanque deux énormes tambours oblongs dans les mains et on nous précipite au milieu du cercle. La fête religieuse devient un spectacle grotesque. Comme deux diables, nous dansons en tentant de suivre désespérément le rythme des gongs que les musiciens accélèrent malicieusement. Deng nous apprend que c'est la fête de l'Eau aujourd'hui.

En Chine, une fois par an, une vieille tradition païenne veut que l'on commémore le renouveau des saisons en se lançant de l'eau. Ainsi, chaque année, vers la mi-avril, un milliard de Chinois se munissent-ils de récipients. Pendant trois jours le pays entier s'asperge. Nous nous apprêtons à vivre quelques heures très humides. La fête du temple dhaï n'était autre que le coup d'envoi de ces réjouissances aquatiques.

Nous avons quitté le temple et nous essayons de gagner la sortie de Jinggu. Mais des centaines de Chinois, à leurs balcons, guettent le moment où nous passons à leur portée. Trop contents de pouvoir viser des cibles aussi exotiques et inhabituelles que deux cyclistes occidentaux. Des cataractes jaillissent des immeubles. Partout des Chinois hilares nous déversent le contenu de leurs seaux sur la tête. Nous sommes les premiers Français à avoir pédalé sous les chutes du Niagara.

– Attention à gauche !

Alexandre n'a pas pu éviter la gerbe d'eau qui s'abat sur lui. Deux Chinois s'étouffent de rire en tenant une baignoire vide.

– Il faut absolument sortir de ce merdier, je commence à me sentir mouillé ! me crie-t-il en essuyant une tornade.

Nous pédalons hors de la ville. Complètement étourdis par le fracas des trombes d'eau et les cris des Chinois, nous nous retrouvons dans une campagne déserte. Nous prenons la route de Lincang. À chaque village traversé, le rituel recommence. Du plus loin qu'ils nous voient arriver, les habitants cessent de s'arroser et, dans une unanimité parfaite, ils courent recharger leurs munitions. Quand nous passons devant eux, c'est le déchaînement général. Les paquets d'eau sont parfois si violents qu'ils nous désarçonnent.

– Quand je pense que dans deux mois on va se taper la mousson !

– Sylvain, il faut réagir ! rage Alexandre, jeté à plat ventre dans une mare d'eau sale.

Munis de nos ridicules bidons de soixante-quinze centilitres nous donnons l'assaut. En face de nous une quinzaine de Chinois.

Ils possèdent quelques lourdes pièces d'artillerie et notamment une énorme cuve à bière dont nous recevons le contenu de plein fouet. Nous battons en retraite.

– J'ai vidé mon bidon.

– Moi aussi.

– L'honneur est sauf !

La situation devient préoccupante. Nous ne comptons plus les voies d'eau qui se déclarent dans nos sacoches. Alexandre encore sous la fatigue de sa fièvre se passerait volontiers de subir un déluge toutes les heures.

Pendant ce jour maudit où nous essayons d'éviter la fête de l'Eau, nous vivons vingt-quatre heures d'égarements avant de revenir sur nos pas, désespérés de n'avoir pas pu nous faire indiquer notre route.

Sur la piste qui mène à Lincang à travers les collines, dans un bistrot du bord de route, dort un antique billard. Sans doute un vieux vestige légué par quelque garnison anglaise. La feutrine est aussi trouée que la route, les cannes sont brisées, les balles semblent carrées mais le spectacle de ces Chinois aux gueules cassées, penchés autour du billard avec des airs de gentlemen avertis, est étonnant.

Nous retrouvons le Mékong. Cette fois nous le franchissons sur un pont de pierre. La route traverse des systèmes orographiques complexes. Les vallées étroites s'imbriquent entre les collines. À chaque col se développent à perte de vue les mêmes panoramas. Le problème de ce pays, c'est le gigantisme. La dramatique immensité. Nous pédalons farouchement toute la journée, et le soir à la halte nous mesurons la nullité du chemin parcouru.

Mais où sont, dans cette Chine que l'on dit plurimillénaire, les marques de la civilisation ? Pourquoi dans ce Yunnan démesuré n'y a-t-il que des étendues de forêts et pas le moindre vestige d'une époque antique ? Nous a-t-on trompés ? L'Empire ne serait-il en fin de compte qu'une civilisation sclérosée capable de ne produire qu'une Cité interdite et une muraille pour se fermer du monde ?

Les maoïstes des années soixante-dix ont-ils tellement accompagné le chant de leurs lendemains à coups de masse qu'il ne reste plus rien du passé ? Plus vraisemblablement, le Yunnan paraît une province trop reculée pour qu'on tire en la traversant des conclusions sur le reste du pays. Ce que nous voyons c'est la jungle de la Chine et des Chinois. Comment comparer le Jingo qui ne sait même pas le nom de son village et le négociant de Shanghai qui vit sur la côte est ? Nous avons de la Chine une vision partielle. Le Yunnan est le vilain petit canard laqué de la Chine.

*Lincang, jeudi 21 avril 1994*

– Tu dors ?

– Ça va pas non ? Comment veux-tu dormir avec ce boucan ?

– Est-ce qu'on a déjà rencontré un peuple aussi bruyant ?

– Les Thaïs n'étaient pas mauvais. Mais il leur arrivait de dormir. Tandis que ces Chinois je ne sais pas s'ils ferment l'œil une seconde !

Il est deux heures du matin, nous discutons dans le petit hôtel de Lincang. Hier un marché aux fruits et aux légumes s'est tenu sous nos fenêtres jusqu'à fort tard dans la nuit. Des centaines de Chinois allaient et venaient en criant au milieu des paniers d'osier, des étals pleins à craquer et des poules en liberté. Comme une panne d'électricité venait de se déclarer, c'est la lune qui éclairait ce grand foutoir.

Après le marché, des Chinois sont venus dans les chambres attenantes à la nôtre. Ils ont entrepris une partie de ce jeu qui, tous les soirs, nous tient éveillés malgré nous : il s'agit de faire des signes avec la main devant son partenaire un peu comme ce jeu d'Europe où le puits l'emporte sur le ciseau qui l'emporte sur la feuille... Mais les Chinois accompagnent chaque geste par des hurlements de guerriers. Et chaque victoire de l'un ou de l'autre des joueurs est saluée par des explosions de rires. Il n'est pas une nuit passée dans des villages ou des villes du Yunnan où nous n'ayons entendu des cris, des rires, des conversations, une foule de bruits trahissant des activités incongrues à des heures si tardives.

– Ces gens ne dorment jamais ! en avons-nous conclu sous le coup de la fureur.

– Au moins, ajoute Alex, s'ils fumaient l'opium, tout le monde serait défoncé à neuf heures du soir et on pourrait dormir en paix.

Et pour combler notre exaspération, il se trouve toujours un Chinois pour nous réveiller consciencieusement quand par miracle, vers quatre ou cinq heures du matin, nous avons enfin trouvé le sommeil. L'autre jour dans le hameau de Mango où des paysans nous ont reçus, un chuchotement nous parvient dans la chambre où nous dormons.

– *Sué ! Sué !* murmure un vieux Chinois ridé en nous secouant.

– *Sué* ? Comment ? Quoi ? Qu'est-ce qu'il dit ?

– *Sué,* ça veut dire l'eau.

– Pourquoi il nous parle d'eau à trois heures du matin ?

– Écoute, Sylvain ! Il pleut !

Sur le toit de la ferme on entend les gouttes qui s'écrasent.

– *Sué ! Sué !*

Le vieux Chinois nous a réveillés pour nous dire qu'il s'était mis à pleuvoir...

– Merci, mon vieux ! *Good night.*

Ce matin à Lincang, une musique dans la rue nous sort du lit à l'aube. Nous ouvrons la fenêtre. Une mélodie à trois temps s'engouffre dans la chambre. Sur le parking que domine l'hôtel, une trentaine de Chinois s'entraînent à danser la valse sous la conduite d'un professeur. Des haut-parleurs habituellement utilisés pour la propagande diffusent la musique.

Accompagnés par *Le Beau Danube bleu,* nous prenons notre première douche depuis quinze jours et bénissons la tenancière de l'hôtel qui a eu cette idée exclusive dans le Yunnan d'installer un pommeau à son robinet.

Xiaguan approche. Le relief a changé. Les bosselures ont laissé place à la vraie montagne. Les voilà passés, ces dômes maudits, entaillés d'échancrures étroites. À présent des sommets de 3 000 mètres apparaissent, longés par de grandes vallées. Des cours d'eau puissants y ont creusé de larges lits. Les routes y passent au fond et ne décrivent plus ces sinuosités tortueuses propres aux régions de collines.

– Alex, pince-moi !

– Non ! c'est bien vrai ! Alléluia !

À 200 mètres de nous la route est à nouveau goudronnée. Le bon vieux macadam que nous aimons tant nous attend pour ronronner sous nos pneus. Hélas, nos réjouissances sont de courte durée. La piste réapparaît quelques centaines de mètres plus loin. Mais ne décourageons pas les générations à venir sur ces routes. Des centaines d'ouvriers s'occupent à refaire la piste. Accroupis sous leurs chapeaux, certains placent un par un, à la main, des galets ronds que d'autres taillent dans la montagne. C'est le miracle de la Chine : ces hommes qui construisent les routes de l'an 2000 avec les techniques du Moyen Âge. Que deviendra la Chine le jour où ces millions de travailleurs des champs et des routes se verront remplacés par des machines ? Quand la Chine s'éveillera à la mécanisation, le cauchemar commencera.

– C'est encore lui !

– Salut à toi, Lancang-Jiang.

Notre chassé-croisé avec le Mékong se poursuit. Nous le rencontrons après avoir descendu pendant une demi-journée le long de l'un de ses affluents à la couleur caramel. Quand le petit cours d'eau se jette dans le fleuve mythique, ses eaux sales et brunâtres pénètrent les eaux vertes et claires du Mékong. Comme la veine d'un minéral impur dans un écrin de jade.

La crête d'une montagne a avalé le soleil. La nuit se flanque sur Xiaguan. Comme un avion en approche nous descendons en décrivant de larges boucles vers les lumières de la ville. Xiaguan est une petite ville secondaire chinoise de quelques millions d'habitants ! Pas plus intéressante que toutes les autres agglomérations du Yunnan. Pour toutes curiosités, Xiaguan ne laisse à voir que la sinistre perspective de ses avenues bordées d'immeubles lépreux. Xiaguan est le prototype de ce genre de cité où le réflexe le plus sain consiste à chercher la sortie sitôt qu'on est entré. Mais pour l'instant l'urgence est de trouver un hôpital. Des mycoses purulentes ont envahi mes cuisses. Les champignons pourrissent ma peau comme un vieux lichen.

– Il faudrait trouver de l'iode, me conseille Alexandre.

Mais chercher de l'iode dans une ville chinoise est un combat désespéré.

– On aura plus vite fait de trouver l'hôpital. C'est plus gros qu'un flacon d'iode !

Les photos appartiennent à la collection des auteurs.

Une discipline quotidienne : écrire
le journal de bord, qui a servi de base au livre.

Acrobates à leurs heures,
Alexandre et Sylvain ne peuvent s'empêcher
d'escalader tout ce qui s'y prête, monuments
ou montagnes... Ici à l'entrée de Bangkok.

Partout des enfants les suivent. Soit qu'ils pourchassent les vélos en meutes,
soit qu'ils soient fascinés par le spectacle de musique et de jonglerie de Sylvain et Alexandre.

Une maison fortifiée en ruine du désert saharien, après Agadir. Tous les soirs,
Alexandre et Sylvain plantent le drapeau français à côté de la tente pour se sentir un peu chez eux…

L'île de Pâques. Sur un piédestal, un intrus a détrôné les anciennes idoles…

Le féerique lac de Rawu en plein cœur du Tibet
récompense des centaines de kilomètres en montée.

Changer une roue sous le soleil, en plein milieu du désert du Baloutchistan, une des petites galères quotidiennes.

La fête de l'eau en Chine : pendant plusieurs semaines, tout le monde s'arrose à qui mieux mieux. Et les vélos sont une cible de choix.

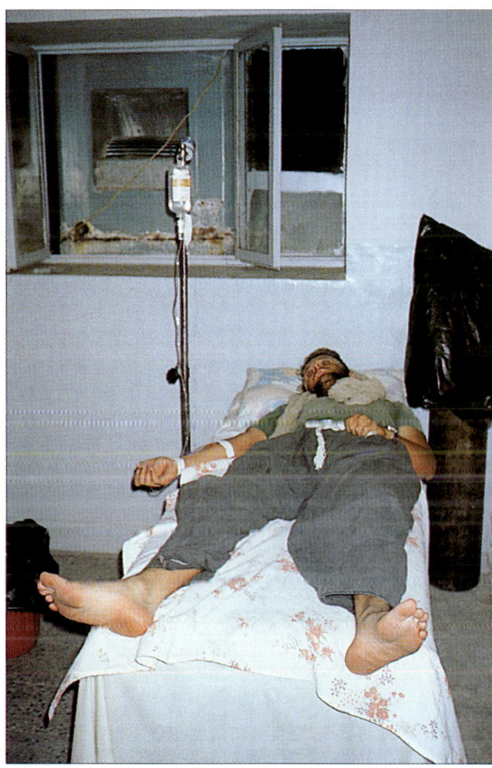

*Ci-dessus*. Une tempête
de neige dans le Kham.
En arrivant à bout de forces
en haut du col,
Sylvain a vu des crocodiles
dans la neige !

*Ci-contre*. Alexandre terrassé
par une hépatite E.
Il s'en est guéri
grâce à la recette étonnante
d'une vieille femme :
manger un kilo de miel par jour !

Cultures de l'orge en terrasses au sud de la Chine.

Pendant trois heures nous interrogeons des dizaines de Chinois. Nous dessinons la croix des hôpitaux, nous sortons même de notre lexique l'idéogramme correspondant. Nous mimons les ambulances qui viennent chercher un malade à l'agonie. Mais personne ne comprend ce que nous demandons et nul n'est capable de nous indiquer l'endroit. Nous avons atteint les sommets de l'incommunicabilité. Nous finissons par trouver nous-mêmes ce que nous cherchons. L'hôpital se dresse dans un quartier administratif de la ville. Mais ce que nous en voyons nous donne l'envie d'aller chercher de l'iode ailleurs.

Dans le grand hall d'entrée qui n'est pas gardé et où nous entrons à vélo, un groupe de Chinois se livre au son d'un transistor à une séance de gymnastique. Nous roulons dans les couloirs à la recherche d'une blouse blanche. Mais l'hôpital est désert. Parfois une porte entrebâillée nous laisse voir une chambre de malade délabrée et insalubre où un mourant râle et gémit couvert d'immondices. C'est la dernière chose à faire que de tomber malade en Chine populaire.

Nous finissons par trouver un médecin. Il parle anglais et m'ausculte rapidement. Son diagnostic tombe en même temps que l'aveu de son incompétence. Il m'explique que j'ai une allergie au pollen alors que je souffre de mycoses irritantes. Il fait partie de ces médecins chinois formés en trois ans dans les campagnes. Malheureusement les mycoses devaient être au programme de la quatrième année.

Exténués, nous n'avons même pas la force de sortir de l'hôpital pour trouver un gîte. Nous installons nos duvets dans la salle des chaudières et nous nous écroulons de sommeil.

– Réveille-toi, cela devient grave !

– Hein, quoi ?

J'émerge péniblement de mon sac de couchage.

– Alex, je suis aveugle !

– Mais non, c'est la vapeur ! La chaudière s'est mise en marche. Les soupapes sont ouvertes !

– Il faut dégager.

Un bruit terrifiant emplit la pièce. Voilà que des geysers fusent de toutes parts. Le niveau monte dans la pièce. Une sirène retentit. On tambourine à la porte que nous avions fermée hier. La vapeur brûlante nous asphyxie. Dans un demi-sommeil, empêtrés dans nos sacs de couchage, au milieu d'une tempête de chaudière, nous vivons un réveil difficile. Je parviens à ouvrir la porte. Une infirmière vociférante entre comme un dragon dans notre sauna et se précipite sur les robinets des vannes qu'elle parvient à fermer. Les volutes de fumée se dissipent. Ce que nous voyons dans l'embrasure de la porte dépasse le cauchemar. Apparaissent alors, massés sur le seuil, des dizaines de Chinois au visage furieux brandissant des thermos et nous criant des insultes. Ils attendent de pouvoir se ravitailler à la chaudière en eau chaude pour faire leur thé du matin. C'est comme si nous avions dormi dans la théière. En caleçon, sac de couchage dans une main et vélo dans l'autre nous marchons à petits pas dans les couloirs, en reprenant nos esprits. Mais nous ne sommes pas au bout de nos étonnements. Voilà que vient de surgir dans le grand hall une énorme charrette à bœufs, remplie de casseroles. Depuis les couloirs, des files de malades convergent vers elle. Chacun tient une gamelle. Ceux qui n'ont plus de bras la tiennent entre les dents. Ceux qui sont valides en portent deux ou trois pour ceux qui n'ont plus de jambes. C'est l'heure de la soupe. Nous nous intégrons à la queue et recevons une portion de riz et de ragoût. Accoudés à nos vélos, nous mangeons notre ration entourés de dizaines d'éclopés qui mastiquent en silence leur part du festin. Nous quittons ce radeau de la *Méduse* sans nous retourner.

# DE XIAGUAN À LHASSA

*Alexandre*

Nous filons vers Dali, la fameuse ville touristique sur le bord du lac de Xiaguan, où nous pourrons téléphoner une dernière fois ! Véritable spot parcouru de clowns ethniques multicolores, professionnels de l'authenticité en costume traditionnel, la ville historique épargnée par la révolution culturelle nous fait songer à Disneyland avec ses alignements de petites maisons de poupée proprettes, ripolinées au bon goût chinois du plus pur style fluo-paillettes. Tous les charters du Yunnan et du Sichuan-bannah font escale par ici. On y parque les ethnies et les touristes, deux espèces « nuisibles » pour le régime, afin qu'elles se crêpent le chignon sous le regard méprisant de leurs « maquereaux » chinois.

En grosses lettres latines, chose rarissime en Chine, l'enseigne du bar qu'on nous avait indiqué à Xiaguan jure au milieu des chinoiseries : *Le Jacky*. Le tenancier chinois de Hongkong parle un anglais impeccable. Il nous dresse un tableau noir. Très noir. Sa voix haut perchée grince comme une craie contrariée. À 50 kilomètres au nord, il neige ; des escarmouches entre les Chinois et des rebelles bloquent la route vers Deqûen (prononcer Deutchen), après ce sont les cols enneigés qui s'en chargent. La route vers Lhassa, appelée « route de la mort » par l'armée chinoise qui y a perdu plusieurs dizaines de milliers d'hommes dans de furieuses embuscades, n'est pas encore rouverte. Le bus qui passe une fois par semaine n'a pas encore repris ses rotations ; quant aux camionneurs, ils sont passibles d'emprisonnement s'ils chargent des Occidentaux.

Tout chez lui est fendu, bridé, sauf le rire ! Il poursuit :

– Il vous faut une autorisation spéciale que vous devez aller chercher à Chengdu, hi ! hi ! hi ! [600 kilomètres au nord de notre route], mais la route de Chengdu est fermée, hi ! hi ! hi ! Vous devrez donc passer par Chongqing, hi ! hi ! hi ! [1 000 kilomètres au nord-est de Xiaguan]. D'autre part, les autorisations ne sont jamais délivrées à des gens qui ne voyagent pas en bus. Le mieux c'est de retourner à Kunming prendre l'avion pour Lhassa !

– Ils commencent à m'énerver tous, avec leurs avions ! ronchonne Sylvain.

En un autre temps, entre 1914 et 1923, Alexandra David-Neel, exploratrice orientaliste, fut refoulée quatre fois par les Chinois, les Anglais et les Tibétains eux-mêmes, avant de pouvoir entrer au Tibet en revêtant les oripeaux d'une mendiante pérégrinant jusqu'à Lhassa. Le seul passage qu'elle ait trouvé fut le Kham, parce que la région échappait à tout contrôle. Il y rôdait des « brigands-gentlemen », des cavaliers redoutables, mais aussi des anthropophages...

Le contournement de la Birmanie, que nous avons entrepris depuis le nord de la Thaïlande, nous mène vers le Toit du monde, vaste éponge sédimentaire d'altitude, drainée par des fleuves qui nourrissent plus du tiers de la planète : toute la Chine et le sous-continent indien. Dans le Kham ces vallées se côtoient en rang serré avant de diverger dans des plaines allant du nord de la Chine au Pakistan. On a surnommé cette région la « barrière des fleuves parallèles ». Fleuves verts, rouges, jaunes, bleus, ils véhiculent toutes les couleurs du Tibet et déclinent la palette multicolore de ses trésors géologiques. Leurs vallées, profondes de 4 000 mètres à 6 000 mètres, sont parallèles dans un axe nord-sud, et nous avons la prétention d'aller vers l'ouest !

Cette fois-ci nous sommes au pied des murs ! Des vrais ! Nous nous réjouissons ! Le Tibet est à la clé ! Nous passerons coûte que coûte mais nous passerons ! Jamais nous n'avons fait machine arrière.

Aujourd'hui jeudi 21 avril, j'apprends que le bébé de ma sœur va naître dimanche. Mon père a pu m'annoncer la nouvelle par miracle grâce à un téléphone spécialement installé pour les étrangers égarés en ce bout du monde. Bettina Schreiber, *guest manager* de l'Holiday Inn de Lhassa, est prévenue de notre venue et nous attend de pied ferme. Ma sœur Virginie se porte comme un charme. Toutes mes épreuves sont abolies par ces petites impulsions électriques françaises qui parlent dans de la bakélite chinoise. Ce sera un petit taureau, comme Sylvain et moi-même ! Une nièce ou un neveu ? Je n'aurai la réponse qu'à Lhassa.

Nous faisons un rapide calcul : 1 600 kilomètres nous séparent de la capitale tibétaine. Il nous reste vingt jours de validité de visa. Nous devrons donc faire 80 kilomètres de moyenne par jour sur la route la plus impraticable et la plus sauvage du monde !

Sylvain appelle sa mère et tombe sur Gaston, le fidèle collaborateur, qui nous apprend qu'elle est à Madagascar pour un congrès de médecins. Pas de chance ! Plein de ressources, cet ange gardien tente de la joindre sur une autre ligne à son hôtel d'Antananarivo. Dommage ! Elle vient de sortir. Il laisse un message ; nous lui laissons le numéro du *Jacky,* lui certifions, pour le rassurer sur notre itinéraire, que nous serons à Lhassa le 10 mai sans faute, et raccrochons en songeant que le cher homme, virtuose du téléphone et de la gestion du temps, détient notre dernière trace entre ses mains. Nous venons de quitter *Le Jacky* quand le tenancier hilare nous rattrape.

– *Phone for you !*

La standardiste malgache a couru dans la rue pour rattraper la mère de Sylvain, qui a aussitôt appelé Gaston, qui dans la seconde appelait *Le Jacky* dont le tenancier se lançait à notre poursuite. Une seconde d'éternité, improbable connexion. Gaston le grand ordinateur, à Paris, inverse ses deux écouteurs, rassemble ces deux bouts du monde, noue l'impossible épissure : Sylvain parle à sa mère.

– Je serai à Lhassa.

C'est tout. La communication est coupée. Tout est dit. Quatre mots qui nous feront déplacer les montagnes. La foi nous portera, la certitude de la savoir au rendez-vous aplanira les difficultés.

### *Vendredi 22 avril 1994 : 195e jour, 97 km. T : 12 188 km*

C'est le jour du grand bond en avant. La Chine ne nous intéresse plus. Le Tibet nous obsède. Notre cœur se trempe déjà dans les cieux. Deux routes s'offrent à nous. Celle de droite : Likiang et Chengdu, c'est le passage obligatoire, l'autorisation et les démarches administratives kafkaïennes, et celle de gauche : de Zhongdian à Markham, la clandestine, l'interdite et la périlleuse. L'une d'elles contient la clef du Tibet. Nous choisissons celle de gauche, la route de l'ombre, des cols et des grands fleuves encaissés.

Contre toute attente nous amorçons à contrecœur une descente sans fin sur un versant de sapins. Lacets noués, boucles, escarboucles, où cela peut-il bien mener ? Le Yangzi Jiang ! Le nom résonne comme une salve de canonnière. Il se repose à nos pieds, le grand fleuve bleu. Sa course folle à travers les défilés lui a fichu la jaunisse ! Bleu et jaune, le Yangzi Jiang est vert. Il est encore glaciaire, il n'a pas eu le temps de se charger des limons des plaines du Sichuan. Aucune navigation ne vient troubler la surface de ce miroir roulant dans lequel se reflètent, impassibles, nos trois premiers sommets enneigés. Dans ce fond de vallée, nous sommes redescendus à 1 000 mètres d'altitude, mais c'en est fini des chaleurs tropicales du Yunnan. Les cerisiers sont en fleur, les arbres bourgeonnent d'un vert céladon : c'est le printemps ! Dans les descentes nous sommes obligés de revêtir nos fourrures polaires. Une superbe arche de béton d'architecture stalinienne nous projette de l'autre côté du fleuve, et nous entamons hardiment notre première montée vers le Tibet.

Au fil de l'ascension nous remontons le temps vers l'hiver. Ici les saisons sont fonction de l'altitude. Les bourgeons se rétractent peu à peu, les feuilles se fripent et se raréfient, les conifères apparaissent. Pour la première fois les mètres nous semblent gagnés sur la gravité. Illusion ! Après avoir grimpé tout l'après-midi le long d'un torrent tumultueux se rétractant en petit ru, nous débouchons dans la froide grisaille d'un plateau d'altitude. Nous sommes à 3 600 mètres, nous avons avalé 2 600 mètres de dénivelé ! L'herbe est brune et couchée, la neige a dû fondre récemment. Un vent glacial peigne cette pénéplaine encore engourdie pour la préparer à ses noces annuelles avec le printemps attardé en contrebas ; les maisons trapues aux toits aplatis par le ciel se resserrent les unes aux autres pour se tenir chaud. Première urgence, trouver des vêtements adéquats ! 40 kilomètres avant Zhongdian, une auberge de camionneurs nous accueille avec des galettes de maïs. Tiens ! Les baguettes ne sont plus en bambou mais en pin, c'est un signe !

Une télévision d'un autre âge, grosse comme un frigidaire, diffuse un polar franco-italien bas de gamme des années soixante-dix. Marie Laforêt et François Périer, jacassant en chinois, envahissent aussitôt le taudis sombre et glacial où nous nous réchauffons autour d'un brasero.

Le plafond est bas et lourd lorsque nous rallions Zhongdian, le lendemain.

Nous consacrons la journée à changer de l'argent, à acheter

des vêtements, des vivres de survie, et trouver discrètement des cartes sur la suite de notre itinéraire. « Ah ! que c'est compliqué de voyager en Chine ! » s'exclamait déjà Alexandra David-Neel. Rien n'a changé. L'énergie que nous déployons pour parvenir à nos fins dans les plus brefs délais subjugue les Tibétains habitués à se contenter de rien, et mécontente les Chinois satisfaits de tout.

Dans un surplus militaire, Sylvain tente en vain d'expliquer au vendeur que, avant d'acheter un pantalon, il faut essayer plusieurs tailles. Le petit Chinois, quant à lui, soutient mordicus que le pantalon militaire molletonné qui arrive sous le mollet des jambes interminables de Sylvain lui sied à ravir. Normal : il n'y a qu'une taille ! Même drame pour les cirés noirs, les pulls, les collants et les gants. Ne rien demander, tout accepter, n'avoir aucun besoin, aucun désir, voilà notre salut !

Plus frileux que Sylvain, et pourvu d'un sac de couchage un peu moins chaud, j'achète sur le dos d'un berger un manteau en peau de yack du meilleur effet. Nous sommes tous deux ravis ! Cela semble plus simple avec les Tibétains ! Sur un marché nous trouvons du pemmican de yack, du porc séché en sachet, des soupes aux nouilles déshydratées, et un ersatz de chocolat. Nous sommes presques parés ! Un détail : l'itinéraire ! Au *Lhassa Café,* point de convergence de tous les baroudeurs étrangers, nous recopions à main levée des cartes détaillées.

Ces relevés d'un trait approximatif, sur lesquels nous faisons écrire en chinois et en tibétain les étapes, les cols et les montagnes, ressemblent à ces visages que Jean Cocteau croquait d'un trait continu ; les cartes sont les visages des pays lointains.

Zhongdian est le bout de la Chine. Terminus, tout le monde descend ! La route qui s'en échappe vers le nord n'est pratiquée que par les militaires et les camions tibétains. Les cols sont encore fermés, l'autorisation est indispensable, nous risquons l'expulsion et la confiscation de tous nos biens. Tous ces épouvantails nous semblent abstraits. Le compte à rebours est enclenché, nous devons être dans dix-sept jours à Lhassa. Nous avons fait nôtre la célèbre phrase de Guillaume d'Orange : « Point n'est besoin d'espérer pour entreprendre, et de réussir pour persévérer », le terrain ne ment pas, lui !

Nous sommes retombés au printemps. Il nous a suffi pour cela de redescendre en amont du Yangzi Jiang encaissé dans une vallée coupée à la hache millénaire. Altitude : 1 200 mètres. Notre folle ascension d'hier n'était pas acquise, rien ne nous est dorénavant acquis.

Nous traversons et remontons le cours du fleuve tout l'après-midi dans des gorges où dévalent des torrents glaciaires qui mordent notre piste. Le Yangzi se love, vipérin, entre deux colosses minéraux, puis fait un long repli, puis tâche à faire un saut contre les parois qui le domptent. Apaisé, il disparaît enfin dans un orbe. Toute la lumière du ciel prise au piège se concentre au fond de cette feuillure du monde. Les pierres éclatent sèchement sous le soleil aveuglant. Nous ne voyons plus rien dans les zones d'ombre et la rumeur du torrent nous assourdit bientôt. Il n'y a rien à faire dans ces entrailles de la terre qu'à lever les yeux au ciel et chercher le prochain col.

Chaque lacet délacé nous révèle un panorama sans cesse plus grandiose, en amplifie la majesté. L'élévation magnifie tout ! La conquête du col est une inspiration profonde avant l'expiration de la redescente.

Après 1 200 mètres de rumination physique, nous passons une arête et découvrons, sur un flanc sombrant à droite dans l'abîme, un monastère agrippé à la paroi. La piste y passe et nous y dépose. Comme un radeau sur une énorme déferlante figée, le monastère campe ses cubes blancs et trapus dans un défi à la gravité.

Drapés dans d'épais *zen* [1] lie-de-vin, de jeunes moines odorants nous accueillent chaleureusement dans leur *khamtschan* [2]. C'est notre première rencontre avec le bouddhisme tibétain. Seuls meubles de la pièce, des grabats-lits servent à tous les usages. Entre les planches disjointes sifflent les esprits du vent. Le froid s'installe avec la nuit. Les moines, assis en silence sur les lits que l'on nous a attribués, nous dévisagent de leurs trognes tout droit sorties des castings de figurants grimés du *Nom de la rose*. Nous essayons de n'avoir pas l'air impressionnés. Notre joyeuse compagnie dégage une forte odeur de suint. Personne ne parle anglais mais la conversation s'engage sur un sourire quiet ; nous parlons avec les mains, avec des silences, nous nous moquons des Chinois par des mimes : ils comprennent. L'atmosphère se détend, la mayonnaise prend. Pourquoi n'y sommes-nous jamais parvenus avec ces mêmes Chinois ? Les bouddhistes tibétains, à force de s'oublier par la méditation, sont sans doute plus tournés vers les autres.

*Om mani padme oum* : « Salut ! ô joyau dans la fleur de lotus ! — Enchanté, moi c'est Alex ! » J'ai des paniers entiers

---

1. Manteau monastique en forme de toge.
2. Habitation d'un collège de moines sous la direction d'un *geshe*, lama érudit.

de « pain spiritique » sur la planche, avant de pouvoir me débarrasser de mon « je ». C'est fou ce que la condition d'individu soumis aux désirs est aliénante ! Chez nous, c'est le principe même de la vie, dans le bouddhisme tibétain, c'est sa fin.

L'ambiance est plutôt à la rigolade autour d'un plat de choux et de riz, agrémenté de bouts de gras de porc pimenté. Nous bredouillons nos formules tibétaines apprises par cœur en déchaînant des tornades de rires. Ils ne comprennent pas que nous puissions voyager pour le plaisir. Ici on ne se déplace qu'à l'occasion d'un pèlerinage ou d'un échange commercial. La flûte suscite un intérêt insoupçonné, mais nos hôtes trouvent que nous en jouons comme des enfants primaires, avec nos notes détachées, nos crescendos, nos changements de rythme et nos refrains. Après avoir compris qu'il ne fallait pas souffler trop fort, ils se lancent dans des trilles frénétiques monocordes au hasard de la course de leurs doigts papillonnant sur le corps en plastique. La musique n'est pas chez eux une construction, mais une vibration. Haendel peut aller se rhabiller !

*Lundi 25 avril 1994 : 198e jour, 46 km. T : 12 372 km*

Nous quittons nos moines sous la neige. Nous n'avons pas pu obtenir d'eux le descriptif du prochain col que nous savons redoutable : le col de Deqûen culminant à 5 500 mètres. Dans des bourrasques glaciales, nous tâchons de conserver une cadence de galériens sur la piste bourbeuse. Ce matin nous avons expérimenté pour la première fois la *tsampa,* cette farine d'orge grillé dont on fait une boule avec du thé salé au beurre de yack. En plus de sa consistance d'étouffe-chrétien et de son goût fade ne valant pas les corn flakes, nous faisons rapidement les frais de sa pauvreté énergétique. Panne sèche dans la tempête de neige ! Plus de jus ! Pause pemmican ! En deux minutes nous sommes transis et devons repartir dans la tourmente en mâchouillant, tout en pédalant, notre viande séchée.

Toute la journée nous sommes confrontés au redoutable problème que pose l'effort dans le froid : c'est la valse des vêtements, valse-hésitation et valse-insatisfaction. Dès que nous enfourchons nos engins, il se met à pleuvoir. Normal ! Nous enfilons les cirés, qui se transforment bientôt en véritables étuves, rendues inutiles par l'arrêt de la pluie. Les tee-shirts trempés ne tardent pas à nous transir, nous revêtons donc nos fourrures polaires en dégageant des aérations pour évacuer la chaleur excédentaire, et rebelote : il se remet à pleuvoir ! Nous perdons un temps considérable à nous déloquer et nous refrusquer sans cesse !

L'altitude a résolu les hésitations de la pluie en la changeant en neige.

Les deux murs de neige entre lesquels nous roulons me susurrent de leurs lèvres blanches : « Passez ! Passez votre chemin ! Surtout ne vous arrêtez pas ! » Les efforts inutiles pour contrôler nos vélos nous coûtent très cher, les effets de l'altitude associés à ceux de l'hypoglycémie nous vident la tête et ralentissent nos réflexes. Nous trébuchons souvent dans ce mordant linceul. Et ce col qui n'arrive jamais ! Le piège se referme inexorablement. Le vent redouble, nous fauche, nous cingle le visage.

« C'est alors qu'apparut tout hérissé de flèches [1] »... et de congères érigées par la tourmente, le col.

Nous sommes sauvés ! Nous allons pouvoir redescendre de l'autre côté. Un voile de pénombre, trahissant le déclin du jour, est tendu par une bourrasque. Du col, à l'abri d'un mur de neige, j'immortalise l'arrivée de Sylvain, le visage grimaçant de souffrance, déséquilibré par un maelström échevelé. Nous ne traînons pas, passons l'épaule blanche et voyons la mort en face : ça n'était pas le col ! Le vrai nous apparaît dans une déchirure du ciel, à quelque 2 kilomètres de là ! Nous puisons dans l'énergie du désespoir. À 5 000 mètres dans une tempête de neige, cela ne pardonne aucune erreur. Sylvain n'en peut plus, son rythme cardiaque baisse, il résiste contre la tentation de s'affaler là, dans le repos serein de ce pur suaire. Lorsqu'il me voit parvenir au second col, une rafale m'apporte son cri d'angoisse : « Ça descend ? » Oui, ça descend, ce coup-ci c'est le bon ! Alléluia ! Nous dévalons en serrant les dents : surtout ne pas tomber ! La glace dure comme du diamant serait fatale !

Au bout de 5 kilomètres de descente vers la vie : l'horreur ! Le serpent blanc, dans une ultime perfidie, remonte dans la nuit. Nous sommes refaits. Tenter d'aller plus loin, c'est monter directement au paradis des victimes en montagne. Il faut planter la tente de toute urgence dans la neige. En revenant un peu sur nos pas, nous trouvons une zone abritée du vent au creux d'un petit cirque. « Opération Survie ». Nos secondes sont comptées. Sylvain, son regard planté dans le mien, statue :

1. *Cf. Soir de bataille*, de Heredia.

– Putain ! « On est très juste », comme dirait Éric !

Nos pensées se tournent invariablement vers lui dès que notre vie est en danger.

– Ouais ! Je l'imagine bien dire : « Oh ! les blaireaux, il leur manque plus qu'un bâton dans le derrière pour faire des esquimaux ! »

Cette perspective nous fouette. Réaction ! Les sangles des sacoches sont gelées, les doigts ne répondent plus ; surtout ne pas déchirer la tente fragilisée par la température ! Nous amarrons solidement notre frêle esquif dressé sur une couverture de survie et nous nous y engouffrons pour un plan d'action rigoureux : change complet, frictions énergiques, soupe, nouilles, viande, thé sucré, chocolat. Nos vies sont suspendues au ronflement du réchaud. Cher petit bleuet ! Glissés dans nos duvets, recouverts de la peau de yack et de nos cirés, nous jouissons en hurlant comme des loups de l'onglée qui nous mord les terminaisons. C'est bon de revivre ! Ça fait mal ! J'essaie du plus fort de mon faible esprit d'irradier dans mon sac de couchage l'énergie du *toumo,* exercice du feu intérieur qui permet aux bonzes de résister aux grands froids... très pratique le bouddhisme ! Nous succombons rapidement à la fatigue, séparés du « grand sommeil » par 0,3 millimètre de polyéthylène. Sylvain, avant de sombrer, me confie :

– Tu les as vus, toi, au col, les crocodiles dans la neige ?

À la résurrection du jour, il semble avoir neigé dans la tente. Tout est tapissé du velours glacé des cristaux de condensation. Le bidon d'eau est figé, le silence parfait. Nous avons dormi comme des marmottes en hibernation ; le réveil est bien plus cruel. Renfiler les cuirasses de gel de nos pantalons rigidifiés relève du supplice chinois ! Le ciel est lavé de tout péché, décapé par la tempête. Les chapiteaux de notre cirque montagneux ne tardent pas à s'enflammer. Notre bijou du jour est éternel : un col de 5 500 mètres, rivière de diamants coiffée d'une tiare de saphirs éthérés. Beau cadeau pour Sylvain dont c'est aujourd'hui, le 26 avril, l'anniversaire !

Nous plions en vitesse. Les dérailleurs et nos pédaliers sont paralysés par une gangue de boue gelée. Seule solution : le pipi du matin. Ça marche ! En route pour le col que nous croyons être le vrai ! Jamais deux sans trois ?

Il ne tarde pas. Trois Chinois s'y affairent en dégageant un camion recouvert de neige afin de récupérer son chargement de nouilles coincé là tout l'hiver. Nous sommes sciés ! Eux ne s'étonnent pas de notre présence, ne posent ni ne se posent de questions.

En poussant nos vélos dans la neige profonde, nous passons la banderole d'arrivée : c'est la fête au col ! Des centaines de drapeaux multicolores claquent dans la brise en égrenant leurs prières dans l'impalpable véhicule éolien. Ce sont les *lupka,* petits carrés de tissu imprimés de prières et de déités, qui permettent astucieusement de prier par procuration, de communier avec les éléments.

Nous revêtons nos cirés contre les projections de boue et nous lançons à corps perdus dans la descente, comme d'impuissants Sisyphe voyant dévaler encore une fois au bas de la pente le rocher qu'ils viennent de pousser pendant deux jours.

Des groupes de yacks bâtés, sans maître, remontent bovinement la piste. Des hommes suivent, chargés d'araires centenaires. Les regards se croisent comme des sabres – dzing ! –, passent au ralenti.

Ils s'en vont conquérir les lopins libérés par les neiges. Deux hommes assis sur le bord de la piste, face à la vaste vue, nous invitent à partager leur pitance. Sacs de cuir, baluchons de poil, bottes de foin, peaux de mouton, bouilloire cabossée, houes et vans, fusil de chasse, tout l'attirail d'un écomusée. Nous garons nos vélos avec leurs yacks, la conversation s'engage entre ces montures cornues. *Tachideleg !* « Salut ! » Les Tibétains nous sourient, nous ne sommes pas sinophones. Thé salé au beurre de yack, fromage du même quadrupède, galettes et gras de cochon, le tout colmaté à la *tsampa.* Par signes et connivences nous nous entendons. L'incompréhension avec les Chinois dépassait l'entendement ; avec les Tibétains nous parlons par gestes, c'est autrement plus gracieux !

Haut perchée comme la langue d'un glacier, Deqûen écoule dans un pli de coteau ses blocs de béton. Les maisons de bois, aux toitures circonflexes sur des fronts qui penchent, se laissent phagocyter peu à peu par les cubes de carrelage blanc des colons chinois. Tandis que nous regraissons nos chaînes éprouvées par la tempête de la veille, un bruit familier de boules s'entrechoquant nous accroche l'oreille. Dans l'encadrement d'un porche, sur fond de sommets enneigés, une cour donnant sur des logements collectifs étale sous le soleil les rectangles verts de quinze billards américains autour desquels se presse une foule passionnée !

*Tow sow kong li Markham*[1] ? Personne ne sait. Un vieux Chinois nous tend deux doigts. 2 kilomètres ? 20 kilomètres ? 200 ? Non, nous finissons par comprendre deux jours. Ici la distance se mesure en jours.

Mékong ! Son nom sonne comme un gong tonne ! Vallée en V comme vertige ! Très loin en contrebas, trop bas pour que sa rumeur nous parvienne, le Mékong rageur s'enlise au creux du monde à force de l'avoir trop corrodé. Devant nous, sur l'autre rive, se dressent 3 500 mètres de dénivelé... à descendre. Les échelles n'ont plus de sens, nous pédalons dans la troisième dimension, tout est là, d'un pan. Le Mékong a séparé cette superbe chaîne himalayenne du reste de la Chine. Le gouffre est prodigieux, la route qui y mène n'est plus qu'un long cheveu. Nos troisièmes retrouvailles avec les 4 200 kilomètres de la « mère des fleuves[2] » sont célébrées par de superbes gloires solaires.

Nous remontons le cours du fleuve en descendant pendant deux heures ! C'est tout le paradoxe de la Chine. Au fil des kilomètres, le fleuve mûr du Laos défoule ici son adolescence tourmentée.

Sur le bord de la route, les bornes nous indiquent le nombre de kilomètres qui restent jusqu'à Lhassa. Pour nous occuper, nous cherchons dans nos mémoires des dates ou des événements correspondant à l'année du compte à rebours kilométrique. Chaque jour nous reculons d'un siècle en avançant de 100 kilomètres. Nos bicyclettes sont muées en engins à remonter le temps. Hier, à la borne 1945, je révisais la Seconde Guerre mondiale ; ce matin la Belle Époque et les expositions coloniales ; après-demain, borne 1792, la fin du règne de Louis XVI. Nous arriverons à Lhassa à la naissance du Christ !

Un pont sur le Mékong entérine notre journée. Nous le passons symboliquement et remontons un sentier escarpé, passons des ponts de cordes pour frapper à la porte d'une masure fortifiée. Toc toc toc ! Rien. Nous persévérons. Sur l'autre rive, des Chinois nous hèlent comme si nous étions en danger de mort. Un homme ravagé ouvre enfin une fenêtre et nous lance une poignée de graviers en travers de la figure. Bel accueil ! Nous déguerpissons, repassons le fleuve et trouvons refuge auprès des cantonniers chinois. À force de dessins et de

1. « Combien de kilomètres pour Markham ? »
2. Mékong, en sanscrit.

singeries, ils nous apprennent que nous frappions à la porte d'une léproserie...

Nous sommes invités à dîner dans une cuisine en terre battue, où viennent progressivement s'entasser un militaire, un camionneur, deux bergers khampas, et d'étranges Chinois ; commensaux hétéroclites rassemblés par hasard dans ce fond de vallée où l'homme redevient grégaire. Alain Prost est aussi invité ! Nous n'y croyons pas ! Discret, sur un journal crasseux encollé sur un mur de planches en guise de papier peint pour couper le vent, il contemple ce bout du monde avec stupéfaction. Autour d'une omelette aux champignons, nous entamons un véritable partage musical. Dans la pénombre fauve et chatoyante du foyer, la main en porte-voix, notre Khampa lance ses appels suraigus, repris à la flûte par Sylvain. Pure alternance de complaintes perchées. Dans un moment d'inattention, alors qu'ils nous demandent nos âges, nous avons le malheur de leur apprendre l'anniversaire de Sylvain, et le mien dans deux jours. Il nous en coûte de devoir boire six litres de bière chacun ! Cuisante coutume ! C'est la première fois que nous cédons à l'alcool.

En franchissant le Mékong, nous passons de l'autre côté du monde. Nous sommes aussitôt projetés dans un grand carnage géologique. De gigantesques gâteaux aux couches multicolores, torturés par l'érosion, ciselés par le temps, s'étagent en pyramides, s'épanchent en coulis.

À Niangsen, nous rencontrons les hommes de cet univers, les Khampas. Tout le village se rassemble sous le soleil, pour un spectacle hautement interactif. Les enfants sont de la partie ; un tas de billes de bois tient lieu d'amphithéâtre. Ces Tibétains sont beaux et altiers. Les hommes ont une longue tresse enfilée dans de gros anneaux d'ivoire, de turquoise ou d'ambre, prolongée par une double longueur de tresse de fils rouges emperlés d'argent. Le tout est soigneusement enroulé comme un turban sur leur crâne. La dague ciselée à la ceinture, symbole de leur caractère ombrageux, ils déambulent fièrement, vêtus de la *chuba,* vaste manteau de mouton retourné ceinturé à la taille, dont ils n'enfilent que la manche gauche tandis que l'autre pend nonchalamment dans le dos en découvrant leur épaule droite. Les femmes portent de longues robes sous des tabliers noirs tissés horizontalement avec des entrefilets de couleur bleue. Les manches de leurs chemises et leurs coiffes sont rehaussées de rose et de jaune. Les nattes enroulées de leurs cheveux s'entrelacent de colliers d'ambre, de médaillons de turquoise et de pièces d'argent. Ce ne sont pas des costumes d'apparat, mais des parures de tous les jours. Dans cette foule colorée et joyeuse, la grisaille olivâtre des communistes détonne sous la forme d'une casquette Mao, d'une vareuse verte, ou d'un pantalon gris.

L'après-midi, alors que nous traversons un petit village, un essaim d'enfants nous tire outrageusement la langue en signe d'hospitalité ! Tintin n'a pas menti. Sylvain, en bon Haddock, leur fait un « Taratata ! » du plus pur style, le pouce sur le nez, le petit doigt tendu, et les autres frétillants. De l'école déferle une vague de chenapans qui, fascinés par la pilosité (modeste) de nos mollets, entreprennent à brûle-pourpoint, une cuisante séance d'épilation ! Nous hurlons du rire des fous.

Le lendemain, nous passons le col à 4 500 mètres et enfilons notre première vallée d'altitude toute fébrile de labeur. Kham ! Le nom claque comme un coup de fusil ! La voilà cette terre de cocagne, ces vallées à fond plat, bordées de collines arrondies ; le voilà l'ancien Tibet fertilisé par l'érosion des âges ! De loin en loin, des fermes aux allures de forteresses jalonnent notre progression. Le poids de leurs murs blancs épatés à la base, ces chemins que le piétinement séculaire a fait entrer profondément dans la terre célèbrent nos retrouvailles avec l'Histoire.

Ce n'est pas sans appréhension que nous pénétrons dans Markham où un poste barrière contrôle les autorisations et filtre drastiquement les passages vers le Tibet. Nous allons discrètement trouver refuge dans une auberge, afin de ne pas traîner dans les ruelles. Dans les pays communistes où l'initiative personnelle n'existe pas, il suffit de ne pas tomber sur l'unique personne susceptible de nous chercher des noises, le commandant du poste frontière, pour ne pas être inquiétés. Personne d'autre que lui ne se sentira concerné ou intrigué de notre présence, le communisme ne pardonne pas l'abus de pouvoir ! Avec un peu de culot, nous comptons leur passer au nez et à la barbe qu'ils n'ont pas.

Il n'y a, d'autre part, pas de psychose policière dans ce pays, l'autosurveillance est totalement intégrée dans la mentalité chinoise. Les badauds sont retenus, ne posent ni se posent de questions : *Big Brother is watching them, not us !* Nous passons totalement inaperçus. C'est vexant ! Mais ce soir, cela fait bien nos affaires !

Nous fêtons mon anniversaire, ce 28 avril, à 4 067 mètres, en doublant notre ration de *campeï tudo,* de *thami* et de *tan :* galettes de frites, riz et œufs.

Un à un nous passons nos proches en revue : songent-ils à nos anniversaires ? Nous les mettons en scène, les faisons parler, leur faisons réussir des examens, réaliser de belles choses, nous les suivons au restaurant : ris de veau, bordeaux, roquefort ; nous prenons de bons bains chauds, marchons pieds nus dans la moquette moelleuse, déambulons rue Saint-Louis-en-l'Île, finissons la soirée à la Charlotte, délicieux petit salon de thé, et fantasmons de mille petites choses qui nous manquent tant et qu'ils ne voient même plus.

*Vendredi 29 avril 1994 : 202e jour, 75 km. T : 12 705 km*

Il a encore roté. Il rote entre ses mots, crache entre ses phrases ; il me parle, je ne comprends que ses bruits. Je commence ma vingt-quatrième année par une colique. Carabinée. Et ce Chinois accroupi à mes côtés m'accompagne dans cette épreuve. J'ai eu beau venir casqué, armé, botté, dans ces toilettes publiques (les privées n'existent pas), j'ai bien du mal à me blinder contre les violents assauts que subissent mes sens fraîchement réveillés. Au coude à coude, une demi-douzaine de Chinois sont là pour satisfaire aux mêmes exigences dans ce réduit obscur. Rafales ! Pétarades ! Chute des corps ! Tous mes sens sont meurtris par cette sonate pour pétomanes.

La barrière est levée, les officiers ont le dos tourné, nous passons comme « les ailes du désir », anges invisibles et silencieux. Nous pouvons presque considérer la partie gagnée jusqu'à Lhassa. Un pas géopolitique, une frontière franchie sont la plupart du temps acquis pour toujours, tous les clandestins du monde le savent !

Pour la première fois depuis l'Argentine nous roulons vers l'ouest. Depuis 4 500 kilomètres nous remontions vers le nord, et ce premier virage résolument à gauche entérine notre contournement de la Birmanie. Youpi ! nous reprenons notre course avec le soleil.

Un col, une dernière redescente sur le Mékong, réduit à l'état de petite rivière, un autre col, suivi de son faux frère, voilà notre pain quotidien. Nous faisons de notre mieux mais nous prenons du retard ; la moyenne que nous devons maintenant accomplir pour arriver à Lhassa se rapproche dangereusement des cent kilomètres quotidiens. Depuis Markham, deux ou trois camions en provenance de Chengdu nous ont dépassés. L'inévitable tentation se présente un jour en fin d'après-midi, dans une interminable montée aussi cruelle que les autres. Nous n'avons pas la force de résister à la proposition que nous fait le chauffeur chinois de nous embarquer. Pourtant, comment se fait-il que nous ne soyons pas à l'aise ? Est-ce l'entorse à notre règle ? Non, nous estimons avoir assez payé notre tribut aux cols. Sans doute avons-nous tant sollicité les hommes que toute proposition spontanée nous apparaît suspecte !

Mal installés sur des sacs de ciment, nous ne voyons rien de la fin de la montée qui nous est épargnée : le camion est entièrement bâché. Il rugit dans les rapports, la pente doit être rude ! Au col notre chauffeur décide de faire du thé, soit ! Au fil de la conversation qui s'engage avec une étonnante bonne volonté de sa part, nous comprenons peu à peu qu'il est un intellectuel, exilé politique indésirable, envoyé comme colon pour de la « conduite forcée » sur les routes tibétaines. Voilà pourquoi il n'a pas eu peur de nous charger, c'est un homme libre, un frondeur !

Si la montée était débonnaire, la descente dans la nuit s'annonce suicidaire dès le premier virage. Le camion ne semble jamais devoir cesser d'accélérer, le claquement sinistre de sa bâche trahit notre vitesse ; les vélos couchés sur le fond du camion sautent comme des carpes dans une barque, des nuages de poussière soulevés par les coups de frein refoulent dans la benne. Nous sommes sur le qui-vive, effrayés et aveugles, tentant d'anticiper les embardées aux coups de volant, et les dérapages aux coups de frein. Les hurlements de rire de l'équipage kamikaze nous crispent peu à peu les tripes. C'est bien la peur qui nous saisit. Je la sens se dilater en moi à grandes injections d'adrénaline. Dans le noir nous décelons notre terreur réciproque. Pour la première fois en sept mois, nous avons peur. Nous avons peur de la vraie peur, de cette peur bleue qui vous donne la nausée et vous ramollit les jambes.

Nous essayons de respirer quand un choc d'une violence rare nous projette contre l'habitacle. Vlam ! C'est le bruit de la mort ! Nous allons basculer ! Le métal se fracasse, nous ne rebondissons pas, le choc reste sans suite, comme suspendu ; nous sommes à l'arrêt, contus et flagcolants, empêtrés dans nos vélos qui nous ont mordus dans la mêlée. Vite ! Sortir !

Encastré dans la montagne, le camion a perdu sa roue droite. Pile ou face ? Si la roue gauche était partie, nous aurions fait le grand bond en avant ! La honte éternelle ! Mourir dans notre seul et unique camion après quelque 13 000 kilomètres pédalés ! Plus jamais ça ! Nous quittons notre intellectuel chinois en mauvais termes et allons planter la tente dans la nuit étoilée.

Que les satellites sont rassurants lorsque l'on est si loin de ceux qu'on aime ! On les voit parader comme des stars parmi les constellations, et l'on sait qu'aussitôt après avoir passé la barre de l'horizon ils parcourent invisibles le ciel ensoleillé qui réchauffe nos proches. Allez, petits satellites ! Allez porter mes messages d'amour et de mélancolie de l'un à l'autre bout des pays de la terre ! Combien de temps aurait-il fallu à nos parents pour apprendre notre fin dans ce stupide camion ?

L'aube nous apprend que nous sommes au col de Bamda, à 5 000 mètres, étrangement dépourvu de neige. Un *chorten* [1] immaculé signe l'époustouflant panorama des bataillons orientaux de l'Himalaya. Nous passons en revue ces fiers capitaines birmans et indiens en grand uniforme, culminant entre 6 000 et 7 000 mètres.

La piste disparaît dans le ventre de la terre, 45 kilomètres de descente pour 3 500 mètres de dénivelé ; cette fois-ci c'est la Salween. *No comment !* Dans la descente, Sylvain glisse sur une pierre, hésite entre le précipice et le mur inégal, roule à bas sur la piste en mugissant un râle de gladiateur, et s'immobilise. Poussé par ma lancée, je le passe et je blêmis en ne le voyant pas se relever. Diagnostic ? Rien de cassé, le souffle coupé et le poignet endolori. Prudence !

Nous passons Paxoï (prononcer Pachier) et nous coltinons une montée vers une autre passe de 5 000 mètres. Montagnes russes, mon œil ! Montagnes chinoises, oui ! Pour passer le temps, je me passe un film. D'autres appellent cela de la méditation. Lassé par un paysage minéral que je connais par cœur, je fais par exemple défiler devant mes yeux notre traversée du Pacifique, je me réfugie dans le passé pour oublier le moment présent. Quand ma mémoire achoppe sur un détail, j'appelle Sylvain à la rescousse, et nous remontons tous deux le fil que nous avons déroulé depuis Paris. Cet exercice nous divertit si bien que nous ne voyons pas le temps passer.

Un marais sans surface, une éponge sédimentaire tavelée de plaques de neige, voici le col aux allures de plateau, voici la plénitude tibétaine des vallées en auge, voici le château d'eau du monde !

La neige qui fond ici se jettera en mer de Chine. Dans trois kilomètres la même neige ira se dissoudre dans les sels de

---

1. Monument reliquaire, en forme de cloche retournée surmontée d'un pinacle étagé symbolisant les sept ciels, que l'on nomme *stupa* en Inde.

l'océan Indien au Bangladesh, à des milliers de kilomètres de là : c'est la ligne de partage des eaux. Cette frontière invisible est pour nous une grande victoire, un véritable bond en avant : nous quittons l'Asie du Sud-Est ! La gravité nous attire dorénavant vers le sous-continent indien. D'ici là, beaucoup de cols et de montées viendront faire mentir les lois de la physique, mais, peu importe, l'eau va changer de sens, nous n'allons plus la remonter sans cesse, mais la redescendre ! La gravité commande, l'eau et les cyclistes obéissent.

Tout est blanc, aveuglant, les sommets avoisinants culminent à 7 000 mètres, et nous sommes parfaitement acclimatés à la haute altitude. Depuis vingt-six jours nous grimpons une moyenne quotidienne de 1 700 mètres de dénivelé ; nos poumons se sont élargis, notre cœur s'est ralenti et notre sang s'est chargé en hémoglobine.

Nous nous laissons bientôt couler sur l'autre versant du monde. Après quelques kilomètres de descente enivrante dans le jour déclinant, nous tombons sur la colonne de quatorze camions militaires chinois qui nous a dépassés dans la montée du col. Arrêtés pour un thé chez un cantonnier, les militaires nous offrent des tasses brûlantes, et bienvenues. Eux aussi se rendent à Rawu. Nous échangeons quelques lieux communs d'anglais, quand dans le lointain roulent les grondements sourds d'un impossible orage. Tous tendent l'oreille, inquiets. Explosions ? Bombardements ? Personne ne sait. Nous repartons avant eux, pas très rassurés, et pénétrons une saignée enneigée qui ne tarde pas à se transformer en gorge resserrée, idéale pour une embuscade.

Tout à coup, au débouché d'un tournant, nous découvrons la cause de la déflagration de tout à l'heure. La falaise s'est effondrée sur la piste à l'emplacement précis d'une sorte de pont longeant un précipice. Sueurs froides et peur rétrospective. Un thé au jasmin nous a peut-être sauvé la vie. Il ne faut jamais refuser une tasse de thé !

La colonne de camions arrive bientôt, la route est positivement barrée. Après maintes palabres, l'officier supérieur nous tend un papier gribouillé de calligrammes indéchiffrables, avec la mission de le remettre au commandant du camp militaire de Rawu. Un comble ! Nous qui voulions passer inaperçus ! En un ultime pied de nez aux camions, nous passons prudemment l'amas de pierres gros comme une maison, avec nos vélos sur le dos. La piste transformée en bourbier glacé nous enlise, il pleut des pierres qui tintent dans nos rayons, nous passons à toute vitesse. Ouf ! Nous sortons indemnes de ce guet-apens, et rentrons dans Rawu à la tombée du jour.

Le petit village de terre, endormi sous son manteau de neige, est cerné par les baraquements chinois du « grand réveil ». Des drapeaux à prières tibétains saignent dans le ciel, épongés par l'impérial drapeau communiste qui en a profité pour dérober quelques étoiles au passage : les étoiles de l'espoir. Nous remplissons notre mission auprès du commandant de la base après avoir eu bien du mal à franchir les barrages de sentinelles. Celui-ci, reconnaissant, nous invite à dîner en sa compagnie. Nous festoyons un peu gênés, sous le regard triste de Tibétains qui nous voient pactiser avec l'occupant. Le plus dur est de supporter le traitement que l'officier inflige au serveur : il le bat et l'insulte. Nos mines indignées le font rire aux éclats. Décidément nous n'avons pas le même sens de l'humour !

*Mardi 3 mai 1994 : 206e jour, 100 km. T : 12 988 km*

L'équation à plusieurs inconnues paraît simple : 766 kilomètres en huit jours, mais beaucoup d'« X » et beaucoup d'« Y » viendront en compliquer la solution. Dans le frimas polaire du petit matin d'altitude, la neige crisse sous nos pneus. Un superbe lac, abreuvé par les névés qui s'y reflètent, étale devant nous son kaléidoscope diamantin. Dans ce miroir cubiste, les plans et les surfaces deviennent des reliefs et les cimes scintillantes s'irisent de facettes. Le soleil, déboussolé par les sommets multipliés, déchaîne des rafales d'éclairs sur les montagnes chauves, en semant la panique au royaume des ombres.

Sur ce, nous rencontrons le yéti. Hirsute et noir, râblé et tanné, le petit homme nous sourit. Il porte sur son dos la dépouille d'un léopard des neiges emmaillotée dans des branches de pin. Le déversoir du lac fait basculer un ruban d'eau verte et pure dans sa course vers l'Inde. C'est le point de départ de notre descente. Elle s'annonce mal. De loin en loin la piste est labourée, emportée, coupée. La fonte des neiges l'a remise en chantier. Nous passons des avalanches, des torrents de boue, des glissements de terrain et des troncs d'arbre. Les vélos souffrent, battent des sacoches, claquent des jantes.

La majesté des pics qui surgissent dans les tournants, loin au-dessus de nos têtes, contraste avec la rumeur et les tourments des gorges profondes que nous dévalons. Je chute durement à pleine vitesse dans les pierres. Dans mon roulé-boulé au bord du précipice, je saisis au vol le rictus effrayé de Sylvain. Cela a failli être la dernière image du film. Triste dédicace !

Je remonte aux informations en claudiquant, écorché à la cuisse. C'est bon ! Le vélo n'a rien ! C'eût été très grave ! Il ne peut pas cicatriser, lui ! Et je repars en songeant à cette incroyable supériorité du vivant sur le minéral !

Le lendemain, la vallée est beaucoup plus large. Le ruisseau, devenu fleuve en 150 kilomètres, sinue dans des sables étincelants au pied de parois de pins sombres. Le Gyalwa Pal Ri, un magnifique 7 000 mètres, au sommet arrondi comme l'esquimau de Dieu, serti entre deux massifs, confère au décor symétrie et éternité.

Nos déjeuners chinois sont des instants de douleur. Tout d'abord, nous devons faire comprendre à une serveuse comptant autant de neurones que de narines que nous ne désirons rien d'autre que l'unique chose qu'elle prépare : *mien tiao,* la soupe aux nouilles. Pendant quelques minutes nous jouons ces deux airs sur tous les tons pour lui laisser le temps de percuter. Quand le contact se fait – tilt ! eurêka ! bon sang, mais c'est bien sûr ! – son visage s'éclaircit : *Aaaah ! mien tiao ! OK.*

Première victoire. Le vrai rapport de force arrive seulement avec l'addition. Fendue d'un large sourire, la tenancière nous demande toujours quatre fois la somme que nous lui devons, quand elle ne désigne pas, d'une grotesque naïveté, le prix le plus élevé de son menu ! Nous râlons, nous pestons : elle s'accroche à nos bourses ; nous prenons la foule hilare à témoin : elle éructe et menace ; nous comptons et recomptons, elle s'obstine ; nous frappons du plat sur la table, nous sortons de nos gonds : elle empoche et se marre. C'est épuisant ! Et dire que les repas et les nuits sont censés être nos seuls instants de répit !

### *Jeudi 5 mai 1994 : 208e jour, 75 km. T : 13 186 km*

Nous sommes redescendus à 1 700 mètres d'altitude, en plein cœur du Tibet oriental, à l'endroit où le Zangbo (Brahmapoutre) bifurque vers le sud et l'Arunachal Pradesh indien, dans une faille de l'édifice himalayen, après l'avoir longé pendant 1 700 kilomètres. De Tengmaï embrumé comme une estampe japonaise, nous remontons à travers d'époustouflants massifs de rhododendrons. Une jungle exubérante de fougères arborescentes entrelacées de chèvrefeuille, d'écharpes de lichen pendant en longs haillons aux branchages des chênes, de bambous et de mousses confère à notre ascension la féerie mystérieuse des mondes perdus. Quand là-dessus s'effilochent des langues de brouillard, et que roucoule le ruisseau, vous attendez les elfes !

Ce matin, j'aperçois, s'élevant en aval de la piste, une colonne de vapeur volcanique. Nous découvrons en contrebas un trou soufflant des entrailles de la terre son soufre en ébullition. Zone de fracture tectonique, l'Himalaya pousse de 10 centimètres par an. Plus loin la piste est emportée par pans entiers dans des glissements de terrain. En lieu et place de la « *chinese highway* » dont nous parle notre carte allemande, nous poussons les vélos dans la boue, les tirons dans les gués, contournant les obstacles d'une sente défoncée qui ferait se gonfler d'orgueil n'importe quel chemin de grande randonnée français ! Le soir nous retrouvons la neige, le lendemain, la pluie et le col de Lula à plus de 5 000 mètres. C'est la mousson dont les premiers fronts passent au-dessus de l'Himalaya en venant rincer le Tibet de sa torpeur hivernale et précipiter sa renaissance.

Dans une purée de pois glaciale, dans les flaques de boue, torturés par de violentes contractions abdominales, serrant les dents et perdant toutes nos eaux sous nos cirés, nous enfantons d'un nouveau col dans la douleur. En passant sous la couche de pois molletonnée, nous découvrons avec horreur un panorama aussi suffocant que déprimant. Les 4 000 mètres de dénivelé de notre beau bébé, dont nous avons enduré la pénible gestation ces deux derniers jours, sont réduits à néant, proprement avortés : nous replongeons vers le Brahmapoutre.

Pendant plusieurs kilomètres nous suivons un yack qui détale devant nous sur la piste. Sans doute un yack éclaireur ? Il nous ouvre la route ! Il ne songe pas une seconde à nous laisser passer, il est persuadé que nous le poursuivons, que nous en voulons à sa peau, un vrai parano-yack !

À Linze, au bas de la montagne, dans la douceur déjà estivale, un officier supérieur arborant fièrement un badge « *foreign officer* » nous aborde en anglais, plein d'importance :

– Passeports, s'il vous plaît ! Je vous arrête ! Vous n'irez pas plus loin ! La route de Lula est strictement interdite aux étrangers, vous devez retourner à Lhassa ce soir même !

Nous comprenons tout de suite que cet abruti ne nous a pas vus entrer dans la ville, et croit que nous venons de Lhassa.

– Vos désirs sont des ordres, mon général !

Les Tibétains, témoins complices de la scène, se tordent de rire : eux savent d'où nous venons ! Ils n'ont que le rire et les larmes pour exprimer leur résistance pacifique. Jubilant intérieurement, nous feignons une mine dépitée mais résignée, prenons sans attendre la direction de Lhassa et plantons la tente en dehors de la ville, sur les berges du Brahmapoutre.

La piste sablonneuse du lendemain est couverte de galets gros comme le poing.

Nous « trashons » tard dans la nuit sous la pluie ; mon pneu se déchire, je le recouds à la lampe frontale pendant que Sylvain répare la chambre à air à l'abri de son vaste ciré. Nous sommes dans la mouise ; il ne nous reste que deux rustines pour arriver à Lhassa ! Pas une lumière, pas une étoile, nous méprisons les pièges de la route ; une seule obsession : l'étape !

Nous arrivons à Paroutchia trempés, épuisés, étrangers, ne comprenant goutte à leur langue : du gâteau ! Des agneaux ! L'arnaque ne tarde pas. Le tenancier chinois du relais de camionneurs veut nous faire payer les six lits de la chambre que nous occupons. Nous filons chez une gentille Tibétaine. Avant de me coucher, par acquit de conscience, je contrôle ma pochette contenant toute notre fortune en dollars dans la poche secrète de ma sacoche de guidon : disparue ! Panique ! Nous retournons chez nos Chinois avec la ferme intention d'en découdre ! Notre irruption foire, un vrai pétard mouillé. Aucune réaction, aucun signe trahissant une quelconque gêne. Déconcertants Chinois ! Une intuition nous convainc qu'ils ne sont pas coupables. Exsangue et prostré, ruminant mon fiel, logé à l'enseigne de tous les touristes dépouillés comme des blaireaux, je découvre étourdi la faille de mon édifice nerveux : je ne supporte pas de perdre de l'argent ! Sylvain, bien plus bouddhiste, part dans la nuit avec une bougie.

Les minutes passent, hagardes, quand s'élèvent au loin les accords familiers de l'*Exultate, Jubilate* de Mozart : il l'a trouvée ! De chaudes larmes roulent sur mes joues, avant même qu'il ne pénètre dans la pièce. Nous nous étreignons en chantant des alléluias, les Chinois nous prennent pour des fous !

Dès l'aube, un front d'orage ténébreux s'abat sur notre échine sans crier gare. Des murs noirs et opaques surgissent là où paissaient tranquillement des troupeaux de moutons nébuleux, en semant la panique dans leurs rangs. L'attaque ne tarde pas, nous essuyons en pleine face une salve de grêle horizontale tandis que des bordées de poussière nous assaillent sur le flanc gauche. Quand tout s'apaise, le soleil vient reconnaître les siens et inspecter le champ de bataille. Spectacle visionnaire animé par les yacks dont la course sans but chasse les derniers démons.

Le dalaï-lama nous ouvre pour cette dernière soirée la yourte enfumée d'un autre yéti. Un Ngolok, nomade noir de peau, hirsute et buriné, se réjouit tellement d'apprendre que Tenzin Gyatso, la quatorzième incarnation du Bouddha de la compassion, est une star en France et dans le monde qu'il nous convie dans son antre. Nous mastiquons à ses côtés du pemmican de yack, assis sur des peaux de yack : tout vient du yack. Une bouse séchée, la tente de poils. Demain matin nous passerons notre dernier col : demain sera glorieux ou ne sera pas ! Mardi 10 mai est notre *D-Day* !

### *Mardi 10 mai 1994 : 212e jour, 112 km. T : 13 672 km*

Nous avalons le col, dévalons son envers, décollons dans les airs, emportés par des anges, les pierres sifflent comme des abeilles d'or, le soleil rit de notre joie : nous roulons vers Lhassa !

Mme Tesson sera-t-elle à ce rendez-vous improbable ? Nous nous attendons à chaque instant à croiser furtivement son regard derrière le pare-brise d'un tout terrain s'arrêtant dans un panache de poussière.

Quant à Bettina Schreiber, la *personal guest manager* de l'Holiday Inn, nos avis sont partagés. Objet de longs débats fantasmatiques, ce personnage au nom résonnant d'énigme nous plonge en conjectures. Sylvain la voit telle une héroïne de *S.A.S.*, superbe, maîtrisant les Chinois effarés, tandis que je l'imagine comme une grosse Allemande psychédélique échouée là comme une baleine sur un banc de sable.

– Là ! Le Potala ! *Lha Gyelo dé tamtché pam :* « Victoire aux dieux ! Les démons sont vaincus [1] ! »

J'ai crié comme une vigie crie terre ! Au loin, trapu, perché sur son piédestal au cœur de la vallée, blanc, mais tout moucheté de fenêtres, dressant à bout de bras son temple rouge dans les airs, ses toits d'or rutilants lancent à l'univers des louanges de feu, des éclairs et des vœux.

Tout se gâte subitement quand nous dépassons une épaule rocheuse qui nous cachait une décharge. Un pont mastoc de béton hérissé de lampadaires orange nous ouvre une perspective déclinant toutes les nuisances qui peuvent saboter un pano-

1. Cri rituel poussé par les pèlerins en apercevant le Potala.

rama : réservoirs et citernes, cheminées empanachées, grues et baraques préfabriquées, plaies et empreintes des Chinois.

Sylvain avait plus qu'amplement raison en ce qui concerne notre « *personal guest manager* ». Sacré Sylvain !

– *Nobody is there, but I have a fax for you.*

« Serai là mardi 10 mai », *signé* Marie-Claude.

Mais nous sommes mardi 10 mai ! Un furieux espoir succède à notre première déception.

– Y a-t-il un avion en provenance de Katmandou aujourd'hui ?

– Oui ! Il atterrit à 14 h 30, les passagers arrivent à 16 heures !

Il est 15 h 45, un vertige nous saisit, nous n'en croyons pas nos espoirs ! Étourdis, nous allons nous asseoir sur les marches de l'hôtel, encadrés par nos vélos, et attendons.

Comme la cavalerie, dix minutes après nous, le tout terrain débarque ; sa précieuse passagère en jaillit d'un saut dans les bras de son fils :

– Vous êtes vraiment formidables !

Elle n'imagine pas combien elle l'est pour nous.

# DE LHASSA À KATMANDOU

*Sylvain*

« Tibétains ! Vous l'avez votre revanche ! Regardez-les, ces Chinois affairés. Ils relèvent vos temples. Ils sont les fils de ceux-là mêmes qui, il y a vingt ans, les abattaient sous les hourras du Quartier latin. Chaque pierre posée est un désaveu pour eux. Vous, vous êtes vaincus certes, mais vous n'avez jamais démérité. »

Chut ! Chut ! Que dis-tu, petite Tsedrun qui nous guide à travers les dédales du Potala ? Comment ? Tu es émue en visitant ces couloirs et ces cours ? Quoi ? C'est là que sont tombés tes frères de dix-huit ans sous les coups des Chinois de Pékin ? Ils sont morts vêtus de leur robe comme d'un linceul, les mains nues et l'âme pure ? Mais parle plus fort, voyons ! Tu ne crains rien, nous sommes sur la terrasse qui domine Lhassa. Tu pleures ? Tes yeux de jeune fille ne reconnaissent pas la ville que t'a décrite ta grand-mère ? Que dis-tu ? Ce sont eux les Chinois qui ont installé ces citernes géantes, ces immeubles de béton, ces décharges publiques. Ils ont défiguré la ville ? Tu crois ? Ils ont insulté les dieux des montagnes ? Que regardes-tu à présent vers le sud ? Lui ? Qui, lui ? Le dalaï-lama ? Tu sais qu'il reviendra un jour ? Tu l'attends ? Tu l'espères ? Et tu guettes dans ton cœur par-dessus les montagnes de l'Himalaya ?

Voici la complainte d'une jeune fille tibétaine. Une survivante des massacres chinois qui ont coûté la vie à 20 % de ses frères. Tsedrun nous emmène, ma mère, Alex et moi, visiter pendant trois jours les monastères de Lhassa.

Nous avons vu Ganden, un des six mille monastères détruits, perché à 4 000 mètres d'altitude. Dans les chantiers de la honte, les ouvriers chinois rebâtissent à l'identique les joyaux détruits. Ils tentent d'effacer les plaies et les blessures et le souvenir du Grand Timonier.

Nous avons entendu résonner de prières les temples de Sera et de Drepung. Dans la demi-obscurité d'une salle à colonnade, les moines lisent leur livre sacré. Nous avons pensé aux ruches d'abeilles en écoutant s'élever comme un bourdonnement les saintes oraisons.

Nous avons senti l'odeur écœurante des bougies au beurre de yack. Leurs flammes vacillantes éclairent les yeux globuleux des monstres protecteurs du Potala. Et les vapeurs d'encens tournoient dans la pièce où le chapeau perdu par le dalaï-lama dans sa fuite attend d'être à nouveau porté. Et le fumet tenace enveloppe les moines comme un parfum de fauve.

Nous avons touché les moulins à prières qui entourent le Jokkang. Et contemplé les fidèles qui sont arrivés jusqu'à Lhassa en rampant de tout leur corps. Sans autre mesure de distance que l'écorchement de leurs mains et de leurs genoux.

Nous avons croisé des visages effrayants de vieux ridés qui ont connu la liberté. Et des visages lisses d'enfants qui l'attendent. Et des visages de femmes parées qui sourient. Et aussi des visages nobles de cavaliers qui se taisent. Et toujours pour accompagner nos découvertes, la triste chanson de Tsedrun qui attend son dalaï-lama.

*Lhassa, dimanche 15 mai 1994*

Ma mère est partie hier. Nous nous accordons une journée de repos à l'Holiday Inn avant de reprendre la route.

– Alex ! Je viens de recevoir un fax de ma mère. Elle l'envoie de Katmandou où elle a fait escale.

*Mes chers petits,*

*Je vous écris du poste de douane. J'ai été arrêtée. Les douaniers ont trouvé dans mes valises ces objets que nous avaient donnés les moines de Drepung. Quelques stèles de pierre et des plaques à prières en bois. On m'a appris que c'était illégal. Il était question de me garder deux journées pour examiner mon cas. Je me suis tirée d'affaire en offrant aux douaniers deux exemplaires de* Tintin au Tibet. *J'ai survolé l'Everest. C'est superbe. Allez-y vite.*

*Baisers.*

*Marie*

*Lundi 16 mai, départ de Lhassa*

La route qui quitte Lhassa pour le Népal en passant devant l'aéroport situé à 50 kilomètres est un vrai plaisir. Des villages pimpants jalonnent le chemin. Le long des accotements soignés, des rangées de beaux arbres s'étirent, parfaitement alignées. Le goudron lisse et épais révèle un entretien régulier. Des bouddhas rutilants peints sur les murs vous assurent que tout va bien. Les Chinois sont des gens malins. Passés maîtres dans l'art de l'illusion. Cette route est un chef-d'œuvre de propagande. Un cas d'école. La façade d'un Tibet factice pour touristes débarqués de l'avion.

L'oppression ? Où ça ? Regardez plutôt la mine heureuse de ces maisons et la qualité de cette route. À l'abord de la ville, il y a même une laverie où les autos, avant de rentrer, doivent faire une halte obligée. Quelle farce ! Quand on pense à la saleté de ce peuple ! Mais les chromes rutilants, ça a toujours fait bonne impression aux yeux des touristes qui de toute façon ne prêtent plus attention à rien, parce que l'altitude les fait suffoquer et qu'ils n'ont plus qu'une idée en tête : rejoindre l'hôtel et respirer une rasade d'oxygène en bouteille.

Mais la plaisanterie a des limites. Sitôt passé la bifurcation de l'aéroport, on retrouve la bonne vieille piste défoncée, les bases militaires chinoises, et les villages pouilleux de Tibétains déportés. Chassez le naturel des routes de Chine, il revient au galop. Tout est rentré dans l'ordre. Les chaos, les ornières, les éboulements. Nous voilà au début de la haute route. Au bout du chemin, Katmandou nous attend.

Sur notre gauche, c'est le Brahmapoutre qui coule. Pendant deux jours, nous remontons vers ses sources mythiques. Le vieux fleuve se prélasse dans une vallée large. Déjà nous recommençons à lutter contre le vent. Il ne nous lâchera plus jusqu'au Népal. Chaque matin, les drapeaux à prières nous livrent le verdict. Flottent-ils dans le bon sens ? Non. Vent dans le nez, journée d'enfer.

*Mardi 17 mai 1994, Nemyo. Midi*

Peu avant la ville de Xigatse, un véritable ouragan se lève. Nous n'avons pas le souvenir de rafales aussi fortes que celles qui nous déportent maintenant de la route. Le Brahmapoutre se couvre de moutons furieux. Les dunes qui ondulent au fond de la vallée, entre les chenaux du fleuve, se soulèvent comme des vagues. Une tempête de sable au Tibet ! Quel est ce pays où des sommets enneigés surgissent au-dessus de paysages désertiques ? Nous mettons des heures, courbés dans la tourmente, pour atteindre Xigatse.

*Xigatse, mercredi 18 mai, six heures du matin*

La neige ! C'est la première vision qui nous frappe le matin, au réveil. L'impression est terrible d'ouvrir la porte de sa chambre à l'aube pour recevoir un énorme paquet de neige tombé du toit. Du balcon, nous voyons la route de l'ouest couverte d'un manteau blanc. Nous profitons du répit que nous accorde le ciel pour régler un problème délicat.

– Allez, Sylvain, à poil !

Depuis deux jours, un furoncle à la fesse me torture. Alexandre désinfecte un couteau au feu puis à l'alcool. L'opération est longue car il faut creuser profondément pour retirer les racines de l'abcès.

– Ça y est. Tu peux à nouveau t'asseoir sur ta selle.

Mais contrairement à ce que nous croyons nous n'en n'avons pas fini avec la trousse à pharmacie. Dans la chambre voisine un hurlement vient de retentir. Nous nous précipitons.

– John !

Nous venons de reconnaître un Américain, voyageur au long cours, rencontré une semaine auparavant à Lhassa. Il est allongé à plat ventre sur un lit. Son mollet est déchiqueté et sa jambe couverte de sang.

– Vous vous connaissez ? nous demande en anglais un Occidental qui se tient dans la pièce, vêtu d'une peau de yack.

– Bien sûr ! Et vous qui êtes-vous ? lui demande Alex.

– Je m'appelle Pete. Ça fait quinze ans que je vagabonde au Tibet. Votre copain s'est fait mordre par un chien au monastère.

– C'est très douloureux, explique John.

John est un garçon flegmatique !

Un moine essaie de lui faire boire une mixture à base de racines, pendant qu'un autre lui applique sur la plaie des photos du dalaï-lama. C'est cette dernière opération qui lui a arraché tout à l'heure un cri de douleur.

– John, voulez-vous que nous essayions de vous recoudre ? lui demandons-nous.

– Tout ce que vous voulez, mais dites à ce type d'arrêter de me frotter la chair avec sa photo.

Nous préparons le matériel de désinfection. Les moines regardent avec intérêt nos flacons. Pete essaie de rassurer tout le monde :

– De toute façon, y a pas la rage au Tibet, affirme-t-il.

– Nous avons besoin de quelque chose pour surélever la jambe, demande Alex.

– Prenez dans mon sac, dit John, il y a la *Recherche du temps perdu* de Proust.

– Qui ? Proust ? Qui ça ? questionne Pete qui s'intéresse à tout.

– C'est un écrivain français du début du siècle qui... Aïe ! vous me faites mal ! hurle John.

– C'est rien, c'est l'antiseptique qui vous pique, explique Alexandre.

– Ce Proust, c'est quel genre ? demande à John Pete qui n'en démord pas.

– C'est une littérature d'analyse des sentiments. Il était obsédé par le souvenir et la référence au passé. Qu'est-ce que vous faites, là ?

– On va commencer à faire un point de suture. Ne bougez pas, John.

– Ils font du bon boulot les deux Français. Saloperie de chien quand même, commente Pete.

– Surtout que je l'ai pas vu venir.

– Ça y est. Plus qu'un point de suture ! claironne Alex. Dites donc, votre traduction est mauvaise : « Les choses passées » au lieu de *À la recherche du temps perdu.*

– Oui, mais le texte lui-même est bien traduit. Vous avez fini ? s'inquiète John.

– Presque. On désinfecte. Vous en êtes où du livre ?

– Je viens de finir *Du côté de chez Swann.*

– Swann ? C'est qui, lui ? s'enquiert Pete.

– Un petit-bourgeois, répond John. Aïe ! ça fait mal. Qu'est-ce qu'il veut, lui ?

– C'est le moine. Il veut glisser dans le pansement la photo du dalaï.

– Acceptez, conseille Pete. Un jour, à Goldmud, j'ai vu une fille bouffée par une meute. Elle avait les tripes à l'air. Ils lui ont flanqué un grand poster du dalaï-lama. Ça l'a soulagée.

– C'est bon ! Le pansement est terminé.

– Merci, j'espère que je ne vais pas me choper la rage, gémit John.

– Je vous ai dit qu'il n'y en avait pas au Tibet. Vous voulez pas me le laisser votre bouquin ? demande Pete.

Le temps s'est un peu calmé. Nous allons nous remettre en route.

– *Well, bye bye, John.* John comment, au fait ? demande Alex.

– John Fungis, comme le héros de l'*Histoire d'une ville* de Dickens.

– Qui ? dit Pete. Dickens ? C'est qui ?

C'est reparti pour un tour, sous la neige.

La visibilité est réduite à quelques mètres. Nous avançons à tâtons. Peu à peu un brouillard épais succède à la neige. La piste qui conduit hors de Xigatse est devenue un bourbier. Des longs filaments de brume blanche se déchirent de temps en temps. Alors on aperçoit, dans une lumière bleu marine, une ruine de temple ou une ferme blanche. Les vapeurs s'ouvrent parfois sur un campement de nomades. Quelques tentes, poudrées de neige, écrasées dans le silence et l'immobilité de l'air, attendent le retour du soleil comme un dernier carré en perdition dans la Berezina.

Le chien a profité du brouillard. Il a senti notre présence bien avant que nous ne le voyions. Il s'est tenu en alerte, caché derrière les nuages... Il a bondi quand nous sommes passés devant lui. Une tête noire a surgi comme un démon couvert de haillons de brume. Le chien court après nous. On n'entend rien d'autre que le bruit des pneus arrachés à la glaise boueuse et les halètements du dogue du Tibet. Dans le rétroviseur, nous voyons son dos ruisseler et s'envelopper d'un halo de vapeur. Il se mêle aux traînées cotonneuses de l'air humide. Une montée à présent. Le chien gagne du terrain. Nous pédalons si fort que nous ne sentons plus nos cuisses. Mais nous avons tort. La vitesse grise l'animal. Le mouvement de moulinet de nos jambes l'excite. Il vaut mieux s'arrêter. Lui faire face.

Un coup de frein. Un dérapage. Sauter à présent. Du bon côté de manière à placer le vélo entre soi et le chien. Et dans le même temps saisir la matraque. Combien de fois par jour nous retrouvons-nous dans cette posture ? Le vélo dans une main. Brandissant la barre dans l'autre. Affrontant ainsi un, deux et parfois trois chiens à la fois. Et reprenant nos esprits avant de lancer l'assaut. Alors, nous bondissons vers les bêtes en dessinant des moulinets dans l'air. Et généralement, elles se le tiennent pour dit et s'enfuient la queue basse. Mais parfois, elles reviennent à la charge en aboyant avec force. On pousse alors un cri à la fois de peur et de rage. Un hurlement préhistorique, car on est allé chercher très loin au fond de soi ce vieux réflexe de crier devant la bête. Surpris et effrayé, le chien s'enfuit pour de bon.

Le dogue du Tibet ressemble à un terre-neuve qui se serait roulé dans la poussière. La couleur de sa robe est plus proche en effet du gris foncé que du noir. Il porte le poil long qui le protège du froid. Car il vit sur les hauts plateaux, employé à la garde des troupeaux de yacks. Pas un ne nous épargnera. À chaque fois que nous en croisons, c'est la course-poursuite puis la bagarre.

À partir de Xigatse nous quittons le Brahmapoutre.

Sans compter, nous naviguons des heures dans ces terrains vierges. Nous roulons lentement, gagnant les kilomètres un à un. Perdus dans les pensées les plus diverses. Nous méditons sur l'efficacité des pignons arrière à douze dents, la conquête de l'Everest, les pneus à crampons ou les chants tibétains. De temps en temps, comme le vieux bison qui broute, nous relevons lentement la tête. La montagne, qui était si loin tout à l'heure, n'a pas bougé. Un coup de tête à droite. La coulée de rochers éboulés est toujours en place. Un coup à gauche. Les cimes de l'Himalaya aussi. Nous replongeons dans notre hébétude en fixant les nids-de-poule. Une sorte de grande douceur s'empare de nous. On pourrait croire à de la léthargie si nous ne savions pas qu'en fait c'est le sentiment d'émerveillement et d'écrasement qui nous habite devant ce prodige d'immensité. Voilà peut-être pourquoi il règne une telle félicité sur le visage des moines déguenillés que nous rencontrons. Leur sourire est un chant de louange.

*Col de Tsola, jeudi 19 mai 1994*

– Tu es sûr ? me demande Alexandre.

– Oui ! C'est marqué, regarde le panneau. Je te dis que nous y sommes déjà.

Il est quatre heures de l'après midi et nous venons de franchir comme une formalité le col de Tsola qui s'élève à 4 600 mètres d'altitude. Notre entraînement commence à payer. Voilà que nous vainquons les cols sans nous en apercevoir. Un orage s'abat tout à coup. De violents grêlons, gros comme des dés à coudre, lacèrent les drapeaux à prières et nous fouettent le visage. Nous battons en retraite et amorçons la descente dans le tourbillon et la trombe.

Un village au loin. C'est Latshe. Pour tout aménagement urbain : un cantonnement chinois, quelques restaurants pour routiers, une rue pleine de poussière et deux ou trois échoppes. On y trouve systématiquement les mêmes choses : des bougies, des soupes aux nouilles en sachet, et des chaussures en plastique, taille unique, pas encore renouvelées par le plan à la consommation. Nous entrons dans une auberge.

– *Tsou ?* demande Alexandre au cuisinier.

La question est délicate. Car *tsou* suivant l'accent signifie aussi bien cochon qu'alcool. Je suppose que c'est de porc qu'Alexandre a envie car nous n'avons rien mangé depuis ce matin et surtout parce qu'il vient de se mettre à quatre pattes en imitant le cri du goret. Le tenancier ne manque pas de déposer une bouteille de bière sur la table.

– Il faut lui faire un dessin. Il n'a pas compris, je ne prononce pas bien.

– Pourtant l'imitation du porc était réussie.

– Il a dû penser que j'imitais l'ivrogne et que nous voulions boire.

Sur un papier je m'applique à dessiner un cochon. Un cochon sans équivoque. Universellement identifiable. Le Chinois a enfin compris.

– *Tsou ?*

– *Yes, yes, tsou !*

– *Meïo !*

En chinois *meïo* signifie « il n'y a pas ».

Pour prononcer l'inévitable *meïo,* les Chinois accomplissent un charmant petit geste de la main. Une sorte de virevolte. Un entrechat de papillon pour signifier la pénurie.

Alors nous nous levons et nous allons nous-mêmes dans la cuisine. C'est ce que nous faisons depuis que nous sommes en Chine. Si nous ne prenons pas en main le service, nous sommes condamnés à crever de faim en écoutant pleuvoir les *meïo* implacables. La surprise effrayée des Chinois qui nous voient débarquer dans la cuisine laisse bientôt place à une grande indifférence. Nous nous installons aux fourneaux à côté des cuisiniers. Malgré les *meïo* de tout à l'heure qui exprimaient la carence et la disette, nous trouvons toujours de quoi préparer des plats copieux. Et quand l'aubergiste nous glapit sa colère parce que nous ne le laissons pas nous extorquer trois fois plus que le prix raisonnable, nous lui lançons en réenfourchant les vélos de sonnants *meïo !*

Nous quittons Latshe au crépuscule. Un croisement. Un chemin part vers le nord-ouest. C'est la mythique route qui traverse le Tibet occidental pour gagner le Pakistan à travers la chaîne du Karakorum. Mais pour aller de l'autre côté, il faudrait faire tomber un obstacle qui garde le passage : la Khyber Pass, un col de tempêtes furieuses à plus de 5 500 mètres. Notre route, elle, change d'orientation. Elle décrit un coude vers le sud. Après avoir flirté avec la chaîne de l'Himalaya en la frôlant sans jamais l'approcher, elle se décide enfin à la traverser. De l'autre côté, c'est le Népal. Deux passes à plus de 5 200 mètres nous séparent encore de lui. Cette nuit nous montons le camp au bord de la route à la croisée des chemins.

*Pied de La Pak La Pass. Vendredi 20 mai.*
*Six heures du matin*

– *Dalaï-lama picture ! Dalaï-lama picture !*

La tente est secouée de soubresauts. Nous sortons voir ce qui se passe. Le panorama de montagnes devant lequel nous nous sommes endormis hier a disparu. On ne voit même plus notre drapeau français flottant sur le piquet au bout duquel nous avons planté un crâne de chèvre. Dans l'ouverture de la tente s'encadrent trente têtes de Tibétains plus sales et plus riantes les unes que les autres.

– *Dalaï-lama picture ! Dalaï-lama picture !*

S'il est un cri qui résonne dans les plateaux silencieux, c'est bien celui-là.

Le Tibétain ne possède pas grand-chose. Depuis quarante années on lui a presque tout volé. Il lui reste l'espoir et le rêve. L'espoir que le dalaï-lama quitte un jour à cheval la ville indienne de Daram Sala où il s'est réfugié et, franchissant les montagnes, revienne dans son pays. Le rêve qu'il réintègre le Potala et règne à nouveau sur le Tibet. En attendant :

– *Dalaï-lama picture !* nous demandent-ils.

– Alex, passe-moi le canif.

Au couteau, nous coupons des mini-portraits du dalaï que nous avions achetés à Lhassa. La distribution peut commencer.

Les enfants nous aident à plier la tente et nous partons. Commence une montée interminable vers le col. Un seul moyen pour ne pas sombrer dans le découragement : se fixer des repères et des points à atteindre. Jusqu'au prochain buisson. Puis jusqu'au prochain rocher quand il n'y a plus de végétation. Puis jusqu'à la prochaine congère quand la neige a tout recouvert. Et puis pédaler, pédaler, encore pédaler, jusqu'à la prochaine borne que l'on aperçoit un peu plus haut. La borne ? Serait-ce la fin ? Le col ? On n'ose y croire et on se force à ne pas regarder. C'est bien lui, le panneau de béton posé par les Chinois, qui indique les 5 200 mètres d'altitude. Il est dix-sept heures. Nous avons pédalé neuf heures sans discontinuer.

La descente est suicidaire. Une énorme dépression atmosphérique nous rattrape peu à peu et des vents d'une violence inouïe nous propulsent dans les pentes. À soixante-dix à l'heure nous négocions des virages serrés, grisés par la vitesse et la magnificence des paysages. À présent l'orage se déchaîne sur la passe.

Un 4 × 4 nous dépasse en trombe et s'arrête devant nous en soulevant la poussière. Deux Occidentaux sortent dans la fumée.

– Sylvain ! Alexandre ! Vous êtes déjà là !

– Nathalie ! Philippe ! Quelle joie !

Nous avons rencontré Philippe et Nathalie à Lhassa, la semaine dernière. Ils devaient partir quelques jours après nous pour le Népal, et nous étions convenus d'un hypothétique et aléatoire rendez-vous sur la route. Ils croyaient nous avoir dépassés sans nous voir et ne s'attendaient plus à nous trouver. Les retrouvailles sont joyeuses.

– Quand nous avons vu l'allure de La Pak La Pass et la tempête dans la descente, nous nous sommes dit que si vous passiez vous étiez des surhommes.

– N'exagérons rien, cher ami, vous faites gonfler nos mollets, répondons-nous, modestes.

– Nous allons dormir dans un hôtel qui se trouve dans le village de Xegar à trois kilomètres d'ici. Voulez-vous que nous nous y retrouvions ?

*Xegar, samedi 20 mai 1994*

– Tu mets quoi ce matin ?

– *Poison* de Christian Dior, et toi ?

– *Safari* de Ralph Lauren ou de l'Hermès, j'hésite encore.

Depuis Lhassa, nous nous réveillons tous les jours dans un grand luxe de parfum. Ma mère nous a laissé avant son départ une série d'échantillons dont nous nous aspergeons copieusement avant de nous lever. Le parfum sur la crasse pure. Comme au grand siècle.

Nous avons dormi cette nuit sous la tente, sur le parking de l'hôtel de Xegar. La bâtisse, construite dans le plus pur style néo-moscovite revu par la révolution culturelle, insulte le paysage. Comme une ville fantôme au milieu d'un désert. Elle élève ses murs de béton gris au bord de la route, à la croisée d'un chemin qui mène au village de Xegar. Là-bas, un monastère tibétain rivé à la paroi d'une falaise domine le plateau.

– Venez, je vous invite à petit-déjeuner, nous dit Philippe au matin.

Dans la salle de restaurant de l'hôtel, une Chinoise narquoise toise Philippe et lui lance :

– *Meïo coffee !*

– Bien sûr que si, madame, regardez tous ces gens qui prennent leur *petit déjeuner*

– *Meïo coffee, get out.*

La Chinoise ne veut visiblement pas céder. C'est notre présence qui doit la perturber. Nous n'étions pas inscrits sur ses fiches de réservation. Mais elle a eu la malchance de tomber sur Philippe. Exténué par ce que lui font subir l'administration et les services hôteliers chinois depuis le début de son voyage, il explose. Le café refusé, c'est la goutte qui fait déborder le vase en porcelaine. Nous sommes témoins de la plus formidable colère qui soit. Froide et terrifiante. Philippe saisit une table couverte de vaisselle. La table décrit dans la pièce une belle courbe parabolique avant de s'écraser dans un coin. Elle vole en éclats. Les faïences se désintègrent dans un fracas formidable.

– Il est un peu irritable en ce moment, allez voir si vous pouvez le calmer, nous demande Nathalie.

Mais il n'y a plus grand-chose à faire. Les quelques touristes allemands qui occupaient les lieux se sont arrêtés de respirer. Certains n'ont même pas tourné la tête et contemplent les motifs des nappes. Les Chinois se cachent derrière les tentures. Philippe se tient au milieu de l'assistance qui n'ose pas croiser son regard.

– *Please I need some coffee,* répète-t-il calmement.

Une main tremblante se tend par la porte de la cuisine, brandissant une cafetière fumante. C'est celle de la tenancière revenue à la raison.

– *Mister, please, here, coffee, mister, coffee.*

Nous petit-déjeunons tous les quatre dans la grande pièce

vide. Les Allemands ont quitté les lieux sur la pointe des pieds. Les Chinois sont toujours aux abris.

– Parfois il faut savoir demander les choses fermement, conclut Philippe en souriant.

Ils repartent vers le Népal. Mais nous les rattraperons un peu plus loin, arrêtés à un contrôle policier. La tenancière a prévenu les autorités. Ici tout se règle devant un képi.

– *Excuse me, please !*

Au moment où nous donnons les premiers coups de pédale pour quitter la cour de l'hôtel, une vieille dame nous fait signe de revenir. Elle s'appelle Adriana. Elle nous explique qu'elle fait partie des passagers du grand bus allemand garé sur le parking. Elle a voyagé dedans à travers le Moyen-Orient et l'Asie. Ils sont ainsi une quinzaine de Teutons à parcourir le monde dans ce qu'ils appellent le Grand Bus Hôtel.

– Je vois que vous voyagez à vélo. Où allez-vous ?

– Nous essayons de rentrer chez nous. En France.

Commence alors une extraordinaire conversation technique avec cette vieille dame.

– J'ai moi-même beaucoup roulé à vélo. Et notamment il y a six mois dans les Shetland. Très difficile, temps pourri et puis j'avais des problèmes de pignons. Au fait vous êtes équipés en Hyperglyde ou en Powerglyde ?

– Euh... Euh... En Powerglyde, je crois.

– Ah bon, et vos moyeux, c'est de l'Exage ou de l'XTR ?

– Bien... de l'XTR, me semble-t-il ?

– C'est bien, vous avez raison, c'est plus solide. Ah ! je vois que vous avez un changement de vitesses indexé, c'est parfait, vous êtes bien équipés.

– Merci, madame... Nous...

– Ah ! voilà que le chauffeur vous appelle lui aussi. Allez-y !

Un peu sidérés par le cours de mécanique que nous venons de recevoir, nous nous approchons du bus. Il ressemble à un long camion monté sur des roues énormes aux pneus crantés. Aucune passe de l'Himalaya ne résiste à la puissance de son moteur. L'aménagement intérieur et les grandes soutes où sont stockés les vivres permettent l'autonomie dans les régions les plus désertes. Le chauffeur nous invite à le suivre vers l'arrière du bus. Il ouvre le coffre. C'est la corne d'abondance. Toutes les charcuteries de Bavière réunies dans un caisson. Assez de cochon pour faire sauter le Moyen-Orient. Nos bras se chargent de salamis, d'andouilles et de boîtes de lard. Nous devons en refuser les trois quarts. Nous bredouillons des mercis.

– Nous mangerons tout cela en haut de la Gyatso Pass à votre santé.

– En parlant de santé voilà pour tout de suite, dit-il, en nous tendant des bières fraîches.

Car pour la bière non plus, ils ne risquent pas la disette. Ce car est une Oktoberfest ambulante.

– *Auf Wiedersehen !*

Les Allemands saluent nos premiers coups de pédale. Nous commençons à prendre de l'élan. Mais décidément, Xegar veut nous garder. Un vieux camion chinois, fumant comme un dragon asthmatique, pénètre dans la cour de l'hôtel au moment où nous en sortons. Nous avons le temps d'apercevoir, assis dans la remorque, une douzaine d'Occidentaux aux mines hâlées et fatiguées. Leur allure, leur regard, leur teint et l'épuisement qui se lit sur leurs traits ne laissent pas de doute. Des alpinistes !

Nous faisons demi-tour. Le camion est garé. Déjà quelques hommes ont commencé le déchargement. Sur les grosses cantines qui s'empilent par terre nous lisons : Spedizione Alpinistica Everest 1994 Italia.

Nous abordons l'un des himalayistes. Il se nomme Paulo. C'est le médecin de l'expédition.

– Vous avez réussi ?

– Non. Échec.

– Le mauvais temps ?

– Non, on est montés jusqu'au camp VI au-dessus des 8 500 mètres mais notre chef s'est tué.

– Qu'est-ce qui s'est passé ?

– Une connerie. Il descendait en rappel un petit ressaut juste avant le camp II, mais, diminué par la fatigue, il n'a pas vu le type qui descendait juste devant lui et qui s'était arrêté sur une vire. Il l'a cogné. Sous le choc, son descendeur s'est ouvert et il a dévissé. Deux mille mètres.

– Vous avez vu sa chute ?

– Non, moi j'étais dans la première équipe d'assaut. On se préparait à partir quand on nous a annoncé le drame à la radio depuis le camp II. On a décroché. On est redescendus. On n'allait quand même pas se taper la joie du sommet ! Le pire c'est qu'en revenant au camp de base on a trouvé le cuisinier tibétain raide mort. Œdème cérébral ! Il y a vraiment des jours où on se demande ce qu'on lui a fait, murmure l'Italien en regardant dans la direction de l'Everest.

Nous comprenons mieux à présent les mines défaites et ravagées des Italiens. La triste expédition revient meurtrie et bredouille. Il règne une pesante ambiance de chagrin contenu. Chacun retient sa peine. Un montagnard, même italien, n'est pas une pleureuse sicilienne. Le deuil qui entache les expéditions ne suscite jamais de démonstrations indécentes. Et les larmes pour l'ami tombé en paroi coulent en silence le long des joues burinées. Une sorte de pudeur et d'effroi mystique face à la montagne tueuse rend toujours les chagrins muets et fait saigner les cœurs en silence. « Mourir en montagne est un acte de foi », écrivait Buzzati.

– Et elle ? demandons-nous en montrant à Paulo une femme blonde.

– C'est sa femme. Elle attendait à Katmandou notre retour. Elle nous a rejoints au camp de base. Et vous, qu'est-ce que vous faites ici ?

– Nous faisons un peu de vélo.

– J'ai roulé à vélo, sur la Spregisandur, cette route qui traverse le grand plateau de lave du centre de l'Islande, nous apprend Paulo.

– Quelle coïncidence ! Nous avons fait le même raid, l'année de nos dix-huit ans.

– Hélas, l'un d'entre nous a dû abandonner après avoir cassé son vélo.

Paulo est décidément l'homme des expéditions maudites.

Nous faisons nos adieux aux membres de l'équipe himalayenne. C'est la seconde fois après le Maroc que notre route croise la mort en montagne.

À une centaine de kilomètres de Xegar, la route se scinde en deux. Vers le sud, un chemin de plus en plus étroit et escarpé mène jusqu'au camp de base tibétain de l'Everest. À la bifurcation s'élèvent quelques maisons : le village de Tingri. Ici, c'est le dernier salon où causent les alpinistes. Le dernier contact avec le monde des hommes avant de livrer bataille. Quand nous arrivons à Tingri après une piste exténuante, nous surprenons un Américain assis sur le bord du chemin.

– Salut ! Vous voulez de l'aide ?

– Non, merci, j'attends le camion qui ramène mes amis du camp de base. Je suis parti devant eux pour essayer de trouver du ravitaillement à Tingri.

– Vous êtes allé en haut ?

– Non, hélas. Simplement jusqu'au camp V à 7 900 mètres. Après ça a été le cauchemar. Les jet-streams, ces grands courants atmosphériques qui tournent autour de la terre à 10 000 mètres d'altitude, sont descendus en dessous des 8 000 ! J'ai jamais vu des vents pareils. Ils arrivent à freiner les Boeing, alors quand tu te trouves pris dedans, tu n'as plus qu'à prier pour que la montagne ne s'envole pas.

– Il reste des expés là-haut ?

– Oui, une équipe de Japonais et puis des Néo-Zélandais qui sont arrivés hier au camp de base. Parmi eux il y a même une Française. Elle s'appelle Chantal ! C'est drôle une French girl avec des Kiwis. J'espère qu'elle va pas leur faire sauter le camp.

– Elle est jolie ?

– Dans un café de Manhattan je ne l'aurais même pas remarquée, mais, à ce maudit camp de base, ça fait l'effet d'une bouteille d'oxygène. Et puis elle se parfume à faire tomber des avalanches.

Le rideau de nuages tombé sur l'horizon se dévoile soudain. Et l'Everest apparaît. Il se dresse immense et immuable. Entouré de ses vassaux, le Lothse et le Makalu. Le petit chapeau sommital ressemble à un nuage. À ces altitudes on ne sait jamais très bien si l'on est toujours en montagne ou déjà dans le ciel. Le rideau est retombé. Nous avons réussi à voler au mauvais temps trois minutes de contemplation. L'Everest se cache à nouveau. Un orage pointe. Il faut continuer la route.

Nous voulons gagner Gutsuo, un village à 40 kilomètres de Tingri. Nous mettrons cinq heures. La progression est dantesque. L'orage nous a rattrapés. Les rafales de vent couchent à l'horizontale les traînées de grêle.

Nous arrivons à Gutsuo comme des morts vivants. Des militaires chinois nous interceptent sur le bord de la route et nous conduisent dans leur cantonnement. Ils nous préparent un souper et, sans que nous leur ayons rien demandé, ils nous installent dans une chambre nettoyée. Nous sommes trop fatigués pour essayer de comprendre ce qui se passe mais pas assez cependant pour ne pas saisir que ce confort qu'on nous ménage est celui d'une prison dorée. Nous entendons le bruit de la clef qui ferme notre porte de l'extérieur avant de nous écrouler de fatigue après ces 40 kilomètres de naufrage.

*Gutsuo, dimanche 22 mai 1994.*
*Poste militaire chinois avancé*

Ils sont maintenant une vingtaine autour de nous. Vingt militaires chinois qui nous regardent de leurs petits yeux où il est impossible de lire quoi que ce soit. Au moment où nous nous apprêtions à sortir du camp, ils nous ont barré la route. Ils ne donnent pas une image très flatteuse de l'armée chinoise. Sur leurs épaules, aucun galon. La taille moyenne ne dépasse pas le mètre soixante-cinq et aucun ne porte d'armes. Tous en revanche sont chaussés de tennis bâillantes et sales. Ce petit peloton est à l'image de l'armée de Chine. Le nombre remplace la qualité de l'entraînement. La masse pallie le manque d'élite. Comment avons-nous pu nous laisser aller à croire que leur hospitalité d'hier était un geste bienveillant ? Le plus hargneux d'entre eux poussé par ses camarades nous demande 150 yuans. C'est-à-dire le triple de ce qu'il nous reste pour aller jusqu'à Katmandou. Il s'agite comme un petit roquet ridicule. On croirait voir se tortiller un ver de vase qui a attrapé des amibes. Nous ne possédons pas ce qu'ils demandent. Surtout nous ne voulons pas céder au racket. S'ils nous avaient fait comprendre hier au soir qu'ils nous offraient un service rétribuable, soit. Mais ils se sont comportés en brigands. Après avoir tour à tour dispensé de grands sourires, fait semblant de ne rien comprendre, puis montré que nous n'avions pas un sou en poche, nous commençons à manifester notre exaspération. Nous nous sommes levés ce matin sans autre préoccupation que celle de livrer bataille à des cols de 5 000 mètres, et voilà qu'une bande de mouches à yuans contrecarre nos projets. Nous fonçons dans le tas. Les Chinois font bloc. La technique de la tortue. Ils conglutinent pour nous opposer la masse compacte de leurs corps noueux. L'un d'eux attrape à pleines mains le vélo d'Alex et tente de le renverser. Un direct puissant dans le menton l'envoie mordre la poussière. Alex n'a pas pu s'en empêcher. J'ai saisi la barre de fer. Voilà une partie de base-ball qui va commencer. Un coup de sifflet nous sauve de la curée. Un officier galonné et botté, trique à la main, s'approche de l'attroupement. Les Chinois se mettent précipitamment en rang. Il passe en revue ses soldats. D'après le son de sa voix, ses hurlements ressemblent à des reproches.

– *Thank you, mister, you know, we didn't want...*, commençons-nous à bafouiller pour remercier l'officier.

– *Give me thirty yuans and go !*

Nous sommes sidérés.

– Il ne perd pas le nord lui au moins !

– Moi qui croyais qu'il engueulait ses hommes pour leur apprendre à ne pas racketter les cyclistes !

– En fait il devait leur reprocher de ne pas l'avoir attendu.

– Ce qui est heureux, c'est que l'octroi diminue !

– Si on appelle le général, peut-être qu'on pourra s'entendre à dix yuans.

– *Thirty yuans ! Quickly !* hurle à nouveau le militaire.

Il nous fixe de son regard vitreux de mérou. Nous n'allons pas recommencer nos simagrées. Nous sortons trente yuans qui par un hasard malheureux tombent aussitôt de nos mains et se déposent en virevoltant dans une flaque d'eau, sous nos pieds. Le Chinois ramasse les billets trempés et crie quelques mots. Les soldats s'écartent du passage et nous laissent partir.

La passe de Gyatso, du nom du dalaï-lama, est une tueuse. Car elle présente un double col. Le premier à 5 000 mètres, le second à 5 250. La piste qui y mène ressemble à une rampe qui s'élève doucement, faiblement et lentement, le long d'un versant rocheux.

Nous allons quitter l'Empire de Chine. La passe de Gyatso est une frontière géographique. La charnière entre l'Asie extrême et le royaume des Indes. Nous sommes au bout du Tibet. La Gyatso Pass est la dernière barrière qui le sépare du Népal. L'ultime obstacle. La halte imposée et propice à la méditation du voyageur qui s'apprête à plonger dans la descente comme on franchit un parapet au-dessus d'un précipice. Le col, ce morceau de route, ce minuscule segment de plat, coincé entre ciel et terre, est une apothéose. L'aboutissement de tant de luttes contre les vents, contre les pistes, contre les cols et contre nos propres défaillances. La récompense d'une chevauchée qui a commencé dans les collines du Yunnan et qui nous a portés jusqu'en face de l'Everest à travers le Toit du monde.

– Champagne !

Alexandre transporte depuis Lhassa dans ses sacoches une demi-bouteille envoyée par son frère Charles-Éric à Lhassa. Une délicate attention de cinq cents grammes. Une surcharge superflue que seule l'idée d'un toast porté aux dieux de la montagne pouvait justifier. Le temps est venu de trinquer. Quelques scalps de yacks déposés là comme ex-voto par des moines soutiennent un bouquet de drapeaux à prières. Nous nous coiffons de ces casques barbares. Le couteau sabre la bouteille. Un geyser de mousse fuse en sifflant. Des millions de bulles secouées par tous les chaos du Tibet s'envolent dans l'air de l'Himalaya.

– À ta santé, Qomolongma !

L'effet de l'alcool à jeun, après des heures d'effort à 5 000 mètres d'altitude, est rédhibitoire et fulgurant. L'Everest vacille. Nous repartons en zigzaguant.

À présent nous allons enfin connaître le repos. Le désir qui hante tout cycliste d'avancer sans pédaler. Sous nos roues s'ouvre l'une des plus grandes descentes du monde : 120 kilomètres ininterrompus qui doivent nous propulser depuis les neiges éternelles jusqu'au fond des jungles humides. Mais le Tibet déploie sa dernière défense. Le vent. La perspective de cette descente nous donnait des ailes dans les montées sans fin. La carotte qui fait avancer l'âne. Elles sont cuites à présent. Le vent du sud s'est levé. Au moment où nous sentons la pente nous aspirer, les premières rafales lancées à l'assaut des versants comme des vagues nous freinent dans l'élan. Le raffut strident de la tornade sonne le glas de notre répit. Il va falloir se battre pour gagner chaque mètre. Même dans les tronçons où la pente s'incline à 15 ou 16 %, il faut se courber pour avancer, se lever sur les pédales. Nous peinons comme deux brutes. Rouler dans une montée raide ne nous demanderait pas beaucoup plus d'énergie. Nos jurons de rage ne dépassent pas le seuil de nos lèvres. Avalés par la tempête. Le vent de face est déjà un supplice en soi. Mais le vent de face dans une descente est bien plus terrible. Car il donne le sentiment d'une joie gâchée. La félicité de se laisser porter réduite à néant par le vent maudit.

Quelques lacets sont arrachés au souffle contraire. L'Everest a déjà disparu. À nouveau dissimulé par les croupes érodées.

– Huit à l'heure ! hurle Alexandre.

Là où nous devrions filer comme des flèches à plus de cinquante, nous dépassons à peine l'allure d'un marcheur.

– Arrêtons-nous un moment en attendant que ça passe, continue-t-il à crier en me montrant une maison sur le bord de la route.

C'est un poste de cantonnier. Un homme nous accueille. Autour d'un poêle, deux enfants caressent une chèvre. On entend la tempête s'acharner avec une rage d'animal blessé sur les murs de la bâtisse.

– *Chefâ ?* nous demande le maître de maison.

– *Yes, yes. Hungry ! Yes.*

Depuis bientôt dix heures nous n'avons rien avalé d'autre

que du champagne. L'homme revient d'une pièce attenante avec une cuisse de chèvre dans les mains. La salle commune s'emplit d'une insoutenable odeur de cadavre avarié. Le morceau de viande n'est pas fumé, ni salé. Simplement laissé en pâture aux champignons qui y prolifèrent. Le cantonnier découpe une large tranche dans son gigot pourri. Il en engloutit une part et nous tend le reste. Nous mangeons.

– On dirait du roquefort.

– Du roquefort un peu passé avec un tout petit arrière-goût de maroilles.

– C'est très étrange.

– C'est épouvantable.

– Épouvantable.

La petite chèvre bêle dans les mains des enfants. Nous venons de comprendre qu'ils caressent leur futur garde-manger. Nous avons dans la bouche un goût de charnier.

Avec quelques gestes le Tibétain nous explique qu'un prochain village se tient à 40 kilomètres de là et se nomme Nyalam. Le vent n'est pas tombé. À quoi bon attendre une accalmie qui ne viendra jamais ? Nous savons bien que c'est la pire des inutilités qui soient que d'espérer du ciel une pause sur commande.

La route vers Nyalam sera notre calvaire. La preuve que rien n'est jamais gagné. En parlant avec une Chinoise anglophone, nous apprendrons que Nyalam signifie « enfer » en tibétain. Nous en faisons l'expérience. Pas une seconde le vent ne faiblit. Nous sommes sonnés par ses mugissements. La route ne cesse de descendre. D'arrache-pied, nous continuons à grignoter lamentablement les centaines de mètres, repoussés par les rafales. La nuit nous masque à présent les trous de la piste. Voilà que des bancs de sable recouvrent la route. Nous dérapons. La neige maintenant. Couchée par le vent. Les lignes de flocons nous percent le visage. L'air est glacé. Étrangement la lune continue de diffuser une lumière laiteuse. Notre progression est dérisoire. Nous ne dépassons jamais le neuf à l'heure. Une attaque de chiens. Trois molosses haletants nous harcèlent. Nous nous tenons dos au précipice. Protégés par nos vélos. D'où ont-ils surgi ? Nous n'en avons que faire. Nous sommes tombés à un tel degré de lassitude que plus rien ne nous importe. Une avalanche pourrait emporter la route, nous continuerions à rouler dans les décombres. Certains parlent de second souffle pour décrire cet état d'indifférence à la douleur et de subit coup de fouet qui transcende l'épuisement. Mais à Nyalam nous n'avons même plus de souffle. Plus la moindre pensée. Plus la moindre envie. Le vague souvenir que nous venons de rouler 120 kilomètres, que nous avons passé deux cols à 5 000 mètres. La trouble impression qu'il reste encore quelques heures de grand vent devant soi. Et la confuse sensation d'une soudaine humidité. C'est que nous roulons dans l'eau en ce moment. La route traverse un torrent. Mais quand donc arrivera Nyalam ? Tiens, je croyais que l'eau n'avait mouillé que mes pieds. Qu'est-ce donc qui coule sur mon visage. Des larmes ? Et j'entends Alex renifler devant moi. Voilà que nous chialons comme des mômes. Et cette descente qui devait être une partie de plaisir !

Tout à coup nous sommes arrivés. Nyalam ! Sinistre bourgade écrasée sous une paroi noire. L'enfer, disent-ils ! Pour nous la rédemption d'y être enfin parvenus. Un homme s'approche en uniforme, sous la neige.

– Passeports !

Il a dû voir dans nos regards la marque d'un tel épuisement qu'il se reprend et nous dit doucement :

– *Ok ! You can go.*

*Nyalam, lundi 23 mai 1994*

– C'est pas vrai !

– C'est dingue.

– *Toudjaï ché !* Merci, merci !

Nous n'en croyons pas nos yeux. Dans la cour de la maison où deux Tibétains nous ont accueillis hier trône un tas de tissus informes et sales. La neige, tombée pendant la nuit, a saupoudré le haut du monticule. Blottis sous les draps et les tentures dorment les deux Tibétains. La veille ils nous avaient installés dans une pièce où régnait une douce chaleur. Dans notre état de décrépitude avancée, assommés de sommeil, nous n'avons plus fait attention à nos hôtes. Ils ont passé la nuit dehors, pour nous laisser leur lit.

Le premier réflexe : regarder le drapeau à prières. Et louer Dieu car il pend comme un rat crevé attaché par la queue. Le vent est mort. Nous allons descendre et jouir. Nyalam se trouve à 4 000 mètres d'altitude. Trente kilomètres de route vont nous faire perdre plus de 3 000 mètres de dénivelé et nous conduire à 800 mètres. En moins d'une heure les étendues arides minérales et stériles des hautes terres tibétaines vont céder la place à la vie proliférante des forêts tropicales.

Nous allons assister à la genèse du monde. L'évolution en raccourci sur un vélo. Du bloc de granit et du cristal de glace aux frondaisons et aux volières géantes. Les premiers virages. La naissance de la vie commence. La montagne accouche d'abord de quelques buissons. On distingue encore : la roche inerte entre les touffes espacées. Nous descendons encore. 60 kilomètres à l'heure dans les lignes droites. Un sapin. Un autre. Une forêt de conifères. Nous pédalons dans la Suisse. Un oiseau s'envole d'un pin à crochet. Des parterres d'herbe rase rampent sous les sapins. On sent l'acidité de ces sous-bois sombres où vivent les écureuils. On tend presque l'oreille pour entendre la clarine d'une vache. Un feuillu ! On croirait un charme, ou un frêne. Nous sommes dans la zone de litige. Cet étage dramatique où, sur toutes les montagnes du monde, les végétaux se livrent combat. La grande lutte du feuillu contre le conifère. La guerre de l'aiguille contre la nervure. Nous perdons de l'altitude. Dans ce sens, les sapins cèdent toujours. Une forêt tempérée est apparue. Pour combien de temps nous accompagnent-ils dans notre chute, ces fougères et ces champignons ? Soudain un papillon aux ailes bleues se pose sur un feuillu. C'est l'ambassadeur des tropiques. La jungle n'est pas loin.

C'est alors qu'apparaît Zanghmu, la ville frontalière. Derniers regards jetés sur les immeubles lépreux, sur les trottoirs sales et défoncés, où une petite enfant se tient le ventre, secouée de spasmes de dysenterie. Derniers regards sur le drapeau rouge qui flotte, sur la rue boueuse et sinistre, et sur la seule issue possible à cette lugubre ruine : la bande rouge, peinte au milieu du Friendship Bridge, qui annonce la liberté et le Népal.

# DE ZHANGMU À SONAULI

## *Alexandre*

« Sur le pont de Kodari, on y danse, on y danse... »

Nous jouons à la corde à sauter avec la frontière. Nous passons et repassons de la Chine au Népal en un charleston endiablé. La ligne rouge peinte au milieu du « pont de l'Amitié » enjambant la Sun Kosi [1], suspendu dans les airs, déchaîne nos cris de victoire, réprimés par incrédulité jusqu'à la dernière seconde. Au mépris de la susceptibilité du factionnaire chinois, nous laissons libre cours à notre joie de recouvrer la parole, la liberté...

Le secret ressort des choses est à la portée d'un sourire. Les choses n'aiment rien tant qu'être honorées d'un sourire ; elles se transfigurent alors et n'ont de cesse de vouloir nous rendre une politesse immanente. Depuis plusieurs jours nous ne souriions plus à la Chine, et elle nous le rendait bien à travers autant d'épreuves que de mépris.

Notre nouvelle élue du cœur s'appelle Népal. Quoique vêtue des haillons délabrés d'une souillon, l'état de grâce nous la fait voir en princesse.

Nos passages de frontière sont invariablement euphoriques ; ils trahissent une intarissable soif de nouveau, et ce candide entêtement qu'ont les chercheurs d'Eldorado à toujours croire le paradis de l'autre côté de l'horizon. Mais, autrement plus tangible, cet alignement de cases pouilleuses entérine notre folle tribulation à travers l'« Empire des extrêmes » : en quarante-cinq jours nous avons cumulé plus de 60 000 mètres de dénivelé à travers la jungle du Laos, les collines du Yunnan, et

1. Rivière d'or.

une trentaine de cols tibétains culminant entre 4 000 et 5 500 mètres d'altitude. Étirée, la vue en coupe de cette « chevauchée fantastique » aux allures d'électrocardiogramme équivaut à une montée de 5 %, ralliant Paris à Barcelone (1 200 kilomètres), ou encore à l'ascension de deux cents tours Eiffel à bicyclette.

L'officier du poste frontière népalais nous réapprend à parler. C'est la première réelle conversation que nous avons avec un tiers depuis plus d'un mois !

Nous nous livrons à ce douanier avec la volubilité de rescapés, comme s'il nous avait sauvés d'un grand péril...

Les frontières ne sont pas que des virtualités géopolitiques : elles séparent véritablement des mondes différents. Et il y a fort à parier que, dans les jours qui vont suivre, tout ce qui nous éloignait des Chinois va nous rapprocher des Népalais.

Notre envoûtante descente dans le monde du bruit et des odeurs se poursuit. Des langues moites nous lèchent le visage ; nous sentons l'air lourd peser sur nos épaules : l'air éthéré des hauteurs est devenu visqueux.

Un moulin autonome, mû par un torrent, moud du grain en récitant ses prières. Au-dessus de la meule tournant dans le sens des aiguilles d'une montre, un petit cylindre en cuivre repoussé contient une prière animée. Le réservoir à grains, conique, lâche un à un dans le trou de la meule sa précieuse marchandise en vibrant sous l'action d'une pièce de bois hoquetant sur la pierre tournante : pain de l'homme et pain des dieux...

La piste, construite avec l'aide des Chinois de 1963 à 1967, est totalement dégradée. Nous nous cramponnons à nos poignées de frein en résistant à la tentation de l'explosive roue libre. Des trombes d'eau s'abattent soudain. Grasses et chaudes, les grosses gouttes font ruisseler notre précieuse crasse tibétaine. Ce sont les premières frondaisons de la mousson d'été qui se heurtent à l'Himalaya. La douche ! Nous n'avons plus nos cirés, donnés à des Tibétains avant de quitter la Chine. Inquiets pour nos cahiers et appareils photo, nous nous réfugions sous la corniche d'un toit de maison. Un jeune professeur d'anglais népalais vient nous trouver. Des enfants s'agglutinent et nous dévorent de leurs grands yeux noirs. Le rideau de pluie ne cesse de s'intensifier. Le professeur nous invite chez lui pour l'après-midi, mais nous n'avons pas avalé notre ration quotidienne de kilomètres. Un poulet passe de son train de sénateur sous l'averse. Il m'inspire :

– On n'est pas des poules mouillées ! En route pour Katmandou !

Barabise nous offre notre première vision du Népal : briques, crasse, couleurs s'amoncellent de part et d'autre de la rue boueuse dans des empilements défiant les lois de la pesanteur. Tout semble inachevé, en perpétuelle édification. Les intérieurs népalais sont exigus et malcommodes ; les étals et les devantures prennent tout leur sens : ils étalent devant la porte. Tout ce qui est à vendre est visible de l'extérieur. Des caisses de Coca nous attirent comme des mouches.

– *Chinese, Thailand or Singapore Coke ?*

Au choix ! Nous croyons rêver ! Tout s'anime autour de nous dans une effervescence de sherpas bâtés, de vaches sacrées, de rickshaws surchargés d'enfants. Bruits – bulles d'odeurs capiteuses et poivrées –, friture – rugissements de tigres motorisés qui disparaissent comme des poulpes derrière leurs panaches noirs. Asie ! Joyeuse anarchie ! Retrouvailles avec l'animation, avec l'âme, avec l'homme.

Petits et râblés, mais étonnamment dissemblables, les Népalais offrent une palette allant du Mongol au Dravidien en passant par toutes les colorations de peau et toutes les formes de nez. Ils partagent tous les mêmes habits crasseux et un sourire de lumière. Des enfants espiègles, accrochés par grappes à des pick-up poussifs, s'égrènent à notre poursuite en se riant du slalom entre les camions.

Nous roulons vers Dolalghat en traversant des villages animés de jeux, animés d'enfants, animés de femmes. Dans des garages aménagés, agglutinés sous des lampes chauffantes, des milliers de poussins pépient de bonheur. À l'étage, des poules font les concierges derrière les carreaux tandis que les familles prennent le frais dans les basses-cours. Une vache avachie sur un banc nous dévisage avec perplexité : les publicitaires de Cuir Center ont dû s'inspirer d'un voyage au Népal ! Le Katmandou-Express nous dépasse. Tous les passagers du bus sont sur le toit, personne à l'intérieur ! Dans les tournants, le véhicule déséquilibré tangue dangereusement en menaçant de balancer sa cargaison dans les précipices comme le ferait un hippopotame pour se débarrasser de ses pique-bœufs. Déconcertant Népal, pays des surprises et de la gaieté, pays du sourire !

L'architecture campagnarde ne nous émeut pas particulièrement : des maisons de briques, cubiques, souvent inachevées et pauvres en fenêtres. Seules les femmes nous paraissent vraiment « bioutifoul », resplendissantes ! Leur sourire, la finesse de leurs traits, leur faconde féminine et leur charme mutin nous font redécouvrir tout un aspect contemplatif du voyage que la

Chine nous avait escamoté. Glaneuses, porteuses, bêcheuses, elles nous semblent bénéficier dans la société népalaise d'un respect, d'une indépendance et d'une dignité de bon aloi. Il est d'ailleurs révélateur que notre sympathie soit spontanément accordée aux pays dont les cultures sont les moins phallocrates. La condition féminine nous semble le grand enjeu des décennies à venir ! C'est par son amélioration que l'on pourra prétendre s'attaquer au sous-développement et aux fléaux que son mépris engendre : analphabétisme, travail des enfants, surpopulation...

La nuit nous surprend à Bolphi, petit empilement de maisonnettes de bois aux toits en pente recouverts de tuiles du même matériau. En tentant de faire entrer nos bicyclettes dans un boui-boui, nous découvrons l'extrême exiguïté des intérieurs népalais. Tout y est conçu sur le standard pygmée. Petits escaliers-échelles, couloirs étroits, plafonds bas, petites tables, bancs minuscules, dinette métallique et portions de Schtroumpfs ! On nous sert notre premier *dalbat :* plat national, fait de lentilles *(dal)* et de riz *(bat).* Hors du *dalbat,* point de salut ! Le reste « arrache la gueule », confit dans du piment corrosif ! Première urgence : apprendre à dire « sans piment » ! De grosses gouttes de sueur perlant sur mes tempes et me roulant dans le cou, je m'évertue à mastiquer de la viande avariée camouflée sous un incendie buccal tandis que Sylvain s'abstient et tente de me rafraîchir en me versant des goulées de Verlaine.

En grimpant à l'étage, nous découvrons le dortoir commun où nous allons dormir sur des grabats pouilleux. Bientôt des porteurs odorants et des femmes au nez orné d'un anneau de taureau viennent embaumer l'atmosphère de leurs âcres parfums. Moiteur collante, chaleur suffocante, accablés par l'air poisseux, nous sommes recrus de fatigue. Jamais nous ne sommes passés si rapidement dans deux pays si différents : le choc physiologique est rude ! Nous passons du froid au chaud, du sec à l'humide, du désert au surpeuplé, de la pierre à la jungle, de 5 000 à 500 mètres, de l'inhumain à l'humain, d'une société fermée à une société ouverte...

*Mardi 24 mai 1994 : 226e jour, 75 km. T : 14 564 km*

Une mouche bourdonne dans la pièce où filtre la lumière du soleil matinal : douce musique oubliée et déjà abhorrée ! Il a plu toute la nuit sans interruption. Des groupes de Népalais trempés n'ont cessé de faire bruyamment irruption dans le dortoir en se couchant à même le torchis. À cinq heures du matin ils sont partis dans le même charivari ; peuples déconcertants qui n'ont pas besoin de sommeil ! Il est vrai qu'à faire peu de cas de leur propre sommeil ils sont peu enclins au respect du sommeil d'autrui !

Mais la véritable entrave au sommeil, la calamité « soporiphage » du Népal, ce ne sont ni les moustiques de Malaisie, les chiens de Thaïlande, ou les Chinois de Chine, c'est la vermine, la vraie ! Celle qui grouille, qui rampe, qui saute ! Toute une armée coalisée de cafards, de blattes et de puces prend cette nuit possession de nos corps révoltés. Vociférant, nous débattant furieusement dans l'étuve de nos sacs de couchage contre cette inexorable invasion, nous brisons nous-mêmes tous nos rêves de sommeil. Comble de cruauté, les deux fuseaux horaires que nous avons gagnés prolongent de deux heures notre torture. Cette nuit est sans conteste la pire de toutes !

Au petit déjeuner, nous testons tout. Récalcitrants à manger trois fois par jour le même plat, nous refusons énergiquement le *dalbat* qu'on nous propose, et trouvons enfin du riz au lait et des sucreries frites rappelant les « cheveux d'ange » marocains. Nous repartons rassasiés sur les chemins de Katmandou. Les montées nous réassaillent bientôt. Cet objectif pourtant si proche, et cependant aussi éloigné que l'effort qui nous en sépare, nous obsède tout le jour. Nous nous mettons des œillères. Nous roulons vers Katmandou. La tortue ne folâtre pas devant la ligne jaune !

Nos esprits sont déjà à Katmandou, magnétisés comme de la limaille par cet aimant de légende. C'était sans compter sur la dernière montée de Dhulikel : 33 kilomètres sous un soleil de plomb non conducteur. Dès le franchissement de la rivière Bhote Kosi à Dolalghat, la route remonte vers le plateau de Katmandou, à 1 400 mètres d'altitude. À mi-parcours, je présente des signes alarmants de faiblesse. Accablé de chaleur, empoisonné par la viande pimentée de la veille, écrasé par le poids de l'air sur ma tête, et ramolli par notre nuit mouvementée, je suis pris de vertiges. Les jambes cotonneuses, les terminaisons froides, les yeux ballants et la tête embrumée, je ne résiste pas à la tentation de boire l'eau fraîche d'un ruisseau, où un bus de Népalais vient de s'abreuver. Floc ! floc ! fait ma panse en repartant. Le peu de sucre qui me restait dans le sang est dilué. Voiles noirs. Sylvain m'encourage ; je lui emboîte la roue, mécaniquement, en plongeant dans une belle hypoglycémie de débutant. Je manque de sel et de sucres, je manque de cristaux ! Il y a pourtant plein d'étoiles qui pétillent devant mes yeux. Des fourmis récoltent à présent le coton de mes jambes. Seuls des bruits feutrés, vaguement inquiets, me parviennent : Ça va ? ça va ? La montée me semble ne devoir jamais finir. Arriver ! Arriver ! Je tombe dans les pommes 500 mètres avant le col de Dhulikel.

Taloché par mon camarade, je recouvre mes esprits, allongé sur le bord de la route, trempé par les seaux d'eau qu'il m'a d'abord envoyés. Il me tend des vitamines et des tablettes énergétiques que je suçote sous le regard amusé d'une foule rassemblée pour l'événement, et nous avalons les derniers mètres pour gagner la ville. Katmandou est encore loin !

Après quelques vallées ravagées par l'implantation anarchique de l'homme, de terrains vagues et de chantiers, nous débouchons sur la cuvette de Katmandou, où les centaines de cheminées des briqueteries se le disputent avec les pagodes et les flèches des stupas. Le site est décevant, la légende doit se trouver ailleurs ! Nous ne sentons l'altitude ni ne voyons les sommets himalayens en toile de fond. Le site de Grenoble est bien plus beau ! Les guides vantent une des plus belles vallées du monde... !

Sommes-nous blasés ? Tous nos espoirs tendus vers cette étape nous l'ont-ils idéalisée ? « L'imaginaire déchoit-il ou se renforce-t-il quand il se confronte au réel ? » : question récurrente que se pose Victor Segalen dans *L'Équipée.* Katmandou est là, au loin, sous nos yeux, et ce spectacle nous laisse froids. Méthode Coué à la rescousse, nous répétons le mot Katmandou, comme pour nous convaincre de l'exclusivité du moment. C'est notre première rencontre de ce genre. Même Alexandra David-Neel, plus célèbre pour être une curieuse invétérée qu'une femme revenue de tout, ne parvient pas à cacher sa déception une fois arrivée à Lhassa, ville « où l'on ne trouve que de la pacotille indienne ». Même constat de René Caillié, entrant dans une Tombouctou convoitée des années durant, et n'y voyant qu'un « amas de maisons en terre mal construites »... Tyrannie des circonstances...

À l'instar de celle de Dakar ou de Bangkok, l'approche de Katmandou nous réserve son cortège de nuisances sonores, d'embouteillages, et d'hystérie urbaine. Et dire que des vagues de hippies sont venues ici, il n'y a pas si longtemps, pour le calme, la sérénité, et la « stupéfiante méditation », afin de fuir le stress et le matérialisme de nos sociétés occidentales ! Un comble !

« *Clean, green and healthy Kathmandu* », annonce fièrement une borne à l'entrée dans la capitale ; nous suffoquons dans les gaz d'échappement. Nous repartons dans un lèche-vitrines digne de Singapour, avides d'enseignes lumineuses, de marques, de références occidentales, passant chaque échoppe au laser de nos concupiscences. Tout ce qui heurterait un puriste de l'ancienne Katmandou et décevrait un touriste idéaliste, frustrés que Coca-Cola, Heinz, Colgate et Sony soient arrivés dans cette Mecque légendaire avant eux, nous enthousiasme. Tout n'est qu'une question de point de vue : hôtels, restaurants, librairies... autant de douceurs !

Nous fonçons à la *Kathmandu Guest House,* dans le quartier du Thamel, pour chercher des lettres en poste restante, et tombons étourdis devant un match en direct de Roland-Garros ! Dans le hall, rasés de frais dans leurs habits proprets sentant bon la lessive, des touristes nous dévisagent comme des héros qui seraient tombés dans une fosse à purin, partagés entre l'incrédulité et l'admiration. Ils ne savent rien de nous, mais leur regard en dit long sur ce qu'ils nous prêtent.

Sur les bons conseils du pilote du *Rothel,* ce car tout terrain allemand rencontré sur les hauts plateaux tibétains, nous allons disserter autour d'une bière et d'un tournedos au poivre vert chez *Old Vienna.*

– Est-ce que Mozart vous conviendrait ? répond le tenancier bedonnant à notre requête de musique.

– Oui !

Nous nous dilatons la rate, la panse et les oreilles jusqu'à satiété.

Le Thamel, quartier fétiche du *« happy renewal*[1] *»* à Katmandou, concentre les magasins de trekking, la gastronomie dite « continentale », les librairies occidentales, les salons de thé et les *guest houses* bon marché. Les hippies de jadis ne se déplacent pas sans leur Carte bleue. Il règne dans ce quartier une sage effervescence de jeunes filles anglaises venues tout droit d'Oxford pour leur *« year off*[2] *»*, de vieilles filles américaines échappées de leurs « cinq étoiles », de trekkeurs allemands moustachus, de bruyants Italiens, et de quelques pisse-vinaigre français, paraissant honteux d'appartenir à l'espèce des nantis.

Après un petit déjeuner de croissants et de tartines au

1. Joyeux renouveau hippie, sous la gouverne du mouvement New Age.
2. Année sabbatique.

*Helena's Café,* nous partons repus à la découverte de Katmandou. Le tourisme et les contemplations esthétiques ne se font que repu. « Ventre affamé n'a point d'oreille » : pour un ventre affamé, une pierre, si jolie soit-elle, reste une indigeste pierre !

Nous entamons une flânerie à travers les ruelles déjà animées de la cité de bois.

Les Népalais sont agréables et souriants ; ils dodelinent de la tête en nous parlant. Ils semblent flâner eux aussi dans le dédale de ruelles sans en chercher la sortie. Longues tresses noir de jais, raies rougies au *simrick* [1], peau d'ambre luisante d'huile parfumée, de belles femmes contenues soutiennent sans retenue nos « regards blancs [2] » de toute la profondeur de leurs yeux agrandis de *gazel* [3]. Heureusement, le *tika* [4] de leur front, symbole de la présence divine, comme un troisième œil sur lequel nous fixons nos regards, nous permet d'échapper à la brûlure pétrifiante de ces superbes « Méduses ».

Une vache lèche de sa langue râpeuse un bloc de sel accroché au mur. Un bambin me rattrape et me désigne d'une moue critique ma chaussure droite crevée par les épreuves tibétaines. Je n'ai même pas le temps de dire ouf ! qu'il me la délace et entreprend de la recoudre avec une pièce de caoutchouc. Tandis qu'il recoud, nous lui jouons de la flûte ; tous les enfants du quartier rappliquent dans un grand tumulte et nous entraînent dans de belles cours intérieures agrémentées de puits, où les bois sculptés rivalisent en beauté. Sérénité.

Au coin des rues, des petits temples rappellent l'omniprésence de la religion dans la vie des Népalais. Des fidèles de Ganesh ou de Hanuman viennent rendre le culte même s'ils en ont parfois oublié la signification. Bouddhisme et hindouisme sont intimement imbriqués : le Gautama Bouddha, né au Népal, est considéré comme un avatar de Vishnou. Le profane et le sacré se confondent. Une vieille femme écrase du vermillon sur la trompe du dieu éléphant en marmonnant un mantra : c'est le dieu de la Chance. La pierre noire de suie, dégoulinante de beurre, trône au milieu d'un tas de colliers de fleurs et d'offrandes du matin.

Pour déjeuner nous allons chez *Hot-breads* engloutir, un

1. Poudre rouge enduisant la raie médiane des femmes mariées (symbole de la perte de la virginité).
2. Nom donné aux yeux bleus des Occidentaux.
3. Poudre noire comme du khôl.
4. Pastille de couleur que les femmes mariées portent au milieu du front.

peu honteux, deux énormes hamburgers-frites. Stupeur ! On parle français dans notre dos ! Nous nous retournons d'un même élan : deux coopérants français en sismologie nous invitent à leur table. Après la narration de nos aventures, la proposition ne tarde pas : Stéphane et Marcellin nous invitent dans la superbe villa que leur solde d'expatriés leur permet de louer. Providence des cyclistes !

Nous passons l'après-midi à Durbar Square, haut lieu spirituel et dynastique de la capitale. Au débouché de la place de Basantapur, devant le temple de Shiva et Parvati, nous sommes saisis par la beauté du décor. Les mythes affluent, les images et souvenirs de livres se bousculent ; nous ne savons où poser les yeux. Les briques chauffées par le soleil rayonnent leur mystère, nous gravissons les cinq hautes marches du soubassement du temple de Bimsen afin de nous asseoir à l'ombre d'un de ses trois toits superposés pour profiter de l'élévation et goûter le moment.

À l'entrée du palais royal, sous une ombrelle, l'air diabolique de la statue de Hanuman Dhoka me heurte ! Gros fétiche rouge dépourvu de visage, le dieu singe est pourtant réputé pour être sympathique. Devant lui se dresse le plus vieux temple de la place, le Jagannath, célèbre pour ses étais sculptés de scènes acrobatiques du *Kama-sutra.* Je prends un à un les cartouches en photo quand un importun *saddhou* [1] se met en tête de vouloir me les faire payer. Je réussis à le convaincre que mon argent ne ferait que nuire à son ascèse ; il s'éloigne avec un sourire entendu. La sexualité, considérée comme une vertu cardinale purificatrice, est sacralisée au même titre que l'alimentation, tandis qu'est banalisée la relation permanente avec les dieux. Ni complexe ni défoulement, ces sculptures procèdent d'une volonté de diviniser une pratique humaine. Le grand paradoxe vient du fait qu'au quotidien les Népalais, très pudibonds, adorateurs d'une déesse vierge, cohabitent avec d'énormes phallus et un érotisme débridé.

Nous finissons cette galerie des dieux par le terrifiant Bhairav, au visage noir, coiffé d'une tiare à têtes de mort, barbouillé de sang, nous fixant de ses trois yeux exorbités et nous menaçant de ses trois paires de bras, armés d'une hache, d'un bouclier, d'une épée et d'un scalp. Dieu des Serments et gardien des mandalas, le monstre fantastique s'abreuve, lors des fêtes de Dasain

1. Ermite ascétique de l'hindouisme.

ou de Durga Puja, des flots de sang de centaines de buffles immolés. Brrr !

Le soir, nos amis sismologues nous présentent aux autres coopérants français autour d'un chateaubriand sauce bordelaise à l'*Everest Steak House.* Les vannes bien françaises fusent. Dzing ! Tiens, prends ça dans les dents ! Nous ne sommes plus habitués ! Ça fait du bien de se faire chambrer ! Nous finissons la soirée chez le « doc », jeune médecin de l'ambassade, spécialisé dans l'héliportage de trekkeurs cassés. À vingt-cinq ans, il mène une vie de rêve avec un niveau de vie et de responsabilités inouï. Nos « sismo », frais émoulus de leurs écoles d'ingénieurs, tiennent à eux seuls l'observatoire sismique népalais, se baladent, vont installer dans les montagnes des sondes capables d'enregistrer des pets de yack à l'autre bout du pays, et jouissent d'un statut de notables. Qui a dit que l'expatriation était dangereuse ?

Un adorable petit chaton vient se pelotonner en tremblant sur mes genoux. Quels êtres charmants ! Avant ce voyage, je détestais les chats et adorais les chiens alors que je ne connaissais ni les uns ni les autres ! Beaucoup de clichés tombent à Katmandou comme ailleurs : notre voyage dans le « monde réel » est riche de contre-pieds. L'expérience a des secrets qui échappent aux tubes cathodiques, ondes courtes, manuels poussiéreux et Schtroumpfs à lunettes.

Toute la nuit nous dévorons la presse française avec délices : un taureau en slip dans la rue des Saints-Pères, un plomb présidentiel saute encore, un coureur automobile qui en avait assez de tourner en rond trouve la sortie de la piste par la voie des airs...

Les jours suivants se passent à préparer la suite du voyage, à prolonger nos visas indiens, à divaguer sous le coup des violentes fièvres nauséabondes de la gardiase, colique locale agrémentée de relents d'œuf pourri.

Un soir de pleine lune, nous partons avec nos hôtes visiter le temple de Swayambunath, perché sur une colline dominant la cuvette de Katmandou. Son édification se perd dans la nuit des temps : c'est sans doute le plus ancien sanctuaire bouddhique du monde. Un interminable escalier vertical nous mène au temple illuminé. Dans la nuit, des singes font des glissades sur les rampes de pierre en poussant des cris stridents. Léthargiques le jour, ils se déchaînent la nuit, et ne voient pas d'un très bon œil notre intrusion.

– Faites gaffe aux morsures et à vos portefeuilles !

Au fur et à mesure de notre progression à tâtons en évitant les ombres confuses de singes qui détalent dans le noir, le stupa enflammé s'élève peu à peu dans la nuit derrière le parapet de la terrasse. En gravissant à quatre pattes les dernières marches surgissent du seuil les yeux fascinants de Bouddha, peints sur la face du stupa, juste au-dessus du dôme blanc. Une meute de chiens menaçants accueille notre arrivée d'une salve d'aboiements. Une cloche tinte tandis que bourdonne la voix sourde d'un moine tapi dans l'ombre. À chaque mouvement que nous faisons, la meute canine se précipite en aboyant de toutes ses gueules menaçantes, comme pour nous empêcher de troubler la quiétude des lieux. Le cuivre repoussé des rondes-bosses rutile comme de l'or au flanc des temples. Les moulins à prières, animés en rafales, ronronnent sur leurs roulements. Les capiteux parfums de l'encens et du beurre de yack nous enivrent tandis que la lune poinçonne de son disque orange les banderoles éclatantes des drapeaux à prières. Cette ambiance mystique saisissante est constamment perturbée par la lutte sans merci que se livrent les singes et les chiens. Les uns se jouent des verticalités, des interdits et des sens giratoires, tandis que les autres sanctionnent toute intrusion sur leur territoire par des batailles rangées dont les primates se tirent toujours par les airs en semant la fureur parmi les chiens. D'après la légende, les singes sont les réincarnations des poux de Manjushri, le patriarche légendaire de la vallée : pas étonnant qu'ils se cherchent des puces !

*Lundi 30 mai 1994 : 232e jour, 115 km. T : 14 679 km*

– Alex ! Alex ! Qu'est-ce que c'est que ça ?

Couvert des pieds à la tête d'une soudaine éruption de boutons rouges qui le démangent affreusement, Sylvain est en proie à un réveil difficile.

– C'est rien ! Juste un peu de piment, pour l'enfer qu'on va se taper !

Aujourd'hui nous plongeons dans la fournaise de l'Inde quand tout le monde la fuit ! Notre départ de Katmandou est douloureux, même si nous sommes pressés d'en découdre à nouveau – nous commencions à prendre de mauvaises habitudes de confort ! Le retour au monde est brutal : 16 kilomètres de montée dans les pestilences et les klaxons de la sortie de Katmandou. Le vent de face reprend. Au fil des kilomètres de la descente, l'air s'alourdit et se charge de chaude humidité. Dans un lit de rivière asséché, des armées de vieilles femmes accroupies dans les graviers concassent des galets au marteau. Voilà comment se fabrique le remblai népalais et comment vivent les personnes âgées qui n'ont pas eu suffisamment d'enfants pour assurer leurs vieux jours !

La nouvelle chaîne de Sylvain saute sans cesse. L'usure des dents des couronnes de pédalier et de pignon a du mal à s'adapter à sa rigidité. La pluie tombe. Cuisant paradoxe, la descente de la rivière Trisuli se solde par autant de montées qu'il y a de méandres ! Les éruptions de Sylvain le démangent terriblement. Dans un geste d'humeur, il déraille, entortille sa chaîne, casse son dérailleur et quelques rayons. Nous voilà beaux ! Condamnés à réparer sous la pluie, tandis que la nuit tombe. C'est comme si l'adversité rattrapait son retard à nos dépens après le court répit que nous nous sommes offert à Katmandou. Couple contre nature, l'homme et la machine vivent des relations souvent ombrageuses. Quand c'est le cas, les insultes gonflent un violent contentieux dont la machine est invariablement l'exutoire.

Heureusement, nous avions une chaîne de rechange ! Nous repartons dans la nuit pour nous venger de l'iniquité. Scrutant la pénombre sur cette route en travaux, aveuglés par les phares des camions, nous slalomons entre les pierres qui jonchent la chaussée, prêtes à ruiner en un instant notre voyage.

À Mougling, la halte du soir, nous rencontrons une Anglaise et une Hollandaise en provenance de l'Inde. *Piercing* dans la narine, cheveux en bataille, mangeant leur purée de lentilles à la main (c'est tellement plus pratique qu'à la cuiller !), elles nous content leur séjour dans un ashram en Inde :

– C'était « super » ! Toute la journée nous restions sous un arbre à fumer et parler de la vie avec le gourou. *It was so cool !*

– Intéressant ! répond Sylvain poliment. Et pendant combien de temps ?

– Six mois.

En effet ! bel exploit ! Sylvain va glisser sa cassette du *King Arthur* de Purcell dans le magnétophone qui diffuse une indéfinissable friture. Il revient s'asseoir, curieux de son effet. De grosses larmes dévalent soudain les joues de Ruth :

– J'avais oublié que cette musique était si belle et si profonde !

L'œil dans le vague, elle contemple intérieurement des

images de sa vieille Angleterre natale. Nous les quittons rassurés sur leur sort.

*Mardi 31 mai 1994 : 233e jour, 115 km. T : 14 794 km*

Nous n'avons pas réussi à nous lever tôt aujourd'hui, et allons sûrement le payer dans la journée car nous sommes redescendus dans les chaleurs tropicales du Teraï, la région des tigres et des singes. Une colique traîtresse me gonfle le ventre à n'en plus pouvoir respirer. Je me remets en selle en me disant que, si un jour je dois faire le récit de cette aventure, il faudra éviter à tout prix de n'en faire qu'une succession de souffrances et de maladies !

Quelques minutes plus tard, je trouve la justification de ma colique : affairé dans les fourrés, je reçois la visite de grands singes blancs sautant d'arbre en arbre en bonds prodigieux, ou s'en laissant choir tout à trac. Et je me complais, contre toute raison, à croire que sans cette colique je n'aurais sans doute pas profité du spectacle. Elle en était peut-être le prix !

Après 36 kilomètres nous sortons de notre dernier défilé dans des montagnes que nous n'avons pas quittées depuis le nord de la Thaïlande. Ce cap célèbre nos retrouvailles avec l'horizon. Notre champ de vision diminue, les perspectives s'écrasent ; quel bonheur de pouvoir penser à autre chose qu'à la prochaine montée, de se laisser emporter par un rythme régulier !

Nous roulons toute la journée en bordure du parc national de Chitwan, réserve de tigres et de rhinocéros. Les premières bribes de la mousson s'égratignent déjà sur le Népal après avoir survolé toute l'Inde sans lâcher une goutte d'eau. Ces douches sont un précieux réconfort à nos difficultés d'acclimatation à la chaleur. La nuit nous surprend au pied d'une écœurante et imprévisible montée de 10 kilomètres. La pluie se remet à tomber de plus belle. Toute la vallée du Gange, l'Inde et les platitudes s'étalent devant nous, et la route s'ingénie à passer par cet avant-poste de l'Himalaya : désopilant Népal ! Les cris de la jungle accompagnent notre ultime ascension, tandis que nous transitons entre nappes d'air froid et langues d'air chaud.

Mon chapeau, plus efficace que des lunettes de soleil contre l'aveuglement, me permet de rouler en tête la nuit tombée sans être aveuglé par les camions : en baissant un soupçon le chef, je place le bord du chapeau à la limite de la chaussée, juste sous les phares des camions, et je bénéficie ainsi d'une lumière rasante qui éclaire la chaussée.

Au sommet de la côte, une halte de camionneurs nous offre une dînette de *dal* ; dans la descente Sylvain se rend compte de l'oubli de sa serviette ; contre notre habitude, il remonte la chercher. Nous avons appris à vivre avec si peu de choses que tout ce que nous avons nous est indispensable. Chaque fois que nous égarons une chaussette ou un peigne, nous effaçons tristement de nos mémoires l'objet regretté d'une épitaphe glorieuse : « Vaillant petit peigne venu de France après tous ces kilomètres ! », comme si nous associions, dans un élan de fétichisme, un petit bout de plastique à notre progression.

En attendant Sylvain, je recueille avec mon poncho un litre d'eau douce comme du sirop. Je hume dans l'air crépitant de pluie les parfums de la nouveauté, et me retrouve subitement sur la côte basque à l'automne. Accords mystérieux. La mémoire de l'odorat est à la fois la plus précise et la plus étonnante. La nuit nuageuse explose d'éclairs de chaleur ; l'eau de mousson, chauffée par l'asphalte rayonnant, s'évapore en un tapis de coton caressé par le vent, qu'irradient les phares des camions. Des armées de lucioles clignotant dans la jungle se joignent alors à cette féerie en se confondant aux lumières de l'Inde, juste là, au bas de la pente.

## DU NÉPAL À DELHI, L'UTTAR PRADESH

*Sylvain*

Le checkpoint de Sonauli marque la frontière entre le Népal et l'Uttar Pradesh, la grande région du nord de l'Inde. C'est aussi la porte de l'enfer. Au sens propre du terme. Imaginez une fenêtre ouverte sur un brasier. Et un courant d'air qui s'y engouffre. Au Népal régnaient déjà les prémices de la fournaise. Mais en quelques kilomètres, de part et d'autre de la frontière, comme si la limite des embrasements de l'air correspondait à celle des États, la chaleur augmente considérablement. Le soufflet de la forge bat à plein régime sur la plaine des Indes. Un panneau, contre le mur du bâtiment des douanes, met les pieds dans le plat : A WARM WELCOME FOR VISITORS ! « L'Inde vous assure de sa chaleureuse bienvenue ! »

Sur une table s'étalent les journaux du jour. Les manchettes paniquent. « Record de chaleur depuis vingt ans dans le nord de l'Inde », annonce l'*Asian Age.* « Le cauchemar des citoyens de Delhi », résume le *Pioneer.* S'il est un mois qu'il faut éviter pour visiter l'Inde, c'est le mois de juin. S'il est une année maudite pour ses chaleurs excessives, c'est 1994. Nous sommes en juin 1994, nous entrons en Inde.

Nous prenons la direction de Delhi. Les premiers tours de roue sur le bitume indien nous réservent une bonne surprise. Les Anglais nostalgiques, sans doute des allées de Cornouailles, ont planté le long des routes des rangées d'arbres serrés. Leurs frondaisons se rejoignent au-dessus de la route et la couvrent ainsi d'une voûte ombragée. Kipling décrit ces contre-allées d'acacias qui protègent la tête rousse et la peau anglaise du petit Kim et le crâne chauve de son ami Lama.

Pendant toute la semaine que dure notre traversée de l'Uttar Pradesh jusqu'à Delhi, nos journées s'organisent autour d'une unique obsession : échapper aux rayons du soleil. Nous finissons par adopter le rythme de vie des millions d'habitants de la région. Lever à quatre heures du matin pour rafler à la nuit quelques bribes d'une relative fraîcheur. La nuit, le mercure descend rarement en dessous de 28 °C !

Quand nous sentons que l'heure chaude arrive, nous tendons l'oreille. Il s'agit de repérer le bruit caractéristique des pompes artésiennes qui approvisionnent les canaux d'irrigation des champs. De très loin on distingue un vague martèlement de métronome poussif et, quand on se rapproche, on entend plus distinctement le claquement saccadé et régulier du puissant moteur qui ramène à la surface des eaux capturées à plus de vingt mètres de profondeur parfois. Le grossier tuyau de quelques dizaines de centimètres de diamètre par lequel l'eau jaillit, glacée et claire, devient pour quelques heures notre pommeau de douche. Ces sources naturelles forment des îlots de paradis au cœur du brasier. Des arbres aux larges feuilles ont poussé au bord de ces fontaines. Des bouquets de lauriers abritent quelques nichées d'oiseaux. Des Indiens apportent des lits de rotin tressé et dorment à l'ombre. Des enfants édifient des barrages pour détourner des filets d'eau et sauver un brin d'herbe de l'inondation. Tous ensemble nous jouissons de la grande désaltération des champs.

Vers trois ou quatre heures de l'après-midi la vie recommence doucement. Les têtes émergent des abris, les bras des paysans s'agitent à nouveau et les véhicules réinvestissent les routes. Nous sortons de la torpeur de nos siestes et nous pédalons pour atteindre le soir. L'air est encore brûlant. Comme nous roulons vers l'occident, chaque soir, notre horizon se remplit tout entier de l'énorme disque solaire. Parfois, au crépuscule, se lève le vent de l'ouest, qui dessèche les yeux et serre la gorge. La nuit survient, collante et encore étouffante. On s'attend au répit. Mais les heures d'obscurité sont trop courtes pour donner à l'air le temps de se rafraîchir. Les murs des maisons vomissent dans la nuit la chaleur emmagasinée dans la journée. Impossible de coucher à l'intérieur. Les trottoirs des rues, les cours des fermes, les butées des champs se couvrent sous les étoiles de milliers de lits de corde tressée. L'Inde dort dehors. Nous sombrons dans de courts sommeils épuisants et moites. Le seul contact d'un morceau de moustiquaire sur la peau provoque des cataractes de transpiration. Le matin nous nous réveillons avant l'aube pour oublier ces nuits trop courtes.

*Jeudi 2 juin 1994, village d'Uska*

Nous pénétrons un soir, avec nos vélos, dans le jardin d'une villa luxueuse avec l'hésitation du vagabond qui ne sait s'il va trouver des bras ouverts ou des poings menaçants. L'allée mène à une sorte de parvis adossé à une terrasse encadrée de bosquets. Quelques bougies éclairent une table dressée. Sur deux lits, étendus à la romaine, un homme et une femme discutent doucement. Nous les apercevons bien avant qu'ils ne puissent nous voir. Nous apparaissons subitement devant eux en écartant la branche d'un ficus. Déjà, nous tendons les mains pour les rassurer sur les motifs de notre intrusion. Nous commençons à balbutier des excuses et à raconter ce qui nous amène ici.

– Asseyez-vous et soyez les bienvenus !

L'homme nous a pris de court. Pas besoin d'explications : deux loqueteux ont surgi dans le faible halo d'une bougie, voilà qui est suffisant pour les inviter à sa table. L'homme qui nous accueille ce soir est un brahmane. Il appartient à cette caste sacerdotale de l'Inde qui regroupe les individus privilégiés, quel que soit l'état de leur fortune. Il est gouverneur du district. Il est énorme et fort laid. Sa femme, avachie sous un flamboyant, s'évente d'un geste lascif. Des petits garçons tout nus courent dans nos pieds et font le service. On s'affaire autour de nous. On nous lave la tête. On nous apporte du thé. En quelques minutes un énorme plat de curry et de lentilles nous est servi. Un enfant nous évente avec un carré de rotin vanné. La scène est presque complète. Il manque au tableau l'officier anglais qui se mordille la moustache en s'excusant de ne pas rester car on l'attend au club. Au moment de nous endormir, couchés sur des lits posés sur la terrasse, notre hôte nous glisse :

– Dans notre religion, les invités sont comme des dieux !

Nous nous endormons dans la nuit brûlante.

À quatre heures et demie du matin, le brahmane est déjà réveillé, assis au bout de son lit. Nous n'aurons jamais vu cet homme debout.

– Pouvons-nous vous prendre en photo avant de vous quitter ? demandons-nous.

Sous les arcades de leur terrasse, nos hôtes posent, assis sur des chaises d'osier, sérieux et graves, figés et raides comme sur les photos des planches ethnographiques du début du siècle.

Les routes de l'Inde sont un suicide. On y roule comme on y meurt. Du côté gauche pour y passer l'arme plus aisément.

Avec les hurlements des klaxons pour oraisons funèbres et les gazs d'échappement pour volutes d'encens. La loi de la route est assez simple en Inde. Sur des bandes de goudron de quelques mètres de large se donne rendez-vous tout ce qui est en mesure de rouler. Des bicyclettes de marque Héro disparaissant sous des cargaisons de paniers d'osier ou de feuilles de palme, des charrettes à bœufs qui ne dépassent pas le cinq à l'heure, des tracteurs agricoles traînant des grappes humaines accrochées à des remorques, des rickshaws, de vieilles voitures ambassadrices, des taxis rouillés, des bus surchargés et même des ballons de football poursuivis par des hordes de gamins qui disputent une partie au milieu des bolides sans frein.

Ces théories de ferraille luttent pour quelques mètres d'espace vital goudronné. On se bat au klaxon. La puissance sonore de l'avertisseur est proportionnelle à la taille du véhicule. En Inde, on ne saurait avancer sans maintenir le klaxon enfoncé en permanence : le carburant des routes indiennes, ce sont les décibels. Mais le klaxon le plus tonitruant ne gagne pas systématiquement le droit de passage. On combat également au bluff. Chaque dépassement est un défi. Les machines, lancées à pleine vitesse, déboîtent sans visibilité. Au cri de Inch Allah ou de Inch Bouddha suivant les confessions, les conducteurs se font face et accélèrent, comptant sur la défaillance de leur adversaire. Au dernier moment et même bien après, l'un des deux attaquants cède. Il braque brusquement et dégage la place en mordant sur le bas-côté. Le dernier acte de ces scènes se termine parfois contre un arbre. Des bus fendus en deux, découpés comme des poires, gisent de part et d'autre des acacias au bord des routes. Souvent c'est un homme qui remplace l'arbre ou la borne du naufrage. Combien de hurlements d'agonie s'élèvent-ils sur ces routes de la mort ?

Mais ceci n'est que la méprisable lutte de la valetaille. Tout à coup au milieu de la basse-cour on entend un vrombissement qui couvre tous les autres et un klaxon qui n'a pas son pareil. Dominant magnifiquement la piétaille, comme un dieu régnant sur un panthéon motorisé, le camion Tata déboule dans une tornade de fumée et de bruit. Un éclair orange, une sirène stridente, un nuage de fumée. Le Tata est passé. On s'est écarté devant lui. À peine si on a eu le temps d'apercevoir la figure grimaçante d'un dieu peint sur ses flancs. Un Ganesa à la trompe d'éléphant, un Krishna plaqué sur un chrome, ou un Shiva dansant sur la bâche de la remorque. La mythologie de l'Inde s'étale sur les Tata. Les dieux disputent les quelques centimères carrés de tôle aux paillettes collées en guirlande, aux motifs géométriques rutilants, aux lumières qui clignotent, aux oriflammes multicolores, ou aux portraits de Stallone, du Che Guevara ou de Mickey. Ces camions sont des hybrides de fresques ambulantes et de sapins de Noël. Le vacarme de cette quincaillerie secouée par les tremblements de la route couvre les râles des moteurs et les hurlements des klaxons. Et quand le Tata vous a doublé comme une tornade, il vous offre l'énorme vision de son cul bariolé où s'étale en lettres d'or l'inscription · PLEASE HORN !

À chaque fois que le Tata surgit, la route se vide. C'est le poulailler à l'approche du goupil. Aux abris ! Les voitures s'écartent, les piétons et les vélos gagnent le bord des fossés, les charrettes se rangent. Place au Tata ! Le manège se répète des dizaines de fois par heure. À quelques kilomètres de la ville d'Athoda, après une journée particulièrement chaude et éprouvante, nous décidons que la comédie du Tata a assez duré. L'un d'eux vient de manquer de nous écraser et nous n'avons dû notre survie qu'à un plongeon dans le fossé.

– Il faut résister à la dictature de ces pourris de routiers ! rage Alex en se relevant.

– On va se venger et faire justice à toute la race des cyclistes de l'Inde !

Nos nerfs ont lâché. Nous sortons nos barres de fer. La charge commence. Nous attendons le Tata qui déboîte. Nous fixons le regard halluciné du pilote. Nous continuons à pédaler, droit sur le camion, en brandissant la barre. Le Tata se rapproche. Évitant le choc au dernier moment, d'un coup de guidon, nous esquivons le Tata tout en lui décochant sur la carrosserie un violent coup de matraque. Nous venons d'inaugurer notre première joute de la route. Le premier Tata qui nous frôle, sirènes hurlantes et phares allumés, en est quitte pour une aile défoncée. Le second pour un phare explosé. Le troisième possède un carénage – pare-buffles ou pare-piétons ? – et nos barres nous échappent des mains en se cognant sur le métal. Au quatrième, nous faisons un doublé. Alexandre d'un coup droit magistral enfonce l'aile et fait sauter le clignotant, et ma barre envoie voler le double phare. L'affaire se corse. Par-dessus notre épaule, nous apercevons le camion qui opère une manœuvre au milieu de la route, au risque de percuter les autos qui arrivent. Le Tata a fait demi-tour. Le Tata nous rattrape. Le front du camion bigarré de couleurs criardes grossit dans le rétroviseur. Nous passons en grand braquet.

– Accélère ! Il arrive !

Nous avons atteint, emportés par la peur, la vertigineuse vitesse de trente kilomètres à l'heure. Je roule en tête. Le camion arrive à notre hauteur. Il double Alexandre et se range contre moi. La porte de l'habitacle s'ouvre. À l'intérieur j'ai juste le temps d'apercevoir six ou sept Indiens serrés comme des harengs sur deux sièges. Un violent coup de pied décoché par l'un des Indiens, suspendu au hauban de la remorque, m'atteint à la tête. Je vole littéralement dans la poussière du fossé. Dans la chute je crie à Alexandre :

– La Gazeuse ! La Gazeuse !

Le camion en freinant brutalement a serré Alexandre contre un tas de briques. Mais avant même que le premier Indien ait eu le temps de sauter à terre, Alexandre bondit comme un fauve, la bombe lacrymo au poing, et en déverse le contenu dans la carlingue. Un râle de surprise et de douleur s'élève. Le conducteur totalement aveuglé démarre en trombe et repart en zigzaguant. Une demi-douzaine de têtes sortent par toutes les ouvertures du Tata pour tenter de calmer dans le vent de la route à 49 °C la brûlure du gaz. Nos yeux se mouillent de larmes de rire et pleurent à cause des résidus de gaz que nous avons reçus. Nous reprenons la bataille des Tata. Nous réussissons une fois à faire freiner un camion qui arrive à contresens en klaxonnant.

– *Please, mister ! No tut tut ! OK ?* Compris ? *Stop horning ! Very tiring ! Stop, OK ?*

– *Yes, yes, mister !*

Et le Tata repart dans un hurlement de klaxon, traînant les guirlandes multicolores accrochées à son derrière énorme.

L'Uttar Pradesh est une gigantesque plaine agricole ; 70 % des cent onze millions d'habitants qui la peuplent sont employés aux travaux des champs. Des dizaines de générations bâtissant les civilisations du riz et du blé ont façonné un paysage exclusivement agraire. Les parcelles de riz se succèdent inlassablement sur des milliers de kilomètres carrés. Le terrain est si plat que la moindre bosse prend l'ampleur d'un relief anormal. La révolution verte des années soixante-dix a porté ses fruits. L'irrigation s'est partout développée et la région, qui est pourtant la plus déshéritée de l'Inde, est parsemée de points d'eau, de sources artésiennes et de puits. Mais depuis quelques semaines, les réserves du bassin gangétique ne suffisent plus. Les hommes ont besoin du secours du ciel. La mousson n'a jamais été tant désirée. On sent dans les terroirs la tension de l'attente. Des millions d'êtres accablés par la fournaise espèrent le grand bouleversement du ciel qui étanchera leur soif et celle de la terre et des bêtes.

Il existe sur le bord de ces routes l'équivalent de nos routiers. Sur le bas-côté, au milieu d'un bosquet, se tient une cabane en dur, équipée d'un four et d'un frigidaire. Sur les fourneaux cuisent du *dahl*, du riz et des chapatis. Des lits sont disposés à l'ombre des arbres. Les camionneurs s'y écroulent, hagards de fatigue, et sombrent dans un somme de quelques minutes avant de repartir pour un nouveau tronçon d'enfer. Des *saddhou* mi-ermites mystiques y viennent fumer du hasch en attendant que ça passe. Des femmes aussi belles que leurs saris sont sales attendent leurs maris qui déjeunent en silence. Non loin, une cuve remplie d'eau sert de baignoire commune. On s'y trempe délicieusement. D'énormes femmes de cent kilos y lavent des linges écarlates. Nous nous reposons pendant des heures dans ces caravansérails des temps modernes.

Notre arrivée déclenche toujours des attroupements formidables. Ici les rassemblements sont dantesques. Nous attirons des îlots de foule au milieu de la foule ambiante. Mais la curiosité de l'Indien est pudique et statique. Il vous dévisage des heures durant, à quelques centimètres de votre visage, sans un mot, sans un cillement, sans un mouvement, les traits parfaitement figés, sans la moindre expression qui puisse trahir sa pensée. L'Indien qui vous fixe possède au fond de son œil le regard des momies séchées. Alors nous sortons le grand jeu pour essayer de fendre d'un sourire ces faces pétrifiées. Mais les exercices de troubadour se heurtent aux visages impassibles. L'Indien continue de vous scruter de son grand œil inquiet et blanc incrusté dans sa peau sombre.

*Lundi 4 juin 1994, route de Manipuri*

Le feu ! À quelques centaines de mètres du bord de la route, un incendie ravage un village. Pouvait-on concevoir qu'il fût quelque chose d'encore plus brûlant que l'air calciné des journées de juin ? Les villages campagnards de l'Uttar Pradesh sont des barils de poudre. Prêts à exploser. Construites en torchis, les maisons sont encadrées de bottes de foin de plusieurs mètres de haut et de tas de bouses de vache séchées qui ne demandent qu'à flamber. Aujourd'hui, le sort s'est abattu sur ce village-là.

Il règne autour du brasier une agitation de fourmilière. Le spectacle est pathétique. Des femmes effondrées dans la poussière hurlent comme des bêtes en rut en se griffant la poitrine. Des dizaines de mains s'agrippent à nos vêtements. Ce sont des enfants qui pleurent bruyamment. Un garçon porte un petit agneau comme un trophée rescapé du désastre. Et les silhouettes de cette foule grotesque et dépenaillée se découpent sur le rideau de flammes qui grandit de plus belle.

Une vingtaine d'Indiens déversent à tour de bras des seaux d'eau dans les flammes. Dérisoires gouttes d'eau dans la conflagration. L'inefficacité de leur combat est considérable.

– Il faut trouver le chef du village pour lui expliquer, dit Alexandre.

– Ça doit être le gros type en tunique blanche qui lance des ordres à la cantonade en restant loin des flammes.

Nous nous approchons de lui.

– Salut ! Vous savez, on devrait tâcher d'organiser une chaîne. Ce serait plus efficace.

– Laissez tomber, c'est foutu, tout est perdu !

– Vous plaisantez ? Il reste encore un groupe de maisons intactes ! On a le temps !

– Laissez tomber ! C'est trop tard.

– On peut aussi coucher des bottes de foin mouillées autour du feu !

– Laissez tomber.

Ce jour-là l'esprit de fatalité aura fait au moins autant de ravage que le feu. En désespoir de cause, nous essayons d'arrêter quelques hommes dans leur course effrénée du foyer vers le puits et du puits au foyer. Nous les prenons par les épaules.

– Stop ! Nous allons faire une chaîne !

Mais les types surexcités, les yeux exorbités, incapables d'écouter quoi que ce soit, nous bousculent et repartent en courant terminer leurs manœuvres inutiles.

– Merde ! Les cons !

Gonflés de rage et de dépit, nous saisissons des seaux et marchons vers le puits en désespoir de cause. Le feu commence à présent à dévorer les dernières maisons.

Nous jetons le contenu de nos seaux dans le feu. L'effet serait le même si nous bénissions les flammes au goupillon. Nous quittons les lieux. L'incendie a déjà diminué d'intensité. Dans quelques minutes, la fumée se dissipera. Le village ne sera plus qu'un tas de braises. On pleurera longtemps sur la fatalité et la mauvaise chance. Et puis, les larmes ravalées, il faudra songer à reconstruire un autre village en torchis, tout bordé de tas de bouses séchées et de bottes de paille qui luiront au soleil des mois chauds à venir.

Nous avons passé notre 15 000e kilomètre il y a quelques jours. Quelque part dans le bassin du Gange. Avec lui nous connaissons une catastrophe mécanique. Les dents de nos pédaliers, qui mordent les maillons de notre chaîne, se sont usées à tel point sur les plateaux du Tibet qu'elles sont arrondies et limées. La chaîne ne s'accroche plus et glisse sur la couronne du pédalier. Impossible de trouver une pièce de rechange ici. La commander et attendre un mois que la poste l'achemine jusqu'à nous est hors de question. C'est là qu'Alexandre intervient. Donnez-lui deux morceaux de ficelle et un couteau, il réparera un moteur de voiture en ruine. À l'africaine. Ce type s'appelle Tistou les pouces noirs. Il met les doigts dans le cambouis et ça marche. En l'occurrence, il trouve de vieilles chambres à air de camion au milieu d'une décharge. Coupées en longues bandes de quelques centimètres de largeur, elles donnent des lanières solides.

– J'accroche une extrémité à la carène métallique qui enserre la roue arrière et l'autre extrémité au dérailleur. La lanière ainsi mise en tension tire le dérailleur en lui laissant une certaine souplesse grâce à l'élasticité du caoutchouc, et la chaîne se tend fortement. Ce qui fait que les maillons ne ripent plus sur les dents usées. Tu comprends, Sylvain ?

– Euh... oui. En gros cela veut dire qu'on peut repartir ?

– Exactement.

À Yamounyandé, une bourgade de l'ouest de Lucknow, le chef du village nous alpague, il s'appelle Ali.

– Votre journée s'achève ici. Vous êtes mes invités, nous annonce-t-il.

Nous avons affaire à un autoritaire. Pas de discussion.

– Maintenant on va visiter le village, poursuit-il.

Visiblement, il a déjà arrêté notre programme jusqu'à demain !

Nous visitons avec lui la communauté. Des enfants accourent des champs pour accompagner notre promenade. Nous rentrons chez les notables, nous saluons les ancêtres, nous écoutons les explications agricoles d'Ali. Il s'arrête soudain au milieu de la place du village et nous désigne une pompe à eau.

– Maintenant vous prenez une douche !
– Vous savez, on n'a pas vraiment besoin de...
– Maintenant vous prenez une douche !
– Bon, bon. OK !

Devant le village entier nous nous savonnons. Cent cinquante personnes assistent à nos ablutions. C'est à ce genre d'occasion qu'il faut oublier ses vieux principes européens de pudeur et d'intimité.

– Maintenant on rentre ! annonce Ali.

Nous faisons une croix ce soir sur notre liberté et gagnons notre prison dorée. Une tripotée d'enfants nous accueille sur le seuil de la porte. La soirée s'écoule au rythme des directives et des ordres d'Ali.

– Maintenant les enfants veulent la musique, nous demande-t-il quand il voit les flûtes.

Nous jouons.

– Stop ! Maintenant les enfants veulent la jonglerie, nous enjoint-il à la vue des balles.

Nous jonglons.

– Stop ! Vous connaissez des chansons ?
– Oui.
– OK, maintenant vous chantez !
– Pour une fois qu'on a une commande !

Nous chantons. Puis Ali nous fait servir à dîner, nous envoie dormir dans un coin de la cour sur des lits de corde et nous crie avant de se retirer :

– Demain vous partez à quatre heures. Après c'est trop chaud.

Notre hôte pratique la dictature de l'hospitalité. Celle qui impose à l'invité de se plier aux prévenances de son hôte. Cela s'appelle aussi le bonheur des gens malgré eux. Ce soir c'était finalement assez réussi.

La prochaine étape importante vers laquelle nous pédalons est le Taj Mahal. Il reste encore quelques centaines de kilomètres avant d'atteindre Agra pendant lesquels nous rencontrons les personnages les plus extraordinaires. C'est le miracle de l'Inde. Il semble que l'air de ce pays génère les extravagances. En tout cas il est propice aux mysticismes et aux illuminations de l'âme. Des milliers d'années de spiritualité orientale, de vapeurs d'encens et de mystère indien jettent encore sur les routes du XX$^{e}$ siècle toute une armée d'anachorètes ivres de Dieu et de bétel. L'Inde entière respire au rythme des offices religieux.

*Mardi 7 juin 1994, Agra, le Taj Mahal*

L'empereur Chah Djahan fit venir un jour à lui sa femme, la sublime Mumtaz Mahal, pour lui annoncer qu'il allait lui édifier le plus fabuleux des tombeaux. Il dépêcha du fin fond de la Perse le meilleur architecte de l'Orient. Il vit devant ses yeux gonfler le dôme blanc et jaillir d'un seul enlèvement les quatres minarets qui l'encadrent. Il put enfin pénétrer à l'intérieur du sanctuaire pour se repaître de la fraîcheur qui y règne et reposer ses yeux de l'éclat du soleil sur le parvis de marbre. Il découvrit les arabesques de pierres précieuses incrustées sur les murs comme des dentelles. Il y déchiffra les sourates sacrées et quand il s'apprêta enfin pour son dernier sommeil, auprès de Mumtaz Mahal, couché dans un bijou au milieu d'un écrin de verdure et de canaux savants, il ne pouvait se douter que quatre siècles plus tard le Taj Mahal baignerait dans le plus infâme des cloaques.

Au pied du monument serpente la Mouyouna River. Le cours d'eau reçoit toutes les déjections de la ville d'Agra avant d'aller couler le long des rives qui portent le Taj Mahal. De la terrasse, sous le chevet du temple, on aperçoit ses eaux noires et épaisses. Des cadavres à demi brûlés, témoins de crémations précipitées ou trop misérables pour être conduites jusqu'au bout, flottent au gré du courant. Des corbeaux se posent et passent quelques méandres sur ces radeaux puants. De leurs longs becs noirs ils découpent des morceaux de chair calcinée ou les arrachent d'un violent coup de tête. La rivière charrie également des tonnes de déchets. C'est la flottille qui accompagne le cortège funèbre dans sa dernière descente. Parfois le vent apporte un relent de pourriture jusque dans les jardins du Taj Mahal. La Mouyouna se manifeste et la puanteur emplit bientôt toutes les allées qui mènent au sanctuaire. Les remugles de merde au milieu des nervures de marbre. C'est l'illustration parfaite du double langage de l'Inde. Ce pays est Janus. Deux Indes différentes. Un visage pour chacune. Le beau côtoie l'immonde.

Où es tu, Gandhi ? Quand on est très naïf, on arrive ici avec l'idée que l'on va trouver des hommes à la tunique blanche, la face fendue d'un large sourire, et les yeux cerclés de petites lunettes en métal, assis sous le catalpa du village, les jambes croisées. On est venu visiter le pays de la paix. Et on se retrouve dans la fosse aux lions. Mais ne jetons pas la pierre à ceux qui se balancent dans la gueule des morceaux de rocher. On a tôt fait de s'indigner sur la violence générée par le système des castes qui installe dans le pays une hiérarchie rigoureuse et qu'on ne transgresse pas. Après tout, de quel droit jugerait-on ce qui n'est rien d'autre qu'une organisation sociale qui ne croit pas en l'égalité ? Voilà des milliers d'années qu'elle traverse les siècles, bâtie sur ce système. Au nom de quels principes universels d'uniformisation voudrait-on qu'elle change ? « L'Inde, il faut l'aimer ou la haïr, mais surtout ne pas lui donner des leçons », m'a dit un jour un professeur de cithare rencontré à Coblence.

*Mathura, mardi 7 juin 1994*

Nous arrivons à Mathura après une journée de 160 kilomètres. L'urgence : trouver une échoppe où assouvir notre soif.

– Hello ! *Is it possible to drink something ?* demandons-nous au premier boui-boui.

– *Impossible ! Patron is out of station !*

– *But maybe you can find some coke for us ?*

- *Sorry, coke is not available now.*

– *And water ? Possible drink water ?*

– *Yes, mister, please wait !*

Voilà l'anglais tel qu'on le parle en Inde. Les Hindous utilisent des expressions stéréotypées et toutes faites qui reviennent avec la régularité des crues au Bangladesh. Ils fleurissent la syntaxe, décorent leur lexique et s'entortillent dans un discours un peu baroque. Voici quelques-uns de leurs plus remarquables traits.

***Basically :*** c'est ainsi que l'on commence ses phrases en indo-anglais. Avant de répondre à une question on fait traîner son *basically* pour gagner du temps.

***Near about :*** ce mot signifie « à peu près ». C'est la formule de l'approximation. On se retranche derrière *near about* pour dire n'importe quoi. « Combien de kilomètres pour la prochaine ville ? — *Near about 198* », répond l'Indien qui n'en sait rien et qui aurait aussi bien pu répondre : « *Near about 45.* »

– Combien d'enfants avez-vous ?

– *Near about 18,* répond la vieille femme qui ne sait plus très bien.

– Le schisme des gourous sikhs, c'est quelle année ?

– *Near about eleventh century.*
– Mais je croyais que c'était au XVIe siècle !
– *Yes, yes, near about.*

***Purpose :*** les Indiens sont curieux. Ils aiment connaître l'utilité des choses, le but des actes, la fin des moyens. En indo-english, cette inquiétude s'exprime par la question : *purpose ?*

– *Purpose ?* nous demande le policier en désignant le changement de vitesses de notre vélo.

– *Purpose ?* demande l'enfant en montrant les balles de jongleur.

– *What is the purpose of your journey ?* nous demande-t-on sans cesse.

Que répondre à cela par quarante-neuf degrés à l'ombre ? La première fois que la question nous fut posée, nous avons été incapables de répondre. Humblement, presque confusément, l'un de nous a dû balbutier :

– *We don't have any purpose ! Just to meet you !*

***After some time, after one minute, please wait :*** ces trois expressions appartiennent à la même famille. Elles désignent la même notion. Celle de l'attente. Elles illustrent cette faculté extraordinaire développée par les Indiens de remettre à plus tard toute action. L'instantané n'existe pas. On vit dans le perpétuel espoir de l'accomplissement des choses. Chaque action est le résultat d'un long mûrissement, dilué dans le temps et dans la langueur des siestes. Quand on arrive déshydraté et épuisé par une route éprouvante, et que, au bord de l'inanition, on demande un verre d'eau comme une bouée de sauvetage au tenancier d'un bistrot, on s'entend souvent répondre :

– *Please, mister, please, sit down. Excuse me and please wait after some time !*

À Mathuri, nous rencontrons Kareen, une jeune femme policier, championne olympique d'athlétisme. Après son service elle nous invite à dîner à la terrasse d'un café.

– Vous savez, Kareen, quand j'y pense, vous êtes la première femme à qui nous adressons la parole depuis que nous sommes entrés en Inde.

– C'est normal. Les femmes indiennes n'ont pas encore pris leur liberté, et le nord du pays s'islamise de plus en plus. Et puis vous avez vu vos dégaines ! C'est normal qu'on ne vous approche pas ! répond-elle en riant. En fait, ajoute-t-elle, ce pays ne s'oppose pas à ce que les femmes jouent un rôle dans la société. Regardez Indira Gandhi, regardez-moi, à un autre niveau ! Mais les mentalités n'ont pas franchi ce cap décisif où la femme peut prétendre à autre chose qu'à un sage silence.

– Celui-là n'a pas encore compris, dit Alex en désignant du menton un homme sur le trottoir d'en face.

Les mains dans les poches, il porte sur la tête une de ces bouses de vache utilisées comme combustible. Derrière lui, une femme, voilée de noir, clopine pour le rattraper, les bras chargés de volumineux fagots de bois. Elle court après son mari. Dans sa trace. Elle n'a pas encore pris le chemin de sa propre liberté.

Nous repartons de Mathura pour les derniers kilomètres qui nous séparent de Delhi.

Nous mettons au point sur ce tronçon de route particulièrement ennuyeux entre Agra et Delhi un autre passe-temps. Il s'agit d'une plaisanterie interactive avec les cyclistes indiens. La plupart d'entre eux ont en effet l'habitude par jeu de pédaler comme des damnés dès que nous arrivons à leur hauteur et que nous nous apprêtons à les dépasser. Ils gagnent ainsi quelques centaines de mètres que nous finissons par rattraper. Même manège. Sitôt qu'ils nous sentent arriver derrière eux, ils forcent l'allure. Les vieux vélos indiens en acier grincent et geignent sous l'effort. Ce chassé-croisé se poursuit pendant des kilomètres jusqu'à ce que l'Indien abandonne, épuisé par ses efforts successifs, ou que le vélo rende l'âme. Sur la route d'Agra à Delhi nous décidons d'abréger ces courses-poursuites. Dès que nous rejoignons un cycliste, avant même qu'il ait eu le temps d'entreprendre son accélération, Alexandre lâche, en coinçant sa langue entre les lèvres, un énorme sifflement de pneu qui se dégonfle.

– Ptssssssssssssssssss !

Je crie alors à l'Indien de s'arrêter, et nous lui désignons du doigt sa roue arrière. Deux fois sur trois il s'arrête, descend de vélo, pose sa machine contre un arbre et inspecte sa roue. Nous crevons ainsi, virtuellement, des centaines de pneus. Peu à peu le jeu prend. Par ce miracle propre à certains pays, où les faits et gestes se divulguent à la vitesse de l'éclair sur des dizaines de kilomètres, tout le monde semble au courant de notre farce. Les Ptsssssssss fusent de toutes parts. On montre du doigt nos roues arrière. On nous mime le geste de les regonfler. On veut nous prendre à notre piège. Et même entre eux, avec des airs graves qui en disent long sur l'état des pneumatiques, les Indiens se signalent des trous béants et sifflent entre leurs dents le chant d'interminables fuites d'air...

– Allez ! Un dernier avant Delhi.

Nous venons de nous arrêter dans un routier pour l'ultime Coca-Cola de la journée. Dans ces périodes d'extrême chaleur et d'effort intense, c'est notre carburant. Il nous arrive d'en boire quatre litres par jour et de ne consommer que cela. Contre la dysenterie, contre l'affaiblissement physique, contre le peu d'envie que nous inspire le *dahl* fumant et épicé que l'on nous présente pendant les canicules, nous trouvons refuge dans le Coca. Le Coca est une joie physique et une douleur morale. Comment assister sans inquiétude au déferlement de la petite bouteille sur la planète entière ? Il ne doit plus rester beaucoup d'êtres humains à n'avoir jamais vu le sigle de la compagnie américaine. Dans les villages où l'électricité n'a pas encore fait son apparition, le Coca est déjà là depuis longtemps. Et quand l'électricité parvient, avant même de répandre la lumière dans les maisons, elle sert à faire fonctionner les frigidaires qui refroidiront le Coca. Ensuite on branchera une télévision pour capter les chaînes américaines où les publicités expliqueront que « Coca-Cola c'est ça » et qu'il faut en boire. Après seulement, il sera temps de placer une ampoule dans le foyer. Ceux qui rêvaient d'un village mondial ont marqué un point. Le grand distributeur planétaire de boisson est déjà installé.

L'Inde a décidé de produire tout elle-même. On connaît le succès technologique de ses usines informatiques ou aéronautiques. Le Coca n'échappe pas à la règle. Les marques de Coca locaux fleurissent et affichent sur les immeubles des grandes villes leurs noms de sodas dans le coup : Thumb's up, Campa Cola, etc. Mais aux Amériques, la pieuvre veille. L'usine Coca américaine a racheté les fabriques de Thumb's up et contrôle dorénavant son ancien concurrent. Nous avons été un peu complices de cette nouvelle colonisation qui détruit les différences, affadit les traditions et donne des caries.

## DE DELHI À AMRITSAR

*Alexandre*

Comme trois Grâces de bidonville se comparant le zigoingoin, trois fillettes accroupies dans une décharge de banlieue font pipi en riant. Depuis 40 kilomètres nous entrons dans Delhi. Nous n'arrêtons pas d'entrer dans Delhi. Rien ne nous arrêterait d'ailleurs, tant la tension de ces fins de journée est électrisante. Ces instants d'ultime lutte requièrent toute notre attention. C'est cette même vigilance qui me fait voir les fillettes dans la pénombre. La scène m'apaise, comme on retire une poêle du feu.

En Inde plus que partout ailleurs la réalité est complexe et la société composite. L'Inde est un miracle géopolitique. Les situations qu'on y rencontre tourneraient dans n'importe quelle autre culture en une inévitable guerre civile. Les secrets de cette recette de l'« instabilité stable » se trouvent dans cette capitale fédérale où nous pénétrons.

Raghu Raï, photographe de renommée internationale, nous accueille chez lui. À l'image de sa ville, il a su allier modernité et respect des traditions. Nous serons ses hôtes dix jours, soignés comme des coqs en pâte dans une belle maison du quartier des ambassades d'où nous rayonnerons à travers la ville pour nous battre avec l'administration kafkaïenne héritée des Anglais.

Tel un Janus oriental, Delhi a deux visages : un jeune et l'autre âgé. Les deux villes s'articulent autour de Connaught Place, cœur de la ville, entre le sang noir des quartiers tortueux et pollués d'Old Delhi et le sang rouge, bien oxygéné, des quartiers verts de New Delhi.

Cette ville incarne les deux réalités de l'Inde. L'une est le produit du taux de natalité de 2,3 % qui alourdit le pays de trois mille bouches toutes les heures, soit de dix-sept millions par an (population de l'Australie !) ; l'autre est le résultat d'un taux de croissance économique exceptionnel de 5 % qui maintient ces mêmes bouches hors de portée de la famine, mais ne les hisse pas vraiment au-dessus du seuil de pauvreté. Raghu nous parle de son pays et de la place privilégiée qu'il lui voit dans le monde. Il nous vante l'extrême richesse du Sud que nous ne verrons pas, la beauté époustouflante du désert de Thar que nous éviterons par le nord, et l'intensité religieuse de villes comme Varanasi (Bénarès). Vingt-cinq États, neuf cents millions d'habitants, mille six cents langues vernaculaires dont quatorze officielles, et un brassage unique de religions, de pratiques et de cultes différents. Raghu nous dit que cette société est le produit du « génie de l'hindouisme », ouvert et non exclusif. Ainsi la vérité n'est pas Une, ce qui la conduit au respect des autres croyances et au rejet de tout prosélytisme.

Sylvain lui parle alors des violences quotidiennes dont nous avons été les témoins et parfois même les victimes :

– Vous êtes venus à la pire époque ! Pendant un mois les gens sont irascibles et nerveux, les taux d'accidents de la route, de suicides et de meurtres grimpent en flèche ! C'est l'attente de la mousson ! D'autre part, les problèmes majeurs viennent des musulmans, dont les provocations et le mépris de l'hindouisme troublent notre tradition de tolérance. Les Indiens acceptent tout, dès lors que cela ne leur est pas imposé ! C'est toute la psychologie d'un peuple ! C'est d'ailleurs une psychologie tellement féminine que je me demande si Dieu n'est pas une femme !

Dès le lendemain je faxe à mes parents une liste de pièces détachées Shimano introuvables en Inde, et nous partons en quête de nos visas pakistanais.

Au fil d'avenues bordées d'arbres nous prodiguant une illusion de fraîcheur, nous parcourons l'ancien quartier colonial au sud du boulevard Rajpath, où de superbes villas étalent une richesse hollywoodienne entre les ambassades. Véritables Champs-Élysées débouchant sur l'India Gate, bel arc de triomphe dédié aux Indiens morts durant la Seconde Guerre mondiale, le boulevard Rajpath aligne comme à la revue les drapeaux des représentations diplomatiques.

Les bulbes turquoise de l'ambassade pakistanaise nous la font d'abord prendre pour une mosquée. Une plaque sur le mur nous rassure. Mais, à la porte blindée, le factionnaire nous refoule violemment :

– Revenez demain en pantalon et chemise à manches longues !

Nous ne nous étions pas beaucoup trompés en croyant entrer dans une mosquée ! Quand le pouvoir spirituel et le pouvoir temporel sont confondus, le mélange des genres fait prendre les formalités diplomatiques pour des démarches religieuses !

Nous croyions avoir déjà vu des souks et des bazars ; nous n'avions pas vu Old Delhi ! Les porteurs se piétinent, les pyramides de passoires en aluminium s'effondrent sur des tombereaux de bassines fluo. Tissus, épices tapissent les étals, fruits et légumes s'amoncellent. Debout sur nos pédales nous passons d'un transistor à l'autre, des fritures de poisson à celles des ondes, en évitant les crachats rouges des chiqueurs de bétel semant comme les tuberculeux des camélias dans leur sillage. Dans le quartier des marchands de cycles, le Sadar Bazar, nos vélos font fureur, mais ne trouvent pas chaussures à leurs pieds. Nous achetons cependant deux pneus un peu petits, espérant pouvoir les rentrer en force, si par mésaventure nos pneus lisses se déchiraient.

Un matin, un fax de mon père m'apprend qu'il m'a envoyé la veille, par Air France Cargo, les pièces détachées tant attendues. Je file donc à l'aéroport avec le numéro de mon paquet, ravi de la rapidité avec laquelle ce problème a été résolu. Après quelques déboires pour trouver le terminal puis la zone franche, distante de 15 kilomètres de l'aéroport, je me fais indiquer les bureaux d'Air France, où l'on me sert à boire, me fait signer un papier et me souhaite bonne chance sans que je comprenne pourquoi. S'ensuit une heure de course en tous sens, pour trouver mon colis dans une enfilade de bureaux et de halls où des foules d'Indiens surchauffés luttent à coups de liasses de papiers frétillantes comme des éventails.

C'est alors que je comprends que je n'y parviendrai jamais seul. Je frappe à la porte du directeur de l'aéroport, qui me reçoit, affable, et me remet entre les mains d'un « clearer agent », sorte d'exterminateur de formalités, qui m'introduit dans les arcanes démentiels du dédouanement indien.

Je note, accroché à ses basques, toutes les étapes de cette épopée administrative jalonnée de signatures, de tampons, de contre-vérifications et de taxes. J'en dénombre trente-deux, réparties sur deux jours. À la fin, il m'aura fallu quarante-huit heures d'une lutte sans merci pour dédouaner un paquet qui en avait mis six pour venir de Paris ! Néanmoins le premier jour je parvins lors d'un « checking », avant de voir redisparaître ma boîte à chaussures dans un labyrinthe, à en tirer discrètement un bouton de rose du jardin de Louveciennes, un paquet de lettres et de galettes Saint-Michel épargnées par le contrôle. Un poème de ma mère annonçait le tout :

ODE D'UNE BOÎTE À CHAUSSURES

*Seule j'étais oubliée depuis des mois*
*Dans un placard louveciennois...*
*La vie était triste, vide et silencieuse*
*Quand le placard s'ouvrit !*
*Et dans une hystérie dont je ne fus pas la maîtresse*
*Voilà que d'engrenages on emplit ma tristesse :*
*Des chaînes et des roues, des aciers aux dents dures*
*Remplaçaient maintenant la douceur des chaussures.*
*Il me poussa des ailes, pour, à Delhi,*
*Contenter mes amis de mon ventre rempli.*
*Qu'elle était indigeste toute cette quincaillerie*
*Abîmant mes flancs si peu rebondis !*
*Une voix maternelle s'écria tout à trac : « Des galettes,*
*Des galettes ! Il lui faut des galettes ! »*
*Mes creux étaient comblés !*
*Cependant encore, quelque chose manquait.*
*Le couvercle déjà allait se refermer,*
*Soudain, une petite main bien intentionnée*
*Vint y déposer un bouton de rose...*
*Messagère je devins, de toutes les douceurs,*
*Dont tant de cœurs, en France, sont chargés :*
*Baisers, amour, amitié, fierté, prières et pensées.*

Dans la navette qui me ramenait en ville, je crois bien que je pleurais.

*Samedi 18 juin 1994 : 251e jour, 85 km. T. 16 018 km*

Qu'il est dur de partir ! Même lorsque rien ne nous retient, il reste toujours quelque chose à faire ! C'est le cap du troisième jour qui est dangereux, les racines prennent avec les habitudes. L'appel du 18 juin est le plus fort !

En quittant la ville par l'ouest, un autopont nous fait passer au-dessus d'une ligne de chemin de fer se dédoublant en Y. Des deux côtés, comme à l'angle des voies, des bidonvilles occupent tout l'espace ferroviaire disponible. Après les belles allées arborées de New Delhi, nous revoici en Inde !

Chauffé à blanc, le soleil s'éteint en plein ciel, se noie dans une soupe jaunasse saturée de poussière. La nuit nous surprend en plein labeur, et ne nous rafraîchit pas. La chaleur nocturne est peut-être pire que celle du jour car elle rompt un pacte d'alternance naturelle, nous prive d'un petit réconfort attendu tout le jour. Un chameau surgit dans la nuit, me passe sous le nez le temps d'un juron et s'arrête en plein milieu de la chaussée, sur l'autre voie. Une voiture crisse de ses quatre pneus et fauche la bête montée sur échasses dans un grand fracas d'os et de verre brisé. La nuit se referme sur ce carnage. Nous sommes déjà loin.

Dans l'ombre retentissent les complaintes des paons, reprises en chœur par les trompes des camions. Des cyclistes surgissent parfois du néant, à contresens, qui nous esquivent en se jetant sur le côté dans un cri étranglé, suivi d'un froissement de cliquaille. Il est grand temps que nous arrivions.

Ce soir il s'agit de Rabindranath Singh, chef de police et fils cadet d'un maharadjah du coin, qui nous aborde spontanément alors que nous déployons notre pathos à un groupe d'Indiens durs de « comprenure ». Grand-mère anglaise, études à Eton, nous n'avons pas de mal à nous trouver des affinités avec Rabindranath !

– *Just call me Robin !* nous fait-il en guise de présentations.

Dans le jardin de sa petite villa, un peu à l'écart de la ville, un éléphant dort debout en ramassant avec sa trompe un précieux fourrage. Son maître nous explique en avoir la garde provisoire, car la « pauvre bête » se faisait maltraiter par ses congénères dans le troupeau de son père. Les éléphants aussi sont nerveux avant la mousson.

Dans le salon, les peaux de tigre, défenses d'ivoire et autres souvenirs de l'époque coloniale côtoient le dernier cri de la hi-fi japonaise. Après une bonne douche, Rabindranath, célibataire endurci, nous emmène au restaurant. Entre des cuisses de poulet tandoori et des pelletées de riz au curry, il nous parle de l'hindouisme. Animisme primordial devenu panthéisme mystique, la plus vieille religion du monde souffre à ses yeux d'une inadéquation avec son temps ; il nous résume ses griefs sur la forme plus que sur le fond.

– *Too many gods and too many gurus !* s'exclame-t-il. Chaque petit dieu commande des rituels différents sans que personne puisse en expliquer la signification. Le système des castes a soi-disant été aboli à l'indépendance, mais il est plus fort que jamais ! Le pouvoir des maharadjahs, à l'inverse, a été renforcé par les Anglais qui en ont fait des sortes de gouverneurs afin de faire accepter leur pouvoir. Notre pouvoir aussi a été aboli, et pourtant nous sommes toujours là ! L'Inde est éternelle ! Tout est si complexe que rien ne change ! Ce qui me fait le plus peur, c'est le renouveau de l'islam qui gagne énormément d'âmes auprès des intouchables. Il ne faut pas oublier que la vallée du Gange a été moghole pendant près de mille ans ; le renouveau hindou date de l'indépendance.

Nous lui disons en effet notre surprise de n'avoir vu qu'une Inde islamique dans l'Uttar Pradesh. Entre les chameaux, les steppes arbustives, les vents de sable, les femmes voilées, les minarets et les barbus, les souks et les épices, cette Inde-là nous a ramenés en Afrique du Nord. L'islam y avance comme le désert. Navré que nous réduisions l'Inde à la vallée du Gange, il nous vante la douceur et les charmes de l'Inde du Sud, et conclut d'un air rassuré :

– Vous savez, il y a un dicton qui dit ici que « l'Inde est un éléphant docile qui marche lentement mais que rien ne peut arrêter. Si par malheur le cornac lui demande de changer ses habitudes ou d'aller trop vite, il peut se fâcher, le désarçonner avec sa trompe et le piétiner ».

Les Indiens ont un sens aigu du rapport de forces dans leurs relations interpersonnelles. L'image selon laquelle ils sont pétris de non-violence et de pacifisme zen est en Inde plus que partout ailleurs galvaudée. Nous ne comptons plus le nombre de pugilats et de commotions publiques dont nous avons été les spectateurs et parfois même les acteurs.

Je me souviendrai toujours de ma première rencontre avec cette réalité. Dans un souk de la banlieue de Lucknow, je me mis en tête d'acheter des piles pour mon appareil photo. Je pointai alors mon nez dans une échoppe aussi grande qu'un kiosque à journaux. Je hasardai un *« Is there somebody here ? »* sans conviction quand je me sentis saisir par les épaules, fauché par-derrière, et jeté dans la poussière du caniveau. Quand je redressai la tête tout interdit, je vis un quinquagénaire me cracher dessus avec mépris du pas de son boui-boui. Mon sang ne fit qu'un tour : je lui portai une estocade dans le ventre, la tête la première, l'enfonçai dans son échoppe et lui cassai la tête aussi pelée qu'un cul de chameau sur toutes les étagères qui s'effondraient sur nous dans un grand remue-ménage. Son jeune fils, qui entre-temps m'avait sauté sur le dos, fut rectifié d'un coup de coude. Lorsque je ressortis dans la rue, la scène était passée inaperçue. Je ne sus jamais pourquoi ce type m'avait agressé, ni quelle loi j'avais dû à mon insu transgresser. Jamais de ma vie je ne m'étais comporté de la sorte ! L'Inde est le pays de l'imprévisible. Tout peut y arriver, le pire comme le meilleur à un rythme intenable !

Dans la campagne indienne un homme perdu au milieu de son champ s'affaire mystérieusement : il manie la binette, seul, sur plusieurs hectares. Les vaches, elles, s'agglutinent au bord de la route, sur l'espace que nous disputons déjà aux Tata, sans doute pour que le souffle des machines chasse leurs mouches. Un paon talonne un laboureur entre les pieds duquel s'ourle la terre en un épais sillon.

Pressé par une urgence, je déboule dans la pharmacie d'un village pour cause de pénurie de PQ. PQ ? Pas Quonnaître ! Les Indiens n'ont sans doute pas eu de Rabelais pour leur apprendre les délices du torcheculatif. Dépité, je sors de la ville ventre à terre et stoppe à quelques encablures. Empêtré dans un fourré d'épineux, ne sachant pas comment me tirer de ce pétrin, je suis surpris par mon pharmacien, apparaissant derrière un arbre comme un guignol au moment critique. Essoufflé et ruisselant de sueur, il nous a suivis au pas de course et tient en ses mains de précieux feuillets qu'il me tend. Je les saisis ; il attend. Je rêve ! Je ne vais tout de même pas me torcher sous les yeux de ce type ! Eh si ! Je m'exécute, je n'ai pas le cœur de l'envoyer ch...

Nous nous arrêtons peu après pour la longue pause de la mi-journée qui doit nous épargner la fournaise du zénith. Nous sommes accablés sans autre choix qu'un relais de camionneurs servant des plats aussi chauds que le feu qui les cuit. Sur le sol infect, emmailloté dans une toile de jute répugnante, un pack de glace négligé fait l'objet de nos plus ardentes convoitises. Sous l'œil goguenard des Indiens, nous nous acharnons dessus avec des pics pour en tirer de précieux éclats de cristal. Sylvain lève un toast aux camionneurs !

– La glace, c'est la civilisation !

– Sylvain ! Rappelle-toi les prescriptions du *Guide du routard* ! Ne jamais prendre de glaçons ou boire dans des verres non lavés !...

– Et glou, igloo, igloo !

À Hissar, la nuit tombée, nous déployons notre stratégie

de « frénésie », mais en vain. En désespoir de cause, nous demandons l'adresse d'une éventuelle église. Miracle ! Il s'en trouve une au bout de la rue. Nous franchissons la grille, la croix du clocher se découpe en clair-obscur, et nous frappons à la porte : personne ! Tapi dans l'ombre sur un banc, un vieil Indien se déclare alors et nous apprend que l'église est abandonnée, mais qu'il en a la garde. Chauve et presque nu, nous ne verrons jamais le visage de l'homme qui nous propose de partager son repas de pois chiches. L'air est dense comme une soupe, nos gestes sont ralentis. Assis entre les tombes sous la pompe à main du cimetière, nous nous débarrassons à tour de rôle de notre carapace de sueur et de poussière. Divine caresse ! Notre fièvre retombe sous le noir linceul du silence.

À l'aide de tréteaux et de portes cloutées, nous érigeons nos couches entre les sépultures, et dédions à Dieu nos épreuves du jour. Tels des gisants de chair au sourire étoilé, nous sombrons dans un rêve avec le souffle court et l'ombre du clocher pour seule couverture.

*Lundi 20 juin 1994 : 253e jour, 142 km. T : 16 260 km*

Nous ne parvenons pas à payer un seul des Coca que nous buvons aujourd'hui (il y en aura douze !). À chaque « Cock-halte », nous sommes pris d'assaut par des « frénésikhs » ! Nous sommes entrés au Pendjab. Fiers et altiers, ces personnages que nous avions déjà repérés dans les foules de Delhi sont encore plus impressionnants en groupe. Ils nous dominent d'une tête, nous soupèsent de leurs larges sourires comme des ogres avant un festin, nous gavent de Coca et de sucreries : ils ne feraient de nous qu'une bouchée ! Nourris de la terrible réputation que les sikhs ont en Inde et dans le monde, nous affichons un profil très bas.

Pritom Singh, bel homme à la barbe grisonnante et au turban vert bouteille, nous invite chez lui pour dix jours. Nous nous contenterons du déjeuner. Il possède le garage dans lequel nous nous sommes arrêtés pour réparer une crevaison. L'ambiance n'est plus la même qu'en Inde, l'attroupement est moins oppressant, les situations plus claires, les regards moins équivoques. Une nouvelle fois le mot hospitalité va recouvrer son sens plein et entier. Cela commence par la toilette des mains et du visage ; cela se poursuit par quelque chose à boire puis par un temps de repos dans une pièce rafraîchie par un « cooler ». À l'issue de ce temps de mise à l'aise, Pritom nous rejoint avec le déjeuner. Voilà !

L'œil pétillant de malice, Pritom pose les questions justes, rit, répond aux nôtres avec mesure et componction. Il nous parle alors de sa foi et de sa société. Pris en tenaille entre les musulmans et les hindous, les sikhs ont cultivé une identité forte héritée de Guru Govind Singh, le dixième et dernier prophète, trônant en couleurs fluo sur le mur. Guru Nanak est le fondateur de ce schisme de l'hindouisme qui s'est constitué en réponse à la domination moghole et à l'inégalité du système des castes hindoues. Le sikhisme est monothéiste et prône l'égalité de tous les hommes devant leur créateur : un dieu d'amour et de bonté. L'amour du prochain, la prise en charge de son propre destin par le travail et la défense des faibles y sont érigés en vertus cardinales. La réincarnation, considérée comme un châtiment, ne concerne que les êtres malfaisants. Nous nous sentons très proches d'eux. Sylvain lui demande alors la raison de leurs turbans et de leur réputation terrible :

– Le Guru Govind Singh, chef militaire et religieux, déclara qu'après lui il n'y aurait plus de prophète, mais un livre, afin de ne plus susciter de guerres ou de persécutions. Car on ne peut pas exterminer ni se battre contre un livre ! C'est pourquoi nos traditions guerrières et nos armes ne servent qu'à nous défendre. Il nous a aussi laissé nos signes distinctifs, les cinq « K » : nous devons toujours avoir sur nous un couteau (*kirpan*), et un bracelet d'acier symbole de l'égalité (*kara*), porter une culotte large (*kacheh*) et surtout ne pas nous couper les cheveux ni la barbe (*kesh*), privilèges normalement réservés aux *saddhou* de l'hindouisme. Seulement, pour avoir l'air moins sale, chaque sikh doit porter sur lui un peigne (*kangha*) ! Les turbans sont à l'origine une protection contre les coups de sabre, et maintenant un signe distinctif. Leurs couleurs n'ont pas d'autre signification que de chanter une louange à la création.

Après une divine sieste, bercés par notre cassette de musique classique dans laquelle notre hôte nous fait la politesse de trouver des vertus « relaxantes », Pritom se prête à une démonstration d'enroulement de turban. Aidé de son frère Gurdeep tendant les neuf mètres d'un tissu replié dans la largeur en une fine bande, il s'enroule la tête comme une momie se déroule, en tournant sur lui-même et en conduisant les plis d'une main sûre.

Ayant eu un mal fou à décliner son invitation sans l'offenser, nous nous séparons avec force accolades viriles, séduits par ce premier contact avec une culture positive, par ces valeurs de travail et d'amour insoupçonnées.

Véritable grenier à blé du sous-continent indien, le Pendjab nous déroule durant l'après-midi ses trésors de cultures vert cru, sa richesse et son opulence.

Nous roulons vers Talwandi Sabo, un des cinq lieux saints du sikhisme, que Pritom nous a conseillé pour le soir. Nous franchissons aujourd'hui un pas considérable : nous pénétrons l'aire de répartition géographique de la tourterelle turque si familière en nos campagnes françaises ! Ce n'est pas rien. Le fait de savoir qu'elles ont, certes en plusieurs générations, parcouru la distance qui nous sépare de Paris avec leurs frêles ailes gris souris me rassure et me rapproche. La confiance et le moral peuvent tenir à un vol de tourterelles !

Les chiens, figures pathétiques et martyres qui nous accompagnent depuis le jour de notre départ, n'en peuvent plus d'être chiens. Montre-moi tes chiens, je te dirai qui tu es ! Les chiens de l'Inde, en l'occurrence, ont un sérieux problème d'identité, une crise aiguë de schizophrénie : les chiens de l'Inde se prennent pour des cochons ! Sans doute trop impatients d'attendre leur réincarnation, ils font déjà les cochons, changent de nature sans changer d'enveloppe. À l'instar de leurs compères porcins, ils se vautrent dans la boue, s'y rafraîchissent tout le jour en ne laissant sortir que leur langue rose. Une fois sèche, la boue caparaçonne leurs poils en leur donnant des allures de phacochères lorsqu'ils se frottent contre les arbres. Las de leur condition, certains se suicident en se jetant sous les camions.

Personnellement, j'opterais plus volontiers pour une réincarnation en truite du Cachemire, irrésistiblement attirés que nous sommes par l'eau cristalline et glaciale des forages artésiens qui vont puiser à 150 mètres sous terre, dans les limons du bassin gangétique, l'eau filtrée des névés himalayens.

À l'entrée du sanctuaire, où nous arrivons tard dans la nuit, une sorte de fier-à-bras colossal, hirsute d'objets tranchants, armé jusqu'aux dents qu'il affiche carnassières, nous barre le passage de sa hallebarde. Aussi coloré qu'un garde suisse, et au moins aussi loquace, nous comprenons enfin qu'il ne peut pas quitter son poste. Nous devons donc attendre avec philosophie le passage d'une tierce personne pour voir évoluer la situation. Il faut savoir attendre les tierces personnes avec philosophie. Il faut croire en la tierce personne. La nôtre se présente bientôt sous la forme d'une demi-portion souriante, et, intérêt non négligeable, anglophone.

Sous l'œil implacable du cerbère nous nous présentons :

– *Alexander Poussingh ? But you are sikh !*

Son visage s'illumine et ses bras s'entrouvrent pour une accolade.

Comme tous les sikhs, Tajinder se nomme Singh : le lion, patronyme jadis réservé dans l'hindouisme à la caste des guerriers qui avaient le monopole des armes : les *kshatriya.*

Poussingh ! Sésame, ouvre-toi ! La hallebarde se lève. Nous passons.

Le *gurudvara* est une sorte de halte monastique, d'auberge religieuse telle que le Moyen Âge français devait en connaître sur les chemins de Compostelle. Tenant à la fois de l'ashram et de la cour des miracles, le *gurudvara* accueille les pèlerins et les déshérités.

Tajinder nous susurre à voix basse :

– Au Pendjab, nous disons : ne te soucie pas du repas ou du logis ! Quelqu'un s'en charge pour toi !

Nous suivons une enfilade d'arcades éclairées, dont les colonnades semblent veiller sur le sanctuaire comme les esprits du lieu. Une pièce d'eau noire au centre d'un cloître inverse les profils des arcs, prolonge les courbes et les parachève en cercles. Un homme assis en tailleur au centre d'un temple lit dans la quiétude le *Siri Guru Granth Sahib*, le texte sacré. À ses pieds, un lancier monumental au turban profilé comme un abdomen de guêpe sommeille allongé en chien de fusil sur sa lance. Nous passons comme des anges.

Dans une cuisine à l'écart, nous dînons en silence de quelques reliefs réparateurs. Tout va bien ! Après avoir fait irruption dans un dortoir en réveillant tout le monde, Tajinder déloge deux pèlerins de leurs lits de ficelles pour nous les accorder. L'un des malabars, empâté de sommeil, m'adresse un large sourire en me désignant sa couche et va s'allonger dans la poussière. Nous sommes mortellement gênés. Hospitalité : tout change quand les mots ont un sens, et ce sens une application.

## *Mardi 21 juin 1994 : 254e jour, 85 km. T : 16 345 km*

Des quatre points cardinaux, des voix de chantres exhortent au réveil comme les muezzins de l'islam. Cordes de métal et cordes vocales se pincent et s'étirent comme des chats dans l'espace, en baignant l'aube d'un ressac modulé.

Matin bonheur ! Matin de vie, matin du monde. Toute l'activité du jour se concentre à l'aube.

Tajinder nous emmène visiter le sanctuaire. Enturbannés

de nos chèches (on n'entre pas dans un temple sans couvre-chef), nous lui emboîtons le pas. Haut perché dans un kiosque incrusté d'une mosaïque de miroirs, un lecteur immobile prononce d'une voix de pope des paroles sacrées. Nous nous asseyons en tailleur parmi les quelques fidèles déjà présents. Un enfant de chœur rafraîchit le lecteur d'un long éventail de plumes de paon alors que les premiers rayons du soleil ricochent sur les miroirs en faisant des étincelles avec la parole.

Dans la tour de Guru Nanak ornée de fresques de batailles, Tajinder nous décrit la mort du premier chef spirituel sikh, qui, se voyant perdu, se décapita lui-même, attrapa sa tête d'une main, et continua le combat de l'autre, mettant en déroute les musulmans effrayés par ce prodige. Balaise, non ?

Avant notre départ, je collectionne fébrilement les portraits de fidèles dont les turbans m'offrent toute la gamme des verts, la palette des bleus, le spectre des rouges et des jaunes en passant par toutes les teintes orangées et carminées. Je redécouvre les couleurs dans cette foule bigarrée où chaque turban est une pièce unique, un signe distinctif et un état d'esprit. Et parfois le hasard assemble dans une valse de couleurs toutes ces taches et toutes ces gammes en de vivants tableaux impressionnistes.

Fiers et nobles, les sikhs prennent grand soin de leur apparence, reflet de leur âme. Vouloir les immortaliser pour leur élégance est perçu comme un grand honneur. Quel bonheur pour un photographe !

À brûle-pourpoint, pressés par un soleil jouant déjà l'orange sanguine, nous retournons au charbon, à pelleter des chiées de kilomètres dans la chaudière. Les sikhs ne conduisent malheureusement pas mieux que les hindous, et ce n'est jamais sans un pincement au cœur que nous reprenons sur la route la partie de flipper dont nous sommes les boules, en espérant que ce jeu de maniaques ne finisse pas en une partie de billard.

Un petit pont sur un canal nous offre une tentation irrésistible. De jeunes sikhs cuivrés s'y baignent de bonheur en formant une longue chaîne tendue par le courant. Quand celle-ci se rompt, la ribambelle disloquée est emportée au loin avec ses rires. Avec l'appétit d'éponges déshydratées, nous nous jetons à l'eau.

Vers onze heures nous atterrissons dans un bout du monde sans nom. En cherchant en vain un *gurudvara,* nous tombons sur un groupe de notables assis sous un porche. Épuisé, je lance dans leur direction un lapidaire : *eat ?*

Aussi accablés que nous, ils nous font signe d'approcher.

Nous sommes à la limite de l'insolation. L'homme n'ouvre pas la bouche, il sait déjà tout. Il nous invite à nous coucher à l'ombre d'un patio dans sa cour. Des chuchotements attirent mon attention sur la gauche : une foule d'enfants amoncelés à la grille d'une fenêtre scrute de ses paires d'yeux les fauves abattus que nous sommes. Je dois avoir le même regard résigné que ces grands mammifères de zoo.

– Je suis fier de vous accueillir ! Depuis que le monde est monde, vous êtes les premiers Occidentaux qui s'arrêtent ici !

Harpel, notre hôte, ancien officier de marine à la retraite, consulte la mémoire ancestrale des vieux sages qui l'entourent et revient sur sa parole.

– Pardon ! Un seul homme passa avant votre guerre, lors de la construction de la route, mais il ne resta pas.

Nous sommes soufflés. Delhi n'est qu'à 300 kilomètres ! Combien de villages avons-nous ainsi traversés ? Le monde réel reste à conquérir !

Le lendemain après-midi nous pédalons vers Amritsar, capitale du Pendjab, en traversant une zone de marais, pétillante d'oiseaux et débordante de fleurs. Nous roulons heureux. Je me dis que dans deux jours, au Pakistan, nous ne serons plus qu'à un pays de la Turquie.

Vaste chantier effervescent et poussiéreux, Amritsar est confuse et surpeuplée. Seuls les turbans multicolores y détonnent comme des Smarties dans une bétonneuse. Les invitations de « frénésikhs » font feu de toutes parts, l'offre dépasse la demande. Ne voulant pas gâcher par des redites et des réécoutes l'image positive que nous avons des sikhs, nous optons pour la tranquillité d'une école chrétienne, le séminaire Saint-Jean-Vianney. Le père Davis nous accueille chaleureusement. Tout nous semble évident. Nous ne devrions pas trouver cela évident ! Le dîner commence par un bénédicité que nous chantons en français et se poursuit dans le silence. Quel bonheur que le silence ! Depuis Katmandou nous ne nous sommes pas assis à une table. La table, c'est tout un choix de vie, c'est toute une option sur l'existence.

*Jeudi 23 juin 1994 : 256^e^ jour, 0 km. T : 16 482 km*

Journée de repos après une messe en hindi. Cela se poursuit par de la confiture sur des tartines, et cela finit par la lecture d'un Sherlock Holmes. C'est si simple d'être heureux ! En guise de sieste, nous passons et repassons de la douche au *fan* en omettant l'étape de la serviette. Rien n'est plus frais que l'évaporation !

À quatre heures nous partons avec Thomas Eramangalam, séminariste depuis deux ans, visiter le Temple d'or, cœur du sikhisme. Foutoir de boyaux et sac à nœuds, la ville sans axes et sans percées nous déroute.

Dans une ruelle pouilleuse bordée de façades lépreuses s'ouvre un porche sur le paradis. Aussi insoupçonnable dans un tel fouillis urbain que des cristaux de quartz sous l'écorce rugueuse d'une géode, un gigantesque poumon carré étale ses eaux sombres dans un cadre d'arcades de marbre immaculé. Comme une perle dans l'huître, un cube d'or y flotte en son centre. Une passerelle rend ce paradis accessible. Mais nous suspendons notre premier mot, tournons autour de la gemme comme un joaillier jouit en silence de l'éclat d'un joyau. Fascination. Exquise esquisse du divin.

Aux quatre coins du déambulatoire blanc, à l'ombre des arcades, le soleil trait des parpaings de glace, dont l'eau nous est servie par de belles hôtesses. Nu comme un ver, mais la tête enturbannée pour ne pas choquer les petites filles, un homme se purifie dans les eaux sacrées du bassin.

Aussi parfait qu'un œuf de Fabergé, à la fois écrin et bijou, le Temple d'or reçoit par un ombilic sa ration quotidienne de dévots. Ce qui de loin n'était que d'or scintille d'incrustations semi-précieuses. En son cœur trône le *Siri Guru Granth Sahib* enveloppé dans un tissu orange.

La foule des fidèles se presse à travers les quatre ouvertures ogivales du cube d'or. Un groupe de musiciens enchante le silence. À l'étage, un déambulatoire voûté donne d'un côté sur le cœur de l'édifice, de l'autre sur des basses fenêtres ouvertes sur les eaux. De fines miniatures peintes, l'harmonie des tons, les éclats de miroir incrustés dans les noirs plafonds confèrent à l'architecture intérieure la perfection d'un soir d'été.

### *Vendredi 24 juin 1994 : 257e jour, 75 km. T : 16 557 km*

Nous suivons un cycliste sur la route de la frontière, quand un Tata qui nous dépasse se rabat prématurément en pilant sous le nez de Sylvain. Notre cycliste se retourne, se déséquilibre et tombe. Sans choc, au ralenti, dans un long râle déchirant, l'homme et son vélo mêlés sont écrabouillés sous nos yeux. L'homme éclate, le sang gicle et nous macule les mollets. Son regard ! Je vois ses yeux noirs ! Noirs, noirs ! Si noirs ! Cauchemar. Traumatisme.

Se préserver ! Fuir ! Ne rien voir ! N'avoir rien vu ! Surtout ne pas penser. Nous poussons tous les jours un rocher de Sisyphe sur une pente glissante. Au moindre faux pas – sprouitch ! – l'innommable enfer pour celui qui reste.

Nous tournons cette page avec la frontière.

# D'AMRITSAR À QUETTA

*Sylvain*

La frontière entre l'Inde et le Pakistan est à l'image des relations tendues qu'entretiennent ces deux pays. Un no man's land de deux kilomètres de large, truffé de miradors et de barbelés, montre le vrai visage de la partition de 1947. Les formalités sont aussi compliquées pour sortir de l'Inde que pour entrer au Pakistan. Au bout d'une demi-journée de fouilles et de bureaucratie, un officier tamponne les passeports et nous laisse aller. Nous pédalons vers Lahore.

– *Allah Akhbaaaaaaaaaar !*

Le muezzin de la grande mosquée de Lahore appelle les fidèles à la prière. Les Pakistanais convergent par centaines vers l'entrée de l'édifice. Un tas de sandales s'élève progressivement sur le seuil de la salle de prière. Nous y ajoutons nos chaussures. Les Pakistanais murmurent les sourates coraniques, puis interrompent leurs litanies, et se prosternent en deux temps : d'abord à genoux, puis dans cette position de prière bien connue, front contre terre. Les centaines de croupes habillées de djellabas s'abaissent, s'arrondissent, se soulèvent dans un mouvement d'ondulation aussi bien réglé que les houles de l'océan. Soudain un mollah à la barbe noire et à l'œil excité, qui nous a aperçus dans la pénombre, nous demande de quitter les lieux sur-le-champ. Au moment où nous remettons les lacets des chaussures, un jeune homme apostrophe violemment le mollah qui nous surveille, sur le pas de la porte. Le bruit de leur dispute perturbe la prière et attire les curieux. En quelques secondes ils sont des dizaines autour de nous à s'agiter et à débattre.

– Je m'appelle Ahmed, nous dit en anglais le Pakistanais qui parlait au mollah, je suis étudiant ; j'ai essayé de prendre votre défense pour que vous restiez, mais c'est peine perdue. Ils ne veulent rien savoir, il vaut mieux que vous veniez avec moi, je vais vous faire visiter le reste de la mosquée.

– Et tous les autres fidèles qui participaient à la dispute ?

– La moitié voulait que vous restiez, l'autre que vous dégagiez les lieux. C'est le vrai visage de l'islam : d'un côté, les mollahs et une partie du peuple, rigides et intransigeants, et de l'autre une foule de gens que la présence de deux infidèles dans leur lieu saint ne dérange pas...

La plaine du Sind correspond au bassin de l'Indus qui traverse l'ouest du Pakistan en suivant une direction nord-sud pour se jeter dans l'océan Indien. Des multitudes de canaux quadrillent les champs frangés d'arbres puissants. Des minarets en construction jalonnent la progression. L'islam pakistanais est bâtisseur depuis que les mollahs ont pris une place importante dans les affaires de l'État.

Le Pakistan recèle des trésors et notamment une forme d'évolution du goudron que nous n'avions jamais rencontrée ailleurs. C'est le goudron de dessiccation. On parle d'argile de dessiccation pour décrire les sols craquelés par la sécheresse, en petits quadrilatères régulièrement espacés. Le goudron du Pakistan, sans doute surchauffé, suit la même transformation. Nous en établissons très précisément le relevé. Il vient rejoindre notre fichier de descriptions des routes, si fourni que nous pourrions écrire une petite monographie intitulée « Formes diverses et monstrueuses des revêtements du monde ».

Sur ces routes qui semblent avoir été tracées pour n'arriver jamais, des camions en phase terminale de dislocation nous dépassent lourdement. Un jour de grand vent contraire, nous nous accrochons au cul de l'un d'eux pour quelques kilomètres de parasitage.

Soudain j'entends un hurlement emporté par le raffut de la route. Un coup d'œil au rétroviseur. Je vois Alex qui a lâché le camion et qui me signifie à grands gestes de décrocher à mon tour. Je le rejoins.

– Qu'est-ce qu'il t'arrive ? Pourquoi as-tu lâché ?

– Écoute, c'est un miracle ! Pendant que nous étions accrochés au camion, un type en nous dépassant klaxonne et me fait signe à travers la vitre de sa voiture que nous avons perdu quelque chose. J'ai juste le temps de regarder derrière et je vois, à 300 mètres, une tache noire au milieu de la chaussée. J'ai tout de suite reconnu la trousse à outils. Ce qui est absolument dingue, c'est que ma sacoche est parfaitement fermée et que je ne vois pas comment la trousse a pu sortir de là.

– C'est vrai que c'est troublant.

Mais il fait si chaud que nous ne sommes pas en état de chercher à élucider le mystère. Nous retournons sur nos pas pour ramasser la trousse et reprenons le chemin. Trois ou quatre kilomètres plus loin, un attroupement de voitures barre le passage. De loin on distingue vaguement une agitation fébrile autour de la carcasse d'un énorme camion retourné dans le fossé.

– Il n'y a pas longtemps qu'il a dû se renverser, il est encore fumant !

Nous nous approchons de l'accident.

– Sylvain ! Regarde ! C'est notre camion.

Le poids lourd à qui nous avions volé quelques kilomètres, en l'agrippant dans sa course, et qu'Alex avait lâché pour retrouver sa trousse mystérieusement tombée de la sacoche, gît à présent en contrebas de la route. L'un des deux chauffeurs éjectés à travers le pare-brise se tord de douleur en tenant son bras en sang ; l'autre reste prostré, le visage contusionné, assis sur le bord du talus. C'est peut-être un pneu éclaté qui leur a fait perdre le contrôle de la machine. C'est sans doute quelque ange gardien qui a jeté notre trousse sur la route. Et c'est ainsi qu'Allah est grand.

*Baï Pheru, plaine du Sind, dimanche 6 juin 1994*

C'est le père Jacob qui nous offre un toit ce soir. Il conduit la petite mission du village. Nous dînons avec lui.

– Qu'est-ce qui vous a le plus manqué pendant ce voyage ? nous demande-t-il.

– Un moteur, père Jacob !

– Quoi encore ?

– De la musique classique. La dernière fois que nous en avons entendu, c'était au Tibet. On nous avait envoyé de Paris une cassette de Purcell. Dans les restaurants chinois, nous dînions au son de *Didon et Énée* ou de *King Arthur* ; ça nous changeait des musiques disco importées d'Amérique. Mais la cassette n'a pas résisté aux trépidations de la route et a volé en éclats.

Le père allume son magnétophone. Nous finissons la soirée

sous les airs du *Gloria* de Vivaldi. Le père nous dépeint la situation de la chrétienté en terre d'islam.

– Vous savez, nous ne pesons pas lourd. Nous sommes à peine 1 % de chrétiens au Pakistan. Dans ces conditions, comment voulez-vous que nous nous fassions accepter ? Nous essayons de survivre en terre hostile.

– Pourtant il ne nous a pas semblé que les musulmans nous rejettent. On nous salue sur la route, on nous offre à boire de l'eau et nous ne cessons de parler de questions religieuses avec les gens que nous rencontrons.

– Il est écrit dans le Coran : « Les chrétiens ne seront pas affligés. » Mais quelques versets plus loin il est noté : « Ceux qui disent : “ Dieu est le messie Jésus ” sont impies. » C'est pour cela que les réactions sont si différentes à notre égard. Mais les responsables des missions chrétiennes et des écoles religieuses sont très mal acceptés. Combien d'actes de vandalisme et de violence ont-ils été constatés dans nos écoles de Multan, ou de Lahore ? Et puis notre vie est intenable. Quand j'entre dans un magasin et que je touche un objet par mégarde, on m'oblige à l'acheter, car il est devenu impur. Au restaurant on casse les verres dans lesquels j'ai bu et chaque moment est fait de ces humiliations.

– Pourquoi ne partez-vous pas, père Jacob ?

– Parce que le Pakistan est mon pays, j'y suis né, et quand bien même il ne serait ici qu'une seule âme que je pourrais convertir, ce serait une raison suffisante pour rester.

La longue procession des villes du Sind reprend dans le vent.

À l'ouest de Multan coule la Chebab River qui marque le début des zones arides. En quelque sorte on entre dans le désert en franchissant un pont. Et on laisse derrière soi les plaines agricoles où l'on a la relative certitude de la récolte. De l'autre côté, c'est le domaine des sables et des dunes qui poursuivent leur course bien au-delà de la rive. Jusqu'aux contreforts rocailleux et desséchés du Baloutchistan. Sans transition, sans progression, nous passons d'un monde à l'autre. Le choc est à peu près aussi brutal que la chute qui nous projette au sol peu après avoir passé le pont. C'est une flaque d'huile qui nous fauche, si violemment que nous ne nous rendons même pas compte de ce qui arrive. D'habitude nous passons par les affres de ce moment vicieux où l'on se sent perdre l'équilibre, et où l'on assiste, en ralenti, au développement de sa propre chute. Mais cette fois-ci, nous tombons des nues.

Nous pédalons par une chaleur effrayante en renouant avec les atmosphères figées du Sahara. Et puis soudain apparaissent quelques marais stériles, mous et tièdes, écrasés de chaleur. Ils annoncent l'Indus.

Le fleuve mesure deux kilomètres de large à l'endroit où nous le franchissons, sur un pont monumental. Des pêcheurs y naviguent sur des barques à voiles ancestrales et s'arriment aux pylônes gigantesques installés dans le lit du fleuve. Nous contemplons ce télescopage des siècles. Et tout à coup, nous tombons. Insolation. Picotements, nausées, voile noir, céphalées : le malaise nous terrasse tous les deux, exactement au même moment. Nos corps refusent le soleil. Trop de chaleur et de lumière depuis un mois que nous roulons sous des températures volcaniques. Au bord du fleuve coule un petit canal, serré entre deux digues de ciment. Nous y plongeons.

Sur le parapet du pont qui enjambe le canal, les villageois sont aux premières loges. Le spectacle de deux Blancs, partageant avec une évidente délectation la soue d'un buffle, leur paraît étrange. Nous sortons de l'eau couverts de plaques rouges. Notre peau n'a pas résisté à la saleté de l'eau. Elle se couvre de boutons scrofuleux. Ce sont des voyants qui s'allument pour indiquer le degré de pollution de l'eau. Le public explose de joie à la vue de nos corps variolés et des contorsions auxquelles nous nous livrons pour apaiser le feu des démangeaisons.

En nous grattant, nous repartons. Pas pour longtemps. Dans le village de Khan un contrôle de police barre le passage. Quelques militaires armés gardent les carrefours. Il règne le climat d'une grande effervescence.

– Que se passe-t-il ? demandons-nous à un officier.

– Le président du Pakistan va passer dans deux minutes.

Un agent des services secrets pakistanais nous apprend que l'on craint un attentat des Indiens ou de la CIA. La paranoïa se porte bien sous ces latitudes. Tout à coup le cortège est annoncé par radio. Avec une délicatesse inouïe, les militaires dégagent la route, frappent les ânes, poussent les charrettes, refoulent les passants et les curieux sans ménagement. Mais l'effet escompté échoue. Les manœuvres des soldats provoquent un indescriptible embouteillage.

Après la ville de Khan, notre route reprend son cours, inlassablement, toujours plus à l'ouest. Nous quittons à présent les plaines et les bassins de basse altitude. Dans le lointain se profilent les monts Salamain et au-delà le rebord calcaire du pays baloutche !

C'est alors que commence l'épreuve. Une montée de 30 kilomètres sur une piste défoncée. Cette route mène à Fort Munroe, à l'entrée du Baloutchistan, à 2 000 mètres d'altitude. Nous nous engageons dans la montée vers trois heures. La perspective des températures fraîches qui nous attendent là-haut nous stimule. Notre carte indique une source à mi-pente. Nous concentrons nos efforts pour arriver jusque-là. La source est tarie. Elle a succombé elle aussi au soleil. Hébétés, morts de soif, nous contemplons les précipices qui bordent la route et, sous nos pieds, la vallée minuscule écrasée par un chaos de calcaires plissés et fracturés. Nous repartons. À présent, nous sentons parfaitement le rafraîchissement progressif de l'air à chaque nouveau lacet de la route. Une antenne apparaît. Quelques maisons, un cantonnement et soudain, après un dernier sursaut pour franchir un ultime bourrelet, la route redevient plane. Nous sommes à Fort Munroe, au-dessus du plateau baloutche.

Au fond d'un restaurant du bord de la route, une mélopée s'élève, accompagnée par le son d'une sorte de vielle médiévale. Les musiciens et le chanteur nous invitent à nous asseoir près d'eux. Je les accompagne à la flûte pendant qu'Alex se livre à un numéro de marionnettes avec une pastèque. Un couteau planté dans le fruit en guise de nez, une paire de lunettes, le chèche pour cheveux et un chapeau, Alex tient son personnage. Ensemble ils dansent sur les rythmes de notre trio. Une foule de curieux assiste au spectacle. C'est alors que nous nous apercevons qu'aucun d'entre eux ne rit et que les physionomies ont radicalement changé.

Des mains des Indiens ronds et petits, parfois grassouillets, avec qui nous étions ce matin encore, nous sommes passés aux mains des peuples de montagne. Beaucoup de ces hommes portent de longues barbes noires sur des visages racés et taillés au couteau. Leurs yeux sont parfois clairs, et leurs nez fins. Ils sont bâtis comme des armoires à glace, ce qui leur permet de porter, sans jamais s'en séparer, un arsenal copieux. Guirlandes de cartouches, fusil, poignards. Tous les hommes réunis autour de nous, qu'ils soient militaires ou civils, portent des armes comme on se munit d'un parapluie. Nous allons vite comprendre qu'au pays baloutche c'est une saine précaution.

Administrativement c'est la ville de Rakni, à 20 kilomètres de Fort Munroe, qui marque l'entrée en terre baloutche. Nous y arrivons après une longue descente sur un talus désertique. Il pleut ! Voilà la récompense de trente jours de fournaise insupportable. Les dieux du désert nous comblent d'une averse salvatrice. Nous hurlons de joie en nous déshabillant sous l'ondée. Des bergers nous regardent, stupéfaits. Nous venons de renouer avec la fraîcheur de l'air et nous nous sentons pleins de vie. Il semble que nos corps et nos cerveaux mis entre parenthèses pendant quelques semaines se réveillent. Nous quittons cet état de léthargie permanente qui nous enveloppait, malgré nous, comme une gangue. Nous entrons dans Rakni en chantant.

S'il est un caractère commun qui unit les Baloutches aux Pakistanais de l'Est, c'est leur curiosité. Nous prenons notre petit déjeuner, encadrés, comme d'habitude, par une foule de spectateurs qui nous scrutent en silence. Il est toujours parmi eux un anglophone moins timide que les autres qui s'approche de nous et nous assaille de l'habituelle ritournelle de questions :

– Où allez-vous ? D'où venez-vous ? *Purpose of your journey ?* Pourquoi avez-vous cassé la gueule de Saddam Hussein ? Quel âge avez-vous ? Votre père porte-t-il la barbe ? Pouvez-vous manger du piment ? Voulez-vous du haschisch ? Pourquoi avez-vous démonté le moteur de vos motos ? etc.

Les questions fusent. Nous essayons de répondre à la salve. Vient alors la rituelle interrogation sur nos familles.

– Combien de frères avez-vous ?

– J'en ai un, répond Alex.

– Et vous ?

– J'ai deux sœurs, dis-je.

– Ah bon, vous êtes tout seul ?

– Non, non, pas tout seul : j'ai deux sœurs.

– Oui, oui, c'est ça, vous êtes tout seul.

Précisons qu'au Pakistan, où son statut est déplorable, la femme n'a pas d'identité propre. Elle n'est pas considérée comme une personne indépendante. Elle n'existe que par rapport à l'homme, en tant que sœur, épouse, mère, etc. Depuis une semaine que nous sommes entrés dans le pays, nous n'avons pas vu une seule femme. Parfois on aperçoit derrière une cour de ferme une cloche de tissu. C'est le *burka*, le tchador local, qui recouvre entièrement la femme. De la tête aux pieds. Et qui ne lui laisse en droit de regard sur le monde qu'une grille de dentelle devant les yeux.

– Vous savez, mes parents voulaient une fille. Quand je suis né, ils ont été très déçus et voilà pourquoi je suis parti de chez moi. Après sont arrivées mes sœurs et ce fut grande réjouissance dans la maison.

Les hommes nous regardent, consternés.

– Que fait votre père ? demande l'un d'eux.

– Il reste à la maison pour s'occuper de mes sœurs.

– Non, non, pas votre mère, votre père.

– Je vous l'ai dit. Il s'occupe de la maison. Ma mère, elle, est businesswoman.

On ne nous pose plus de question. On nous observe mi-écœuré, mi-incrédule.

Nous quittons Rakni. Le prochain village où nous comptons faire étape s'appelle Loreleï, ce qui est touchant dans ce monde de mâles. Nous pédalons sans savoir à combien de kilomètres se trouve la Loreleï car notre carte est fausse. Nous avons demandé notre chemin à dix Baloutches, mais les informations récoltées s'échelonnent de 60 à 220 kilomètres. Il ne reste plus qu'à avancer sans penser à rien en se laissant gagner par le rythme régulier de la progression. Nous connaîtrons sur la route de la Loreleï un ennui mécanique. Mon pneu arrière vole en éclats. Une déchirure l'entaille sur cinq centimètres. Je passe de longs moments à recoudre le caoutchouc. Puis trois fois je regonfle la chambre pour trois fois m'apercevoir qu'elle est crevée, à différents endroits. Un Patan passe sur une mobylette et s'arrête devant nous. Il a les yeux bleu turquoise et une pompe à pied qu'il nous prête. Nous décidons de déjeuner ensemble dans un petit relais routier tout proche, composé de quelques cases jetées au milieu du désert.

Les menus du sous-continent indien ne varient pas beaucoup. Même rengaine, matin, midi et soir. Du *dhal,* des chapatis et des *ladie's fingers,* sorte de longs poivrons très fins. Mais dans le désert du Baloutchistan se pose le problème de l'approvisionnement. La nourriture se fait de plus en plus rare au fur et à mesure que nous avançons vers l'ouest.

Nous croisons parfois, au fond d'un vallon, un carré verdoyant et humide, ou un plan cultivé et irrigué financé par le gouvernement baloutche. D'autres fois c'est un marais qui repose au fond d'une cuvette entourée par des versants désertiques et taraudés. Mais ces oasis ne sont que des retenues d'eau. Des vestiges de temps humides ou des résurgences de nappes fossiles. Et la terre leur préfère par-dessus tout l'eau fraîche et neuve des orages qui s'abattent parfois avec une violence inouïe sur le Baloutchistan. Nous avons la chance extraordinaire d'assister à l'une de ces tempêtes.

Elle naît au sud-est. Un vent violent la pousse, sans rencontrer sur son chemin le moindre obstacle. Nous trouvons refuge sous le toit d'un relais routier. Assis sur les nattes nous buvons du thé en écoutant deux imams anglophones nous expliquer leur haine des Anglais qu'ils accusent de faire de l'espionnage en terre d'islam. Ils viennent prêcher parmi les populations « arriérées et incultes des montagnes baloutches ».

– Il n'y a jamais d'Anglais qui passent par ici ? demandons-nous.

– Je n'en ai jamais vu. De toute façon, l'Iran leur est fermé car ils offrent l'asile au criminel Salman Rushdie.

– Et vous voyez beaucoup de Français ?

– Au Pendjab, oui, ici, au Baloutchistan, rarement. Nous vous aimons bien ; votre pays a une vieille complicité avec l'islam, vous avez accueilli l'imam Khomeyni et dans votre pays les jeunes musulmanes peuvent porter le *hijab*.

C'est ainsi, au milieu du Baloutchistan, que nous apprenons de la bouche d'un imam pendjabi, assis autour d'un thé, que l'affaire des foulards a recommencé en France. Les voies de l'information sont impénétrables.

Nous repartons dans la tempête. Le vent nous a rejoints et nous propulse à 70 kilomètres à l'heure dans les descentes ! Le Baloutchistan s'anime sous l'orage.

Nous apercevons une tente dressée à quelques centaines de mètres de la route. Nous entrons sous la vaste pyramide constituée de toiles tendues attachées à des piquets et adossées contre un muret de pierres sèches. Une demi-douzaine d'hommes boivent le thé assis en cercle autour d'une lampe tempête. Dans ces pays, il n'est point besoin d'explications ou de permission pour s'asseoir à la table d'un inconnu. Sans nous demander quoi que ce soit, en silence, on nous fait asseoir et on nous sert un verre de thé et une galette de chapati.

– *Ruski ?* nous demande l'un des hommes.

– Non, non, pas russes, nous sommes français !

– Je m'appelle Ullah, poursuit-il dans un anglais balbutiant, à dix-neuf ans j'ai rejoint la résistance des moudjahidin et je me suis battu dans les maquis de Kaboul et d'Hérat jusqu'au jour où les Russes m'ont attrapé, torturé et mis en prison pendant une année.

– C'est pour cela que vous nous demandiez notre nationalité ?

*Yes, yes ! Ruski, couic !* répond Ullah en passant l'ongle de son pouce sous sa gorge.

Il règne une ambiance très animée à l'intérieur de la tente.

Chacun fume une énorme cigarette de haschisch. Un tas d'armes diverses remplit tout un coin de la tente.

– *What is your job, Ullah ?* hasarde Alexandre.

– *I am a driver,* répond-il en montrant le camion qui attend dehors, sous l'orage. *And also, I do... business !* ajoute-t-il en brandissant son haschisch dans une main et une kalachnikov dans l'autre.

Un énorme éclat de rire secoue la tente. À présent c'est l'exhibition des armes. Sans que nous ayons rien demandé. Comme un rituel. Ullah nous montre des fusils d'assaut chinois, des kalachnikov, et même un Famas français sorti d'on ne sait quel butin de guerre. Ullah, debout au milieu de l'assemblée, fait claquer la culasse d'un fusil, tire sur ses feuilles de cannabis, roule de grands yeux rougis par l'effet du haschisch et se lance dans une magistrale conférence géopolitique.

– *Israel : atom bomb ! Pakistan will kill all judi people. India : atom bomb ! America : atom bomb ! Russia : atom bomb ! Pakistan is very strong ! We can fight and kill !*

– *And France ?* risquons-nous.

– *France is my friend ! Come here !*

Et dans un mouvement de tendresse débordante, Ullah nous colle sur les joues d'énormes baisers aromatisés à l'herbe d'Afghanistan. Mais le folklore est terminé. C'est l'heure de la prière. Les hommes disposent leurs nattes vers La Mecque et récitent le verset de l'*Ayatal-kursi.* La lampe vacillante projette sur les toiles les ombres des six hommes prosternés devant leur Dieu. La prière s'éternise, simple et belle. Les musulmans ont conservé une force de ferveur extraordinaire. Il nous est arrivé de croiser au plus profond du Baloutchistan un camion rangé sur le bord de la route. Le chauffeur s'est arrêté pour prier. Sa silhouette se découpe sur un talus dans la lumière du soir. Il est seul et il prie, au milieu du désert. Il n'a pas oublié que ses aïeux faisaient ainsi quand ils couraient le Baloutchistan derrière leurs troupeaux. Nous regardons longuement la prière d'Ullah et de ses amis.

Ullah a fini de prier. Il visite nos vélos. Nos petits cahiers de poésie l'intriguent par-dessus tout. Sur les pages blanches, nous avons collé des minuscules reproductions de tableaux de Poussin et de Botticelli. On y voit des Grâces dormir à l'ombre des oliviers et des allégories à la peau rose et belle danser sous les ruines d'un temple. Mais Ullah ne sait pas que c'est beau. Il ne peut détacher son regard des poitrines opulentes et des lourdes hanches de Vénus, de Diane ou de la Vierge Marie. Il suffoque de rire et de trouble quand nous lui apprenons que des dizaines de ces tableaux ornent nos musées publics et qu'on les montre aux enfants. Jamais la peinture de la Renaissance italienne et du grand siècle français n'a connu tant de succès. Ullah passe le cahier à ses amis qui se l'arrachent. Mais dans le regard de ces hommes qui n'ont pas inventé l'amour courtois, il n'y a rien d'autre qu'une excitation bestiale. Botticelli est devenu pornographe. Et les muses de Watteau, des call-girls pour camionneurs en manque. Sans que nous ayons rien pu prévoir, des mains prestes arrachent quelques pages qui disparaissent au fond des sarouals. C'est la diffusion de la culture par la libido.

– *Bye, Ullah !* Au revoir.

– *Salaam, my friends ! Take care !*

Nous quittons notre ami et sa bande de brigands. Le Baloutchistan est un repaire de pirates. Ce vaste plateau est une zone floue. Un rivage indéfini entre des pays de montagnes et de déserts : Iran, Afghanistan, Pakistan et le carrefour où convergent tous les trafics. Les ballots d'opium et de cocaïne descendent des montagnes afghanes et transitent ici avant de gagner l'Europe via l'Iran. À qui appartient ce désert ? Officiellement aux Pakistanais. Mais que contrôlent-ils de ce bouillon de cultures où prolifère la piraterie en tout genre ? Ici c'est le folklore permanent. L'endroit rêvé pour tenir une conférence internationale de la racaille. On y meurt sans déranger personne

# DE QUETTA À TÉHÉRAN

## *Alexandre*

Sous un ciel noir roulant des nuages lourds, criblé de balles, délavé par le soleil et décapé par le sable, le panneau annonce à l'entrée d'un bidonville :

« *Welcome to beautiful and scenic* QUETTA ».

Bonjour tristesse. Quetta l'oasis, Quetta « la fiancée du désert », nous accueille avec le silence d'une veuve endeuillée.

Éminemment viril, ce pays est triste à mourir, car si la fraternité est masculine, le rire est féminin. Ici, au royaume de l'homme, on ne séduit pas, on ne se moque pas : la réalité est à fleur de pierre.

Ville d'hommes, société d'hommes au fond d'un pays d'hommes, Quetta étale ses baraquements militaires dans des quadrillages rationnels. Ni souks, ni ruelles tortueuses, ni entassements de marchandises. C'en est fini du désordre et de l'effervescence du sous-continent indien. La Jinnah Road aligne ses bâtiments administratifs, pour rappeler aux Baloutches, Pathans et Brahuis qu'il existe, dans les lointaines chaleurs du Pendjab, un État fédéral dont la garnison de Quetta est un poste avancé à la croisée des routes pour l'Afghanistan et l'Iran.

Sœur Jesusa, franciscaine espagnole implantée depuis quarante ans dans la région, nous recueille dans son école pour jeunes filles. Tiens ? Qui peut bien s'intéresser au sort des jeunes filles ici ?

– Je suis ici car je crois que la seule solution pour rompre le cercle vicieux du sous-développement est l'éducation des femmes. Les hommes ne changeront jamais un système qui en fait des maîtres tout-puissants. Aussi maintiennent-ils leurs femmes dans un analphabétisme aliénant. Vous n'imaginez pas ce qu'il se passe ici ! Toutes les semaines des hommes se débarrassent de leurs femmes en camouflant leurs meurtres par des explosions de réchaud à essence ! La plupart des femmes n'ont aucun droit. Elles ne sont parfois même pas recensées, elles vivent dans une société parallèle ! Leurs maris préfèrent les voir mourir que de les remettre entre les mains de médecins masculins.

Angélique, le visage de la sœur s'empourpre de fureur contenue. Il semble qu'elle nous vide une poche d'horreurs trop longtemps retenues, trop longtemps confiées à sa prière solitaire. J'essaie alors de la faire rire.

– Freud avait tout faux ! Nous sommes dans le monde du complexe d'Œdipe inversé : « Tu tueras ta mère, et tu coucheras avec ton père ! »

Sœur Lucette, une adorable octogénaire du Québec, se mêle à la conversation de son accent chantant :

– Nous autres, on est tolérées juste pour nos actions caritatives, en dehors de ça, comme on dit chez nous : « Il n'y a aucun problème aussi longtemps qu'il n'y a pas de problème ! » Et quand il y a un problème, il n'y a pas moyen de discuter, ou d'argumenter avec ces gens-là ! Ils ont une justice expéditive, des comportements de foules excitées par des meneurs malintentionnés. Par exemple, quand un Kashmiri pakistanais se fait tuer par un Indien à 2 000 kilomètres d'ici, l'école se fait lapider !

À six heures et demie le lendemain matin, le père Victor vient célébrer la messe, suivie d'un petit déjeuner d'œufs sur le plat et de toasts. D'emblée il nous déconseille formellement de prendre la route de la frontière, aux mains de tribus rivales dirigées par des *sardars,* sortes de petits chefs territoriaux implantés du temps des Anglais selon le principe du « diviser pour mieux régner ».

– Les Baloutches, fiers guerriers, détestent cordialement les Pakistanais. Ils ont un proverbe qui dit : « Si tu rencontres un Pendjabi et un cobra, tue d'abord le Pendjabi. » Les policiers se font continuellement canarder par des tireurs isolés. Ils ne se déplacent plus qu'en convoi surarmé pour se réfugier dans leurs forts. Le reste du pays est aux mains des tribus.

Il avale un œuf sur le plat et poursuit :

– Cette route est la seule artère d'un trafic de drogue et d'essence que les forces gouvernementales n'arrivent pas à juguler. Salam Racketti enlève régulièrement des fonctionnaires contre rançon, pour financer ses trafics d'armes. L'année dernière j'ai enterré un motard espagnol, renversé par un camion.

C'est la route la moins sûre du monde ! Deux trains par semaine partent pour la frontière, vous feriez mieux d'en prendre un.

Il nous parle ensuite de l'islam qu'il connaît bien :

– La force de l'islam, c'est les 90 % d'illettrés du pays. Les mollahs en profitent pour diffuser un message de soumission à leur pouvoir. Benazir Bhutto n'est qu'une jolie façade, et la bourgeoisie humaniste d'Islamabad dirige souvent ses affaires depuis Londres. Les mollahs, défenseurs de la charia [1], condamnent toute exégèse, toute réflexion sur les textes et toute séparation entre le pouvoir spirituel et le pouvoir temporel. L'État islamique ne peut pas être laïque. Si le Pakistan est littéralement « le pays des purs », c'est pour cela ! Les Pakistanais vivent une Inquisition au jour le jour !

Avant de quitter Quetta, nous avons un compte à régler avec DHL. Depuis notre départ de Delhi, nous cherchons désespérément la trace d'un colis de pièces détachées que mes parents nous ont envoyé : des pignons de rechange. Les nôtres sont tellement usés que la chaîne saute sans cesse. Censé arriver en moins de vingt-quatre heures à Lahore, le colis n'y était toujours pas une semaine plus tard. Quand de Multan, trois jours après, nous appelons Lahore, toujours aucune trace du colis. Ce matin, neuf jours plus tard, nous apprenons enfin que le colis est passé par Lahore, puis a suivi pour Quetta. À l'agence TCS, filiale du transporteur international, on nous promet le colis pour midi. Quand nous nous y rendons, l'avion n'a toujours pas décollé de Lahore. L'attente dans ce petit bureau commence, en compagnie d'un employé confus mais confiant. À quatorze heures, des paquets arrivent de l'aéroport. Sylvain se précipite, harponne notre colis dans une empoignade avec les sacs de jute et revient glorieux ! Il pèse sept kilos ! Belle prise !

– Ils ont dû envoyer du chocolat !

Nous ouvrons et tombons sur des piles de dossiers et de contrats. Consternation.

– C'est pas vrai ? Qu'est-ce qui est marqué sur l'étiquette ?

– Monsieur Saussade, à l'Intercontinental de Lahore !

– Ils n'ont pas fait suivre le bon colis ! C'est lui qui doit ronger son frein avec nos pignons pour ses réunions !

1. Loi canonique islamique régissant la vie religieuse, politique, sociale et individuelle. (*N.d.É.*)

– « En moins de vingt-quatre heures, partout dans le monde », qu'ils disaient !

Le vent dans la gueule est notre boussole. Pour sortir de la ville, nous n'avons qu'à rouler contre le vent, nous sommes sûrs de ne pas nous tromper de direction. En quittant Quetta par l'ouest, vers les territoires incontrôlés, je me rappelle les peurs qui me saisissaient l'année dernière, quand, après un bon film, il m'arrivait de voir au journal télévisé des images de ruelles du bout du monde, peuplées de barbus et de trognes impressionnantes. J'avais un coup de sang ! Mon cœur s'emballait quand je m'imaginais pédaler dans ce cadre inconnu, passant à bicyclette entre ces foules, m'arrêtant pour leur demander le chemin... Eh bien, ils sont là, je suis là, et tout se passe bien !

Notre arrivée dans un campement de nomades suscite un audible émoi parmi les tentes, aussitôt tu par un homme de grande stature, faisant claquer à chaque pas les voiles de sa robe de sable. Le sourire radieux et dominateur, il nous tend la main là où il pourrait nous tendre la mort. Des hommes bardés de cartouchières, le doigt sur la détente, le regard aussi noir que la barbe, l'âme et les gestes suspendus aux lèvres de leur chef, nous dressent une haie « d'horreur ». Surtout, pas de gestes déplacés ! Sur le plateau d'un pick-up, une batterie antiaérienne hérissée de canons tend vers le ciel ses bouches à feu.

Dispersés d'un signe, les moudjahidin reprennent le déchargement de caisses de munitions.

Trop étonné de notre présence pour nous la reprocher, le *sardar* nous invite à pénétrer sous sa tente. Dans un silence qui nous paraît un siècle, il nous dénude alors de son regard perçant. Son sourire nous indique que son échographie n'a trouvé ni zones d'ombre ni « taches » suspectes. « Aux innocents les mains pleines, aux cœurs purs, le salut et la paix. »

En guise d'introduction il nous dit en anglais, conscient de son effet :

– Ne posez pas de questions et vous ne serez pas inquiétés.

Nous n'en menons pas large. Quand nous lui apprenons que nous sommes français, son visage s'éclaire comme par la confirmation d'une secrète prémonition. Avant même que nous ayons ouvert la bouche, il sait presque tout de nous.

Notre aventure passionne notre hôte. Son âme de nomade s'excite de nos récits.

Le ragoût de mouton arrive bientôt avec le *nan*, avatar local du chapati. Du thé vert nous est servi comme dans tous les déserts du monde. Nous sommes aux mains des pires trafiquants de drogue et d'armes de la planète, et nous sommes bien. Ce *sardar,* qui n'a pas voulu nous dire son nom, nous a pris en affection. Ses rares tentatives d'enfourcher une bicyclette l'ont tellement vexé qu'il ne cache pas son admiration quand nous lui avouons avoir parcouru près de 18 000 kilomètres sur nos montures.

– Vous devriez conduire un pick-up, comme moi !

– Oui, mais nous ne vous aurions pas rencontré !

Réponse que j'avance un peu troublé en ne sachant plus si nous avons été présentés de force, ou si nous sommes venus ici de notre plein gré. Il voit dans mon chevrotement un signe de modestie, et me tape sur l'épaule en signe d'amitié.

Dans un élan irraisonné de confiance, je lui demande alors pourquoi il porte des sandales, comme tous les Baloutches, avec cinq pointures en dessous. Jolies par-devant, racées même, avec leurs deux bandes de cuir se croisant sur le cou-de-pied, elles deviennent ridicules à l'arrière, en s'arrêtant presque sous la plante des pieds et en exposant ainsi dangereusement le talon aux meurtrissures des pierriers et des buissons épineux.

– Pour la mode ! Vous savez pourquoi : c'est vous qui la faites en France !

– Et comment faites-vous pour vous battre avec de telles chaussures ?

Piqué, il rétorque :

– Je vous ai dit pas de questions !

Il s'éclipse, nous redoutons le pire. Nous nous regardons en maudissant mon atavisme de Français moqueur. Sylvain, jamais à court de bons mots dans les pires moments, me glisse alors :

– Qu'est-ce que tu veux ! Ils cultivent cette faiblesse par souci esthétique. La mode est leur talon d'Achille !

Dieu soit loué, notre homme revient avec le sourire et nous conduit à la tente où sont entassées les caisses de munitions. Des hommes bardés de kalachnikov y dorment déjà sous la surveillance d'un veilleur. Secret en paroles mais trop fier de sa panoplie pour résister à la tentation de nous la montrer, notre hôte ouvre une longue caisse en bois : un missile sol-air Stinger y sommeille dans la sciure.

– *We don't need good shoes to shoot*[1] *!*

1. « On n'a pas besoin de bonnes chaussures pour tirer ! »

Pétrifiés, nous sourions comme des statues grecques ! Il tend sur la caisse une couverture dégageant une forte odeur d'essence, installe quelques ballots de feuilles suspectes, emmaillotées dans de la toile de jute, et nous désigne l'ensemble comme notre lit.

Tête-bêche, nous nous endormons sur des oreillers de haschisch, sous bonne garde, ne sachant pas qui de nous ou des armes est surveillé, ignorant, entre autres choses, notre statut : hôtes ou otages ?

## *Mercredi 6 juillet 1994 : 269e jour, 135 km. T : 17 794 km*

Enorgueilli de recevoir la caresse du soleil avant la terre, un radeau de nuages se boursoufle des mauves de l'aube, et part dans le sillage des flammèches vermeilles d'un jour nouveau.

Après la prière du réveil, notre *sardar* nous convie à un thé épongé de *nan*. Dans un *Salam alaykoum* aussi radieux que l'aube, il nous met en garde contre les militaires pakistanais qu'il accuse de rançonner les touristes. En guise de preuve il soulève sa *kamiz* à deux pans et nous montre un abdomen balafré de sutures : des blessures infligées lors de violents combats avec les commandos antitrafiquants pakistanais. Miraculé, il nous mime la rafale horizontale qui l'a coupé en deux.

Après nous avoir proposé une mitraillette en guise de sésame, il nous souhaite bonne chance, *Bismillah* [1], et bonne route, *Inch Allah !*

## *Vendredi 8 juillet 1994 : 271e jour, 102 km. T : 18 043 km*

Nous quittons Dalbandin sans avoir réellement récupéré notre fatigue de la veille. À sept heures et demie nous suons amèrement toute l'eau bue ce matin. Avec la sueur partent le sel, l'énergie et la force. Pourquoi y a-t-il tant de sel dans le désert ? Chaque caravane a-t-elle payé son tribut de sueur ? Est-ce le prix du désert ? Pour ne pas suer il faut boire du thé amer... très chaud. Cela demande beaucoup de sagesse. Que nous n'avons pas.

Il me faudrait des oreilles d'éléphant d'Afrique, organe très

1. Au nom de Dieu !

irrigué, qui évente et évite les surchauffes. Mon sang vire au boudin... noir. Inventer des oreilles, voilà la solution ! Comment faire du froid avec du chaud ? J'imbibe mon chèche d'un litre d'eau chaude tirée d'un de mes bidons. Le vent de feu s'empresse alors de l'évaporer, et, miracle de la physique, me gratifie au passage d'un peu de fraîcheur. Je rêve de flots de yaourt, pourquoi de yaourt ? Je rêve de neige et de sommeil. Une crevaison de Sylvain suspend notre calvaire. L'horizon cuit lui aussi, il trémule, il ondule, il danse comme un œuf au plat dans la poêle.

Nous repartons.

Hier, le train de Quetta nous a doublés, au loin, à droite, entre les dunes, trahi par son panache noir mais, avec la conscience de géomètres et l'inconscience de notre principe directeur, nous voulons parcourir tout l'espace terrestre à bicyclette.

Sans vie, sans mouvement, il n'y a pas d'espace. La pierre ne connaît pas l'espace. Cette pierre-là n'a pas bougé depuis des milliers d'années. Et moi je passe, je fuis... J'avance donc je suis.

Eh bien, oui, le goudron a un bout. Au pire moment, notre fil d'Ariane s'est rompu. Il était notre seule consolation, le soleil fond dès lors sur nos têtes. Nous lui hurlons notre haine : ce n'est pas une solution. Atar-Akjoujt... comment avons-nous pu ?

Hallucination.

Un cycliste à l'horizon. C'est la fin. Nous sommes fous. Un vélo dans la tête. Ne pas regarder. Tuer ce vélo dans nos têtes.

Non ! Il est toujours là ! Il est réel ! Est-ce la mort qui vient nous chercher ? Non, c'est un Suisse. Pedro, Pierre, nom de désert. Pedro est marin, cuisinier sur un bateau de croisière suisse (!) et il est là, seul, dans ce désert plat, à bicyclette, lui qui ne connaît que la montagne et la mer ! Il est fou ce Suisse !

Pedro a mis trois mois pour venir de Genève en passant par l'Italie et la Grèce, et nous nous croisons à trois mois jour pour jour de notre arrivée : nous pouvons être à l'heure au rendez-vous ! Il nous parle de l'Iran, il nous rassure : on y trouve du Coca et de la glace ! Nous lui parlons de l'Inde, où il risque d'arriver sous la pluie. Il nous donne alors de la pastèque qu'il découpe avec le couteau de Sylvain dont il essuie ensuite la lame... raffinement auquel nous ne sommes plus habitués. Ah ! l'Europe !

Sobre comme un chameau, il vient de franchir les 25 kilomètres de piste défoncée, et se réjouit à peine d'apprendre le retour du goudron à quelques encablures. Costaud, le Pedro !

Nous nous quittons émus, mais moins seuls, nous allons pouvoir rouler sur ses traces. On roule toujours sur les traces de quelqu'un.

À Yakmach, y a rien, mais cela vaut mieux que le feu du ciel. Nous le laissons tuer les mouches à notre place. Le ciel est chauffé à blanc, tout est blanc comme la neige ; n'est-il d'ailleurs pas singulier que le chaud et le froid extrêmes soient blancs ?

L'après-midi, je repars en tête pour fendre l'air en fusion. Le vent dans la gueule, le vent dans la gueule, le vent dans la gueule...

Un sursaut du brasier me fait atteindre la cote d'alerte : il faut m'éteindre à tout prix, ma centrale s'emballe, mes cadrans sont dans le rouge, mes voyants clignotent.

Une case pourrie vient à notre rencontre. Je m'cffondre et m'évanouit. Sylvain m'éponge le front avec mon chèche, quand un Baloutche, employant la manière forte, me jette un plein seau d'eau en travers le torse. Un incontrôlable électrochoc me secoue soudain comme un épileptique, la décharge d'énergie me tétanise l'échine. Secousse. Soubresauts. Je n'ai plus de bras, je n'ai plus de jambes, des fourmis m'envahissent. Cela disjoncte sec dans ma carcasse ; tous mes fusibles pètent, je suis à quelques ampères du court-jus. Je me lève, titube – le vent est devenu glacial –, je respire comme un damné, je ressuscite. Je vois Sylvain affolé, les bras écartés comme un gardien de but s'apprêtant à rattraper ma tête perdue. J'essuie une deuxième salve de seau d'eau. Salvatrice ! La pression retombe, la fraîcheur me revigore ; nous repartons.

Le soleil s'est couché. Cela ne change rien. C'est encore plus cruel dans le noir. La braise n'est-elle pas plus chaude que la flamme ? Le vent a faibli, nous roulons notre soûl, ivres d'épuisement.

Un panneau : Sad. Triste présage. Nous mettons pied à terre. Je ne suis plus moi-même. Hors service. Visions fugitives. Flashes ! Visages dans le noir, enfants, beaucoup d'enfants. Tout tourne. Je perds la tête. Regards indifférents, presque cruels. Sylvain parle doucement, demande. Rires moqueurs. Il n'y a rien. Un lit. Pas même de calme. Un melon. À peine d'eau. C'est tout.

Que se passe-t-il ? J'entends des hurlements. Nous sommes attaqués ? Non, pis, harcelés par ces enfants mouches qui vrombissent de rire. Sylvain vocifère en tous sens le couteau à la main, disparaît, réapparaît, lance des pierres, troue la pénombre de grands assauts. Cauchemar. Je ne comprends rien. Sylvain me couche à l'écart dans le désert et repart à l'assaut des djinns...

Soudain c'est le silence ! Je vomis le ragoût trop gras de ce matin et les deux litres de poison qui m'ont pesé toute la journée sur l'estomac. Une colique simultanée me purge. Sylvain revient avec un lit sur le dos et un melon. Le lit est pour moi. Il s'enveloppe à même le sable dans une natte tandis que je m'enrubanne de fraîcheur dans mon chèche imbibé de flotte. À la lumière d'une lampe à pétrole, je le vois, en plein nulle part, décortiquer son melon quand une rumeur approche. Le vent. Une tempête de sable se lève à l'est, au levant. Un vent qui nous aurait poussés toute la journée. De chaudes larmes silencieuses roulent sur mes joues. Il reste toujours un peu d'eau pour pleurer. Sylvain râle et disparaît, contraint de trouver refuge chez la racaille qu'il pourchassait tantôt ; je préfère rester là, seul avec ma colique, cinglé par le sable, cinglé par la fièvre.

*Samedi 9 juillet 1994 : 272e jour, 97 km. T : 18 140 km*

La fièvre est partie avec la purge ; je suis couvert de sable. Sylvain, au loin, parlemente avec des hommes, je me sens léger. Il me rejoint.

– C'était le commandant en chef de la répression antitrafiquants de la zone frontalière du Baloutchistan ! Il m'a demandé ce que nous avions vu, et ce que nous faisions là ; j'ai été incapable de lui répondre, il m'a cru. Il nous a invités pour le déjeuner à Nokkundi.

Nous partons après une Blédine qui me tapisse benoîtement la panse. Le vent d'est souffle encore un peu, pas assez longtemps pour en profiter, et juste assez longtemps pour le regretter. Comme toutes les villes du désert, Nokkundi n'arrive jamais, mais arrive tout d'un coup.

Mohammed Farouk nous accueille cordialement. Il ressemble à Saddam Hussein. L'œil pétillant, ponctuant ses phrases de longs silences, il nous parle de son métier. Adepte de la chasse au trafiquant de drogue, il nous raconte par le détail ses affûts dans le désert, les embuscades qu'il dresse aux pick-up afghans roulant à tombeau ouvert, tous feux éteints, vers la frontière iranienne, ses prises en charge, ses courses-poursuites à 160 kilomètres à l'heure sur le reg, ses accrochages où il perd des hommes, ses combats au bazooka.

Plein de bon sens et de finesse, Mohammed Farouk nous

donne avant de partir deux changes complets, saroual et *kamiz* [1] compris, qui seront exigés à l'entrée en Iran.

La tête dans le four, soleil à l'ouest et vent de face, nous rempilons pour la cuisson. Cela fait trois jours que je n'ai rien digéré, je me demande comment je fais pour avancer toujours. Je ne roule pas longtemps devant. Sylvain est obligé de me relayer, je lui emboîte la roue, baisse la tête, et tente d'oublier le présent. Je vois mes jambes mouliner sans broncher, comme une poule décapitée continue à marcher. Les œufs durs qui me servent d'yeux se figent peu à peu dans leurs orbites, ma tête est lourde, lourde, si lourde...

« Dis, Blaise, sommes-nous bien loin de Montmartre [2] ? »

Le soleil tombe à Alamreg dans un cimetière musulman tout hérissé de stèles. Au loin, seul dans le reg, un homme prie. Il est là, face à Dieu, sans que personne l'y contraigne. Il remet son jour entre les mains du Créateur, cela a quelque chose de hiératique et de sincère.

Tapie au bord de la voie derrière un énorme tas de blocs de marbre mal équarris, nous découvrons une communauté ferroviaire, dont les cantonniers nous accueillent bien volontiers. Pour la première fois nous voyons des Pakistanaises qui ne fuient pas, qui ne se voilent pas la face. L'une d'elles allaite un bébé affublé d'une grosse tache noire au milieu du front afin que les djinns ne le ravissent pas. Une autre me regarde de travers, la tête baissée, et il me semble soudain voir cette femme au fichu rouge du *Tricheur à l'as de carreau* de Georges de La Tour.

Le thé arrive, avec nos lits. Nous sortons nos flûtes pour égayer nos hôtes, ils surenchérissent avec des instruments locaux. Malgré ma faiblesse, je trouve l'énergie d'entamer une danse qui déclenche des tornades de rires. C'était notre dernier jour de short ! En voilà de la « frénésie » ! Mieux vaut tard que jamais, nous quittons le Pakistan demain !

La superbe Voie lactée répand sur nous une illusion de fraîcheur. Le ciel est pur et dégagé. Nous sommes allongés en plein désert sur trois lits de ficelle, des étoiles filantes emportent nos vœux les plus chers quand s'élève du lit voisin, entonnée par notre hôte d'une voix caverneuse, la prière des musulmans. Le brave homme s'est mis en tête de nous convertir, et n'a de cesse que nous ne disions après lui les paroles sacrées :

1. Pantalon et chemise.
2. *Cf. La prose du Transsibérien,* de Blaise Cendrars.

| | |
|---|---|
| *La I Lah Illah Allah* | Il n'y a de Dieu que Dieu |
| *Mohammed I Rasul Il Allah* | Mohammed est son prophète |
| *Bismillah Al Rarmen Al Rahim* | Au nom de Dieu tout-puissant |
| *Sol Allah Wale Wa Salam* | et miséricordieux... |

Pendant une heure, selon son commandement, nous répétons fidèlement ses paroles. Après tout, nos prières vont aussi vers l'ouest...

*Dimanche 10 juillet 1994 : 273e jour, 104 km. T : 18 244 km*

Dès l'aube, en guise de petit déjeuner, nous avalons 100 kilomètres en six heures et demie, sans interruption, pour fuir ce désert, rallier la frontière, quitter cet enfer. Nous voulons le croire, nous y croyons, et tant pis s'il y en a d'autres...

L'imam Khomeyni, peinturluré sur un mur de douze mètres sur trois, nous accueille dans un anglais approximatif :

« Nous nous déclarons frères de tous les musulmans du monde. »

Sylvain me souffle, laconique :

– Ça ne l'a pas empêché de faire la guerre à l'Irak pendant dix ans !

Il aide ensuite des femmes pakistanaises très décontractées, loin de leurs cerbères de maris, à remplir des formulaires. L'illettrisme chez elles dépasse les 95 % ! Un douanier vérifie que nous ne transportons ni alcool, ni cassettes vidéo porno, ni drogue... (bien sûr !), et nous nous retrouvons seuls dans le désert, de l'autre côté du grillage : nous en profitons pour enlever les étouffants sarouals que nous avions revêtus pour passer la frontière.

Un panneau indique « Téhéran 1 660 kilomètres » ; quinze jours de vélo, c'est juste ce qu'il nous faut pour le rendez-vous fixé en principe le 1er août avec les parents de Sylvain.

Le goudron est magnifique, noir, dense, bien gras sur 20 centimètres d'épaisseur, bordé de belles lignes blanches, décoré de rutilantes signalisations, éclairé par des lampadaires. Je m'exclame :

– L'embargo sur leurs produits pétroliers a du bon : ils ont tellement d'excédents de pétrole invendable qu'ils l'étalent sur leurs routes !

Le délicieux ronron de nos pneus sur cette surface admirablement lisse nous fait oublier quelque temps le vent de face, quand une voiture arrivant en sens inverse sur la voie de gauche nous drosse sur le bas-côté dans un concert de coups de klaxon indignés. Depuis 4 000 kilomètres nous roulons à gauche : nous avions fini par nous y habituer ! Jusqu'à Paris nous roulerons désormais à droite... *Inch Allah !*

Nous voyons au loin la voiture faire demi-tour et revenir rageusement sur nous. Des soldats en uniforme noir en surgissent avec l'insigne gamma à l'épaule : les gardiens de la révolution. La vision de nos cuisses outrancières de chiens d'infidèles est une insulte à leur Créateur. Hystériques, ils nous contraignent à revêtir les sarouals que nous venons d'enlever : ça commence fort !

La nuit nous surprend peu après Mirjaveh, à la hauteur d'un fortin militaire. Constitué de deux tours circulaires aux angles d'un cube de béton fermé par une porte blindée, l'édifice nous paraît sérieux. Ses occupants aussi. À bonne distance, un porte-voix nous crie « Stop ». Un homme vient à nous, mitraillette au poing, couvert par le serveur de la batterie de la tour. Surtout ne pas péter !

Après un bref examen, le lieutenant, rassuré sur notre compte, nous accorde un avant-poste désaffecté où un soldat vient nous apporter un repas et de la glace.

Je m'endors dans un courant d'air, en laissant fondre, comme le faisaient jadis les Égyptiens avec une motte de beurre, un bloc de glace sur ma tête en fusion.

Le lendemain, après nos banales et trop semblables souffrances, faites de vent, de disette et de nausée, nous arrivons à Zahedan en perdition morale. Nous avions eu la faiblesse de croire qu'avec la frontière tout changerait, que les éléments se mettraient de notre côté... soixante jours de vent brûlant dans le nez, c'est à peine tolérable pour une machine, c'est trop pour un homme malade. Ma résistance à l'adversité m'a quitté avec ma dernière colique. Je m'en prends ouvertement au désert, j'insulte le vent, voue aux gémonies ce soleil et ce sable.

Dans un petit hôtel à cinq dollars, le premier depuis Katmandou, deux motards australiens nous rejoignent ; ils ont vu nos noms à Loreleï, et suivent nos traces, incrédules, depuis plusieurs jours. Gueules burinées et brûlées, ils nous parlent de leurs souffrances, de notre folie... Ça nous regonfle, cela flatte nos orgueils anémiés. Eux aussi se rendent à Paris ! Ils espèrent y être dans trois semaines ! Sylvain téléphone à sa mère, sa venue est confirmée. Quant à moi, je vomis déjeuner et dîner. Comment fais-je pour vivre ?

Une nuit de sommeil confortable dans un bon lit suffit à me requinquer assez pour remonter en selle. Deux jeunes Iraniens rencontrés hier par Sylvain nous escortent sur de superbes vélos de course Peugeot. Cela rapproche... Ils sont totalement « frénétiques », avides de renseignements d'initiés, avec des nombres de dents de pignon plein la bouche. Ils nous aident à avaler les 25 kilomètres de montée pour sortir de la ville. Nos motards nous dépassent en trombe, et disparaissent le bras tendu dans les brumes de chaleur. Rendus à nous-mêmes et à notre solitude, une chape de plomb s'abat avec le silence du reg. Il faudrait pouvoir prendre le silence en photo, « il fait extrêmement silence ».

J'ai ce matin des fantasmes de métro-boulot-dodo, des rêves « claustrophiliques », de souterrains, de tunnels, d'espaces confinés, d'immobilité à un bureau, de repos dans la fraîche caresse de draps moelleux. Routine, chère routine, n'importe quoi plutôt que cette route !

Nous arrivons jusqu'à un fort où je m'effondre encore. Mon état contraint les soldats à m'ouvrir leur porte pour me mettre à l'ombre dans un réduit tapissé de fraises. Supplice de Tantale. « *Strawberry fields forever* », je lève une paupière de plomb, elles sont toujours là ! Je les compte comme des moutons. Le vent torture une porte qui claque bruyamment.

Vers cinq heures et demie, après six heures d'interruption, nous repartons dans le vent le plus puissant que nous ayons jamais dû affronter. Au bout d'une heure de ce régime, nous sommes encore en vue du fort ! Conquérants de l'inutile, grimpeurs à l'horizontale, conquérants de l'imbécile ! Nous roulons aussi vite que dans les pires montées tibétaines. L'horreur ! « Et ça continue encore et encore, c'est que le début, d'accord, d'accord ! » Francis Cabrel à la rescousse. Trou noir. Je suis tombé. Je me réveille, me redresse, et renfourche ma bécane, ma béquille. Sylvain n'a rien vu. Secrète et vaine détresse. Dans ma chute, un cri étranglé m'a échappé : « Maman ! » Cela me fouette ! Imprescriptible et touchante faiblesse.

Le soir, à Nosadabad, le médecin bengali du dispensaire me met sous perfusion de sérum. Nous tournons ensuite en rond dans la ville avant d'échouer dans la cour d'une maison abandonnée, où deux enfants qui nous ont pris en pitié nous apportent des matelas.

Regonflé par ma bouteille de sérum et par une trêve du

vent, j'aborde avec espérance au lever du jour une ascension de 13 kilomètres. La perspective de pouvoir rouler en roue libre de l'autre côté nous ferait grimper n'importe où.

Devant nous, à perte de vue, s'étend le grand désert salé d'Iran, le mythique Dasht-e-Lut.

Le rayonnement du sol chauffe plus que le soleil. Droite, implacable, la route nous mène, la route nous lamine. À dix heures et demie, nous n'en pouvons déjà plus. Kahurak se présente sous la forme d'une sorte de gros réfectoire vide en plein désert, version iranienne de la restauration à la soviétique. Le vent souffle à travers les vitres cassées comme dans un orgue lugubre quand trois camions déchargent une flopée de trognes patibulaires et rasées, sous bonne garde militaire. Des forçats d'une mine voisine viennent déjeuner. L'ambiance est morbide, la tension extrême. À l'écart, nous avalons un bol de riz et deux brochettes : mon premier réel repas depuis une semaine. En guise de digestif musical, nous faisons profiter les bagnards de l'exceptionnelle acoustique de ce grand gymnase de béton. En retirant ma chaussure droite pour la sieste, je découvre un énorme cafard écrasé qui m'a accompagné toute la matinée. Ce salaud me coûte mes brochettes et mon riz que je cours rendre précipitamment au désert.

Qui osera dire que nous avons pris un an de vacances ? Combien de fois va-t-il falloir encaisser : « Tu as fait le tour du monde à vélo ? C'est cool ! »

Cool ! Cool ! C'est le mot, oui, mais nous sommes loin d'en être là.

Je rêve d'examens, de grisaille. J'imagine avec délices les pavés luisants de Paris, la nuit. Brassaï à la rescousse. Je frémis de froidure, sous le premier frimas de l'automne. J'ai oublié ce qu'était le bonheur de sentir sa propre chaleur imprégner des habits. Je deviens positivement héliophobe, je nourris une profonde détestation du soleil.

Shur e-gaz. Terminus, tout le monde descend ! Le capitaine du fortin, grand amateur de jeunes hommes, nous accueille efficacement. L'infirmier zélé m'inocule aussitôt mon biberon de sérum quotidien. (Je vais finir par être pris pour un vrai drogué avec tous ces trous dans les avant-bras !) Par surprise, le capitaine se met alors en tête de me peigner gentiment d'une main, tout en me caressant de l'autre. L'animal ! Il en profite ! Je dis à Sylvain :

– J'espère que l'infirmier ne va pas m'administrer de suppositoire pour faire baisser ma fièvre !

En tout cas, Habib – il vient de me susurrer son nom à l'oreille – a bien l'intention de prendre grand soin de moi toute la nuit. Des soldats, appuyés sur l'encadrement de la porte de l'infirmerie, se tiennent par la main, se pelotent et se cajolent.

– C'est pas vrai ! rigole Sylvain. Ce fortin est une vraie cage aux folles !

De plus en plus entreprenant, notre capitaine envisage alors de me placer un bloc de glace à l'aine, dans mon pantalon ! C'en est trop, je sors de mes gonds et de la salle en tenant ma bouteille de sérum d'une main, et mon saroual de l'autre. Toute la garnison glousse ! Le capitaine me rattrape et s'excuse, j'ai eu chaud ! Le monde est truffé de sympathie, mais elle est parfois collante comme un vieux sparadrap !

Nous dînons assis dehors, autour d'une lampe à pétrole, cernés par une cinquantaine de gerboises aux aguets de nos miettes. Retranchées à la frontière du disque lumineux et de la nuit, elles bondissent dans des aller-retour au rythme de nos gestes, ballet silencieux orchestré par nos bruits. D'un violent coup de savate, un soldat écrase une araignée des sables grosse comme la main.

*Jeudi 14 juillet 1994 : 277e jour, 123 km. T : 18 673 km*

Nous sommes foutus. Une tempête de sable ponce le désert. Nous partons dans la tourmente. Les yeux secs, rabotés par des paupières en carton, j'essaie de distinguer Sylvain : il a disparu. Il ne doit pas être bien loin. Bourrasques. Toujours rien, j'accélère. Cirage. Peut-être s'est-il arrêté ? L'aurais-je dépassé sans le voir ? M'arrêter ? Que faire ? Il est soit devant, soit derrière. Ça au moins c'est certain. Crier ? Je crie ; autant en emporte le sable. C'est malin ! j'ai les dents qui grincent maintenant ! Et puis merde, il est où il est, qu'il y reste ! Le voilà, il était devant. J'ai faim, c'est bon signe. La Blédine du matin ne m'a pas suffi, et, fatalement, j'extrapole !

Défilent alors tous les petits déjeuners des endroits qui me sont chers. Le monde ne connaît pas les petits déjeuners, il avale trois fois par jour le même plat. C'est pourtant important le petit déjeuner ! Cela donne le ton d'une journée, cela conserve une note des vacances. À Quimiac, non loin de Guérande, le petit déjeuner, c'est un bon gros bol de Nesquick froid dans une cuisine enfumée par un toaster d'un autre âge carbonisant le Poilâne sur lequel se marient le beurre salé et le miel La Noëlle, si bon dans ses pots en carton glacé. Au Brusc, sur les hauteurs de Six-Fours-les-Plages, c'est un bol de chicorée froide, assis sur un parapet de terrasse, face à la mer, avec des tartines de pain provençal habillées de beurre doux et de confiture d'abricots. Pardon ! C'est aussi des morceaux de pêche du verger dans un yaourt ! S'il vous plaît ! À Saint-Maurice, propriété familiale accablée de chaleur dans la Haute-Garonne, ce sont d'énormes tartines de pain de campagne, tiré de grands tiroirs odorants, et sur lesquelles on écrase les gros grumeaux de la confiture de mûres maison. Voilà ! C'est pas difficile de se faire du bien ! Ces petits déjeuners m'ont aidé à vivre, ils ont pédalé à ma place pendant une heure !

Au bout de cinq heures nous n'avons parcouru que 53 kilomètres. Mortelle randonnée. Je ne suis plus qu'un spectre, l'ombre de mon ombre, un souvenir de moi-même.

Bam ! Nous arrivons à Bam. L'oasis. Un carré de verdure : palmiers peignés par le vent contre l'immobilité, et bataillon de fûts dressés contre l'horizontalité. Nous avons réussi notre pari, nous avons traversé la corne sud du Dasht e Lut.

Trois cents mètres après l'entrée de la ville, un Iranien débonnaire, la cinquantaine, adossé à une vieille Dyane, la tête penchée sur le côté en une invitation à la sympathie, nous interpelle dans l'américain le plus nasillard :

– Salut les gars ! On dirait que vous cherchez quelque chose ! Si je peux vous être utile ?

Nous le suivons. En nous présentant à sa femme et à ses filles, il me glisse à l'oreille qu'il invite chez lui tous les étrangers, par plaisir, mais aussi parce que « Business is business ». Allez va ! C'est de bonne guerre ! Tu nous sauves, Akbar !

La pièce principale de la maison, avec ses six mètres de plafond, nous réapprend la fraîcheur. La douche et le savon nous font rentrer dans le monde de l'intelligence. Le dîner traditionnel nous initie à l'hospitalité iranienne. Je n'en peux malheureusement consommer qu'un yaourt aux fines herbes, tant le riz et les brochettes me flanquent la nausée. Inquiet, Akbar m'emmène à l'hôpital

Au milieu d'une foule de badauds, de curieux et de patients portant bien leur nom, son ami médecin me prescrit un litre de sérum et quelques placebos. On m'allonge alors dans une chambrette occupée par une petite vieille ayant souillé son lit, un motard entièrement cassé, embobiné comme une momie, et par leurs familles respectives, le tout faisant quinze personnes, pleureuses comprises.

Tout en surveillant mon goutte-à-goutte qui, tel un sablier, devient ma nouvelle horloge, j'assiste au défilé macabre des urgences. Pris d'une furieuse envie d'aller aux toilettes, je me lève avec mon goutte-à-goutte et finit par trouver les incommodes commodités à la turque. Je m'engage alors dans une partie d'équilibre instable, ma poche de sérum d'une main, empêtré dans mon large saroual, le tuyau d'eau dans l'autre main pour m'essuyer le derrière, quand de violentes décharges électriques me déflagrent le fondement, me paralysent le bras et m'envoient valser dans les latrines. Les canalisations de l'hôpital sont mal isolées.

Livide, je retourne dans ma chambre. À mon passage, la petite vieille se dresse sur son séant et me dévisage. Levant la main droite comme un vieux chef indien, elle me chevrote :

– Je connais ton mal ! Très grave ! fait-elle en tournant sa main gauche racornie autour de son ventre. Il n'y a qu'une solution, tu dois manger un kilo de miel par jour ! Tu entends bien ? Rien d'autre.

Le cher ange éreinté par ce radieux effort se rallonge dans son auréole d'urine.

À deux heures du matin, mon sérum est bu, Akbar me ramène chez lui pour une nuit divine – la température n'excède pas 35 °C – que je passe malheureusement à pisser mon trop-plein de fluides.

Nous décidons de nous offrir le lendemain une journée de repos bien mérité. Sylvain part de bonne heure visiter la citadelle de Bam avec le fils d'Akbar, Mohammed Reza, enfant roi en son logis, incarnation de la fierté paternelle lui autorisant tous les caprices contre l'autorité de sa mère. Décidément, il n'est pas un pays sur terre où il ne vaille mieux naître avec un « kiki ». Tandis que je feuillette l'impressionnant livre d'or d'Akbar, le téléphone sonne. Après avoir échangé quelques mots, Akbar me tend l'écouteur :

– *Phone for you !*

– ! ? Allô ?

– Bonjour Alexandre ! Ici Philippe Tesson, ça va bien ?

– En pleine forme, merci ! Mais par quel miracle avez-vous pu retrouver notre trace de Paris ?

– Nous avons appelé le gouverneur de Kerman [capitale de la province], qui était sûr de vous trouver chez son cousin

Akbar dont il connaît la passion pour l'accueil des étrangers. Sylvain est là ?

– Désolé, il vient de partir visiter la citadelle.

– Bien, ne bougez pas, nous arrivons d'ici une heure !

– ! ? Mais où êtes-vous ?

– À Kerman ! Tu n'es pas fâché ?

Inquiétés par le ton de Sylvain lors de notre dernier coup de fil de Zahedan, les parents de Sylvain avaient décidé de nous retrouver sur la route de Téhéran plutôt qu'à Téhéran. Connaissant notre itinéraire et notre moyenne quotidienne, ils n'eurent pas de mal à nous localiser.

Sylvain rentre un quart d'heure plus tard, affolé.

– Tu sais pas ce qui vient de m'arriver ? Nous étions tout seuls dans cette immense citadelle quand tout à coup un haut-parleur s'est mis à hurler mon nom, et à me dire qu'il y avait mes parents au téléphone. C'est du délire ! Personne n'a appelé ?

Je fais la sourde oreille en complotant une surprise.

– Non, personne. Tiens au fait, Akbar a invité des amis au restaurant afin que nous leur racontions nos histoires. Nous avons rendez-vous dans une heure au Bam Inn.

La petite Dyane se faufile dans les rues et parvient à l'hôtel. Sylvain ne remarque pas ma nervosité. Sur les marches j'aperçois Mme Tesson, de dos, toute de blanc vêtue, un tee-shirt sur la tête en guise de tchador, et le visage malicieux de M. Tesson dans l'encadrement d'une porte. La voiture s'arrête. Nous sortons ; Sylvain n'a toujours rien vu. Il passe derrière la Dyane tête baissée, la relève soudain et tombe théâtralement à la renverse quand sa mère se retourne.

Médecin, Mme Tesson m'ausculte après le déjeuner.

– Oh ! le bel ictère ! dit-elle en me soulevant les paupières. Je parie que tu as mal là ! fait-elle en m'appuyant sur le plexus solaire.

– Aouwh !

Tu as les selles décolorées, et le pipi très sombre ?

– Comment le savez-vous ?

– Eh bien, mes petits cocos, votre aventure s'arrête là !

- ? !

– Tu as une sévère hépatite, je te rapatrie en France.

Passé le choc du terrible verdict, mais habitués depuis des mois à trouver des solutions là où il n'y en a pas, nous étudions la situation. Premier point : je dois subir des analyses pour savoir de quelle hépatite il s'agit, et ces analyses ne peuvent pas être faites à Kerman, mais à Téhéran. Deuxième point : comme il n'existe pas encore de thérapie vraiment efficace contre l'hépatite virale, je ne serais pas mieux soigné en France qu'à Téhéran, qui, au demeurant, compte de très bons médecins. Seul remède : le repos absolu et un régime très strict ; c'est possible à Téhéran. Troisième point : plutôt rentrer les pieds devant qu'en avion.

Avant notre départ pour Téhéran deux visites marquent nos premiers contacts véritables avec la société iranienne, celle de la forteresse de Bam et celle du gouverneur de Kerman, cousin d'Akbar. Événements n'ayant rien de comparable, mais schématisant bien le chemin parcouru entre l'Iran perse et l'Iran moderne, entre une civilisation disparue, prodigue de splendeurs, et une tyrannie phallocrate et théocratique.

À Kerman, le dîner chez le gouverneur commence fort :

– Ma religion m'interdit de serrer la main des femmes, dit le cousin d'Akbar en refusant la main que lui tend Mme Tesson.

Cet ancien gardien de la révolution au grade de commandant, ayant fait ses études à Oxford, nous fait froid dans le dos. Il possède ce regard fixe et illuminé qu'ont soit les opiomanes, soit les individus s'étant dévoués à mort pour une idéologie de la négation.

Assis par terre dans l'inconfort le plus raffiné, nous assistons à une séance de pharisianisme du plus pur style. Sur fond de propagande, il nous explique le pourquoi de la polygamie, par la supériorité numérique des femmes (celles-ci ne peuvent pas rester seules), le pourquoi de leur soumission en retour de leur protection, le tchador pour les enrober comme un bonbon, afin qu'elles ne soient pas souillées par le regard des autres hommes (*dixit*).

Il passe ensuite au registre supérieur en justifiant le *djihad*, les attentats terroristes, et nous annonce, emporté, qu'il ne sera pas en paix tant qu'Israël ne sera pas rayé de la surface du monde. Nous sommes terrifiés.

## DE TÉHÉRAN À KERTCH, EN UKRAINE

*Sylvain*

– Hépatite E !

Le verdict du professeur Chamlou est tombé, après les examens sérologiques effectués dans une clinique de Téhéran.

– C'est un cas très rare mais néanmoins sérieux, poursuit le médecin iranien, je ne vois pas d'autre solution que de rentrer au plus vite vous faire soigner en France.

Pour nous, il n'est évidemment pas question d'abandonner. Nous décidons d'attendre dans la capitale iranienne le temps qu'il faudra au foie d'Alexandre pour se remettre.

Commence alors le siège de Téhéran : nous devons tenir bon contre toutes les voix qui nous pressent d'abandonner. Parents, familles, amis, médecins s'unissent tous pour prêcher le rapatriement. Nous plaidons pour l'attente. Notre argument est imparable : l'hépatite E ne se soigne pas ; elle impose le repos et la diète ; or, qu'on soit couché dans un lit à Paris ou à Téhéran, l'affaire revient au même.

L'attente s'organise. Nous allons passer trois semaines dans la capitale, installés, pendant les premiers jours, à l'hôtel. Les journées d'Alexandre sont celles d'un grand malade en convalescence. Il reste allongé et lit toute la journée. Notre ami Osqui, très francophile, nous prête les livres de sa bibliothèque. De mon côté je déniche dans une rue de Téhéran une librairie où se vend impunément une partie du stock des livres volés à l'Institut français par les mollahs pendant la révolution. Nous nous constituons ainsi une bibliothèque fournie.

Je me lie d'amitié avec les gendarmes et les policiers de l'ambassade de France. Ils ont des noms qui sonnent comme des airs de terroir : Crochot, Pichot, Bigeon, etc. Ils m'emmènent descendre en rappel les gorges de Firozku qu'Alexandre le

Grand aurait traversées sur la route de l'Indus. Nous grimpons en haut du Tochal qui culmine à 3 990 mètres au-dessus de la ville. L'un des derniers jours de notre séjour à Téhéran, le premier conseiller de l'ambassade nous invite à déjeuner et nous fait visiter la propriété de l'ambassade. Il déambule, avec ses immenses jambes de gaulliste, de salons kashgars en pièces de réception décorées de tableaux de maîtres et tendues de tapisseries précieuses.

Un alpiniste de la fédération iranienne d'escalade m'emmène un jour grimper les rochers de Tajdisch, sur les contreforts de l'Elbourz. À partir de deux heures de l'après-midi, la chaleur est si intense que nous ne pouvons plus toucher le rocher des parois exposées au soleil. Mon guide utilise comme frein d'assurance un piston de moteur qu'il a bricolé et où il fait passer la corde. Il m'explique que c'est un trophée de guerre. Une pièce d'un avion irakien qu'il a abattu pendant la guerre

Depuis que l'ayatollah Khomeyni a instauré en Iran une dictature religieuse, le pays vit sous un voile.

Des réunions clandestines sont organisées dans les beaux quartiers du nord de la ville. Nous sommes un soir invités à l'une de ces parties où les comportements brimés, les retenues, les pensées refoulées se libèrent tout à coup. À coups de verre de whisky, de musique pop, de cheveux dans le vent et de décolletés profonds, on combat l'Imam. C'est la résistance de salon. Mais les rideaux sont tirés. Car dans la rue veillent les *pasdaran*. Ils sont les garants du pouvoir et de la moralité. Du moins, jusqu'à un certain tarif.

Alexandre se lève une fois pour aller à la messe du dimanche dans une petite église située dans le couvent de Jeanne-d'Arc, dont il ne reste plus qu'une aile. Le reste a été confisqué par les islamistes. La sœur Soledad, une religieuse espagnole, vit dans ce couvent et s'occupe d'un foyer de vieillards. Un père italien y dit une messe hebdomadaire devant un condensé de l'histoire des chrétiens d'Orient : Abyssiniens, Chaldéens, Géorgiens.

Sœur Soledad nous propose un jour de nous loger chez un de ses amis chaldéens. Artur et Gladys sont nos nouveaux hôtes. Nous passons dans leur maison la dernière semaine.

Nous rendons visite aux Yalda, des amis parisiens qui reviennent de temps en temps à Téhéran pour essayer de récupérer une partie de leurs biens, volés par les mollahs à la révolution.

Mme Yalda nous confirme les recommandations de la vieillarde du Bam qui avait conseillé à Alexandre de manger du miel. Commence une longue thérapie qu'Alexandre va suivre rigoureusement pendant une vingtaine de jours. Je sillonne Téhéran à la recherche des huit cents grammes de miel qu'Alex avale chaque jour à l'exclusion de tout autre produit. Le docteur Chamlou n'est pas au courant de cette dérive paramédicale, mais le jour où il s'aperçoit que les taux de transaminases (témoins de l'hépatite) ont baissé de façon fulgurante, il reste bouche bée. En trois semaines Alex a vaincu la maladie qui semblait sonner le glas de notre aventure.

Le docteur Chamlou lui autorise une grande promenade dans Téhéran. Alexandre revient, quelques heures plus tard, l'air énervé.

– Alors ?

– Alors j'ai failli rester la nuit au poste.

– Que s'est-il passé ?

– J'étais en train de photographier les inscriptions peintes sur les murs de l'ancienne ambassade américaine. Celles où on lit : « Nous infligerons une sévère défaite à l'Amérique. » Un type a dû me dénoncer car, avant que j'aie le temps de ranger mon appareil, deux *pasdaran* m'ont sauté dessus. Ils m'ont arraché l'appareil des mains et m'ont emmené au poste.

– Tu t'es fait frapper ?

– Un peu. Dans le dos et dans les jambes. Les soldats commençaient à vraiment s'énerver parce qu'ils ne trouvaient pas le moyen d'ouvrir le boîtier pour prendre la pellicule. Moi, je faisais semblant de ne pas y arriver non plus et les types hurlaient de plus en plus fort en me donnant des coups de pied. Un officier est arrivé. Il parlait français. Je lui ai tout sorti d'une traite, le tour du monde, l'hépatite, l'amitié franco-iranienne, etc. Il m'a redonné l'appareil et m'a raccompagné à la porte.

Avant de quitter Téhéran, nous passons rendre visite au magasin Peugeot-cycles. Nous pouvons enfin nous occuper des réparations qui s'imposaient depuis New Delhi. Dans le magasin s'étalent les derniers panneaux publicitaires pour la nouvelle gamme de vélos. Des mannequins déambulent sur des bicyclettes devant la tour Eiffel, ou sur des chemins de campagne. Un autocollant du lion Peugeot soigneusement appliqué sur le visage des jeunes filles nous évite d'avoir à rougir de leurs longs cheveux et de leurs faces souriantes. Le patron décide de prendre une photo de groupe.

– Les employés, les vélos, les cyclistes parisiens, l'enseigne de mon magasin et la photo de l'ayatollah en toile de fond ! commande-t-il.

Quand nous développerons la photo, nous remarquerons un visage, surgi au milieu de la foule des barbus. Un visage fendu d'un sourire. Le seul de l'assistance. Isolé dans le troupeau de barbes et de regards graves. C'est le sourire de Rafaël.

Rafaël est un ancien mollah défroqué, reconverti dans le cyclotourisme. Il nous aborde dans le magasin et nous propose de nous accompagner jusqu'à la frontière.

– Nous acceptons avec plaisir, mais vous devrez ralentir l'allure, car nous sommes chargés et nous avançons lentement.

– Pas de problème, je roulerai devant et vous couperai le vent.

– C'est d'accord, rendez-vous demain, à l'ambassade d'Arménie à neuf heures. Nous devons prendre notre visa avant de partir.

– Vous préférez passer par là, plutôt que par la Turquie ou par Kaboul ? s'étonne Rafaël.

– Voyez-vous, Rafaël, notre premier projet était de traverser l'Azerbaïdjan. Mais les diplomates azéris voulaient négocier notre visa contre des journaux pornographiques et du whisky que nous n'avions pas. Quant à la Turquie, c'est au-dessus de nos forces d'en reprendre pour des milliers de kilomètres de désert et de minarets.

Nous roulons tous les trois plusieurs jours d'affilée avant d'atteindre Tabriz, la grande ville de l'Azerbaïdjan iranien. Rafaël, hélas, ne nous ouvre la route que quand le vent tombe et trouve toujours prétexte pour se réfugier derrière nous quand il se lève. Au nord-ouest de Téhéran, le paysage est aride et désertique, balayé par des tempêtes brûlantes. Rafaël nous promet des campagnes verdoyantes et des collines de chaume dès que nous aurons franchi les limites de l'Azerbaïdjan.

*Mianeyh, dimanche 14 août 1994*

Le vieux Vafae nous a accueillis dans sa ferme ce soir. Rafaël tremble de peur à l'idée de passer la nuit chez quelqu'un qu'il ne connaît pas et qui nous a proposé l'hospitalité, à la nuit tombante Vafae nous sert les produits de sa ferme. Il fut pilote d'avion dans l'armée du chah, les mollahs l'ont dégradé. Comme la majorité des Iraniens, Vafae et ses amis paysans s'opposent farouchement et silencieusement au régime des ayatollahs. Mais les majorités ne sont pas agissantes ici. Elles attendent les révolutions de palais. Vafae raconte ses rêves. Il voit les platanes, le long des rues de Téhéran, transformés en potences, portant chacun un mollah pendu par son turban.

Les nuits de l'Azerbaïdjan sont fraîches. Nos duvets renvoyés en France commencent à nous manquer. Les paysans nous prêtent des couvertures, et nous dormons en grelottant, allongés sur les toits plats des fermes.

Le désert est mort. Nous roulons dans une campagne verte et vivante.

Nous poursuivons à travers des paysages bibliques avec Rafaël en tête ou en queue. Comme tous les Iraniens, il possède un cousin dans chaque village. Notre périple se transforme en tournée des familles. Un village, un cousin, une visite. Nous pédalons de bombance en bombance. Chacun nous sert des thés sans fin et des repas de fermier : poulet, tomates et fromages. Chacun veut nous garder tous les trois pour la nuit. Nous devons chaque fois nous forcer à repartir. Pour quelques kilomètres. Vers un autre cousin. À Tabriz, Rafaël rencontre même par hasard deux de ces neveux.

– De deux choses l'une, dit Alex, soit c'est une coïncidence incroyable, soit ce type a une famille si nombreuse qu'il était impossible de traverser une ville de deux millions d'habitants sans en rencontrer l'un des membres.

Au fur et à mesure que nous approchons de l'Arménie, les montagnes se relèvent. Nous remontons de vastes vallées au fond plat, marécageux et appétissant. Les flancs des coteaux sont rouges et ferrugineux. Le soleil se couche lentement. Au bord des champs nous partageons de la tome et du pain avec des paysans. Rafaël, pourtant, ne paraît pas goûter ces moments de paix séculaire. Il montre des signes d'inquiétude.

– Je ne vous accompagnerai pas jusqu'à la frontière, mes amis, nous dit-il enfin.

– Pourquoi ?

– Un cousin m'a dit que la région frontalière est extrêmement contrôlée et je pourrais avoir des problèmes si on nous arrête. Vous pensez ! Un ancien mollah qui fait du vélo avec deux Occidentaux ! Je vous accompagnerai jusqu'à Jolfa, à 60 kilomètres de la frontière. Nous y arriverons demain. J'ai un cousin là-bas. Nous y déjeunerons et je vous ferai mes adieux.

*Jolfa, mardi 16 août 1994*

– Rafaël, pourquoi ne dites-vous pas à votre cousin, qui a été charmant de nous inviter, de laisser sa femme se joindre à notre table ?

La pauvre est assise par terre, à nos pieds, et elle mange son déjeuner dans des bols posés à même le sol. Cela nous coupe l'appétit de la voir accroupie comme un chien sous la table.

En guise de réponse, Rafaël nous dit adieu, enfourche son vélo, jette un dernier *Salam* et s'en retourne vers le sud.

De notre côté nous repartons vers le nord. Peu avant le soir nous atteignons l'Araxe. Le fleuve frontalier. La limite entre les minarets et les clochers. Nous sommes au bout de l'Iran. En face : l'Europe. Le fleuve a creusé une gigantesque vallée qui se perd vers l'est. Des marais sauvages en colonisent le large fond plat. Sur la rive arménienne s'élèvent, au-delà des piémonts déchiquetés par l'érosion, les crêtes montagneuses et noirâtres du Nakhitchevan. Cette région est revendiquée par les Azéris tout comme celle du Haut-Karabakh. La frontière est coupée à cet endroit et nous devons rouler une centaine de kilomètres, vers l'est, en descendant l'Araxe, pour rejoindre le seul poste frontière opérationnel entre l'Iran et l'Arménie : le checkpoint de Nauroz. De là une route part à travers les montagnes et traverse une minuscule zone tampon, serrée comme dans un étau entre le Nakhitchevan et le Karabakh.

La descente le long de l'Araxe va durer sept heures. Le vent de l'est nous repousse. Ce vent d'est que nous avons tant appelé de nos vœux pendant ce voyage se lève au moment où nous changeons de direction et rebroussons chemin pour une centaine de kilomètres.

*Poste frontière de Nauroz. Jeudi 17 août 1994*

Nous avons passé la nuit sur les rives de l'Araxe, dévorés par les moustiques. Le matin offre l'affligeante vision du poste de Nauroz. Il se compose de quelques cabanons de tôle, disposés à l'entrée d'un pont flottant provisoire. Dans une parcelle de transit entourée de barbelés, des Lada en provenance du Qatar attendent les autorisations pour franchir la frontière. Quelques policiers débraillés, les yeux mi-clos, avachis sur leurs chaises, gardent l'entrée du pont. Il règne ici une atmosphère qui donne envie de gagner l'autre rive au plus vite. Les formalités sont interminables. Les Iraniens fouillent entièrement nos bagages. Nous avons des sueurs froides quand l'un d'eux examine avec un air suspicieux les visas que nous avons trafiqués pour prolonger notre séjour.

Le pont est constitué de containers remplis d'air, fixés les uns aux autres. Mais de flottant, il n'a que le nom. L'Araxe opère une manœuvre de recouvrement. De vastes tronçons du pont sont déjà sous l'eau. Les militaires iraniens nous regardent nous éloigner. Les soldats russes viennent à notre rencontre [1]. Grosses têtes blondes et joufflues, roses et béates. Les employées de la douane arménienne, accourues en hâte, nous tendent des verres. Un officier arménien apporte une bouteille de cognac. Il arbore une énorme moustache de Tartarin du Nakhitchevan et un colt argenté qui lui bat la cuisse.

– Mes amis, bienvenue ! nous crie-t-il dans un français impeccable. Je m'appelle Narcessian. Comment avez-vous su que la frontière était ouverte aujourd'hui ?

– Pardon ? demande Alex, interloqué.

– D'habitude, le pont est fermé, mais, hier, une délégation iranienne se rendait à Erevan et nous avons ouvert la frontière pour quarante-huit heures. Ce soir nous la refermons jusqu'à la fin du mois.

– Mais nous ne savions rien de cela !

– Eh bien, vous avez une sacrée chance ! Vous avez mérité une rasade. On ne voit pas souvent d'Européens sur ce pont coulant.

Nous peinons dans la montée qui mène au village de Mégri. Nous devons y rencontrer Arounik, une jeune femme francophone, amie de Narcessian. Par téléphone, il l'a prévenue de notre passage. Mégri, en fait de village, est un conglomérat anarchique de tours de béton en ruine, dressées au-dessus de décharges publiques jusqu'à 30 mètres de hauteur. Nous apercevons tout de suite une tache rose dans la grisaille des murailles. C'est la robe d'Arounik. La jeune femme se tient au dixième étage d'une tour, sur un balcon en avancée, sans parapet. Elle nous guette comme une vigie. Un signe de la main. Elle nous a reconnus. Elle descend. Elle nous accueille. Pendant des heures nous écoutons Arounik chanter des airs de France, des comp-

1. En 1994, l'armée russe contrôle les frontières de certains pays de l'ex-URSS.

tines arméniennes et des lamentations russes. Son amie Sophie l'accompagne au piano avec ses charentaises et sa robe à pois type plan quinquennal en nylon de récupération. Nous buvons beaucoup. Nous chantons très fort.

– C'est cela l'Arménie, dit Arounik.

Les quelques villes que nous croisons dans les montagnes arméniennes rivalisent de laideur. Des architectes énergiques ont planté des kystes de béton, en pleine campagne, comme un cheveu sur la soupe. Tachtoun, Kadjaran, Kapan, les cités se succèdent, artificielles et laides. Elles étendent leurs faubourgs pourrissants et leurs façades d'immeubles creusées comme des tranches de roquefort le long de la route. Elles tiennent à la fois de Sarajevo et de Beyrouth. Des dizaines d'années de négligence et de faillite ont fait à merveille le travail des bombes.

Mais quand on quitte l'affligeant étalage urbain de cette misère d'égout, l'Arménie livre le plaisant visage de ses campagnes. On y retrouve la vieille paysannerie. Celle qui se succède depuis les siècles des siècles dans les livres d'histoire. Celle qui laboure à cheval, qui se lève au soleil et qui meurt quand les bras de ses fils peuvent conduire la charrue.

Les vents de l'Arménie ressemblent aux vents du monde. Ils sont contraires. Ils naissent sur les cimes, ils s'engouffrent dans les vallées et ils remontent sur les plateaux du centre du pays. Sur mon porte-cartes, je laisse pendant plusieurs jours mon cahier de poèmes ouvert sur ce vers de Montherlant : « Ainsi nous allons mourir, et nous n'aurons pas tué le vent. »

Nous pédalons dans un petit couloir, coincé entre le Nakhitchevan et le Karabakh. Une bande de paix, large d'une dizaine de kilomètres, serrée dans l'étau des guerres. Nous traversons Goris, la ville frontalière fraîchement bombardée. Et quand nous y cherchons un restaurant pour déjeuner, un paysan nous répond en russe :

– C'était là !

Et il nous montre du doigt un bâtiment éventré par un obus.

En rejoignant les plateaux du centre, nous croisons quelques vieilles églises. Leurs toits à quatre pans évoquent l'aspect du mont Ararat. L'arche de Noé y fit naufrage, puis les Turcs s'en emparèrent. Il se dresse, très loin dans l'horizon, de l'autre côté de la frontière. Et la vue de sa cime réveille la nostalgie des Arméniens et leur rappelle qu'il fut un jour à eux. Les plateaux ressemblent à des Beauce au relief de volcans d'Auvergne. C'est la cohabitation de l'écume des blés et des cratères éteints. De l'or des chaumes et des basaltes noirs. Le tout couronné par les ciels d'orage qui alimentent des vents maudits. Dans la descente de 50 kilomètres qui plonge depuis le lac obscur de Spandarian jusqu'à la vallée de l'Arap, nous pulvérisons notre record de vitesse : 85 kilomètres à l'heure. Les vélos glissent au-dessus des nids-de-poule et des fractures du goudron. Et un soir nous entrons dans Erevan.

La capitale crève terriblement. La ville meurt de la lèpre. La peau est déjà partie, et les vers attaquent les charpentes, les structures, la colonne vertébrale. La ville pue le chien crevé, le rat grillé, l'égout épandu et le graillon minable. Tous les soirs, l'électricité saute. Les flammes des bougies vacillent à travers les plastiques qui remplacent les vitres. Par milliers. Accrochées aux fenêtres comme pour le jour des morts.

De vieilles statues de bronze lèvent des bras conquérants, des torses glorieux et des fronts qui regardent vers Moscou. Mais leurs pieds sont plongés dans le chaos de merde comme un matamore chanterait la victoire dressé sur le tas de ses compagnons morts. Parfois il ne reste que des bottes de bronze, posées sur un piédestal décrépi. Celles de quelques généraux qu'on a fondus pour faire des tôles. Et au pied de ces bottes, quand la nuit tombe, les habitants passent silencieusement en se dépêchant de rentrer chez eux. Car le soir, à Erevan, les Mercedes sortent de leurs garages et la mafia d'Arménie s'empare de la nuit.

Un gendarme français, Jean-François, nous reçoit dans l'hôtel qui abrite l'ambassade de France. Erevan n'est pas une sinécure pour les diplomates. Ils s'éclairent à la bougie et se chauffent au bois. L'ambassadrice fait la cuisine sur un réchaud à gaz. L'hiver, les coopérants cassent la glace.

– Venir travailler en Arménie, c'est d'abord une vocation puis cela devient un chemin de croix, nous dit l'un d'eux.

Jean-François nous emmène sur le toit de l'hôtel. Nous embrassons du regard toute la ville d'Erevan. Trois cent soixante degrés de ruine. L'hiver nucléaire succédant aux plaies d'Égypte. Ici, les murs sont gris et les hommes qui les rasent paraissent accablés par le poids de l'histoire qui a réservé au pays, en moins d'un siècle, un génocide, la faillite d'un régime, un tremblement de terre, et une guerre meurtrière.

*Ashtok, jeudi 25 août 1994*

C'est à l'hôpital d'Ashtok, à 200 kilomètres au nord d'Erevan et à quelques minutes à vélo de la frontière géorgienne, que nous passons notre dernière nuit arménienne. L'hôpital, financé et construit par le Vatican, est tenu par un père, des médecins italiens et une sœur française de l'ordre des Petites Sœurs de Jésus. Nous frappons à la porte, dans la nuit, à l'improviste. On nous y offre un accueil chaleureux.

Les chambres du personnel de l'hôpital sont des boîtes de conserve spatiales. Petites, fonctionnelles, aseptisées. Nous y dormons comme jamais.

– Combien l'hôpital compte-t-il de lits ? demande Alexandre au petit déjeuner.

– Cent, répond la sœur. Et l'un d'eux est occupé par le patriarche de l'Église catholique de la CEI, le père Valdes. Il s'est cassé le col du fémur. Il est ici en convalescence. Voulez-vous lui rendre visite ?

Le nonce apostolique à la barbe blanche parle français. Nous recevons sa bénédiction avant de repartir vers la Géorgie.

Sur un plateau couvert de chaume, nous pédalons vers un cabanon de tôle. Un drapeau délavé, une pancarte. C'est la Géorgie.

– Stop ! crie l'officier de service.

Nous lui tendons nos passeports. Il nous jette un regard méprisant.

– *Niet* passeports ! Vodka ! dit-il en se frappant la jugulaire de l'index.

Dans les pays slaves, ce geste indique l'invitation à boire. Avant de déboucher la bouteille, on se claque l'ongle sur le cou en disant « Tchout tchout », ce qui veut dire « un peu » et qui est totalement hypocrite puisqu'il est rare qu'une bouteille suffise. Une fois de plus, nous n'échappons pas à la rasade de vodka traditionnelle. Depuis que nous avons passé l'Araxe, il ne s'est pas écoulé une demi-journée sans que nous ayons croisé un verre de vodka tendu amicalement. tchout tchout par-ci, tchout tchout par-là, on ouvre une bouteille comme on serre une main. Et les Russes ont inventé ce génial procédé de ne pas équiper leurs bouteilles de bouchons mais de les fermer avec des capsules de métal qui ne se remettent pas en place, afin que l'on soit forcé de finir la bouteille. Nous traversons ces pays dans une vaste beuverie. La vodka coule dans le gosier de la Russie. Aujourd'hui on y meurt à soixante ans [1]. De cirrhose du foie. Mais cela valait la peine. Quelle fête !

Le foie d'Alex en pleine reconstitution après l'hépatite se passerait bien de ce régime. Mais ceux qui auront le plus souffert des ravages de l'alcool sont nos vélos. En effet, quand ils ont bu, nos hôtes se mettent systématiquement en tête d'essayer les bicyclettes. Le poids du harnachement et leur équilibre d'ivrogne vouent leurs tentatives à l'échec. Ceux qui réussissent à pédaler plus de trente-cinq centimètres sans tomber sont les meilleurs.

Même la traversée de l'Adjarie ne nous offre pas de répit. Nous pensons que cette région musulmane de la Géorgie échappe aux bacchanales. Nous nous apprêtons à dessaouler et à passer quelques jours de sobriété purificatrice. Hélas ! Les Adjares sont plus géorgiens qu'islamistes, et la vodka est rangée entre le tapis de prière et le Coran traduit en cyrillique. Zorab, un Adjare musulman qui nous reçoit un soir, se met en colère parce que nous refusons le septième verre de vodka !

En Adjarie nous passons un col à 2 500 mètres d'altitude. Nous avons l'étonnant spectacle de quelques traditions musulmanes transposées dans des forêts brumeuses et des montagnes froides qu'on dirait sorties des *Eddas* de Borée. C'est ainsi que des femmes voilées, des buffles semblables à ceux de l'Inde et des minarets blancs se montrent fugitivement quand les rideaux de brouillard posés sur les sapins noirs se déchirent.

Les routes géorgiennes sont une insulte à l'idée de revêtement. Nous roulons à Verdun. Entre des marmites et des nids de ptérodactyles. Sur un emmental. Des pistes innombrables tracées au milieu des champs permettent d'éviter la voie principale. La circulation en Géorgie devient un chassé-croisé de voitures dans les prés. Les vieilles Lada apparaissent sur une éminence, disparaissent dans un creux, surgissent encore et plongent à nouveau au gré des ondulations du terrain.

Nous finissons par atteindre la ville de Batoumi et la mer Noire. Noire de monde. Les estivants russes affluent dans cette station balnéaire à la mode. Nous remontons vers la Russie en pédalant pendant une semaine le long du littoral de la mer Noire que les guides ont baptisé la riviera du Caucase. Le nom évoque une Côte d'Azur enchanteresse. Mais nous nous retrouvons à

1. L'espérance de vie est tombée à soixante ans pour les hommes en ex-URSS.

peiner comme des bêtes sur une mauvaise route accrochée aux versants rocheux du Caucase qui plongent dans la mer. La route s'élève en lacet, contourne des éminences, et passe des cols au-dessus de la mer. Elle ne suit jamais la bande littorale pour la bonne raison qu'il n'y en a pas. Le Caucase a les pieds dans l'eau. De temps en temps pourtant, à la faveur d'un retrait de la montagne, une étroite plage de galets s'étend sur quelques kilomètres. Alors une station de vacances se répand le long de la grève et colonise les hauteurs. Les tours de béton construites sous Staline pour les cadres du Parti qui avaient mérité un séjour à la mer surplombent des cabanes de bois peint, devant lesquelles de vieilles babouchkas cassées par les hivers vendent la récolte de quelque arbre fruitier. Sotchi, Lavarskoe, Dzuba défilent sans que rien ne rachète la monotonie.

De temps en temps, près des stations balnéaires, sur un terrain vague, prolifère un immense camping populaire. Parqués entre des barbelés, les vacanciers, arméniens et géorgiens pour la plupart, passent leurs vacances dans une promiscuité de camp de réfugiés. Pendant que, dans les villas russes d'à côté, on lit Pouchkine sous des kiosques de roses.

La Russie soviétique chérissait la sculpture. Celle qui loue l'industrie et l'agriculture florissantes. Celle qui chante l'avenir à coups de lendemain nouveau en bronze. De la grande propagande d'État moulée dans le laiton et taillée dans le marbre, il reste des vestiges nombreux, semés sur la côte et épargnés par la révolution d'août 1991. Tous les 20 kilomètres en moyenne nous croisons des étoiles rouges posées sur des pilastres en béton brut, des travailleurs glorieux de 34 mètres de haut, des panoplies d'outils agricoles et de gerbes de blé en fer-blanc, des sportives soviétiques musculeuses aux seins gros comme des têtes de SS-20, des tours de faucilles et de marteaux, des tas de cailloux minimalistes, des slogans ajourés, des monuments aux morts en forme de missile.

*Village de Salione, samedi 27 août 1994*

Dans la plaine, Salione apparaît. C'est un petit village étiré le long d'une route. Les portes des maisons s'ouvrent devant sur les champs et, derrière, sur un potager familial. Comme la journée s'achève, pour demander l'hospitalité, nous nous dirigeons vers un groupe d'enfants qui jouent sur le seuil des habitations. Peu à peu, nous entendons des flonflons et un brouhaha de fête.

Nous parvenons devant une cour de ferme noire de monde. C'est une noce, que l'on célèbre ce soir à Salione. Nous passons la porte, tirés et alpagués par les mains paysannes qui nous invitent au banquet. Deux grand-mères à la tête ronde, aux yeux bridés de sourire et à la peau tendue me flanquent la tête sous un robinet et me lavent les cheveux. Je veux me débattre et crier que si l'on me trouve trop sale je peux y remédier moi-même, mais la poigne de fer des deux babouchkas rompues aux travaux agricoles ne me laisse aucune chance. Les vieilles doivent me trouver enfin à leur goût puisqu'elles me collent un énorme baiser sur la joue et m'envoient m'asseoir entre deux énormes dames russes. Dans l'interstice que laisse la carrure des convives qui me font face, je distingue Alex, assis à une autre table. Comme les cartes d'un jeu, s'abattent devant nous des tranches de charcutailles, des chapons, des poulardes et une chope de vin.

Nous avons atterri en pays cosaque. Le père de la mariée est un ataman. Je lève ma chope et crie « Denikine [1] ! », ce qui a pour effet de la remplir aussitôt et de déclencher un concert d'acclamations.

Le vacarme du banquet est assourdissant. Les poings cognent sur les tables, les chopes s'entrechoquent, les poulets courent en piaillant entre les tréteaux et de vieux paysans lancent à la cantonade des toasts sans fin par-dessus l'éclat des rires. Puis la nuit tombe pour de bon. Les lampes s'allument. Le repas est fini.

Alors l'accordéoniste pose sa chaise sur la route et joue des airs dans le vent chargé de chaumes. La noce danse. Les vieilles grand-mères se contorsionnent et se trémoussent de guingois. Les femmes mûres qui ont mis leurs plus belles robes se cambrent, mains sur les hanches, en poussant des jappements. Les hommes claquent des mains et des pieds sur le goudron. La mère de la mariée, la vieille Irena, bat la mesure à coups de cuillère en bois sur un moule à tarte puis sur le crâne d'une pauvre vieille sale et saoule, qui veut m'entraîner de force dans une valse.

Un toast est porté aux deux mariés, Sergueï et Angélique. Debout sur la table, les pieds dans les reliefs, ils s'embrassent si longtemps que plusieurs convives roulent sous la table à force d'être trop longtemps restés debout, à les regarder. Angélique se déchausse. Sergueï remplit son escarpin de vodka et le vide

1 Anton Denikine dirigea en 1918 la campagne antibolchevique d'Ukraine.

d'un trait avant de s'évanouir dans la nuit en entraînant sa femme.

Nous repartons vers l'ouest. La ville de Port Caucase marque la frontière entre la Russie et la Crimée. Elle se tient au bout d'une langue de terre de quelques dizaines de mètres de large couverte de joncs et bordée de vase. Cette bande étroite sépare au nord la mer d'Azov de la mer Noire, au sud. Un détroit de trois kilomètres, le Kercenskij Proliv, marque la limite entre la Russie et la Crimée [1] et fait communiquer les deux mers.

Un bac nous dépose sur l'autre rive du détroit.

– *Niet !*

L'officier ukrainien nous rend les passeports et fait signe à ses sbires de nous reconduire jusqu'à l'embarcadère du bac. Encadrés par deux soldats en armes, nous retournons en Russie.

– Alors ? Refoulés ?

C'est un officier russe qui nous interpelle ainsi, en anglais, dès que nous avons débarqué du bateau.

– Si vous voulez, je peux vous faire passer quand même, poursuit-il.

– Comment ?

– Comment, c'est mon problème. Vous auriez dû dire : combien ?

– Non. D'abord on vous demande comment, vous, vous nous dites comment et, alors seulement, nous vous demandons combien.

– OK. Je vous dis comment. Ce soir, à la nuit tombée, je vous mets dans le coffre de ma Lada. Je fixe les vélos sur le toit. Je les recouvre d'une grande bâche et nous passons. Cul sec !

– Et si les douaniers d'en face vous arrêtent et vous fouillent ?

– Il y a peu de chances. Je suis officier russe et j'habite à Kertch, de l'autre côté de la frontière, en Crimée. J'ai un droit de passage illimité. Ils connaissent bien ma voiture, en face. Ils me laisseront passer comme tous les soirs.

– C'est d'accord. Combien ?

– Cinquante !

– Roubles ? demandons-nous pour rire.

– Ça va pas, non ? Pourquoi pas des kopecks ? Cinquante dollars.

– C'est trop. Quinze chacun, trente dollars.

---

1. La Crimée appartient à l'Ukraine.

– Quarante-cinq et deux paquets de cigarettes.
– Trente-cinq et deux paquets.
– Trente-cinq et trois paquets.
– Trente-cinq et deux paquets.
– Va pour trente-cinq et deux paquets. Je m'appelle Boris. Je vaux mieux que n'importe lequel des visas. Rendez-vous à neuf heures du soir, derrière les bâtiments en ruine à côté de l'embarcadère.

À neuf heures du soir, Boris apporte sa vieille Lada, derrière les anciens hangars du port. Il nous présente Christina, une douanière russe qui travaille avec lui et qu'il ramène à Kertch. À neuf heures dix-sept, il nous demande de lui donner la moitié des dollars que nous lui devons. À neuf heures vingt, il a fini de les compter et nous fait prendre place dans le minuscule coffre de l'auto en nous disant : « À neuf heures trente vous serez en Ukraine. » Il claque le coffre et démarre à neuf heures vingt et une en nous emmenant, dans le noir, contusionnés, tordus, pleins de confiance et d'inquiétude.

# DE KERTCH À ORADEA

## *Alexandre*

Mon cœur cogne. Dans le noir, dans ce coffre, mon âme, collée à fleur de tôle, capte les cris du fer et les coups des moteurs. Gaz d'échappement ! J'étouffe, je sue : adrénaline. Le souffle de Sylvain. Jamais sardine n'a eu la chance de cette conscience, n'a pu profiter de son voyage hors de l'eau. Sinistres accords : chaînes, sirènes du ferry. Nous sommes suspendus. Klong ! Tout devient stable, la voiture démarre, pile, crisse : Boris parle, rit, vibrations d'outre-tombe. Suspense ! Nous sommes les témoins aveugles de notre sort. Avec la peur au ventre d'un *marine* blotti derrière la passerelle-bouclier d'une barge de débarquement, je confonds le chant funèbre du moteur avec les trépidations de mon cœur.

Cela dure. Où nous mène-t-il ? À la police ? Dans un coupe-gorge ? *Alea jacta est !* Surtout ne pas penser ! Je ne suis qu'une sardine. Les sardines n'ont pas peur. Cela s'arrête d'un coup : le coffre s'ouvre, va-t-on se faire croquer ? Il fait nuit. Boris, la face rougie par les feux stop, nous sourit :

– *You are free !*

Avec l'incrédulité d'huîtres à qui l'on vante le confort d'un palais, nous osons timidement un regard en dehors du coffre. Nous sommes à Kertch, dans un quartier de HLM. Quitte ou double ? Double ! Il reçoit la seconde moitié de sa prime de passeur et nous remet entre les mains de Christina. Elle nous accueille dans ses vingt mètres carrés qu'elle partage déjà avec deux fils.

Aussi généreuse que son intérieur est modeste, aussi talentueuse et gaie que son cadre de vie est sinistre, la belle Christina entame alors une soirée de liesse et de chants qu'elle accompagne à la guitare. Cette voix ! Un tel coffre dans une telle banqueroute ! Du plat de la main sec contre le bois creux, Christina rythme les syncopes, repart de plus belle dans les chauds gargarismes d'une langue ronde et chaude, aussitôt hachés par des syllabes tranchantes qui grimpent dans d'impressionnants crescendos. Accents mélancoliques et contradictoires de l'âme russe, forte comme un ours, mais larmoyante comme une balalaïka. Sous le charme envoûtant de cette magicienne, c'est toute la Russie, les flots de la Volga pulsant des bateliers, les blés d'Ukraine couchés par un vent d'Oural, et les forêts de pins engourdies sous la neige que nous voyons soudain tourbillonner dans cette minuscule cuisine de linoléum et de crépi lépreux.

## *Lundi 29 août 1994 : 323^e jour, 135 km. T : 20 528 km*

Nous quittons Christina dans un fraternel « *dasvidania* [1] » en dégustant les succulentes crêpes qu'elle vient de nous faire avant de partir travailler. Nous avons une dette à Kertch.

Nous sortons de la ville avec l'insouciance effrontée de Fernandel dans *La vache et le prisonnier,* nous sourions aux soldats, faisons risette aux policiers, enchantés d'être clandestins et de nous enivrer à peu de frais de grandes goulées de sang-froid.

La Crimée nous offre en deux jours ses deux visages. Le premier est blond, à peine vallonné, étalant ses chaumes à perte de vue. Il est peuplé de blonds moujiks descendus de Russie dans le Sud pour le soleil et l'huile d'olive.

Le second visage est méditerranéen, très escarpé, mais velouté de forêts, adouci par l'eau douce de la mer Noire. Habités par les Tatars, ces musulmans venus jadis de Turquie, les coteaux de cette riviera recèlent les précieux vignobles des petits crus de Crimée si prisés dans le Paris du XIX^e siècle.

Le vent nous pousse sur une piste de terre cendreuse, parallèle à la route que nous avons empruntée pour échapper aux nombreux contrôles. Tout nous sourit : le vent a tourné !

Le soir, nous plantons la tente dans une garrigue à flanc de coteau, face à la mer. Sylvain chuinte dans son harmonica la sereine complainte de la bohème. Au coin du feu un poulet grésille. Nous sommes divinement bien, nous n'avons de comptes à rendre à personne, sinon à Dieu, c'est beaucoup moins embêtant.

1. « Au revoir ! »

Crenelées comme une forteresse, les côtes de Crimée nous imposent des descentes et des remontées d'une alternance déconcertante. De vraies montagnes russes ! Le plat n'existe plus. Le Yunnan est talonné, mais la mer change tout, le goudron aussi. En deux jours nous coupons une quinzaine de vallées côtières. Repoussant notre déjeuner de vallée en vallée afin de trouver un restaurant, nous finissons par tomber en panne sèche au pied du mur suivant. En longeant le thalweg à gauche vers la mer, nous débouchons sur un gigantesque bâtiment, désert, mais peuplé d'une armée de jeunes femmes de ménage en blouse blanche, de cuisinières et de blanchisseuses inemployées. Un vrai fantasme de satyre. Au bout de couloirs immenses où résonnent leurs gloussements, notre troupeau de femmes nous mène dans un grand réfectoire où les plus entreprenantes se mettent à nous... servir du bortsch, de la salade et des cuisses de poulet. Une duègne déboule alors comme un renard dans un poulailler. La pression retombe, nous ne passerons pas à la casserole.

Avant de partir, nous cherchons quand même à savoir où nous sommes tombés : hôtel désaffecté ? Village de vacances ? Pension de luxe pour hauts fonctionnaires ? Unité de soins palliatifs pour traumatisés de la perestroïka ou vaste lupanar stalinoïde ? Personne ne sait ou ne veut nous renseigner. Je chantonne *Hotel California* [1] en attaquant la pente.

Nous égrenons les stations balnéaires tristes à en crever, peuplées de gros blonds écrevisse traînant des poules décolorées en talon aiguille, débordant de strings outranciers sur des plages larges comme la chaussée... à peine plus propres. L'homo sovieticus a de drôles de mœurs ! Il coule des barres de béton dans des cadres enchanteurs, et s'entasse dans d'invivables clapiers quand il dispose du plus grand pays du monde !

À la nuit tombante, 500 mètres avant le sommet d'une pente, mon pneu de Tabriz, usé jusqu'à la corde sur toute sa bande de roulement, explose. Une cabane de vigneron nous sert d'abri. Quand Sylvain arrête une voiture pour demander de l'eau, il s'entend dire qu'il y a un contrôle douanier au col ! Nous l'avons échappé belle ! Je crèverais comme ça tous les jours s'il le fallait.

1. Chanson du groupe Eagles.

*Mercredi 31 août 1994 : 325ᵉ jour, 46 km. T : 20 680 km*

Par un chemin de traverse nous évitons le contrôle. La route nous mène vers Yalta, nous sommes émus ! Comme Lhassa, Katmandou ou Téhéran, Yalta est pour nous un jalon important. De l'autre côté de ce finistère, c'est enfin l'Europe !

Il fait azur, il fait serein, dans une ambiance d'ifs et de cigales, de pinèdes et d'air léger, nous dominons la mer, *ce toit tranquille, où marchent des colombes* [1]...

D'innombrables femmes vendent des tresses d'oignons rouges sur le bord de la route. Y a-t-il tant de démons que cela à chasser dans les parages ?

Le communisme qui devait déboucher sur la mise en commun des biens et des profits a obtenu le résultat inverse : l'instauration d'un empire de l'autarcie. La Russie ne survit que grâce à son troc et à sa débrouillardise.

Dans une descente vertigineuse, le panneau YALTA nous arrête net, le panorama nous coupe le souffle.

Le sort du monde des cinquante dernières années s'est décidé dans cette croisette nichée comme un œuf blanc dans un nid de mousse, au creux d'une baie verte. L'oiseau des neiges, le harfang de Sibérie qui en est éclos, a fait planer pendant un demi-siècle sur la moitié de l'Eurasie le vol glacial du grand silence. Comment un tel cadre a-t-il pu enfanter un tel monstre ? Roosevelt malade, Churchill anglais, l'Europe avait du mauvais sang à se faire.

Nous filons sur le port. Réflexe étrange des transhumants, les ports les attirent. À la fois cœur des anciennes villes et ouverture sur le monde, les voyageurs clandestins s'y précipitent comme pour se tenir près de la sortie en cas d'incendie. En chemin nous passons dans des rues bordées de palmiers, flanquées de beaux immeubles néoclassiques, alternant les tons jaune citron, rose pâle ou bleu camée.

– Niet ! Niet ! Niet ! Re-niet ! nous assomme une grosse Natacha. Il n'y a plus de bateaux pour Odessa.

Les Russes qui avaient la ligne sont partis avec leurs bateaux depuis que l'Ukraine est ukrainienne et n'ont pas encore été remplacés.

– Vous n'avez qu'à prendre le train ! Il n'y en a que pour quinze heures !

---

1. *Le cimetière marin,* Paul Valéry.

– Plutôt y aller à la nage ! trépigne Sylvain. C'est trop con ! Odessa est juste à 200 bornes d'ici !

Au même moment, dans les rues, courent des rumeurs de tentatives de sécession du Parlement de Crimée. On nous dit que des barrages de militaires coupent partout les routes vers Simferopol, la capitale, et que les contrôles de police s'intensifient. Nous sommes pris au piège.

Avant de nous bricoler des pédalos, nous allons voir les plaisanciers. Quatre malheureuses coques de noix se partagent un quai dans la marina de la station balnéaire de tout un empire. Bénéteau, qu'attends-tu ? La mer Noire est vierge de tes bateaux !

Nous sommes pleins d'espoir en apercevant l'*Ukraïna*, tout petit quillard de 6 mètres, portant fièrement le nom de son pays.

Vladik, son skipper de vingt-trois ans, rentre après-demain à Zaparoghe sur le Dniepr, en passant à quelques encablures d'Odessa. Nous jubilons. Il doit en référer au propriétaire du bateau habitant à Zaparoghe, pour avoir son aval. Il a un rendez-vous téléphonique avec lui à vingt heures.

Nous devons attendre, et nous nous installons sur la promenade sous une voûte ombragée offrant une belle acoustique, et déballons nos flûtes entre une babouchka vendant trois savons et une autre proposant quelques grappes de raisin. Le drapeau français bien en évidence, mon chapeau en guise de sébille, nous jouons à deux voix des airs russes. Passé les premiers tremblements de timidité, nous rameutons de nombreux badauds qui comprennent d'un regard la situation : Français sans le sou, venus de Paris à bicyclette, jouant des airs du cru pour se nourrir. La formule excite bientôt les oboles qui pleuvent par liasses dans mon chapeau. Celui-ci se met à déborder : un tas de pognon se forme à nos pieds, nous enchaînons avec le *Chant des partisans* (blancs ou rouges, l'air est le même !), *Tes yeux noirs, Kalinkakalin kamalin kamaya..., Tchom ty nie pry chov...,* c'est l'hystérie !

Ravis, nous comptons notre pactole : des millions de coupons en coupures de mille à cent mille : de la vraie monnaie de Monopoly... Nous en tirons une vingtaine de dollars avec lesquels nous nous offrons un bon déjeuner. Le soir, sur le quai, je remarque trois jeunes filles et un garçon, assis en carré autour de pains et de fromages : des Anglais ! Nous sommes aussitôt séduits, en totale sympathie avec Nicole, Julie, Melanie et Adrian : l'Europe, ça n'est rien d'autre, il faut l'avoir quittée longtemps pour le ressentir. Nous sommes en manque d'Europe.

Nous prenons rendez-vous pour la visite, le lendemain, du palais de Livadia, le palais des tsars où eut lieu la conférence internationale, quand Vladik nous annonce que son propriétaire est d'accord. Nous tenons le bon bout ! Nous allons dresser la tente au bout du môle, les pieds vers la terre mais les têtes déjà dans l'eau.

– Ça, c'est le siège de De Gaulle attendant la fin de la conférence, me dit Sylvain en me désignant un tabouret de gardien à la sortie de la salle des négociations.

Mon rire tonitrue dans cette coquille vide. Livadia étale ses marbres et ses ifs sur le bleu cru du ciel comme un palais latin. C'est beau ! Un silence sépulcral résonne dans ces salles pleines de sièges vides. Aux étages, démeublés, des photos retracent l'histoire de la famille des Romanov, achevée dans un bain de sang... Nous retournons vite au soleil. Un vieux capitaine en retraite vend des cartes postales. Laissé pour compte du libéralisme, sa retraite est passée de trois cents à douze dollars par mois. Triste génération sacrifiée qui a souffert du communisme, et qui ne jouira pas du libéralisme. Deux Africains prennent alors en photo les jambes de nos amies anglaises ; nous les charrions, ils sont mauritaniens, de Nouadhibou, et connaissent très bien Choum et le marabout d'Atar ! La boucle est bientôt bouclée !

Le soir, sur la promenade, je vois des Sonia partout, mêmes chevelures blondes, mêmes cambrures du nez, mêmes yeux de chat, verts comme des amandes fraîches... Je suis intenable ! Il n'y a pas de doutes, nous nous rapprochons !

*Vendredi 2 septembre 1994 : 327e jour, 0 km. T : 20 680 km*

– *No problem, let's go !*

Vladik revient de la capitainerie où il a dû décliner nos identités, déclarer sa destination et la date prévue de notre arrivée à Odessa. Entre-temps Eugène, un jeune mousse, arrive de la gare, pour prendre part au convoyage. Il nous aide à démonter nos vélos et à enfourner tout notre barda à fond de cale. Nous avons gagné notre pari : rentrer clandestinement en Crimée, y pédaler jusqu'à Yalta, et en sortir par bateau, toujours clandestinement ! Le foc est hissé, l'amarre est larguée, Yalta, du passé.

Un bon vent d'est en vent arrière déploie nos voiles comme

des ailes de raie manta : le foc à bâbord, la grand-voile à tribord. Nous allons bonne allure sur le dos rond de la houle quand Vladik sort les haut-parleurs d'un lecteur de cassettes ayant déjà essuyé plusieurs tempêtes. Et là, comme par enchantement, sur cette mer radieuse, sous le soleil de septembre, s'élèvent les concerts de voix, les clameurs des guitares, les rythmes endiablés des Gipsy Kings, coquin de sort ! Le groupe préféré de Sonia ! Comment a-t-il pu trouver une telle cassette ?

– *They are very famous in Ukraine !*

Et je la vois danser sur le pont, enflammer les voiles, faire rire les mouettes au soleil sur les appels du flamenco. Je suis heureux.

Une compagnie de dauphins vient se joindre à la fête. Mon cœur s'emballe, j'attends cette rencontre depuis vingt-quatre ans ! Ils sont partout, répondent aux Gipsy Kings, dansent et virevoltent sous la proue. D'autres surfent sur les vagues, se croisent et s'entrecroisent, se retournent sur le côté pour nous apercevoir à travers le glacis d'eau lisse étalé entre l'étrave et la vague d'étrave.

Ils nous aiment, cela se voit, cela se sent. Ils nous aiment alors que nous en savons plus sur eux qu'ils n'en savent sur nous ; ils nous aiment peut-être pour cela ?

Après avoir vidé une pellicule, je me précipite à l'avant, tandis que Sylvain à la flûte remplace, dans la coque, le flamenco par du Bach ! À la seconde où je plonge mes deux pieds dans leur « fenêtre », de l'autre côté du miroir, l'excitation grimpe à son comble, la ronde s'accélère. Les dauphins fusent, sautent, chacun voulant approcher ces deux mandibules blanchâtres, hérissées de chicots mobiles, ces deux coudes tronqués à l'utilité méconnue. Mon cœur bat à tout rompre, ils le sentent sûrement !

Nous restons tout étourdis. Vladik, fier capitaine, le cheveu auburn et court, la carrure d'athlète et les pieds énormes, rive ses yeux clairs à l'horizon. Le pauvre Eugène, malade, prépare néanmoins une belle salade d'oignons, de tomates et de confit de canard. Nous longeons les falaises calcaires de Crimée quand Vladik nous montre une superbe villa avec piscine, tennis, abri antiatomique, escalator pour descendre à la plage : Gorbatchev !

Après-midi de couture, de lecture et d'écriture. Vladik est rassuré, nous avons le pied marin. À tour de rôle nous nous passons la barre. Le vent forcit, le bateau gîte, la houle nous pousse de trois quarts arrière bâbord. C'est un rythme, c'est une pulsation. Quel bonheur d'avancer sans effort !

Illusion de liberté, peut-être avons-nous crié victoire un peu vite !

La nuit tombe avant que nous ayons doublé le cap de Sébastopol. Après un bref pot-au-noir, le vent redouble de vigueur, nous abattons le foc et réduisons la grand-voile de deux ris. Le bateau file dans les ténèbres, nous naviguons à vue, sans voir, en tâchant d'identifier les lumières de la côte.

Le vent siffle dans les haubans ses modulations mélancoliques, que viennent écouter des oiseaux de passage, spectres blancs surgis du néant à cet appel désespéré. Le phare qui palpite au loin nous attire irrésistiblement.

Un grand mur de béton nous prend bientôt sous son aile. Nous ne sommes pas les premiers, mais bien les plus petits, perdus parmi les cargos du port de Sébastopol. Après avoir trouvé entre leurs flancs d'acier un bout de quai où coucher notre voile, nous sombrons dans un délicieux sommeil, bercés par le chant des écoutes.

Nous perdons toute la matinée à chercher dans la ville une baraque où Vladik doit se signaler, prévenir le port suivant de notre arrivée et remplir des liasses de papiers. Périlleux exercice pour nos nerfs d'Européens !

Parfois, pour nous rafraîchir, nous nous laissons traîner et masser derrière le bateau. À chaque immersion, je nourris le secret espoir de renager avec un dauphin, comme à Tahiti, mais cette fois-ci avec un dauphin sauvage.

Le soleil finit son voyage dans un amerrissage en douceur, puis sombre peu à peu en répandant son or en vastes flaques. La mer Noire dans un ultime éclat lui porte l'estocade finale et l'astre rouge expire dans un rayon vert. Ce soir sur la mer de Crimée, nous avons vu le rayon vert.

Pas un feu sur la côte ; je nous guide aux étoiles. Resté seul avec une couverture et un quignon de pain, je commence mon dialogue avec la nuit.

Toutes mes constellations chéries sont là : le W de Cassiopée derrière ma grand-voile, la Grande Ourse dans mon dos me fait frire des poêlées d'étoiles filantes, que je dédie selon l'usage à mes amours, à mes tendresses, comme autant de joyaux éphémères. Dans la Voie lactée, le Cygne file vers la poupe et plonge dans la mer. Que fuis-tu vers l'orient, Cygne immaculé ? L'hiver ? Reviens, Cygne, reviens ! Tu ne te plairas pas dans l'Empire des corbeaux ! Si tu veux tant partir, pars, mais reviens vite candide, la candeur n'a qu'un temps !

L'*Ukraïna,* notre voilier, sur les eaux sombres « où sous lui se reflète la splendeur d'une nuit lactée et violette, comme un vase d'argent parmi les diamants, dort, la tête sous l'aile, entre deux firmaments [1] ».

*Lundi 5 septembre 1994 : 330e jour, 0 km, 20 680 km*

Ce matin, à l'heure du chronométrage, le vent ne soufflait qu'à 12 mètres seconde ! Nous avons le feu vert, bien qu'il frise maintenant les 30 mètres seconde : la tempête ! Cap sur Odessa !

Une fois tout arrimé dans le carré, les affaires précieuses mises à l'abri, engoncés dans des cirés, nous passons le môle. La mer est blanche comme un champ de givre, nous n'armons notre coque que de trois ris dans la grand-voile et d'un petit foc tourmentin.

Cela commence très fort, au grand large, le tourmentin nous fait piquer du nez, l'*Ukraïna* fait le sous-marin dans le dos des vagues qui nous dépassent ; nous partons dans des surfs dangereux pour notre petite coque ronde. Le vent se renforce, Vladik le serre d'un peu plus près en changeant de cap et en bordant la grand-voile. Le bateau gîte. Un grand barouf se fait entendre dans le carré. Toutes nos affaires s'y répandent dans un magma spongieux. C'est la loi du gros temps.

La partie est belle, le soleil enchante l'écume des déferlantes qui semblent raser de près une mer hirsute comme la barbe de Poséidon.

La beauté du marin est de dompter les éléments avec des bouts de ficelle, leur imprimer sa volonté, pacifier la tourmente. Tous les quatre assis dans le cockpit à bâbord, nous sommes en fait presque debout tant le bateau gîte. Les vagues nous assènent de violents coups de boutoir. À tour de rôle nous barrons, tentons de tenir le cap malgré les crocs-en-quille que nous tendent les vagues.

Le vent se renforçant encore nous contraint d'abaisser un ris de voile. Des paquets de mer se vaporisent sur le pont, nous sommes rincés.

La quille renâcle, le mât fléchit, la coque est secouée par de grosses baffes. L'*Ukraïna* rue, nous ne rions plus, la chose est sérieuse. La peur du bateau se sent aux trépidations du safran. Une rafale plus méchante que les autres déchire notre foc au

1. *Cf. Le cygne,* de Sully Prudhomme.

point d'écoute ; nous nous précipitons pour l'abattre, tenter de maîtriser sa fureur, et de l'achever en étouffant ses claquements sinistres sous des tas d'étoffe mouillée.

Privé de sa traction avant, notre bateau perd encore un peu de son équilibre. La nuit est tombée.

Les paquets de mer nous harcèlent dans une sauvage curée, drossés à hue et à dia, rebondissant ici pour nous écraser là, marionnettes d'un jeu qui nous a échappé et dont l'ivre ressort, sans cesse remonté, nous épargne ou nous châtie à son gré.

Le visage du port surgit pour nous happer dans notre course emballée. Nous passons le môle de Cernomorsk, propulsés par d'effrayantes déferlantes. Une sirène retentit, un projecteur antiaérien s'allume et scrute les vagues déboussolées qui nous environnent. Les ombres dansent parmi des spectres de phosphore en peignant un tableau fantastique. Nous sommes aveuglés et bringuebalés en tous sens.

Les quais sont pris d'assaut par les vagues ; chacune d'elles s'évertue à nous y précipiter. Nos secondes sont comptées. Soudain une bouée nous tend sa main salvatrice. Cette boule ronde colorée est, dans cette furie, notre seule chance de survie.

Tous nos espoirs sont tendus vers elle, quand, répondant à un cri intérieur, je tourne le regard à tribord : horreur ! un angle noir, un mur, la mort fond sur moi à deux doigts de mon crâne. Je retire par réflexe ma main du point d'impact. Pas un cri ne sort de ma gorge étranglée.

Crac !

Violemment projeté à bâbord par le choc, je me fracasse avec Vladik dans le fond du cockpit. Le mur racle alors la coque sur toute sa longueur, et nous le voyons fuir dans le grincement sinistre que font ses flancs en défilant à fleur de coque.

Lorsqu'elle relâche son étreinte, la bête immonde se trahit : ce n'est pas le quai mais la poupe d'un chalutier. Il nous a éperonnés en faisant machine arrière alors qu'il prenait la haute mer pour ne pas se faire drosser contre la digue.

Vladik hurle des insultes reprises par la voix éthylique d'un capitaine invisible.

Puis il se précipite à fond de cale, rampe entre les bagages, parvient à la brèche et la referme en la colmatant avec de la bourre et du goudron. Nous évitons de peu le sauve-qui-peut. Avec Eugène nous écopons sec les vingt centimètres d'eau qui noient le carré.

L'éperonnage a failli me coûter cette main droite qu'émerveillé je vois crispée sur l'écope.

Vladik nous réveille à l'aube.

– *Bad news !*

Nous sortons la tête par l'écoutille : tout autour de nous flottent des bâtiments de guerre, avisos, torpilleurs, et porte-hélicoptères. Nous sommes clandestins sans visa au cœur d'une base militaire !

Trois hommes en faction à la proue du navire le plus proche montent la garde. Une vedette ne tarde pas à venir nous arraisonner.

En inspectant nos passeports, l'officier, estomaqué de ne pas trouver nos visas, nous épingle avec la gloriole et la suffisance d'un collectionneur d'insectes prenant Peter Pan pour une mouche à merde.

Nous sommes débarqués tous les trois, Eugène est consigné à bord. Assis entre deux fusiliers marins, une jeep nous emporte à l'amirauté où l'on nous confine dans un réduit sombre. Nous attendons quelques heures. Rien ne se passe.

Plus tard, après avoir été interrogés séparément, nous nous retrouvons avec Vladik dans une sorte de tribunal du silence mis en scène comme dans un film des années soixante. Sur de petits tabourets à bonne distance d'une longue table, nous faisons face à trois hommes assis en hauteur.

Faisant semblant de chercher les articles sous le coup desquels tombent nos accablants chefs d'accusation, notre apprenti Staline en dresse la liste : clandestins ayant sciemment cherché à se soustraire aux lois d'immigration à des fins inconnues ; retrouvés détenteurs d'appareils photo dans la rade d'une base militaire et dans une zone interdite. Notre compte est bon, la note va être salée : prison, expulsion et tout le bataclan ! Avant de nous annoncer la douloureuse, il nous demande ce que nous avons à ajouter.

N'écoutant que mon courage, je lui déclare ne pas vouloir être jugé en fonction de la loi soviétique, mais d'après celle de la nouvelle République ukrainienne souveraine, celle-là même qui nous réclame des visas. Vladik transmet. Le sourire quiet de notre petit père se crispe d'un coup. Furieux, il referme d'un geste son grimoire obsolète en soulevant un nuage de poussière. Je regrette déjà mon intervention quand son voisin de droite, sans doute allergique à la poussière, est pris d'une irrépressible quinte d'éternuements qui déclenche un fou rire collectif. L'atmosphère se détend : nous sommes sauvés !

Nous inventons alors notre formule d'expulsion avec notre moustachu : nous serons accompagnés sous escorte à la gare de Simferopol, mis dans le train avec un comité de réception à Odessa, puis convoyés jusqu'à la frontière moldave, et tout cela pour le prix d'un visa de transit : environ un million et demi de coupons, soit à peu près quinze dollars chacun !

Le lendemain, en gare d'Odessa, un moustachu se présente à nous dans un français parfait. Vladimir est l'officier chargé de nous accompagner à la frontière moldave distante de 80 kilomètres. Nous gagnons vite sa sympathie à la faveur du récit de notre passage en Crimée, de son amour de la France, et d'une chanson ukrainienne apprise auprès de notre Christina de Kertch. Il n'en faut pas plus pour qu'il nous conduise à l'escalier mythique du film d'Eisenstein *Le Cuirassé « Potemkine »*, film de propagande communiste caricaturant la répression tsariste. Nous mimons à bicyclette la fameuse scène du landau dévalant les marches, quand Sylvain, théâtral comme toujours, revit la scène du verre de lunette brisé en s'étalant dans l'escalier ! Séduit, Vladimir nous laisse filer à bicyclette vers la frontière.

Grisés de platitude, nous entamons notre dernier chapitre. Voici l'Europe qu'on nous a cachée pendant soixante-dix ans : tous ces semblables, ces frères, contre lesquels nous aurions dû nous étriper à coups de bombe atomique : « Quelle connerie, la guerre ! »

Les champs ukrainiens étalent leur terre noire à perte de vue. L'Ukraine est un vaste labour désert qui soulève deux questions : quel système agricole a été assez stupide pour permettre la famine dans ce pays, il y a à peine soixante ans ? Et qui cultive ces espaces démesurés ?

Pas un village, pas de vie entre les villes ! En centralisant l'exploitation agricole les Soviétiques dispersaient en fait l'énergie par la multiplication des déplacements et la culture extensive.

Nous passons la frontière moldave dans un marais, sans autre forme de procès. À peine les douaniers osent-ils nous demander nos passeports pleins de pays inconnus. Nous pénétrons comme à l'exercice cette république de bande dessinée si peu peuplée que nous ne voyons pas un Moldave ni une maison avant la fin du jour.

Nous pédalons 40 kilomètres le lendemain matin sans voir âme qui vive. Quel est ce mystère ? De sourdes détonations se font entendre, couvertes par le chant électrique des alouettes que nous levons à notre passage. Est-ce cela la guerre ? De drôles de cigales craquettent dans l'air au loin. Il fait bon, il fait frais ! La mer Noire est déjà bien loin.

Une bande armée nous arrête bientôt. Les voitures doivent faire un détour de 75 kilomètres. Un officier russe nous explique sa mission de faire respecter le cessez-le-feu quand une rafale de mitraillette suivie de rires vient crépiter sur un mur de protection. Subtilités de la « *pax russicana* » dans ces territoires « souverains » d'un empire éclaté !

Nous sommes du côté de la faction de Tiraspol et devons passer du côté de celle de Kichinev, la capitale. Le jeune officier prend un mégaphone et annonce notre passage. Des drapeaux blancs se dressent, nous croyons rêver ! Par une meurtrière nous voyons que les autres en font autant.

– *Go ahead !* nous susurre le popov en riant à demi.

– *Go ahead, go ahead,* j'ai pas envie de la perdre ma tête, moi !

Nous passons la chicane et avançons lentement sur le tablier du viaduc en slalomant entre des béances ouvertes sur le vide. De part et d'autre nous sommes épiés aux jumelles.

– Et si pour une fois ils tombaient d'accord pour nous tirer dessus !

– Putain, avance ! Ça craint, leurs conneries !

De l'autre côté, protégé par sa chicane, un officier nous fait patienter les mains en l'air quelques secondes qui nous semblent interminables, sans doute pour vérifier que nous n'explosons pas après avoir amorcé des grenades en secret. Lui aussi est russe, avec la même mission de contrôle du cessez-le-feu. À la tête d'une troupe de Rambo, il nous convie à partager son déjeuner Ça rigole sec ici aussi ! Nous n'y comprenons rien ; c'est pas vrai ! c'est pas ça, la guerre !

Kichinev s'annonce de loin par une cheminée rouge et blanc défiant les lois du gigantisme. Demain, nous entamons le compte à rebours de nos trente derniers jours.

Sur la route forestière qui nous mène le lendemain à la frontière, les plaques disjointes du revêtement de béton font claquer nos roues au rythme ferroviaire de mes premières vacances enfantines : tatac-tatomb, tatac-tatomb, tatac-tatomb...

C'est notre première vraie forêt tempérée depuis près d'un an ! Il nous semble pédaler dans le Morvan. Nous exorcisons tous les déserts du monde en une matinée. Nous nous repaissons de la variété de nos essences familières et redécouvrons la palette des verts : la mousse ! les fougères ! Quel baume à nos cœurs dépaysés !

*Dimanche 11 septembre 1994 :*
*336e jour, 132 km. T : 21 190 km*

Nous renouons en Roumanie avec nos racines. Bien fichées en terre. Nous remontons le temps en roulant dans la campagne française du siècle dernier. De belles allées d'arbres nous ouvrent la route, étalonnées par ces pierres arrondies, portant fièrement leur casaque rouge pour une course de relais immobile : les bornes.

De loin en loin, des clochers pointus répondant à des coupoles se relaient aussi pour conserver sur nous un regard de berger. Nous ne sommes jamais seuls, nous rentrons dans la danse.

Nous arrivons le soir au pied des Carpates. Un imposant nuage de choucas tournoie dans Rosnov en éclaboussant les toits d'ardoises de leurs sombres clameurs. Le soleil disparaît, nous avons bien roulé. Nous abordons deux demoiselles. Elena et Alina nous invitent aussitôt chez elles. Elena, étudiante en quatrième année de philosophie, se lance dans une leçon de littérature française, en français, s'il vous plaît ! Tous nos classiques passent en revue, mais de plus rares aussi : Levinas, Bachelard, Bergson, Duby, Teilhard, Elena les a tous lus ! Nous tombons des nues ! Elle est intarissable. Seule la récitation des poésies que nous avons apprises suspend sa « frénésie » intellectuelle.

Nous l'interrogeons sur l'histoire de la Roumanie. Elle nous démonte alors les mythes des Carpates. Celui de Dracula n'y échappe pas, amalgamé avec celui de la comtesse hongroise Élisabeth Batory qui se baignait dans le sang de ses victimes ! Vlad Zepech, c'est son nom, ne dut son surnom de Dracula qu'à une décoration de l'ordre du dragon que son père reçut des mains d'un prince germanique. Sanguinaire il le fut, mais par sa manie d'empaler les cadavres de ses ennemis.

Seuls les Strigoï, sorte de zombies dont on brandit la menace pour effrayer les petits enfants, trouvent grâce aux yeux de notre hôtesse.

Nous quittons le lendemain notre philosophe pour grimper à l'assaut des Carpates : forêts de pins serrés, fraîcheur des sous-bois, vallons habités de meules en pleine conversation avec le soleil... rien de terrifiant ! Les vallées que nous enfilons pétillent de vie et de labeur. Dans l'air doré de cet automne naissant, hommes et bêtes se préparent aux rigueurs de l'hiver. Moissons, foins, récoltes, partout des paysans binent, fauchent, scient, martèlent, fourchent. Les chevaux sont de tous ces jeux d'homme, tirent des troncs d'arbre, des chariots de fourrage, des charrues, des charrettes par les rues dans un concert d'essieux et de gravier crissant. Les vaches retrouvent seules le chemin de l'étable. L'homme construit, cloue des planches, peint des volets, finit sa grange, refait son toit, tandis que sa femme sertit des conserves, peigne la laine, ramasse les pommes de terre, tresse les oignons, déshabille les épis de maïs. Les oisifs n'existent pas. Il nous semble être les figurants d'un reportage idyllique.

Le soir, dans la communauté hongroise de Borsec, nous tombons sur MTV déchaînant dans des hurlements et une débauche de lumières fluo le dernier « trash » californien. Il est des soirs où l'on aimerait que le monde soit plus grand ! Nous allons nous coucher dans la grange en nous enfonçant comme des taupes dans le foin ; il fait 8 °C ce soir et nous n'avons plus de sacs de couchage depuis Delhi !

J'ai en m'endormant des fantasmes de coton-tige. Qui n'a pas connu l'orgasme du coton-tige ne sait pas ce qu'il en coûte d'écraser rageusement d'un auriculaire crasseux un moucheron qui s'est englué dans son conduit auditif !

Les Transylvains sont à l'image de leur pays : frustes et agrestes. Leur feutre mou dévissé du crâne révèle des fronts blancs. La sueur colle une mèche grasse au-dessus de visages bruns et burinés par des rides profondes. Des trognes balzaciennes, portant des moustaches d'un autre âge, le froc délavé, aussi rapiécé que leurs champs, des bretelles de corde, les gestes précis et roides, et cette superbe au regard, cette droiture probe d'hommes vivant directement de leur labeur, accoucheurs de terre sachant pourquoi ils travaillent.

Ce soir, à Silivacu de Cimpie, dans une belle maison bleue peinte à l'indigo, nous engloutissons une polenta. Jacob et sa femme, nos hôtes, ont comme beaucoup de Slaves la jérémiade facile ; ils pleurent leur fille émigrée en France et n'aspirent qu'à la rejoindre. Dans leurs yeux brille la fièvre de l'« émigrationnite » aiguë. Après avoir passé en revue tout ce qu'il sait faire, le pathétique grand-père me questionne sur le salaire des maçons, des menuisiers, des cordonniers, des bouchers ! Nous ne savons que répondre. Il comprend mieux la relativité des salaires quand je lui convertis le prix du pain français en lei. Il se gratte alors la tête en sifflant ! En France on chante les

« maisons bleues », ici on cherche à les quitter pour de sinistres banlieues.

Nous suivons la E 60, route européenne : tout un symbole ! un pas de géant ! Nous passons Cluj Napoca et ses bataillons de HLM et filons vers la Hongrie. Sur la route nous dépassent quelques voitures françaises. Qui aurait pu imaginer qu'une plaque minéralogique puisse me procurer une telle joie ?

*Jeudi 15 septembre 1994 : 340e jour, 150 km. T : 21 723 km*

Une Golf noire nous dépasse : 93, Seine-Saint-Denis. Nous gesticulons, ils s'arrêtent. Quatre étudiants en sortent.

– D'où venez-vous comme ça, les mecs ? De Vladivostok ?

– Presque ! De Singapour !

– ! ?

Nous adorons ménager ce petit effet ! Nous partageons nos histoires contre un délestage massif de tout chargement non indispensable : balles de jonglerie, saroual, réchaud, vaisselle, pharmacie... c'est le grand dégraissage !

Quand ils nous quittent, il se met à pleuvoir des trombes : c'est notre première saucée depuis la fameuse tempête du Baloutchistan. Nous roulons torse nu comme des dératés dans la froidure. Nous avons tant rêvé de frissons, de pluie et de grisaille ! Nous avions oublié la chair de poule, les tremblements et le vent glacial. Les voitures qui nous dépassent nous prennent pour des fous.

À Oradea nous téléphonons à nos parents sans nouvelles depuis Yalta. J'ai horreur du téléphone : il tronque tout, met en présence deux sphères indépendantes, qui éclatent comme des bulles de savon lorsqu'elles se touchent. Ma mère, volubile, admirative et pleine de surprises pour notre retour, déchaîne ses questions : je ne peux répondre à aucune. Je me répands en banalités, tout se bouscule au portillon ; j'ai désappris le téléphone. Maudit téléphone, faucheur d'imagination ! Je raccroche sans un mot gentil, sans une parole douce, une vraie brute !

Nous repartons sous la pluie et roulons jusqu'à la frontière. Bizarrement, ce coup de fil m'a flanqué le cafard, mais aura eu le mérite de nous annoncer la venue en éclaireur de ma sœur Virginie pour deux jours à Vienne. Nous grattons les 5 kilomètres de file d'attente à la douane. Vive Schengen ! Ici, à la frontière roumano-hongroise, les douaniers hongrois font le boulot que ne peuvent plus faire les douaniers français !

# DE LA FRONTIÈRE HONGROISE À LA FRONTIÈRE FRANÇAISE

*Sylvain*

L'Europe, c'est une route de bon goudron lisse et propre sans nids-de-poule et sans poules dessus, et ce sont des champs qui sentent la campagne et non l'âcre odeur de la pisse chaude d'un bétail famélique ; ce sont des villes que l'on traverse sans mourir étouffé. C'est une allée d'arbres et un matin glacé, un clocher dans un village qui répond à l'appel d'un autre clocher que l'on peut voir au loin sans quitter le premier du regard. C'est un mur de pierre en ruine qui clôt un bois humide, et une maison derrière ce mur, où des hôtes d'un soir vous accueillent, comme si vous ne les aviez jamais quittés, et qui vous servent sur une table familière un dîner coutumier. C'est beaucoup de joie de revenir aux siens et beaucoup de peine de quitter les autres. Et c'est ce que nous éprouvons pendant nos premiers kilomètres en Hongrie.

Le goudron est tellement délicieux et notre émotion si forte d'avoir passé la frontière que nous laissons le soleil se coucher et roulons dans la nuit.

Où commence l'Europe occidentale ? Là où ont échoué les Turcs ? Aux limites du Saint Empire ? Chez les Latins ? Chez les Germains ? Là où règne l'opulence des épiceries ? Au début du bon goudron ? La Hongrie, quoi qu'il en soit, nous semble être un seuil. Celui à partir duquel le voyage devient facile. Il n'est plus question de lutter pour avancer. Contre les vents, le chaud, la piste, la faim, les fièvres, la pénurie, l'incompréhension... Les kilomètres coulent de source.

Avec la Hongrie nous retrouvons ce que c'est qu'un repas sans l'inquiétude du suivant et sans le tracas de la dysenterie due au précédent.

Peu avant Budapest, une voiture freine brusquement devant nous. Quatre jeunes garçons en sortent.

– Nous avons vu votre drapeau. Vous êtes français, n'est-ce pas ? Nous aussi, nous rentrons vers la France d'un voyage en Roumanie, dit l'un d'entre eux.

– Quand est-ce que vous comptez regagner Paris ? demande Alex.

– Demain ou après-demain. Il ne reste que 2 000 kilomètres.

– Fascinant..., commente Alex, ébahi par la vitesse, cet autre monde.

Après une longue conversation tenue avec eux sur l'art de voyager, ils acceptent de nous rapporter du matériel en France. Nous le récupérerons à notre retour. Une grande excitation s'empare de nous. Pour le cycliste, le délestage est un moment béni. La grande jouissance que doit éprouver le batracien quand il devient un oiseau sur les planches d'histoire de l'évolution. Nous nous allégeons à tour de bras et des ailes nous poussent. La perspective d'un retour proche sonne le glas de notre équipement. Nous n'avions pas grand-chose. Nous n'avons plus rien.

– Sacoches d'ermite, me dit Alexandre.

– Et ces sacoches, d'ailleurs, on les garde ?

L'année de voyage nous a appris le détachement. L'exemple d'une planète qui vit du temps qui passe et qui se passe de tout a porté ses fruits. Pendant un an nous avons vécu avec deux tee-shirts, une paire de chaussures, un short. C'est beaucoup trop, dira l'ascète : pour toit vous avez le ciel, vous avez le vent pour habit et le monde sous vos yeux pour livre de chevet. Que rêver d'autre ? Et comment avons-nous fait avant le départ pour vivre dans des maisons si remplies ?

Nous repartons comme des papillons. Jusqu'ici, nous avons tiré notre boulet. Nous venons de couper la chaîne et nous volons vers Budapest.

À Budapest aussi nous retrouvons des sensations perdues. Celles qu'on éprouve en parcourant des villes de lumière et de belles pierres et non des cités de ruines et de nuit. Le Danube est lent sous les ponts. Nous l'écoutons couler en contemplant Buda depuis Pest et réciproquement.

Le docteur Laslo Baranyaï, ami de ma famille, nous reçoit en sa maison sur les collines de Budapest. Ce que nous offre Laslo est très précieux car nous l'avions oublié : le confort d'une maison cossue.

Comme la femme de notre ami est de garde à l'hôpital,

Laslo nous laisse dormir dans le lit conjugal. Nous nous vautrons dans les couettes moelleuses. Pourtant, il manque quelque chose. Nous sommes au jardin d'Éden et nous ne sommes pas totalement satisfaits. En fait, le virus de l'instabilité nous a contaminés. Auparavant, quelques jours de villégiature nous anesthésiaient. Les sirènes nous retenaient et le départ était un douloureux arrachement. Mais nous avons tant roulé qu'aujourd'hui l'immobilité dans les coussins de soie nous indispose rapidement. La route est devenue une drogue. L'impression de la progression nous ravit. À présent, nous pédalons comme nous respirons. Nous concevons à ce propos quelques inquiétudes pour la réacclimatation à la vie parisienne.

Budapest brille dans la nuit froide. Le vent est tombé. Mais il guette prêt à bondir demain, sec et mordant au premier coup de pédale.

La route qui joint Budapest à Vienne frôle la Slovaquie. Sur un coup de tête et de tampon, nous décidons d'y passer, ce qui nous vaut une nuit dans la campagne slovaque et une visite de Bratislava, la capitale.

Virginie, la sœur d'Alexandre, nous a donné rendez-vous à l'aéroport de Vienne pour passer quelque temps avec nous. Nous forçons l'allure pour ne pas manquer son atterrissage. Les retrouvailles sont belles. Le frère et la sœur se livrent à de copieuses démonstrations d'affection. Les Autrichiens se demandent ce qu'une si jolie femme fait dans les bras tannés d'un garçon si mal léché.

Virginie dans Vienne après un an de tour du monde, c'est un rêve inespéré. D'apfelstrudels en café viennois, nous pédalons avec elle, pendant deux jours, sur les allées cyclistes de la ville.

La suite jusqu'à Munich est une valse de quelques jours avec le Danube.

Les pays germaniques ont cultivé l'amour du vélo. Le cycliste d'Autriche et d'Allemagne a un statut autre que celui d'insecte. Sur les routes du monde, il est considéré comme un empêcheur de déboîter en force, de rouler à contresens, et de se fracasser tranquille. On le méprise et on le lui fait savoir à coups d'avertisseur et parfois à coups de pare-chocs. Mais les Teutons ont le goût de la bicyclette et il n'est pas une voie pour automobile qui ne soit systématiquement doublée d'une piste cyclable. Le réseau des « pistes vertes » destinées au vélo est si dense qu'on s'y perd.

La piste longe d'abord le Danube jusqu'à Linz, perchée sur

la digue, puis elle trace son cours vers Munich ; elle enjambe des canaux endormis, des marigots sombres et des bras morts immobiles, elle frôle des lisières, rentre dans un bois, en sort, longe à nouveau l'orée où paissent les chevreuils, croise encore des villages aux maisons si reluisantes qu'on les croirait cnaque matin lavées à la main, puis elle coupe des vergers, des champs tirés au cordeau et des jardins fleuris

Sur ces chemins de goudron, dont le plus étroit ferait pâlir d'envie un aménageur chinois, pédale tout le troisième âge germanique. Des armées de vieilles gens, équipés de vélos futuristes, habillés de collants fluo et coiffés de casques aérodynamiques, investissent les labyrinthes de pistes cyclables. Ils vont de Constance à Munich, de Linz à Vienne, de Branau à Budapest... Le seul inconvénient de ces routes est qu'on n'y avance pas. Les circonvolutions champêtres et les slaloms acrobatiques entre les groupes de grands-parents cassent notre allure. Autour du monde, nous avons appris à pédaler comme on navigue. Tout droit, à l'azimut, sans s'arrêter. Sur des routes rectilignes au milieu de grands espaces. Et le décor de train électrique de l'Autriche nous perturbe un peu.

Mais qu'on ne se permette pas de rouler en dehors de ces pistes ! Un vélo sur une route pour autos est un sacrilège. Chacun son chemin. Il nous arrive, entre deux pistes, de pédaler quelques kilomètres sur les nationales. C'est la commotion. Nous déclenchons des réactions terribles. Les conducteurs sont révulsés.

Les Allemands ont un code pénal dans le cervelet. « Quand un Allemand veut prendre une gare d'assaut, il achète d'abord un ticket de quai », écrivait Brecht. Mais grâce à cela, il y a des fleurs au balcon et on ne meurt pas sous les roues des camions.

Un jour, nous faisons une sieste, allongés sur le banc public d'un square de village. Un policier nous réveille et nous dit : « Asseyez-vous, je vous prie, ce n'est pas beau d'être couché. » Les policiers, ici, gardent la paix et l'esthétisme !

À Munich, l'*Oktoberfest* bat son plein. Nous y fêtons le 25 000e kilomètre. La ville est sous pression. Nous nous fondons aux flots humains qui convergent vers la grande fête. Chaque brasserie munichoise élève une tente qui peut accueillir trois mille personnes. Nous choisissons la *Spatenbräu Tzelt*. À onze heures et demie les lumières s'éteignent. Les musiciens rangent leurs trompettes. On sent un mouvement confus de masse vers la sortie. Je suis dans un état de lucidité moyenne. Alexandre, malgré son foie atteint par l'hépatite, paraît en forme, quoiqu'un peu rouge. Je revois, en double, des images de notre traversée éthylique de la Russie.

Nous glissons vers la sortie. Soudain je tressaille. Je viens d'entendre un son familier. Je saisis le bras d'Alex.

– Oh ! Pardon, madame ! Je croyais que c'était mon ami.

Je trouve enfin Alexandre.

– Alex ! Écoute, une cornemuse !

Sous l'auvent de la tente une cornemuse vient de mugir une marche martiale. Nous nous précipitons. Un homme sonne, entouré d'une foule festive. Je fends le cercle des spectateurs, je m'approche de lui et crie :

– Je peux ?

– Tu es breton ? demande-t-il.

– Oui.

– Tiens, dit-il.

– Merci.

– Je t'en prie. Mon nom est Joël.

Je n'ai pas sonné depuis Katmandou. Là-bas, un jeune coopérant armoricain m'avait prêté son vieux biniou. Pendant que je sonne des danses celtes, Joël entraîne la foule dans une grande bourrée, puis il conduit un galop, une ronde, une farandole... Le service d'ordre germanique nous regarde d'un œil méfiant. L'un des vigiles nous donne finalement l'ordre de dégager les lieux. J'entonne alors une sonnerie de retraite, et je marche, vers la sortie, dans des allées encombrées de monde, traînant dans mon sillage de notes les buveurs tardifs, comme le joueur de Hameln.

L'hyperoxygénation provoquée par la cornemuse se conjugue aux effets du houblon et me fait tituber. Il est temps de se coucher. Je ne me souviens plus exactement des événements qui nous ont amenés jusqu'au matin. C'est avec étonnement que je me réveille le lendemain au milieu des pierres tombales de granit noir d'un cimetière romantique du cœur de Munich.

Nous passons vingt-quatre heures à Munich. Le temps de poster le paquet de deux cents cartes postales que nos parents nous ont envoyé de Paris et que nous adressons aux amis pour les prévenir de notre retour. L'appel de la route nous chasse de Munich. Il nous faut de l'air. Nous partons vers le lac de Constance.

Dans le village d'Isny, à la tombée de la nuit, nous commençons une conversation sur le bord de la route avec une famille d'Anglais et la finissons dans leur chalet de vacances, dans la montagne. Les Walser, nos hôtes, nous comblent d'attentions et nous racontent leur vie en Afrique du Sud, où ils ont vécu des années, et leurs voyages à travers le continent africain.

Nous avions redouté d'être traités comme des vagabonds à notre retour en Europe. Mais à notre grand soulagement les portes de l'Occident retrouvé ne nous claquent pas au nez.

L'hospitalité n'est pas morte ici. L'accueil d'Inge et de son frère Hans dans leur maison de Ried, celui des bonnes sœurs du couvent bavarois de Hagge, celui de Sylviane à Munich et de tous les autres qui peuplent nos carnets d'adresses à la rubrique « Europe » le prouvent.

Au-delà d'Isny, vers le sud, la route plonge en direction du lac de Constance, à travers des forêts de sapins. Nous suivons la rive du « Bodensee » vers la Suisse. Les stations de vacances se succèdent. Petits villages aux maisons riantes, aux villas baroques et aux propriétés néogothiques qui accueillaient des impératrices d'Europe.

À Wasserburg nous avons l'extraordinaire spectacle d'une leçon de peinture sur les bords du lac. Installés sur une plage de galets, une dizaine d'artistes d'une soixantaine d'années reproduisent le groupe de vieilles maisons aux toits pentus, avancée en jetée sur l'étendue d'eau.

Les rives du lac sont embouteillées de cyclotouristes qui sillonnent la Bavière, le temps d'un week-end. Pendant que nous déjeunons, quelques-uns s'approchent de nos vélos usés jusqu'à la corde, et nous disent :

– Vous avez fait un long voyage ?

– Oui, et vous, demandons-nous.

– Oui. Nous venons de Bern. Et vous, vous avez fait le tour du lac ?

– Non, nous venons de Singapour.

À Busingen, à l'ouest du lac, nous passons la nuit chez la mère de Natascha, notre amie, venue de France traverser les Andes avec nous, au mois de février.

Puis une journée de vélo nous conduit à Schaffausen, à Neuhaus, devant les chutes du Rhin et dans la vieille cité médiévale de Waldshut où nous passons, sous la tente, au bord du Rhin, notre dernière nuit hors de France. À trois heures du matin, les cris d'une bande de drilles nous réveillent. Autour de notre tente, plantée sur une pelouse le long du fleuve, se tiennent trois jeunes Allemands éméchés qui reviennent d'une fête Nous les invitons à partager avec nous le champagne qu'il leur reste. Alexander, Olivier et Nicole se serrent sous l'abside de la tente. Nous finissons la bouteille en leur disant que demain nous serons chez nous et que nous revenons d'un long voyage à vélo, autour du monde. Éclats de rire. Ils ne nous croient pas. Depuis quelques semaines, personne ne nous prend au sérieux. Quand nous racontons notre histoire, nos interlocuteurs s'esclaffent ou nous regardent de l'air entendu de celui qu'on ne mystifie pas. Mais ce soir nous sommes si persuasifs que les trois convives qui trinquent sous notre tente finissent par nous croire. Ils ne gouaillent plus. Ils nous questionnent. Nous répondons sans voir leurs visages, dans le noir. Et soudain, au milieu du récit de la traversée d'un désert, Nicole éclate en sanglots.

*Bâle, dimanche 2 octobre 1994*

– Là !

Nous l'avons vu en même temps. Le panneau « France » surmonté d'une flèche qui indique l'ouest. Voilà un moment auquel nous avons souvent rêvé. Voilà que nous sommes à l'entrée de la France. Nous nous arrêtons car nous y croyons à peine et puis, surtout, nous voudrions être plus gais. Plus heureux Plus émus. Il faut tenter de se remémorer les souffrances dans le désert, les maladies dans la jungle, les gelures dans les montagnes, où nous nous battions très fort, en pensant au panneau France qui attendait à des milliers de kilomètres. Peine perdue. Ce n'est qu'une frontière de plus. Il eût fallu, pour goûter au délice d'un vrai retour contrasté, que la frontière française se tînt au bord du Baloutchistan, à la sortie d'un hôpital iranien, ou au détour d'un col tibétain. Mais la traversée de l'Europe sur des roulettes a affadi en nous l'émotion du retour en France.

Nous nous tenons devant le panneau de douane. Que faut-il penser ? Il n'y a qu'à ne penser à rien. Laisser simplement défiler quelques images de voyage qui reviennent. Je pensais pleurer, mais je ne pleure même pas. Je pensais qu'il s'agirait de ce genre de grands moments qui jalonnent la vie dont on sent si fort l'importance qu'on en est retourné. Mais non. Et je dois me faire violence pour ressentir un peu de joie confuse.

Une douanière suisse, intriguée que nous restions debout devant le panneau, vient à notre rencontre.

– Vous êtes français ?

– Oui.

– Rien à déclarer ?

- Rien.

– Vous pouvez aller.

Il me vient véritablement et à un point que je ne soupçonnais pas le sentiment d'être chez moi. Le déracinement mental, occasionné par des mois de vie de nomade, l'obligation de toujours avancer pour vivre, sans cesse plus loin, comme le requin qui meurt s'il arrête de nager, ont renforcé la sensation d'attachement à la terre de France.

C'était un serment. Ou un pari plaisant. Ou les deux. Je ne me souviens plus. Nous étions convenus qu'en arrivant en France nous mangerions un peu de terre. Devant le poste de douane, Alexandre retrouve ses vieilles racines normandes et broute à grandes mâchées l'herbe du bas-côté. Je finis d'avaler un pissenlit quand Alex entreprend de se frotter le visage avec une motte de terre. C'est le sanglier après la vache. Quand nous nous sommes bien repus de retrouvailles, nous repartons, car ce n'est pas encore fini.

# DE BÂLE À PARIS

## *Alexandre*

*Je vous salue ma France où l'oiseau de passage*
*De Lille à Roncevaux, de Brest au Mont-Cenis*
*Pour la première fois a fait l'apprentissage*
*De ce qu'il peut coûter d'abandonner un nid* [1]...

Elle est là devant moi, je rêve. Tant d'efforts et d'espoirs finalement assouvis.

Boxeurs sonnés par un noble combat, les dix dernières secondes de notre long rêve s'égrènent dans un monde étrange, muet et indifférent à la tempête de sens qu'incarne cette ligne blanche, entre deux parkings déserts, 6, 5, 4, 3, 2, 1... la frontière.

Désormais nous ne vivrons plus les choses, nous les raconterons.

– Vous venez de Paris ? Ça en fait une trotte ! Quand êtes-vous partis ?

– Il y a un an.

– Vous avez mis tout ce temps-là ?

– En passant par Lhassa, oui !

– C'est où ça, Lhassa ?

– Au Pays des neiges éternelles !

Incrédule, la bouche ouverte, la douanière française parcourt nos passeports colorés. Inspection des mollets. Elle nous tend nos papiers, muette, ne sait pas par où commencer, cherche une question – aucune ne lui convient – et, dans une révérence sans doute incontrôlée, nous gratifie d'un salut martial qui me

1. *Cf.* « Je vous salue ma France... », de Louis Aragon.

semble une bénédiction. Quand je me retourne après quelques mètres, elle a toujours la bouche ouverte.

Nous roulons en France.

Répondant à un mystérieux appel, nous plongeons avec des cris barbares dans les herbes grasses de notre premier verger, y fichons nos dix doigts, broutons, pleurons, crachons, pour enfin ouvrir les bras en croix, sur le dos, face au ciel, en une action de grâces.

Derrière nos nuques gourdes, la terre épaisse de ce verger nous susurre l'accueil chaleureux au retour attendu qu'elle réserve en principe aux pommes ; nos têtes sont aussi gonflées d'un voyage de quatre saisons.

Un concert de klaxons de voitures arrêtées vient orchestrer nos terrestres retrouvailles, et notre cher drapeau déchiré, délavé, claque dans l'air nouveau, sa vigueur retrouvée.

Martial, le tenancier de la brasserie *Alsace-Sud*, nous offre une bière. Martial est drôle à en crever. En deux ou trois phrases lapidaires, il nous résume notre voyage. Martial n'aime pas les voyages.

Maman m'annonce au téléphone que Stéphane Picard, notre sismologue de Katmandou, l'a appelée. Il lui a donné à tout hasard l'adresse de sa sœur récemment installée dans l'Est, à Blotzheim. Nous interrogeons Martial.

– Blotzheim ? Ben voyons ! Vous prénez c'te route que cé ti qu'vous voyez là à drouate ! Vous passez Michelbach et vous arrivez à Blotzheim ! À peine troua kilomettes !

Les Lamour nous accueillent comme leur nom l'indique. Le jeune couple nous fait entrer de plain-pied dans les préoccupations nécessaires à l'installation d'un ménage, tous ces petits détails, ces petits riens que l'on a vite fait de mépriser, alors qu'ils constituent notre bien-être. Nous nous émerveillons de tout.

Il faut redécouvrir le bonheur des choses simples.

Un robinet qui défile son ruban d'eau pure... je me serais damné pour un tel robinet ! Un bain, la lecture, la musique, l'écriture, tout nous est bonheur, et nous ne détestons toujours pas la bicyclette !

*Lundi 3 octobre 1994 : 358<sup>e</sup> jour, 78 km. T : 23 385 km, J–6*

En quittant les Lamour après le réveil typique d'un jeune couple laborieux, précipité, rythmé par le sèche-cheveux, le peicolateur, le rasoir électrique, le toaster et la radio – douces musiques de la modernité –, nous allons à la découverte des Français.

C'est plus fort que nous : nous saluons tout le monde, abordons les vieilles dames, taillons des bavettes, sondons les cœurs. Qui parle de morosité et de stress ? Tout le monde nous sourit. C'est l'état de grâce ! Pendant un an nous avons vécu de sourires. Nous avons fait le tour du monde des sourires.

Une vieille dame nous parle. Il pleut. Elle a traversé la rue pour nous parler. C'est une vieille dame comme les autres, l'incarnation parfaite des trésors du cœur. Elle est venue de Nîmes afin d'aider sa fille débordée par ses enfants, « car il faut de la solidarité entre les générations ». Jamais conversation sous la pluie ne nous a été aussi agréable.

À Dannemarie, nous longeons l'usine Peugeot motocycles.

– On essaie ?

Le directeur de l'usine, en brun de travail, nous reçoit cordialement, fier de rencontrer des porteurs de sa marque. Nous visitons l'usine de moteurs, et déjeunons à la cantine avec toute son équipe. Nous apprenons à parler de notre aventure, nous choisissons nos mots, testons nos tournures, mais surtout le moment de les placer afin de ménager nos effets. À peine nous rendons-nous compte des réalités qui se cachent derrière les mots.

À Belfort nous allons saluer le Lion. Il manque un lion à notre tour du monde. Pas moyen de l'inventer, nous n'avons pas croisé de lion. Nous n'avons pour ainsi dire pas fréquenté le monde des animaux cette année, nous avons parcouru la terre des hommes.

En entrant dans notre première papeterie depuis un an, nous avons un choc. Une bibliothèque périodique : tout ce qui se lit en France aujourd'hui, cette semaine, ou ce mois-ci, des centaines de titres, le monde sur papier glacé. Au regard de toutes ces images sur présentoir, notre aventure nous paraît dérisoire.

Nous repartons au pif dans la ville, c'est la bonne direction ! Nous avons une boussole dans la tête, le besoin a créé l'organe ; sans doute le soleil, caché derrière une épaisse couche nuageuse, nous attire-t-il ? Depuis douze mois nous roulons vers l'ouest, cela crée des liens avec le couchant !

La pluie tombe avec la nuit. Nous sommes heureux, je songe à mes proches. Deux, trois heures de voiture ? Six jours de vélo. Nous approchons inexorablement, rien n'a su nous arrêter, c'est ainsi, nous sommes des rescapés de la durée.

Lancé à pleine allure dans la descente de Ronchamp, une vision furtive m'accroche le coin de l'œil droit : sur une butte, la chapelle Notre-Dame-du-Haut, de Le Corbusier, s'avance comme une proue dans le crépuscule. Emporté par son élan, mon corps suit la rotation de ma tête, ma roue avant dévie, mord le biseau de goudron du bas-côté, dérape, grogne, et cela dure, et cela n'en finit pas, nous hurlons de concert dans un ralenti à grande vitesse : décrochage, roulé-boulé ! Clac ! la nuque ! c'est tout.

Sitôt sur pied, je bondis sur la droite pour éviter une voiture. Il n'y avait pas de voiture. Mon vélo n'a rien ! C'eût été trop con ! J'ai eu chaud ! J'ai tout à coup très chaud. Dans le cou. C'est collant ? C'est du sang, des flots de sang ! Sylvain, horrifié, remonte la pente. Inspection à la lampe frontale : mon cuir chevelu a éclaté sous le choc.

Il me noue son chèche autour du crâne comme un bandage pour une rage de dent. Renfourchant ma bicyclette, je vois que ma jambe droite est toute poissée de sang : une entaille de dix centimètres m'incise l'intérieur du genou.

Nous repartons sous la pluie battante dans un ciel d'apocalypse : KO, ruisselant de vermeil, je songe aux derniers mots du frère Philippe, porte d'Orléans, il y a un an : « Surtout faites gaffe dans les descentes ! » Et je ris de cette leçon. « Tout vient à point à qui sait attendre », rien n'est jamais acquis.

Peut-être n'arriverons-nous jamais à Paris !

Et je songe encore que c'est à la redescente que la plupart des himalayistes se tuent, que c'est dans la dernière piste de ski que l'on se casse la jambe : une pente, c'est traître. Vigilance ! Continuons à monter, la vie n'est qu'une ascension, Paris est au sommet !

La pharmacienne de Ronchamp, impressionnée par notre subite intrusion, nous envoie chez le docteur Ly. Dans une petite salle d'attente nauséabonde patientent des regards tristes. Souriant, le docteur asiatique nous déconcerte.

– Avez-vous des graviers dans la tête ?

– Pardon ? Des graviers ?

– Je vous le demande !

– Je n'en vois pas !

Il demande à Sylvain en lui massant l'épaule :

– Vous n'avez pas la clavicule cassée ?

– Mais ce n'est pas moi qui suis tombé !

– Ah bon ! Parce que, souvent, les chutes de vélo produisent des clavicules cassées. Et vous ?

– Non ! Merci, ça va très bien de ce côté-là ! Je crois qu'il faudrait surtout me désinfecter la tête ! Pensez-vous que ma plaie nécessite des points de suture ?

– Non. Je ne sais pas.

– Comment ça, vous ne savez pas ! Vous êtes bien médecin ?

Après un moment d'hésitation il me répond que oui, me saupoudre la tête de talc et nous congédie d'un sourire. Nous ne comprenons décidément rien à la sagesse orientale. Nous quittons notre *doctor No and Mr. Ly* sans un regard et sans un mot et filons en stop à l'hôpital de Lure.

Dans un superbe service des urgences, trois infirmières me sautent dessus, m'allongent, me bombardent de questions et rient quand je n'ose pas souiller le lit de mon sang et de ma boue. Le docteur Foucher vient aux nouvelles, quatre femmes m'entourent alors ; sollicitude et gentillesse, douceur dans ce monde de brutes !

Au risque de contrarier le docteur No, Monique Mathieu, aide-soignante, extrait trois gravillons de ma plaie ; une gentille interne, Véronique Michaud, me noue en douceur cinq points de suture sur le cuir chevelu tandis que Marie-Louise Lénée me fait un bandage soigné au genou.

De retour à Ronchamp, nous trouvons chez une vieille dame un garage où étendre nos tapis de sol et ranger nos vélos et allons nous taper une bonne cloche à *La Pomme d'Or*. Nous partageons notre repas avec Jean-Claude Cusey, camionneur, qui nous parle avec amour de son métier, de sa liberté, de sa passion pour l'archéologie :

– En roulant, j'imagine sous chaque déclivité les signes d'un tumulus celte ou les vestiges d'un oppidum, dans chaque vallon je guette l'apparition d'une chaumière, détruite et reconstruite à cet endroit. Je sens l'histoire, je la vis dans les paysages, je revis des batailles, devine les dalles des voies romaines engluées sous le goudron des nationales. Ce que j'aime, moi, c'est les vieilles pierres, l'érosion des âges, la patine du temps ! J'ai même avec moi dans le camion une « poêle à frire [1] » et, quand mon « mouchard [2] » m'indique que je suis allé trop vite, je m'arrête près d'une ruine et m'en vais prospecter. J'ai déjà

1. Engin de détection des métaux.
2. Boîte noire d'un camion et limitateur de vitesse.

récolté des pièces d'argent, un chandelier, des boulets de canon...

Dans un pays où les murs parlent, où l'histoire est tapie à fleur de terre, il existe des camionneurs-poètes. Jean-Claude Cusey nous fait renouer avec la passion.

En sortant repus du restaurant nous rencontrons un SDF qui nous prend pour des camarades « de la cloche » :

– Eh ! les gars ! Où c'est qu'on peut crécher dans ce bled ?

Nous l'invitons à partager notre garage.

Albert est un ancien voyageur n'ayant pas pu se remettre au travail. Il a roulé sa bosse, vivant de boulots saisonniers de l'un à l'autre bout des pays de la terre ; il est rentré un jour pour se fixer, n'y est pas parvenu, et se nourrit de nostalgie et d'un RMI à trente-huit ans. Nous lui parlons du bout du monde, d'« Eldorado » qu'il n'a pas trouvés mais auxquels il croit encore, nous chantons et lui jouons de la flûte. Tremblant comme une feuille, notre bonhomme à la moustache de Gaulois et au catogan fauve se met alors à pleurer.

– C'est fou la joie que vous me faites, merci, les gars !

Nous avons tant reçu cette année que nous pouvons commencer à donner. Nous avons une dette envers les hommes de tous les pays. Je me souviens alors de la dernière parole de Sylviane Phan Van, de Munich :

– Merci de votre passage, et de tout ce que vous êtes ! J'aurais voulu qu'il dure éternellement ! Vous étiez comme deux petits anges envoyés par le ciel !

Je le comprends maintenant dans les larmes d'Albert. Nous sommes tous l'ange de quelqu'un, c'est avant tout une question de circonstances.

À l'heure où je m'endors, je songe à ces Français retrouvés, râleurs et individualistes mais passionnés et sensibles. Il y a un grand bonheur à se reconnaître dans ses semblables.

## *Mercredi 5 octobre 1994 : 120 km. T : 23 525 km, J–4*

Un peu groggy et coincé, je n'ai pu pédaler hier qu'une vingtaine de kilomètres. Avez-vous déjà boité à bicyclette ? Nous en avons profité pour nous arrêter à *L'Est républicain*, dont le bureau de Lure est tenu par Guillaume Mazeaud.

Après un après-midi d'interview, de photos au côté de la statue du sapeur Camembert et de discussions passionnées sur le monde, le cher homme nous a invités chez lui. Christine, son épouse, nous accueille chaleureusement. Bruno, Éric, Fiona et Charles, ses quatre adorables enfants, nous plongent brutalement dans un univers pédagogique où chaque mot et chaque geste doit être pesé. Les questions candides fusent :

– Est-ce que vous êtes heureux ?

Cela commence très fort ! Heureux du retour ? Heureux de ce que nous avons vu ? Heureux d'avoir pédalé pendant un an ? Heureux d'avoir accompli un rêve ? Heureux de n'avoir pas craqué ? Heureux de vivre ? La question de Charles nous embarrasse un peu et pourtant elle résume et contient toutes les autres. Cher enfant !

Oui, nous sommes heureux ! Nous sommes heureux de tout ! Du pire comme du meilleur, des épreuves et des bonheurs et des horreurs aussi, car elles nous ont permis de vivre en prise directe avec le monde.

Nous avons fait un voyage total. Nous ne nous sommes rien épargné. C'est ce constat qui rend heureux.

Voilà, je te réponds, cher petit Charles. La réponse n'est pas finie, rien n'est encore dit, puisses-tu seulement trouver un jour des « sympathies » dans notre voyage.

C'est après une indigestion de bandes dessinées que nous nous sommes endormis, dans le confort de lits d'enfant, et la sérénité du monde des enfants auquel nous n'appartenons plus.

Devant la fontaine des pèlerins de Compostelle, nous quittons Guillaume Mazeaud et sa petite famille.

La Haute-Saône nous sourit d'un bel anticyclone hivernal. La campagne est silence, rien ne nous distrait, c'est le calme avant le retour, nous ne nous rendons encore compte de rien, après-après-demain, la fin ? Mais c'est au bout du monde !

Sur le plateau de Langres je découvre un des berceaux de ma famille. Les familles ont plusieurs berceaux comme les arbres ont plusieurs racines. Ma racine de Langres se nomme Jean Racine, c'est une racine maternelle, une racine dont on n'est jamais digne J'accomplis ce pèlerinage en cherchant les secrets architectoniques de l'âme de ma famille.

François de Hédouville, journaliste à *La Haute-Marne,* frais émoulu de son école, nous fait la gentillesse de s'emballer pour notre aventure. Vu l'heure tardive, il nous propose presque timidement de nous interviewer dans sa « chambrette », autour d'un gratin dauphinois. Un gratin dauphinois ! En lieu et place de sa « chambrette » nous découvrons un superbe studio au premier étage d'un hôtel historique, avec porche, cour intérieure, jardins à la française, citerne antédiluvienne, escalier magnifique, hauts plafonds et boiseries anciennes. Nous poussons des cris d'admiration à chaque pas. Comme la dernière marche d'un escalier de rencontres qui nous a préparés à notre retour, François nous branche en direct sur l'actualité et nos préoccupations de demain. Merci, François ! Grâce à toi le choc de l'arrivée sera moins rude.

Des deux jours qui suivent je ne conserve qu'un vague souvenir, c'est le grand blanc solennel, nous pédalons en silence, ne voulant penser à rien en survolant des champs qui succèdent aux champs comme des graines de pissenlit en quête du sillon final, poussés par le vent de notre aventure. Quelques jalons confirment notre progression : une monumentale croix de Lorraine nous accroche un instant à Colombey-les-Deux-Églises puis le dédale des ruelles tortueuses du vieux Troyes nous mène de colombage en colombage au collège des frères.

Le lendemain nous sommes distraits de l'imminence de notre retour par un long passage à l'usine Cycleurope de Romilly-sur-Seine où nos vélos ont vu le jour. Le directeur, M. Gérard Jacques, nous réserve un accueil de tout premier ordre, avec interview, déjeuner et visite commentée des différentes étapes de la fabrication. Nous croyions connaître nos bicyclettes, c'était sans compter sur leurs innombrables secrets de fabrication, la minutie de leur assemblage et le soin de leur essayage.

Le soir, le parrain de Sylvain, Pierre-Yves Guilhen, détourne encore nos esprits de l'effarement à l'aube d'un grand jour, en nous accueillant pour notre trois cent soixante-troisième nuit dans son palais des Mille et Une Nuits, dans sa « folie ». On voudrait toujours tout faire dans une chambre de rêve : profiter de son confort exceptionnel, goûter chaque seconde, prier, se rappeler, imaginer le futur, passer en revue tous nos êtres chers, les associer à cette félicité... mais on s'endort toujours trop vite en n'ayant rien fait !

### *Samedi 8 octobre 1994 : 363e jour. T : 23 890 km, J–1*

Pour la première fois depuis notre départ, nous revenons volontairement de 15 kilomètres sur nos pas. Nous avons rendez-vous à la gare de Provins avec le frère Philippe Gouault, notre ancien directeur, et Éric Girard, notre fidèle ami, venant pédaler en notre compagnie les derniers kilomètres comme ils l'ont fait pour les premiers. Remorqueurs avant le port, nos deux amis seront-ils à l'heure ?

Le donjon médiéval de Provins nous fait battre le cœur, les ronds-points se succèdent, les panneaux « gare SNCF » s'enchaînent en un signe de piste, une allée de platanes, une haie, et trois coups de marteau me résonnent aux tempes, l'angle de la gare se retire comme un rideau se lève : l'épaisse tignasse d'Éric et le bonnet noir du frère Philippe nous sautent aux yeux comme des évidences, les bras s'entrouvrent, les accolades claquent.

L'un, hilare, passe d'un talon sur l'autre, les jambes tendues, en se frottant vigoureusement les mains, les coudes levés ; l'autre pousse des « Ohohoho ! Non, mais c'est pas vrai ! » avec un rare débit. Ils sont émus. Presque autant que nous.

Comme les marins, la veille de toucher terre, nous voyons enfin dans le ciel les oiseaux précurseurs du nid : nos amis émissaires, la fin de nos misères. Mes points de suture à la tête et mon bandage au genou font fureur. Le frère Philippe se découvre des dons d'augure, tandis qu'Éric, médecin de choc, confirme leur parfaite exécution. Nous avons tant de choses à nous dire ! L'instant est jubilatoire. Éric, en grand organisateur, profite d'un blanc de trois secondes pour prendre la situation en main :

– Voilà ce que je vous propose : on s'envoie quatre chocolats chauds rapidos à la buvette de la gare, et on part tranquillos. 115 kilomètres avec deux grand-pères, c'est pas joué, les mecs !

Grand amateur de combinaisons de plans, il ajoute :

– Comme le petit itinéraire qu'on vous a concocté passe à 2 kilomètres de l'aérodrome de Nangis, j'aimerais aller dire deux mots à un vieux copain pilote que je n'ai pas vu depuis quinze ans ; nous avons rendez-vous à midi, ça vous va ?

– Trente kilomètres en une heure et demie, faudra pas traîner !

– Ne vous inquiétez pas ! Cela fait trois mois que Philippe s'entraîne tous les matins !

Ivres de mots, nous sommes intarissables et insatiables. Nos quatre vélos se passent et se dépassent au hasard des conversations dans un ballet cycliste digne des pelotons de tête. Tous les sujets y passent : la politique intérieure, les scandales, la géopolitique, nos familles, les préparatifs de demain, pour une fois nous n'avons pas à raconter nos histoires ! Voilà le rôle des vrais amis, on n'aime pas leur parler de soi.

Peu avant Nangis un petit avion passe et repasse en rase-mottes au-dessus de nos têtes en secouant ses ailes comme pour nous saluer. Ils sont fous ces Français ! Tout nous sourit, le temps, le vent, les gens, les voitures et même les avions.

Quelques minutes plus tard nous suivons Éric sur le parking de l'aérodrome. Toujours plongés dans nos conversations, nous parvenons à la hauteur d'un petit monomoteur stationné devant un hangar. Deux personnes s'affairent dans le cockpit. Éric leur demande un renseignement, elles se retournent : Alice et Sonia ! Nous tombons sur les rotules, aphones.

À peine ressaisis, nous vociférons, embrassons nos amies, crions, rions.

– Salaud d'Éric ! Tu nous as encore eus comme des blaireaux !

– Vous êtes vraiment aveugles, les mecs ! Je croyais que les voyages aiguisaient le sens de l'observation ! Qu'est-ce qu'il vous faut, que l'avion se pose sur la route ?

– C'est pas vrai ! C'étaient pas vous !

Tout va trop vite, nous ne percutons plus rien.

Nous allons nous remettre de ces émotions, nous dilater la rate et la panse au restaurant de l'aérodrome, entre amis : il nous semble n'être jamais partis.

L'après-midi, après l'envol de nos demoiselles zélées, nous repartons en échangeant nos bicyclettes. Éric et le frère Philippe essaient nos chars d'assaut tandis que nous nous envolons avec leurs vélos de course ultra-légers. Depuis les deux gamins de Zahedan nous n'avons pas pédalé sur d'autres engins que les nôtres !

Au fil des kilomètres la densité des voitures augmente, il nous semble qu'elles convergent toutes vers l'agglomération parisienne, dont nous voyons au-dessus de l'horizon s'élever peu à peu la calotte grise. Nous slalomons dans nos premiers embouteillages depuis Bangkok ! Les pavillons de banlieue apparaissent, les panneaux publicitaires nous harcèlent. Des chapelets de 747 déposent comme une noria des milliers de passagers venus de tous les horizons. Orly, l'avion, nos vélos, tout cela a-t-il un sens ? Le rugissement d'un réacteur emporte ma vaine question.

Le frère Philippe nous a concocté une halte paisible à la maison de retraite des Frères des écoles chrétiennes d'Athis-Mons. Nous y retrouvons cette ambiance si propre aux maisons religieuses, atmosphère silencieuse faite de pendules, d'encaustique, de parquets cirés, de silence, de pas feutrés, de clefs résonnant dans des serrures, d'odeurs de pain et de soupe. Au réfectoire, nous retrouvons avec émotion quelques anciens frères de

Passy-Buzenval. Nous vivons cette soirée dans le recueillement d'une veillée d'armes. Demain, l'émotion sera intacte !

*Dimanche 9 octobre 1994 : 364e jour, 72 km. T : 23 962 km. Jour J*

*Pourquoi les dimanches matin sont-ils toujours ensoleillés ?*
*Nous partons en silence en des rues dépeuplées,*
*Et le ciel éclabousse et les murs et les rues,*
*De radieuses clartés et de rayons tendus.*

*Pivot de fer et certitude,*
*Élancement et rectitude,*
*La tour Eiffel sur Paris dresse,*
*Dans une descente d'Arcueil,*
*Le tableau de notre allégresse*
*Où chatoient en vibrant accueil*
*Les dômes d'or et les coupoles,*
*Les flèches et autant de symboles.*

*En roue libre, en roi exalté*
*Découvrant sa terre et la foi,*
*Sylvain chante les bras en croix*
*« Exultate Jubilate ».*

*Nous avons embrassé d'un regard notre but,*
*Nos familles et la fin sont là au pied de l'arche,*
*Nous le savons c'est sûr, et c'est l'ultime marche,*
*Le triomphe, et les larmes, et le bout de la rue.*

Éric et le frère Philippe nous suivent et respectent notre émotion. Nous osons à peine nous regarder, les pavés chantent sous nos roues, les platanes nous sèment quelques confettis roux. Le pont du périphérique est notre Rubicon, le seuil que nous avons franchi l'année dernière dans l'autre sens. Le trottoir et le parapet qui nous avaient propulsés, la rampe de lancement où nos amis étaient restés sont là.

Le cœur serré, la gorge nouée, nous franchissons la « porte étroite », la porte d'Orléans, la boucle est bouclée.

Plus rien n'existe que notre joie. Chaque pas pédalé nous rapproche de cœurs que nous avons maltraités pendant un an.

Mais les cœurs oublient tous les tourments, les cœurs battent au présent.

L'avenue du Maine nous amène à notre Parnasse, notre Paris bienvenu. Le boulevard des Invalides nous sert sur un plateau son dôme d'or. L'esplanade nous effraie, nous ralentissons, l'émotion requiert de l'ombre. Bon Dieu de cœur ! Vas-tu te taire ! Non, crie plutôt ! Vas-y, bats la chamade ! La promenade est presque finie.

Les pégases d'or du pont Alexandre-III se cabrent de bonheur. Le nez me pique en passant la Seine, la petite Seine. Selon un vœu né sur les plateaux du Tibet, Sylvain, braguette ouverte, rebaptise le fleuve. Là-bas au carrefour, c'est notre dernier tournant pour notre dernière ligne droite. Le fabuleux quadrige du Grand Palais semble vouloir descendre de son piédestal pour nous ouvrir la route à grand fracas de sabots de bronze.

Nous avons déjà entamé notre dernier kilomètre. Notre dernier kilomètre ! La place Clemenceau vient à nous en douceur. C'en est trop, nous stoppons, elle se retire.

Nous ne nous sommes pas concertés, nous nous sommes arrêtés de conserve : paralysés... terrorisés. Plongeurs avant le grand saut, montagnards avant l'assaut final, nous nous recueillons.

Concentrés, nous repartons. Dorénavant inexorable, au sommet de son long tremplin, sur la gauche à travers les arbres puis s'alignant dans l'axe comme l'irréfragable vérité, nous apparaît immaculé, le salut et la paix, le retour au foyer, le repos et l'arrêt : l'Arc de triomphe.

Les Champs-Élysées rutilent de mille drapeaux colorés. Paris fait une fête à l'empereur du Japon, c'est à lui que nous la devons. L'avenue des Champs-Élysées s'est habillée en rue Montorgueil pour flatter le nôtre. Marignan, Marbeuf, Colisée, Charron entérinent notre progression. Je pleure, et je ris, nous peinons dans l'ultime montée. Les Champs-Élysées grimpent, c'est normal ! De grosses larmes roulent sur mes joues contractées, je ne m'appartiens plus. Sylvain, sur ma droite, respire entre les dents, les mâchoires serrées. Nous n'osons plus lever les yeux, çà et là quelques cris retentissent qui nous arrachent des sanglots. Ne pas flancher. Dans mon rétroviseur, Éric et le frère Philippe partagent notre émotion. Je plonge dans mon rétroviseur :

*Derrière eux c'est le monde,*
*C'est bien vrai qu'elle est ronde*

*Cette terre d'éthers*
*Cette terre d'un tour*
*Sans détour...*

Les bras ouverts dans un double V de la « Wictoire », nous tenant par la main au-dessus de nos têtes, nous passons le cap Horn dans un concert d'avertisseurs. Finistère et fin de parcours, l'angle que font les Champs-Élysées avec la place de l'Étoile contient tout ce que nous avons de plus cher au monde.

Et cette foule aimée, hirsute de bras, sonore comme une cour de récréation, ondule à notre passage. Nous continuons, nous n'avons rien voulu voir, nous repoussons l'arrêt final, sur la lancée, nous partons pour un tour... de l'Étoile.

Nous gravitons. Trois cent soixante degrés, révolution dans nos cœurs, nous retournons à nous-mêmes. Hoche, Carnot, Foch, Hugo nous rendent les derniers honneurs ; tout passe, tout fuit, ils sont là, nous font face, tout s'arrête, tout s'efface, une dame en rouge secoue son écharpe jaune, je béquille et titube, je bégaie, aveuglé dans un soleil d'émotion : Maman !

Elle n'est déjà plus là ! Elle est dans mes bras ! Je la soulève, tout s'éteint. Il paraît que j'ai marché comme un automate à travers la place, au milieu des voitures...

Tout le monde est parti, nous restons seuls avec nos vélos. Et là nous hésitons.

– Et si c'était à refaire ?

– Refaire quoi ?

– Le tour du monde.

– Quel tour du monde ? Tu as dû rêver !

– En attendant, mon agreg commence demain matin, à Nanterre, l'enfer ! Et toi, qu'est-ce que tu fais ?

– Je me réveille !

*La route devant nous tout à coup se sépare*
*À chacun d'entre nous elle tend une voie*
*Finissant au foyer. Pour la première fois,*
*Ici nos buts divergent en nouveaux départs.*

*Nous allons retrouver la sédentarité*
*De la course à travers le temps et son emploi.*
*Un autre monde s'ouvre, aux rendez-vous, aux lois,*
*Nous offrant un nouveau puits de diversité.*

*Voici la fin d'un rêve et la fin d'un chemin*
*Ouvert sur le monde mais revenu chez soi.*
*Yeux chargés et cœurs lourds de trésors et de foi,*

*Avec intensité, nous nous serrons la main,*
*Geste juste et simple mais victoire de poids,*
*Échangé à la fourche avant d'aller tout droit...*

*Achevé d'imprimer en mars 2002*
*sur presse Cameron*
*par* ***Bussière Camedan Imprimeries***
*à Saint-Amand Montrond (Cher)*
*pour le compte des éditions Robert Laffont*
*24, avenue Marceau, 75008 Paris*

N° d'édition : 42767/12. N° d'impression : 021240/4.
Dépôt légal : mai 1996.

*Imprimé en France*